# 资本 5000 年

## 资本秩序如何塑造人类文明

彭兴庭 —— 著

The History of Capital

中国友谊出版公司

# 目录

◉ **自序　资本的历史进程**

◉ **序章　相信未来**

　　冰河世纪的真相　/012
　　货币的第六种职能　/013
　　明天会更好　/015
　　资本边际收益递减　/017
　　耗散结构体系　/020

◉ **上篇　发现时间的价值**

……从美索不达米亚、古希腊、古罗马，到中世纪的欧洲、古代中国的封建王朝，无论世界哪个角落，经济增长总是周期性的崩溃，人类社会大多数时候都陷在无序的内卷、内缠之中……

◉ **第一章　"债在西元前"**

在3000年前（公元前1000年前）的两河流域，资本主要投向农业领域。农业社会利息的合理性来自谷物、牲畜的自然增殖。那些用芦苇刻下的楔形文字，并非什么诗和远方，而是干巴巴的契约，是枯燥无味的生意，是债，是平民的悲歌。

　　发现时间　/003
　　利息的产生　/006

001

平民的悲歌　/008
商人贾米勒　/010
乌尔利基巷　/012
砸碎泥板　/013
灰犀牛　/015

## 第二章　地中海资本兴衰

古希腊适应自身地理禀赋，建立了以工商为导向的城邦国家，培育了一种全新的贸易资本。而罗马把从希腊现学的资本工具，充分运用到了他们的掠夺事业中……

文明分叉　/017
从王权到资本　/019
讼词里的金融　/020
特拉佩基塔　/023
希腊式耗散　/025
罗马崛起　/026
股票市场　/028
恺撒的债务　/030
征服边际递减　/032
走向基督　/034

## 第三章　上帝惠赐的利润

在商业革命背景下，不仅勤劳朴实的农民在借贷，商人在借贷，甚至国王、国家和教堂也在借贷……为了逃离地狱的诅咒，他们亟切需要一场意识形态领域的思想解放。

沮丧的开端　/037
农民波多　/039
带血的资本积累　/041
圣殿金融　/043
国王的借款　/046
威尼斯债券　/048
达蒂尼集团　/050
第七层地狱　/052
永生的机会　/054
中世纪的衰落　/057

## 第四章　中国：皇权的钟罩

从公元500年到1500年，商业资本是全球性现象，而不是欧洲独有……中国工商资本则更多处在中央集权和官僚体系的"钟罩"内，随着社会复杂化而备受挤压，并日益萎缩、崩溃消失。

    利出一孔　/060
    曹禄善诉李少津　/062
    琉璃巴巴　/065
    简陋的政府融资　/067
    中国式变法　/069
    隐藏的密码　/071
    刀锋上的商业革命　/073
    复杂社会的崩溃　/077

## 中篇　资本秩序的崛起

……从18世纪开始，在战争资本主义的保护和支持下，英国开始重组全球产业和劳动分工。新的利润空间点燃了阿克莱特、瓦特、博尔顿等一批年轻企业家、发明家的想象力。最终，资本和技术的非线性相互作用，推动了持续而且广阔的经济增长。此后的世界，不断表现出新的特质……

## 第五章　掠夺资本的复兴

1492年，哥伦布在美洲登陆，这一旅程引发了世界上规模最大的财富掠夺。为了支持这些掠夺机器的运转，欧洲许多地区的金融复杂程度不断加深……

    结束也是开始　/083
    深海炼狱　/086
    被切开的血管　/089
    美第奇的黄昏　/091
    热那亚时代　/095
    蝗虫和蜜蜂　/098
    斟满毒酒的金杯　/100
    为什么没有崩溃？　/103

## 第六章　风险打造的世界

通过不断健全的公司机制、股票市场、衍生品交易，以荷兰为代表的西欧发展出了一种全新的风险回报机制。在这些有计划的赌博中，很多公司都失败了，但生存下来的公司却将改变世界，为个人和国家带来大量财富，甚至缔造一个新帝国。

全球贸易的旋转木马　/105
聚天下之货　/107
有计划的赌博　/110
一家新公司　/112
发现价格　/115
生于泡沫　/118
香料时代及其终结　/121
国家的认同　/124

## 第七章　战争资本主义

在以英格兰银行为代表的国债体系的支持下，英国赢得了海外霸权，通过大量的特许公司，英国强力主导全球贸易网络，调度亚洲、非洲、美洲和欧洲的经济过程。当时人们并不知道，这是通向工业革命的第一步。

凛冬过后　/127
国家的信用　/129
像英格兰银行一样可靠　/133
投机时代　/135
两次大危机的比较　/139
重商帝国　/143

## 第八章　持续增长的起源

在战争资本主义的保护和支持下，英国开始重组全球产业和劳动分工。新的利润空间点燃了阿克莱特、瓦特、博尔顿等一批年轻企业家、发明家的想象力。最终，资本和技术的非线性相互作用，推动了持续而且广阔的经济增长。

普利高津的世界　/147
来了就是英国人　/149
工业革命故事的核心　/152
正确的创业姿势　/154
瓦特的天使投资人　/158

目 录

千里长河一旦开 /161
解放了的普罗米修斯 /164

◉ **第九章 资本逻辑大获全胜**

这是资本主义的全盛时代，这是启蒙和理性的时代，富者纵欲狂欢，贫者苦遭折磨，旧制度与新制度、希望和停滞交相辉映。这是最好的时代，也是最坏的时代。在喧哗和骚动、变革和扩张中，欧洲走向现代世界权力的中心……

饕餮盛宴 /168
从等级到阶级 /171
资本来到人间 /174
公司的解放 /178
融资工具的变迁 /180
十年轮回 /183
自由的枷锁 /186
工业是瘟神 /189

◉ **第十章 中国：大清的资本迷途**

在一个周而复始的贫困陷阱中，必须建立一个开放的体系，必须具备临界最小资本积累的条件，必须形成一种人力资本激励机制，实现创新与生产活动相结合，否则无法打破贫困均衡陷阱，实现边际收益递增。

两个怡和 /192
风起长江 /196
"求富"歧途 /200
办个银行有多难 /205
失控的昭信 /209
李约瑟难题 /212

◉ **下篇 金融资本的幽灵**

……从革命到战争，资本重塑权力结构，对阻碍社会发展的旧秩序进行扫荡。从一个产业到另一个产业，资本不断尝试新的富有吸引力的事物，推动新技术、新企业家崛起。从一个国家到另一个国家，资本建立了一个全球体系，使盛世更兴旺，使乱世更动荡。资本也塑造了一个令人恐惧的金融帝国……

005

## 第十一章　革命的本钱

革命对阻碍社会发展的旧秩序进行扫荡，为以后社会发展和进步开辟了道路。就像工业需要资本支持，革命也需要资本无微不至的哺育。但是，革命有价，这种代价不仅包括经济成本，还有生命成本。

　　榜样的力量　　　　/219
　　生于独立革命　　　/221
　　成于南北战争　　　/225
　　货币大革命　　　　/228
　　小拿破仑的社会主义　/231
　　贫困的革命家　　　/234
　　金与铁　　　　　　/237
　　革命有价　　　　　/241

## 第十二章　竞逐产业领袖

趁着欧洲秩序的混乱，美国资本悄然成长，并在恰当的时候担当起领导资本主义体系重建的任务。金融资本打造了一个个巨型企业，也点亮了新的技术革命和产业周期，使得新企业家崛起，但边际收益递减夹裹着金融危机仍如约而至。

　　资本积累的周期　　　/242
　　退场赞美诗　　　　　/245
　　魂断凡尔赛　　　　　/248
　　升起的新星　　　　　/251
　　资本去哪儿　　　　　/254
　　巨型企业兴起　　　　/257
　　资本点亮电灯　　　　/260
　　人民的银行家　　　　/263
　　咆哮的 20 世纪 20 年代　/266
　　拯救边际递减　　　　/269

## 第十三章　全球资本主义

在利润的指挥下，跨国资本推动建立了一个全球金融体系，它们在全球范围迅速流动，使盛世更兴旺，使乱世更动荡。当前，美国主导的这个体系成为恶棍的避难所，就像一个米诺陶诺斯怪兽，不断吸收着别国人民的劳动剩余和资金。

　　凭什么环游世界　　/275

目　录

　　金镑铐　/278
　　布雷顿森林货币战　/281
　　打开潘多拉之盒　/284
　　失去国籍的企业　/287
　　恶棍的避难所　/290
　　国际赌金者　/293
　　米诺陶诺斯怪兽　/296
　　危险的三合一　/299
　　通向富有的屏障　/302

◉ **第十四章　金融帝国**

从20世纪70年代开始，越来越多的资本涌向金融资产。广义的金融部门已经取代铁路、钢铁和汽车制造的位置，塑造了一个令人恐惧的金融帝国。在这个新的金融帝国中，金融成了目的本身，而不是社会经济的助力。

　　纽约，纽约……　/306
　　沸腾岁月　/309
　　货币托拉斯　/312
　　资本积累金融化　/316
　　理论是灰色的　/320
　　交易所里没有诗人　/323
　　大到不能倒　/327
　　乡下人的悲歌　/331
　　大债危机　/334

◉ **第十五章　创新资本形成**

全球科技创新角逐的背后，本质是各国创新资本形成效率的竞争。在经济领域，只有新技术创造的新经济才能满足资本永不停歇、源源不竭的贪婪。资本是技术创新的发动机，也是创新扩散的播种机，资本既是起因，又是结果。

　　从曼彻斯特到硅谷　/338
　　经营风险的生意　/342
　　商业银行能干什么？　/346
　　大象的华尔兹　/349
　　技术英雄站上舞台　/352
　　纳斯达克崛起　/355

大浪淘沙 /359
公司的未来 /361
创新的资本逻辑 /364
赢者通吃 /368

## 第十六章　中国：繁荣的求索

近代史上，国共两党为了反抗压迫、争夺政权、发展经济，进行了庞大的资本动员。他们上下求索，也曾透支过整个社会经济体系。改革开放后，时间价值被重新发现，资本和科技的紧密融合，终于带来了持续的经济增长。

革命路上没钱不行 /372
信交风潮 /376
黄金十年？ /378
烧钱的抗战 /381
红色证券 /384
解放总动员 /386
继续革命 /389
重新发现时间的价值 /391
深南大道2012号 /394

## 尾章　未来之路

在技术周期的黄昏时节，会有两种力量同时聚集。一方面，长久建立的产业面临资本边际收益递减的痛苦，并伴随经济社会政治的困境。另一方面，当传统技术范式所开拓的利润耗竭，资本会变得越来越愿意尝试新出现的富有吸引力的事物……

至暗时刻 /397
走向边际递增 /399
不畏将来 /401

## 参考文献

中著 /407
译著 /413
外著 /422

自序

## 资本的历史进程

资金不等于资本。资金存在的主要目的是支付，或是一种价值储存和交换媒介。而资本的目的，是为了获取剩余价值。现实中，资本总是表现为一定的物，例如货币、设备、商品等。但这些物本身并不是资本，只有在一定的社会关系下，这些物被用来从事以增值为目的的生产活动，也就是成为带来剩余价值的手段时，它才成为资本。资本形成的过程，就是一个资金、资产转化为生产性投资的过程。

在现代经济学理论中，资本形成被赋予了更加丰富的内涵，通常是指一个经济落后的国家或地区如何筹集足够的、实现经济起飞和现代化的初始资本。亚当·斯密提出，资本积累与经济增长成正比。马克思在《资本论》中指出，"假如必须等待积累去使某些单个资本增长到能够修铁路的程度，那么恐怕直到今天世界上还没有铁路，但是，集中通过股份公司转瞬之间就把这件事完成了"。发展经济学家刘易斯等人进一步认为，资本形成是经济发展的决定性因素。一些发展中国家长期处于贫困，主要原因在于资本形成不足。而强大的资本形成能力，不仅促进物质资本积累，更会带来技术创新，进而促进经济增长。

那么，在人类的历史上，资本形成到底经历了怎样的历程？

本书试图站在"资本边际收益递减"的理论基础上，构建资本形成史的分析框架。与国家、宗教、货币类似，资本也是一种人类想象出来的合作秩序。货币让人相信现在，而资本则建立在相信未来的基础上。对未来的信任构建出了一种令人惊异的合作秩序。资本不仅是一种物质资料，还成为一种控制社会生产和再生产的方式。这种方式逐渐形成了一个总体化的控制框架，其他事物开始适应这种控制结构。但是，资本不管投向何方，总是不可避免遭遇边际收益递减的魔咒。那么，在人类发展史上，资本是怎么积累的，资本如何形成，资本又投向了什么地方，遭遇过怎样的边际收益递减，人类又是怎么走向边际收益递增？

本书共分三篇，时间跨度为公元前3000年至2020年。

**上篇为发现时间的价值。约为公元前3000年至1500年。**

在这个阶段，人类在生产生活的实践中发现了时间的价值，并逐渐掌握了一些简单的资本形成工具，但资本秩序处于宗教、王权、军事的"钟罩"之下，总是难以施展拳脚。资本无论投向原始农业、商业、贸易、征服战争还是官僚体系，总是经历短暂繁华，漫长萧条，轰然倒塌，然后又在废墟上重新起步。从美索不达米亚、古希腊、古罗马，到中世纪的欧洲、古代中国的封建王朝，无论世界哪个角落，经济增长总是周期性地崩溃。人类社会大多数时候都陷在无序的"内卷"之中，始终没有实质性的螺旋式演进和上升。

**中篇为资本秩序的崛起。约为1500年至1870年。**

当中国、印度等其他地区日益封闭时，借由美洲的白银资本，欧洲主导了世界贸易秩序，建立了一个以西欧为中心的耗散结构体系。从18世纪开始,在战争资本主义的保护和支持下,英国开始重组全球产业和劳动分工。新的利润空间点燃了阿克莱特、瓦特、博尔顿等一批年轻企业家、发明家的想象力。最终,资本和技术的非线性相互作用,推动了持续而且广阔的经济增长。此后的世界,不断表现出新的特质。同时,资本秩序开始崛起,资本不但控制人的身体,也开始控制人的思想,最终超越宗教、国家,成为支配当代社会的重要因素。

**下篇为金融资本的幽灵,约为1870年至今。**

在利润的指挥下,金融化使得资本更具流动性和灵活性。从革命到战争,资本重塑权力结构,对阻碍社会发展的旧秩序进行扫荡。从一个产业到另一个产业,资本不断尝试新的富有吸引力的事物,推动新技术、新企业家崛起。从一个国家到另一个国家,资本建立了一个全球体系,使盛世更兴旺,使乱世更动荡。资本也塑造了一个令人恐惧的金融帝国,金融成了目的本身,而不是社会经济的助力。然而,只有新技术创造的新经济才能满足资本永不停歇、源源不竭的贪婪。全球科技创新角逐的背后,本质是各国创新资本形成效率的竞争。

# 序章　相信未来

资本是人类对货币时间价值的一种利用和开发，目的是获取还不存在、属于想象中的未来物品——利润。人们相信"明天会更好"，未来的资源肯定超过目前。对未来的信任构建出了一种令人惊异的合作秩序。

## 冰河世纪的真相

200 万年前，地球进入第四纪冰川期，气温骤降，广大地区被冰雪覆盖。

当冬季来临时，各种动物为躲避严寒而南迁。在这个危急时刻，一只特立独行的猛犸象曼尼，却向着与百兽迁徙相反的方向踽踽独行。他的身后，还跟着一只邋遢的树懒希德，一头凶暴的剑齿虎迭戈。

这三只动物逆流而上，目的是将一名人类婴儿交还到他父母的身边。

他们走啊走，走过暗藏的冰穴，走过沸腾的熔岩，还要应对一个个邪恶的阴谋，艰难程度不亚于两万五千里长征。

这三只违背生物规律的动物，该如何对抗一路上的风险？

为了让婴儿吃上西瓜，曼尼、迭戈、希德通力合作，和渡渡鸟打了一场精彩绝伦的"橄榄球赛"。面对犀牛兄弟的追杀,希德灵机一动,把自己装进迭戈的牙缝里,假装被咬死。三只动物甚至无意间生了一堆篝火,然后围着火堆相互调侃打闹,围观人类婴儿蹒跚学步,"信任"油然而生,感情瞬间得到升华。

第二天,迭戈竟然背叛了他的虎群。

不但有惊人的勇气,有超群的智慧,他们还能"利益共享、风险共担"。

没错,这是好莱坞动画片《冰河世纪》的故事情节。电影最出彩的地方,就是电影里面的人不会说话,动物却是一口标准的美式英语。

当然,这个温馨的故事,掩盖不了史前智人血淋淋的屠杀罪名。在电影中,智人猎杀了剑齿虎迭戈一半的家族成员。而猛犸象曼尼的家庭,也直接遭到过智人的毒手。智人生活过的山洞里,画满了猎杀的场面。

猛犸象曼尼无可奈何地对人类婴儿说:"瞧你,以后会成为掠食者?我很怀疑,你只有一小撮毛,没利齿,没爪子,不过是软趴趴的一个皮囊,你有什么可怕的?这里可不是动物园。"

曼尼当然想不明白。

在10万年前,智人的脑部发生了一场史无前例的革命,开始具备强大的动员能力。智人不但擅长发明创造,还很擅长讲故事、搞关系。他们围着火堆相互调侃,把英雄的故事讲给孩子听,他们经常举行仪式,分享食物,进行长距离交换,并为未来精打细算。相比其他动物或人种,智人之间可以形成更大规模的、非亲属间的合作。从此,人类更能适应气候和环境的波动,并超越和取代了其他物种。

## 货币的第六种职能

在以色列历史学家赫拉利看来,这是一场前所未有的认知革命。

认知革命后,人类虚构出了国家、宗教、货币等种种合作秩序,将越来越多的人类紧紧融合为一个难以分割的整体。

这个合作秩序的本质，就是利益共享、风险共担，核心是"相信"。

**首先是国家（民族）。**

国家从来不是什么真正存在的客观实体。人们通过对一系列符号的认同，比如语言、历史、文化等，"相信"大伙是同一群人。美国政治学家本尼迪克特说，尽管每个国家（民族）内部都存在剥削，但国家（民族）总是被设想为一种平等的同志爱，正是这种友爱驱使数百万人甘愿为国家（民族）——这个有限的想象——去屠杀或从容赴死。

**其次是宗教。**

宗教里面的"神"，也是虚构的产物，但人类因为"相信"，形成令人惊异的合作。中世纪时，在教皇号召下，西欧领主对地中海东岸地区开展了持续约200年的十字军东征。今天，宗教对经济增长的贡献也不可忽视。葛百彦的研究认为，在美国，至少有相当于GDP（国内生产总值）的1/3的价值，是因为受到宗教的感召和组织完成（葛百彦，2018）。

**最后是货币。**

赫拉利说，货币是有史以来人类虚构的最普遍也最有效的互信系统。

为什么有人起早贪黑做煎饼馃子，只为换来几张彩色纸片？原本有一大片肥沃的土地和厂房，有人却把它换成银行卡里一串看得见摸不着的数字。

人们愿意这样，也是因为相信。"信任"是所有金钱形式的基本原料。他们相信用这些彩色纸券能够从菜市场买到猪肉大米，相信银行卡里的数字可以在另一个地方买到豪车豪宅。货币的本质，并不是一种充当交易媒介的商品，而是一套可转让的信用记录体系。

货币制度下，相距甚远的人可以进行贸易，陌生人可以开展协作。正是货币，让这个世界上不同民族、文化、信仰的人融为了一体。

马克思认为，货币有五大职能：价值尺度、流通手段、贮藏手段、支付手段和世界货币。但货币不仅可以用来交换，还会经由储蓄，通过各种渠道和方式，变身为资本，投向农业、工业、商业，并随着时间的流逝进行自我增殖。

这是货币的第六种职能，即成为社会市场中最发达的生产要素：资本。现实中，资本总是表现为一定的物，例如货币、设备、原材料等。但这些物本身并不是资本，只有在一定社会关系下，这些物被用来从事以增殖为目的的生产活动，它才成为资本。

资本形成的过程，就是一个资金、资产转化为生产性投资的过程。历史上，宗教、国家、货币和资本，这些秩序曾经共存共荣，也展开过激烈的竞争和角逐。18世纪以后，随着工业革命的到来，资本通过与产业、科技的联姻，成为全球统一和融合的主导力量，一跃登上近代史的王座。

## 明天会更好

在我们的生活中，资本无处不在。但资本的模样，却像普罗透斯的脸，总是模糊不清，随时呈现不同形态和面貌，令人迷惑。不同时代、学派，基于不同目的，对资本往往有着非常不同的理解。概括起来，主要有以下概念体系：

**第一种认为，资本是一种"生产要素"。**

亚当·斯密说，资本是为了生产而积蓄起来的财富。李嘉图认为，资本积累的扩大是工业经济增长的基础，更多资本使更多劳动投入到工业生产中，从而创造更多的国民财富。在现代西方经济学里，从柯布-道格拉斯生产函数、索洛外生增长模型，到罗默内生增长模型，资本表现为一种"物"，是生产资料。

**第二种认为，资本是一种"社会关系"。**

马克思认为，资本的外在表现是生产资料，但本质却是一种社会关系，生产资料只有纳入社会关系中，才能成为资本。"资本是死劳动，它像吸血鬼一样，只有吮吸活劳动才有生命，吮吸的活劳动越多，它的生命就越旺盛。"马克思指出，工人劳动创造的剩余价值被资本家攫取了，这必将引发阶级斗争。

所以，马克思说，资本来到世间，从头到脚，每个毛孔都滴着血和肮脏的东西。

对此，奥地利学派的庞巴维克有不同见解。

**庞巴维克认为，马克思的资本理论忽略了生产过程中的时间因素**。他认为，人们总是活在当下，认为现在的钱要比未来的钱更值钱；人们总是相信未来，认为现在的投入在未来一定会得到更多回报，就像牛会生小牛一样；而且，人类的劳动也总是采用"迂回"的方式，比如为了捕鱼会花更多时间去编织渔网。因此，时间就是金钱，现在的物品比未来的物品更有价值，放弃现在价值高的物品，换取未来价值低的物品，就必须给予利息补偿（价值时差论）。从庞巴维克开始，西方经济学边际效用学派逐渐崛起。

**在我看来，资本和货币一样，是一种"合作秩序"**。货币代表的是"实际存在于当下"的物品，人们"相信现在"，相信黄金、白银、纸币能够购买到房屋、粮食、牲畜。资本是人类对货币时间价值的一种利用和开发，资本存在的目的，是获取还不存在、属于想象中的未来物品——利润。

正如赫拉利认为，资本相信"明天会更好"，未来资源肯定超过目前。

人类全部奋斗的根本目的，就是对美好生活的向往。在这个世界上，没有什么比相信未来更有力量。对未来的信任构建出了一种令人惊异的合作秩序。

资本不仅是一种物质资料，还成为一种控制社会生产和再生产的方式。这种方式逐渐形成了一个总体化的控制框架，其他事物开始适应这种控制结构。无论是教育、医疗，还是工业、商业，都将自己的有效性标准交给资本形成。

在这种秩序中，资本曾对奴隶、工人进行无情的奴役和压迫，也曾和商人、船员、军队一起,展开全球贸易旅行和进行无数的征服、掠夺。在这种秩序中,无数科学家把青春和汗水献给了实验室。

在赫拉利看来,过去500年,关于"明天会更好"的概念说服了全球人民。投资不再是少数资本家的事,越来越多的人愿意将辛苦赚得的金钱投向各个领域,把信任托付给了未来。这种信任,创造了大规模信贷、股票、基金,组成了规模宏大复杂的合作秩序,带来实实在在的经济增长。对未来的信任,最后终于产生了一场革命,全球经济就像火箭般蹿升。

然而,"明天"是一个非常不确定性的存在,充满风险和挑战。

## 资本边际收益递减

量子物理奠基人薛定谔写过一本科普著作《生命是什么》。在这本书中,薛定谔提到一种叫"熵"的热力学度量单位。熵值越小,系统越有序,熵值越大,系统越混乱。薛定谔说,除非我们设防,一个封闭的系统会或快或慢逐渐走向混乱状态。这个从有序到无序的过程,叫作熵增。

对此,爱因斯坦深表赞同,他甚至宣称,熵增定律是科学定律之最。

熵并不容易理解。我们只要知道,熵增是一切事物发展的自然规律。不论有机个体,还是组织秩序,都会从有序走向无序,最终形成"均衡态",即熵死。

一个人的自然法则,是从出生开始,然后走向衰老和死亡。一个企业也会从熵低到熵高,逐步走向混乱并失去发展动力。历史上的许多王朝,也从精干高效,变成腐败衰落,最后全面崩溃。资本作为人类大规模合作的一种秩序,也逃脱不了熵增定律。只不过,经济学把熵增定律叫作资本边际收益递减。

经济学早就关注到,随着资本的不断投入,利润率趋于下降的经验事实。

亚当·斯密认为,利润率下降是由资本积累引起竞争加剧导致的工资上涨和商品价格下降引起的。马克思指出，资本的自由竞争，会产生不断消除超额利润的利润平均化趋势，而且，在资本积累过程中，随着资本有机构成的提高和资本周转速度的减慢，平均利润率会趋于下降。

后来，凯恩斯在《就业、利息和货币通论》中将这一现象定义为"资本边际收益递减"。所谓资本边际收益，是指预期增加一个单位投资可以得到的利润率。凯恩斯认为，资本边际效率随着投资增加而递减。即假定在一定技术条件下，随着资本投入的增加，收益会越来越多，但超过一定限度后，增加的收益会变得越来越少，甚至使总收益绝对地减少。

**如果说熵增是科学定律之最，资本边际收益递减则是经济学的一条铁律。**

至于原因，我认为主要有三个方面：

从投入角度，投资增加会引起资本稀缺，提高资本成本，降低预期利润率。

从形成角度，投资增加会使系统复杂化，降低资本配置效率，加大风险。

从产出角度，投资增加会使产品数量增加，生产过剩导致市场价格下降。

凯恩斯认为，越是预期资本边际收益崩溃，人们就越不敢投资，不敢消费，"持币观望"（流动性偏好）的愿望越强烈。就像现在人们一旦对经济表示失望，就会去买黄金，做避险需求。当失望来临时，投资者情绪可能顷刻间崩溃，投资和消费需求的不足，最终导致金融危机、经济萧条、失业增加。

凯恩斯的对策是通过财政、货币政策刺激消费和投资，提高总需求，扩大就业。这套"组合拳"已是各国政府最常用的调控框架，尽管效果饱受争议。

凯恩斯理论的背景是工业生产。在历史上，资本投向的对象多种多样。无论投向哪个领域，都逃离不了边际收益递减的诅咒。

资本曾与农业、商业、军事、官僚体系紧密结合，但长久以来，总是经历短暂繁华，漫长萧条，轰然倒塌，然后又在废墟上重新起步。而且，任何资本都有一种狂想病，企图不用生产过程做媒介而直接获取利润。资本的过度积累常常增加市场泡沫，导致脱实向虚，失去资源配置功能。

在1500年前，不论是中国，还是欧洲，人们并不太相信未来会比现在更好。他们宁愿挖个坑把金银财宝埋起来，也不愿意做任何投资。整个社会既无突变式发展，也无渐进式增长，长期停留在同一个层面上自我消耗、自我重复。

边际收益递减的实质是资本的自我否定。这种状态一旦实现，社会经济系统就会陷入"均衡态"，而无法实现新的发展。如同马克思的"社会平均利润率"，新增剩余价值会平均分配到各个行业，社会经济将只有量的扩张而无质的变化。

但是，资本边际收益递减也是驱使资本积累与转移的基本动力。在这个规律下，微观上单个资本总是试图努力逃脱宏观平均利润率的下降，这种竞争压力演绎了人类社会经济发展的一幕幕生动画卷，直至打破这种平衡。资本边际收益递减的压力，是竞争中胜出的资本收益率高企的动力和前提。

它驱使资本加深对劳动力、自然力的汲取，造成广泛剥削和生态破坏。

它驱使资本在不同行业间、产业链的不同环节间流动，形成新的组织形式。

它驱使资本寻求新的生产方法，用机器取代工人，提高劳动生产率。

它驱使资本从资本主义中心区域转向外围世界，在全球辗转腾挪。

它驱使实体资本衍生出虚拟资本，带来生产过剩、过度投机和金融危机。

……

## 耗散结构体系

薛定谔说，生命以负熵为生。熵增定律是封闭系统的规律。生命可以通过吃、喝、呼吸以及同化，从周围环境中不断汲取"序"，远离平衡，避免熵死。

"问渠那得清如许？为有源头活水来。"这是一个开放的耗散结构。

资本形成是一个将储蓄转化为投资、投资作用于生产的过程，就像生命一样，资本秩序要生机勃勃，避免成为死水，就必须不断与外界交换信息和能量。

（1）不断有新的资本累积起来，目的是用于投资而不是消费。资本积累的方式有许多种，农业、贸易、工业或征服。1492年，哥伦布登陆美洲，这一旅程引发了世界上规模最大的土地掠夺。除了强占土地，他们还搬走了这片大陆上的所有黄金和白银。正是对美洲的掠夺，欧洲迅速完成了原始资本积累。

（2）不断优化资本形成渠道，通过准确定价实现资源优化配置。弗里德曼说，资本市场是"通过风险定价功能来指导新资本的积累和配置的市场"。判断资本市场功能是否完善，唯一标准是风险定价的准确、有效和专业。只有定价准确、合理，资本才能配置到经济社会发展最需要的地方。

（3）不断推动新的增长点迭代出现，让人们看见希望、相信未来。借由美洲贵金属，通过高效的资本形成渠道，欧洲把资本配置到了工业生产和科技进步。与农业、商业、军事等不一样，科技进步是迭代递进的，效率呈指数上升。从一种技术范式到另一种技术范式，增长点迭代出现推动产生新的超额利润区域。

最终，形成了普利高津所说的"远离平衡态"，出现边际收益递增。在这一系列远离平衡态的艰难历程中，蒸汽机的发明和产业化，是人类突破平衡态的一个关键阈值。作为人类"钻木取火"以来最伟大的发明，蒸汽机这个参量的出现,是人类工业进程中的第一个"巨涨落"标志。

此后的世界,不断表现出新的特质,持续而且广阔的经济增长成为常态。但就像一杯煮沸的开水,耗散结构是一个远离平衡的开放系统。

在过去500年的时间里,技术发展日新月异,但战争、掠夺和剥削愈演愈烈,时间的脚步越来越快,世界更加动荡不安……

这条道路是福还是祸,还能走多远,谁也不知道。资本的历史从来不是一条直线,总是在波澜起伏中寻找归途。

食指有一首非常著名的诗,就叫《相信未来》。我们之所以如此固执地相信未来,是因为除此之外,再没有别的选项。

## 上篇
## 发现时间的价值

在这个阶段，人类在生产生活的实践中发现了时间的价值，并逐渐掌握了一些简单的资本形成工具，但资本秩序处于宗教、王权、军事的"钟罩"之下，总是难以施展拳脚。资本无论投向原始农业、商业、贸易、征服战争还是官僚体系，总是经历短暂繁华，漫长萧条，轰然倒塌，然后又在废墟上重新起步。从美索不达米亚、古希腊、古罗马，到中世纪的欧洲、古代中国的封建王朝，无论世界哪个角落，经济增长总是周期性地崩溃，人类社会大多数时候都陷在无序的内卷、内缠之中，始终没有实质性的螺旋式演进和上升。

# 第一章 "债在西元前"

在3000年前（公元前1000年前）的两河流域，资本主要投向农业领域。农业社会利息的合理性来自谷物、牲畜的自然增殖。那些用芦苇刻下的楔形文字，并非什么诗和远方，而是干巴巴的契约，是枯燥无味的生意，是债，是平民的悲歌。

## 发现时间

大约200万年前，能人中的一个或一群"爱因斯坦"，完成了人类历史上的第一个重大发现：如果拿一块石头以倾斜的角度砸在另一块石头上，可以砸出一个有着刀子一般锋利边缘的石头碎片。与飞机、互联网、原子弹这种发明相比，制造一块粗糙的石头刀片实在没有什么了不起，但这却是人类认识自然、改造自然、提升自己生存机会的关键一步。

因为，这里面隐含的思维演化是划时代的。做出一块形如刀片的石具，这就要求能人的脑袋中有一个先入为主的"图景"——这个石刀是什么样的；接下来，我要怎么做。

在此之前，人和动物没有什么区别，只是活在当下，对世界、周边环境的认知仅限于三维空间概念，而无法进行时间上的梳理。从发明石刀这一刻起，人类通过想象，开始在脑中建立时间观念，并尝试进行初级因果分析。时间概念的本质是思维训练，人类对复杂因果关系掌握的程度，决定了人类的发达程度。

100万年后，直立人当中的又一个或又一群"爱因斯坦"，从"火烧食物味道更好""用石头相互碰撞可以产生火花""点燃木头可以保存火种"等一连串的复杂因果关系中，开始认识并使用火。于是，直立人可以点燃整片草原、森林，当火势停歇，无法逃走的动物们便成了他们的烧烤盛宴。

美国历史学家布尔斯廷说，人类最早的伟大发现就是时间。

很多人或许会有疑问，狗、猪等也有时间观念，比如说，在某个特定时刻，它们会准时在某个地方等候"开饭"。其实，动物的这种时间观，并不是因为它们的大脑出现了一幅"吃饭"的图景，而是由于经过训练或本能，刺激了它们的大脑皮质，令它们产生条件反射。这就像人类的婴儿，在四岁前他们也能学会很多事情，但长大后却怎么也记不起。因为婴儿大脑难以形成"图景"，他们的学习方式就像小狗一样，只是一种条件反射，无法进行相应的因果分析。

人类在把因果分析应用到发明创造的同时，也将因果分析应用在合作秩序。

比如，原始人会将刚刚捕获的猎物借给邻居。因为他相信，不久的将来，邻居会还给他一头相似的猎物，或者提供其他的帮助。这位原始人甚至可以展开想象，在他的头脑中构思一幅邻居归还猎物时的感谢场面。

信贷就这样产生了。在历史上，信贷不但要早于铸币，也要早于文字。人类学家发现，早在1万年前，欧亚部族之间就有了原始的货物贸易，这些交易起初就是通过借贷方式，发生在部族或者家族内部。如果没有偿还要求，叫作馈赠；如果有偿还要求，就叫借贷；如果偿还要求超过当时借贷额，就叫含息借贷。

这种交易无须媒介，也不需要"元、角、分"之类的抽象价值概念。

可一旦产生了借贷，就一定需要时间的度量和表达。什么时候还，还什么，还多少，这是借贷的核心内容。

我们的祖先没有时钟和历书，却有功能类似的东西。地球、太阳、月亮和星辰都有自己运行节奏，植物的生长四季轮回，都让远古人类深深着迷。

今天我们低头看手机，老祖宗会抬头看太阳、月亮和星星。可以想象这么一个场景，原始人在把猎物借给邻居的时候，会附加类似这样的条款：

请在明天太阳下山之前还我一只相同的猎物；

请在下一次月亮变圆的第二天修葺我家的房子；

请在冬天第一场雪来临前还我一担干柴。

公元前8000年以后，人类逐渐进入农业时代，资本和信贷日益常见。资本的形式，可能是种子、改良后的工具，或者成群的牲畜。

对时间的度量和计算越来越重要。

古埃及人根据对尼罗河涨落和星辰的长期观测，将一年分为12个月，每月30天，再加上5个宗教节日，共计365天。

公元前4000年后期，苏美尔（两河流域下游）人开始尝试将经济时间和天文时间分离。他们在规划分配和计算利率时，采用的不是365天这个自然周期，而是12个月、每月30天的日历年。"360天一年"可以划分出很多时间阶段：1/2、1/3、1/4、1/5、1/6、1/8、1/9和1/12，每个阶段都可以用整数来记载。直到今天，企业债券、市政债券以及许多银行的借款，也都是基于360天为一年计息。在此基础上，苏美尔人发明了60进制度，一小时60分钟，一分钟60秒……（吴宇虹，2013；戈兹曼，2017）

这种时间模型，能够很好地分析周期性的经济现象，促进资本的积累。

在资本的推动下，庙宇和城市的建设，就有了可能。

## 利息的产生

在古代,寺庙不仅是人员组织和货物储藏的地方,也是人们贡献礼物以交换神的庇佑的地方,是所有经济、政治活动的核心。那时候,自由公民通常不需要向政府管理机构或国王缴税,但每一个人都必须"献祭"。许多宗教经典都认为,人从出生开始就是债务,只有死了以后,才能从死神中赎回自己。

人类最终的牺牲不可避免,但通过祭品,可以推迟这一结果到来。

在伊拉克博物馆,有一件国宝叫乌鲁克祭祀瓶。

这个瓶子可以追溯到公元前3000年。瓶子画面描述的是一个祭祀的场景——一大群裸体的男人,每人拎着一个篮子或双耳瓶,里面装着各类动植物,人类的头顶,是神庙的世界——他们正在给祭司或女神伊南娜赠送礼物。

当农场主、渔夫或手工业者无力支付这笔"献祭"时,他们只有两个选择:一是拖欠,向神庙表示延迟缴纳;二是借款,向资本充足的人或机构寻找周转。

无论哪种方式,都将表现为信贷,并记录在案。现在能找到的最早借贷记载,发生在公元前2500年左右,来自古巴比伦的乌尔第三帝国。他们把借贷刻在陶片上,不过那时候的契约还十分简单,只记载了"谁欠多少大麦"。

表1-1 陶片上的文字

| 大麦(单位:升) | 864 | Lugid,税务员 |
|---|---|---|
| | 720 | Kidu,来自巴格拉(Bagara) |
| | 720 | Igizi,铁匠 |
| | 720 | Engarzi,来自奠酒祭神的地方 |
| | 720 | Ur-Hamazida,农夫 |
| | 720 | Ur-dumu,来自 Ashdu |

（续表）

|  | 720 | U'u，来自 KA．KA 的门卫 |
|---|---|---|
|  | 720 | Lugalnig |
|  | 720 | Almu，这些是庄园仆人 |
|  | 720 | Eki，牧师 |
|  | 720 | Kikuli，牧羊人 |
|  | 720 | A'edene，来自 Dumuzi 神庙的领地 |
|  | 720 | Anini，监工 |
|  | 720 | Amarezem，来自 Kisllutaga |
|  | 9360 | Gugish，监工 |
| 合计 | 19584 | Urnu 的 Amarezem 的捐款 |

数据来源：《价值起源》（万卷出版公司，2010 年）

考古学家认为，这个陶片记录的是15个人应该上缴的祭品。但不知道何种原因，他们一直拖欠而没有支付。于是，神庙记录下来，并注明这是一笔"强制性捐款"。按当时的惯例，谷物延迟支付，年利率约为33.33%。在后来的几个世纪中，"强制性捐款"也逐渐变成了"贷款"的专业术语。

这些原始的信贷记录，大量存在于公元前2000年左右的两河流域。

那么，又是什么让古人产生了收取利息的想法？

在苏美尔语中，利息一词是mash，它有牛犊的意思；在古希腊语中，利息一词是tokos，它有牛繁殖的意思；拉丁文中的pecus，代表畜群。

牛是重要的劳动生产工具，也是供奉给神明的重要祭品，代表绝对的价值。

在古代，牛的拥有量决定了个人、家族的社会地位。剩余劳动力可以以牛的形式保存，进而通过雇佣仆人、奴隶获利来加速资本积累。在古希腊荷马时代的威尔士法律当中，公牛是重要的货币度量单位，尽管不会真的为任何物品支付公牛。比如《荷马史诗》写道，一套优质的盔甲值九头牛，一名女奴值四头牛。

利息来自谷物、牲畜的自然增殖。

如果你将10头牛借给某人一年，你可能会希望他还给你11头牛。因为在自然条件下，牛群会自然增殖，牛主人的财富也就因此具有与牲畜增殖率相同的自然增长率。如果牛是标准货币，那么所有可类比的借贷，都理应具有"增殖"属性，利息收入也应该视为投资者的正当权利。而且，牛生牛犊，牛犊长大后再生牛犊，如此，收益形态呈现树形支状。

因此，也不难理解，利息的计算应采用复利方式，而非单利。在一个狩猎和采集的社会，利息会被认为是一个过分的请求。在一个农业社会，利息的概念就显得自然而然。

## 平民的悲歌

> 我给你的爱写在西元前，
> 深埋在美索不达米亚平原，
> 几十个世纪后出土发现，
> 泥板上的字迹依然清晰可见……

每当唱起周杰伦的这首《爱在西元前》，眼前就会飘过底格里斯河旁的原野，掠过巴比伦的废墟，印入乌尔古城的苏美尔女神，而那一排排的泥板上面，仿佛镌刻着无数动人的爱情故事。

在美索不达米亚（意为"两河之间"），两条大河从高耸的山脉涌出后，进入平坦的南部平原，速度减缓的流水不仅滋润着两岸的植被，也带来了大量高原的沉积物。

这里是《一千零一夜》的发生地，这里是《圣经》中所描述的伊甸园。

想象很丰满，但现实很骨感。那些用芦苇刻下并留存至今的楔形文字，其实并非什么诗和远方，也不是什么风化千年的誓言，而是干巴巴的契约，是枯燥无味的生意，是债，是平民的悲歌。

公元前1820年，巴比伦城邦里一位名叫班里的年轻人，决定修葺他们家族城外麦田的灌溉网络。

他敏锐地发现，祖传下来的几块麦田，自他父亲以来，产量不断下降。

经过仔细研究，他和他的父亲认为原因在于灌溉系统的老化和损毁。

那时候，为了应对不期而至的洪水和恶劣的环境变化，两河流域的城邦在水利建设上花费了巨大资源。水资源管理工程多种多样，灌溉系统复杂精致。在公元前1780年左右颁布的《汉穆拉比法典》中，就有许多关于灌溉、水权的规定。

但是班里的家境并不宽裕，他必须借钱去支付这一笔维修费用。那年7月，班里的父亲埃里胡决定向寺庙借一笔款。

商人辛-他加尔与寺庙有着紧密的合作关系。在五位见证人的见证下，寺庙以"太阳神"（古巴比伦正义之神）的名义与辛-他加尔一起作为联合债权人，借给埃里胡1又1/6谢克尔白银（约9.33克），埃里胡承诺将在收获的季节还本付息，利息根据本金和标准利率计算。

这是一笔生产性借贷。

公元前3000—前1900年，苏美尔大麦贷款的常用利率是每年33.333%，银子贷款的利率为每年20%。后来，这一惯例被写进了《汉谟拉比法典》，成为古巴比伦沿用1200年的法定利率上限。

按规定，合约一旦被履行，记录债务的泥板就要被放到水中，泡成泥浆。但在这个故事中，泥板被保存了下来。这意味着，这笔贷款并没有被偿还。考古学家猜测，可能是那年收成不好，或者班里的家庭遭到了其他难以预料的变故，导致班里的父亲无法履行合约。

如果不能按期偿还，放贷者可以将班里父亲的财产据为己有。收取财产通常从谷物、绵羊、家具开始，然后是土地和房屋。最终可能征收家庭成员，先是奴隶、仆人，然后是子女和妻子，最后是欠债人自己。这些人会成为债务苦工，他们可能不是奴隶，但必须像奴隶一样，在债主家里或者寺庙、宫殿一直工作下去，直到连本带息还清所有欠款。

这样的后果是，一旦某年农作物突然歉收，大量的农民就会变成债务苦工。一些人会因为恐惧而逃亡，许多家庭因此支离破碎。

## 商人贾米勒

在公元前1800年前后，乌尔城（现位于伊拉克）的一条名叫乌尔利基巷的巷子里，生活着一个名叫贾米勒的商人。贾米勒早年做过外贸，他将乌尔的谷物、手工制品贩卖到伊朗的山区换取青铜，积累了一笔不小的财富。

后来，贾米勒老了，干不动了，也厌倦了旅途的劳顿，企盼安定的生活。

当然，重要的是，他积累了丰富的人脉。贾米勒在乌尔有了一定的地位，"谈笑有鸿儒，往来无白丁"，他的座上客，不是寺庙僧侣，就是王宫官员。而且，多年的历练，也使贾米勒十分了解农民、手工业者的生产生活情况。

于是，他决定在乌尔开始他的金融投资事业。

一方面，贾米勒从寺庙、宫廷以及商人朋友那里吸收存款。

当时的美索不达米亚平原还很富饶，能够生产大量谷物、牲畜，提供许多羊毛和皮革，河边大片的苇秆可以编成席子、篮子和箱子。但除此之外，那里一无所有，没有交易用的贵金属，没有锻造武器的青铜，也没有建筑用的石材。为此，寺庙的僧侣或官员发明了支付利息的贷款，支持商人离开平原，去今天的埃及、伊朗甚至阿富汗，出售商品，换取平原需要的物质。

寺庙、宫廷需要贾米勒这样的专业人士，帮助他们理财。为此，他们要求的年利率在6%—12%之间。

出门在外的商人，也需要一个信得过的人帮他管理资产。比如贾米勒有个好哥们儿叫阿布，是一名青铜贸易商，靠着从乌尔到迪尔蒙的海上探险发了大财。

公元前1796年，在寺庙官员的见证下，贾米勒和阿布签订了一份合约。阿布借给贾米勒250克白银，而贾米勒承诺5年后归还阿布297.3克白银。这是一笔5年期的定期存款，按今天计算年利率约为3.78%。

这笔存款的利率着实不高，和今天央行规定的基准利率差不多。利率代表社会经济运转水平，低利率意味着国家发展比较兴旺。贾米勒生活的那个乌尔，正处在一个黄金时期。

贾米勒撸起袖子从家门口的泥坑里搬出一块湿漉漉的泥巴，做成方方正正的土块，趁土块还没有干透，他用芦苇把协商好的内容简洁地写了上去，双方无异议后，他把土块装入事先准备好的陶土信封，并盖上借方印章。

在寺庙官员的见证下，贾米勒向太阳神起誓，若有违约，天打雷劈。这可能是世界上最早的存折了。贾米勒以这种低息方式，吸收了很多存款。

另一方面，他进行了一系列投资。

比如，他曾给一位远行的商人提供资金支持，为商人的创业梦想加油点赞；他曾投资了供应寺庙的面包店，成为国王的粮食供应商；他还建立了一个青铜加工厂，帮助国王打造兵器。

此外，贾米勒还将部分资金，作为短期贷款借给了当地的农民和渔民，帮助他们缴纳"献祭"，维修灌溉系统，度过经济周期，平滑消费。

这些针对平民的小额信贷，十分考验贾米勒的风险管理能力。

为此，贾米勒索求年利率高达20%的利息。如果还不起，不好意思，依照当时的法律，债务人就得卷铺盖到贾米勒家做苦工，直到还清债务为止。

## 乌尔利基巷

今天伊拉克乌尔城，寂静、荒凉地矗立在平坦而干燥的平原上。

这座沙漠里的废墟，是世界上第一座城市，有着7500年的文明史。乌尔地处波斯湾和两河流域的交界之处，曾是幼发拉底河最繁忙的港口，周围布满了运河河道，港口里充斥着商船、货栈和各类工厂。

乌尔城，这个四通八达的港口城市，是许多商人进行贸易的理想场所。

在这个城市里，人们承认泥板上记载的利润。

债务不仅是一种财富，具有时间上的价值，也可以在不同的人员中流转。

公元前1794年左右，阿布的海上冒险生意遇到了重大挫折，他投资的一艘货船在惊涛骇浪中化为乌有。阿布找到贾米勒，希望能够早点兑现。

贾米勒不是什么善茬，朋友归朋友，生意上必须亲兄弟明算账。他表示，阿布啊，这笔存款的到期日是公元前1791年，兄弟我也没有余粮啊。

怎么办？贾米勒给阿布指了一条路，隔壁伊利舒和阿沙德最近贩卖石头发了大财，要不去找找他们？

在贾米勒的撮合下，阿布把这块泥巴状的"存折"卖给了这两兄弟。

公元前1791年，伊利舒和阿沙德从贾米勒那里成功收回了欠款。

乌尔城的文件表明，在当时，个人承兑票据存在显著的二级流动性市场。在这个市场里，还款的承诺，可以被视作通货流转。有些票据需支付给原始债权人，还有些可以支付给任何一个持有人；有些见票即付，有些则有固定日期。

现在看起来，这些古老"证券"的流转程序有些复杂，要邀请德高望重的见证人（往往由寺庙和政府的官员担任），还要请这些见证人以"神"的名义起誓，并在泥板上刻下他们的名字。

即便如此，乌尔的资本仍然在夹缝中艰难生长。有证据表明，乌尔不但出现了支持商人远洋贸易的合伙人制度，还出现了支持个人未来规划的养老保险、投资组合等。

古巴比伦的乌尔城，不但有一批非常具有创造力的企业家和资本家，还有一套现存最古老的金融产品和金融工具。这些以贾米勒为代表的企业家和资本家们，建立了当时世界上最先进的金融交易场所及其相配套的交易秩序。

如果乌尔是今天的纽约，乌尔利基巷就是当之无愧的华尔街。

## 砸碎泥板

公元前18世纪，乌尔城隶属拉尔萨王朝，当时的国王名叫瑞姆辛。瑞姆辛是一个猛人，做了60年国王，东征西战将拉尔萨带入强盛。

商品经济是天然的革命派。

商人们四处游走，勇于冒险，他们不依靠政府体制分配，也不依赖家族机构，而是凭借投资买卖获取收入、保障未来和颐养天年。

这些经济上独立的个体一旦作为阶层出现，就会成为一群危险的人。如果规模足够大，就会以一种微妙方式解构人们对政府的依赖，削弱王权的力量。

公元前18世纪的乌尔，资本似乎有了一丝冒头的曙光。

但是，对于一个相对封闭型的农业形态社会，生产力水平不高，资本积累的速度很低，永远不可能逃离边际收益递减的魔咒。

一个商人要赚更多的钱，就意味着要剥削更多的农民和手工业者。而这很可能撕裂整个社会，造成严重的阶级冲突。在美索不达米亚，在古代中国，王朝总是周期性地更迭，背后原因之一，就是财富过度集中，导致社会贫富悬殊，阶层分裂。因此，在农业社会，商人这个群体总是被长期、有组织地打压。

或许是对商人势力的恐惧，或许是对高利贷者的厌恶和对债务苦工们的同情，还有可能国王本身也深陷债务危机，公元前1788年，瑞姆辛颁布了一道敕令，宣称所有的贷款都是无效的。

这条法令要求，免除所有未偿还的消费债务，把土地归还给最初的所有者，允许所有的债务苦工回到自己的家庭，回到母亲的身边。

有学者认为，当时商业贷款可能不在免除债务范围之外。

但不管如何，贾米勒和其他放贷人仍然全军覆没。他们提出了诉讼请求，但最终以失败而告终。国王瑞姆辛宣称，他的王权来自天授，具有超自然的身份，因此他在必要的时候，有权利重新塑造人类社会。

这种敕令后来成为惯例。每到春天庆祝新年的时候，巴比伦统治者们会举行一个"砸碎泥板"的仪式，主题总是冠冕堂皇：重建公平和正义，保护寡妇和孤儿，等等。

敕令向深陷债务的平民百姓伸出了援手，但粗暴的方式也令许多商业行为的发展陷入停滞。当远距离贸易、金融资本的收益，无法抵销债务豁免带来的潜在损失时，资本形成成本升高，商业架构就会土崩瓦解。

在贾米勒之后的1000年里，考古学家在乌尔再没有发现任何贸易文件，以及类似的充满想象力的金融凭证。

乌尔昙花一现的资本秩序，最终湮没在烈烈风沙当中。市场经济是一种不断扩展的人类合作秩序。但在公元前的几千年时间里，尽管贾米勒等商人做出了很多努力，但这种合作秩序却仍像困在与世隔绝的"钟罩"之内，到处都是难以跨越的阻碍和栅栏。

在边际收益递减的规律下，美索不达米亚逃脱不了"治乱循环"的历史宿命。有份叫作"苏美尔王表"的文献，描述了两河流域此起彼伏的政权更迭。按照王表，"王权"自天而降，然后从一个城市转移到另一个城市。

## 灰犀牛

在公元前2006年乌尔第三王朝灭亡以后，两河流域一直处于分裂状态。

伊新、玛里、拉尔萨等六个城邦国家谁也不服谁，为争夺奴隶、土地、水流和灌溉网络控制权，兵战不息。一时间土地荒芜、农商衰败，史称"六强争雄"。

公元前1763年左右，巴比伦国王汉谟拉比的军队打败了瑞姆辛，完成了两河流域的统一大业。当汉谟拉比把巴比伦城推上巅峰的时候，他也许没想到，平静之下，暗流汹涌，一群灰犀牛先是悄悄靠近，然后撒开了四腿迎面飞奔而来。

两河流域是历史上最早的人类文明，曾哺育了无数村落和城市。公元前3000—前2000年，两河流域的信贷利率上限一直维持在谷物33.333%、银子20%。而在商业贷款或有抵押物的贷款中，利息会大打折扣。

在两河流域，已经形成了较为原始的农业资本体系。威特福格尔认为，调用人力资源兴建灌溉工程，管理水利设施，使复杂的专制政府的出现成为必然。公元前2100年前后，乌尔第三王朝提倡扩大灌溉系统，鼓励人口增长和外来移民定居。这种急速扩张带来灾难性后果。过度的农业开发和大量的农田灌溉，使地下水的钠盐含量急剧增高，最终使土壤盐碱化。

从公元前2000年开始，小麦逐渐无法存活，只能种植耐盐的大麦。

到公元前1000年，盐化被认为是诸神对人类罪行最严厉的报复。

吉尔苏、拉旮什、温马、舒如帕克等一批批苏美尔城市走向衰落。

美索不达米亚的自然边际产量不断下降。以最早遭受盐化的吉尔苏为例，在公元前2400年，大麦每公顷收2537公升，到公元前2100年，降到1460公升。约公元前1600年，吉尔苏完全被弃。

两河流域农业生态持续恶化，使得资本最终失去了方向。当人们不再相信未来，取而代之的，可能是政府强制力，或者血腥的战争机器。在公元前1500年以后，美索不达米亚的无抵押信用贷款记录越来越少。公元前1000年以后，这里再也不是那个令人神思的地方。亚述时期（公元前9—前7世纪），政府就是武力的别称，生产服务于对外战争需要。同过去两河流域《汉谟拉比法典》相比，亚述法律充满了肉刑，公然鼓励将俘虏折磨至死，对不服从的奴隶可坑杀剥皮。

尼尼微是亚述帝国的政治经济中心，也是西亚重要的贸易市场。但它的繁荣，完全建立在掠夺他国财富基础上。《圣经》里，尼尼微被称为"血腥的狮穴"。

亚述最大的贡献，是战争的艺术。他们发明了骑兵，还将军队分成若干兵种，如战车兵、骑兵、重装步兵、轻装步兵、攻城兵、辎重兵及工兵等。

在亚述，谷物贷款的正常利率达50%，银子贷款利率则在20%—40%。事实上，当时信用贷款记录已经不再那么常见，而且形式更加原始。如果没有大量典当物做担保，亚述人几乎不会放贷。

公元前539年，波斯人征服巴比伦。从那时候起，巴比伦的古老文明被摧毁殆尽。这可能是历史上最漫长的灰犀牛，它步履蹒跚而来，然后带走所有生机。

直到公元300年以后，这里成为东西方贸易的必经之地，两河流域才以伊斯兰教的方式，重新融合统一，再次回到人们的视野。

# 第二章　地中海资本兴衰

古希腊适应自身地理禀赋,建立了以工商为导向的城邦国家,培育了一种全新的贸易资本。而罗马把从希腊现学的资本工具,充分运用到了他们的掠夺事业中。在罗马,打仗不仅是你死我活,还是一项能获得巨额回报的投资。

## 文明分叉

12万年前,非洲大地人满为患,食物短缺。有些四肢纤细但头脑充满想象力的人,决定到外面的世界去看看。

9万年前,他们到达了中东地区,在这里,他们又分道扬镳。

一支留在了埃及和美索不达米亚平原。这里是人类走出非洲的第一站,也是人类文明的摇篮。这里有尼罗河,有底格里斯河和幼发拉底河,有广阔的适宜植物生长的平原和气候。于是,他们以一种富于创新的行为,彻底地从采集、狩猎转到了耕种生活,创造了古埃及文明和古苏美尔文明,从诸多原始部落中脱颖而出。

一支往东,通过云南、广西进入中国。那些向东行驶的人类,到达一个土壤纤细的辽阔大地。那里虽然没有唾手可得的食物,但黄土细碎,可使用原始的工具耕耘，比如木制的犁和原始的石锄。这里还有一条携带大量泥沙的黄河自西向东，可供农田灌溉。于是，围绕黄河周围，诞生了延续至今的华夏文明。

一支往北，成为欧洲人的祖先。那些告别故土，紧跟北上低压带而躲避干旱，试图保持原有生活方式的人，无意中遇到了北方的季节性严寒。起初，这些人过得并不好，他们在坚硬的岩石间隙种植农作物，一年辛劳却仍难以填饱肚子。但那些艰难存活下来的人身上都产生了一种新的适应能力。

抵达东亚地区的人类中，又有一支往南，跨过山和大海，一直走到今天的澳大利亚、新西兰。

那些南下进入信风带的族群，选择了一条困难最少的道路，他们遇到的是热带单一气候，这种长年温暖湿热的环境令人昏昏欲睡。最重要的是，这里光、热、水资源充足，物产丰富，随便摘个热带果子都能过上好日子，才不稀罕去太阳底下脸朝黄土背朝天，更不愿意开动脑筋思考什么发明！所以，长期以来，在这里的人类后裔，他们与远古祖先的生产方式并没有太大差异。

1万年前，人类已经走遍千山万水，分布到了地球几乎每个角落。

在中东地区，尼罗河的洪水每年都按部就班，在八月时期溢出河床，淹没两岸土地，而底格里斯河、幼发拉底河却并不循规蹈矩，经常"情绪失控，乱发脾气"。在中国，黄河绵延约5500千米，流域面积超过75万平方千米，从大禹开始，几千年来，治理黄河一直是国家头等大事。

洪水治理需要上下游协调，风险规避需要做好统筹计划，这都要求一个强有力的统治机构。埃及平原、两河流域、黄河平原一马平川，无险可守，正是一代代强人逐鹿的最好场所。于是，与大河、平原相伴相生的，是尼罗河畔不可一世的埃及法老，是两河流域此起彼伏的城邦霸权，是古代中国你方唱罢我登场的中央专制王朝。

## 从王权到资本

在欧洲巴尔干半岛的希腊地区,则是另外一番景象。

希腊既无辽阔平原,也无一泻千里的大河,到处都是崇山峻岭和深峡险谷,希腊大大小小数百个城邦相互并存,谁也没法吞并谁。

希腊土地贫瘠,地形险恶,一锄头下去,火星四溅,根本无法模仿同时代其他文明的农本道路。希西阿德在他的《田功农时》中说,一个希腊农民四季不停劳作,既种谷物,又从事园艺、畜牧,也难以维持生计。

当埃及法老在尼罗河畔倾力打造宏伟的金字塔,苏美尔人在两河流域书写楔形文字时,希腊还是一个鲜有人烟的苦寒之地。希腊先民大多是文盲,白天吆喝着出海打鱼,晚上吆喝着出海打劫,过着"不要命不要脸"的日子。

所幸的是,希腊与这些发达的农业文明之间,只有一个内海的距离。

这个海,就叫地中海。地中海不是浩瀚无际的大洋,只是一个洲际内湖。星罗棋布的大小岛屿,就像一个个跳板,为水手们提供避风港。即使没有现代交通条件,古希腊人也能顺畅地与周边地区频繁来往。古希腊的商人带着葡萄酒、橄榄油,跨越重洋,去遥远的地方换回谷物、拖鞋等。希腊约有一半人口依赖黑海、中东的粮食。

在这样的环境中,经商渐渐成为一个受人尊敬的行业。商人是自由的土壤,是威权的天然消解者。他们游历四方,敢于冒险,热爱学习;他们消息灵通,很难被愚弄;他们认为公平买卖、自由平等是基本准则,要求私有财产神圣不可侵犯。

在希腊雅典,起初也有过王权时期。但随着商人势力的崛起,王权不断缩小。公元前1068年,雅典最后一任国王科德鲁斯在一场战争中英勇献身,雅典人认为科德鲁斯太伟大,后世没人再配得上"国王"这个崇高的名称,干脆把王权废掉了,以执政官取而代之。

在王权不断缩小的过程中,雅典作为一个商业城市崛起了。雅典立邦之时，将公民分为贵族、农民和手工业者三类。到公元前600年左右，许多平民通过经商方式获得了大笔财富，他们渴望在政治上谋求与贵族同等的地位。这时候，伟大的改革家梭伦出现了。

梭伦从政前也是个商人，对贵族与平民间的尖锐矛盾深有体会。在当上雅典执政官以后，梭伦开始大刀阔斧地进行改革。梭伦极力推行"解负令"，但不是类似苏美尔城邦那样的进行周期性的债务苦工大赦，而是通过立法禁止以债务人的自由作为抵押。同时，按财产多寡重新划分社会阶层，财产多的人等级越高，所能享受的政治权利也越多。

表2-1  古希腊按财产多寡划分社会阶层

| 等级 | 名称 | 条件 | 可担任职务 |
| --- | --- | --- | --- |
| 第一等级 | 500斗级 | 年收入需要达到500斗以上的谷物或者相应数量的葡萄酒及橄榄油 | 担任国家的执政官、司库、骑兵 |
| 第二等级 | 骑士级 | 能养得起马或年收入300—500斗 | 担任国家的执政官、司库、骑兵 |
| 第三等级 | 双牛级 | 能养得起一对耕牛或年收入200—300斗 | 低级官吏、重装步兵 |
| 第四等级 | 日佣级 | 年收入在200斗以下 | 不能担任公职，可以担任公民大会成员、陪审员、轻装步兵 |

资料来源：《千年金融史》（中信出版集团，2017年）

通过一系列的制度改革，资本成为雅典的主宰。

人们以雅典为中心，建立起了港口、码头、市场、城邦……

尽管苏美尔的金融文件被掩盖在漫漫黄沙中，但苏美尔金融思想并没有就此埋没，跨越地中海的波涛，穿越近一千年的风雨，这些伟大的思想在地中海重焕生机。

## 讼词里的金融

作为一个民主社会，雅典政治活动的核心要素是投票。

每逢国家大事，一群公民就会走上讲台发表自己的政见，以供其他公民参考判断，再对决策事项进行表决。在这种政治环境中，最负盛名的就是那些口若悬河的雄辩家了。

古希腊时期，雅典银币上的头像，除了神灵、帝王外，就是雄辩家。他们发表演说，指点国家大事，周围有一群公民鼓掌，十分风光。

著名雄辩家德摩斯梯尼，从小父亲就去世了，叔叔是他的监护人。年少时，德摩斯梯尼十分羡慕公民参政时忧国忧民的样子，梦想有一天能够站在雅典的市政广场，一张嘴就能够地动山摇。但不幸的是，他是个口吃患者，发音不清，说话气短，还老不自觉地耸肩搔头，往往还没张口就被观众轰下台。

正当德摩斯梯尼准备放弃的时候，他发现，叔叔偷了他的遗产。

如果连自己的权利都争不回来，又有何能力兼济天下。当时，古希腊法庭采用陪审制度，在控辩双方辩论后，由200—1000人的陪审团投票表决。因此，当事人或律师的口才至关重要。为了索回遗产，德摩斯梯尼决定向雅典著名演说家、擅长撰写遗产讼词的伊塞学习演说术。

德摩斯梯尼把小石子塞在嘴里练饶舌，迎着呼啸的大风讲话，在自己的双肩上悬剑以纠正体姿……终于有一天，他站在法庭上，口若悬河，为自己大声疾呼。

他在讼词中清晰地向陪审团呈现了自己应得的财产数量。如果仅仅以12%的单利估计，其父亲留下的遗产，本金和利息的总和，扣除管理费用，差不多有4800迈纳，可以购买800名壮年奴隶（德摩斯梯尼主要财产清单见表2-2）。可是，叔叔给的却不到他应得的1/12。

表2-2　德摩斯梯尼主要财产清单

| 财产 | 员工数 | 固定资产 | 年收入 | 备注 |
| --- | --- | --- | --- | --- |
| 铸剑厂 | 有33名奴隶 | 约180迈纳 | 30迈纳 | |
| 沙发厂 | 有20名奴隶 | 约110迈纳 | 30迈纳 | 一笔40迈纳欠款的抵押物 |

资本5000年

（续表）

| 财产 | 员工数 | 固定资产 | 年收入 | 备注 |
|---|---|---|---|---|
| 存款 | 在银行家帕西翁那里存有2400枚德拉克马银币 | | | |
| 存款 | 在银行家皮拉德斯那里存有600枚德拉克马银币 | | | |
| 贷款 | 对苏托斯有一笔7000枚德拉克马银币的航海贷款（有息，约12%） | | | |
| 贷款 | 对莫米莱斯有一笔1600枚德拉克马银币的贷款（有息，约12%） | | | |
| 贷款 | 约6000枚德拉克马的小额无息贷款（无息） | | | |
| 其他 | 一栋房子，以及一些首饰珠宝 | | | |

（注：1迈纳约为480克白银，1枚德拉克马银币约重4.37克）

资料来源：《千年金融史》（中信出版集团，2017年）

德摩斯梯尼的讼词为我们提供了一幅古希腊的金融图景。在这个图景中，银行存款、账户、合同、风险……虚拟的金融概念深入人心。一窍不通的投资者，可以通过委托代理制度，投资船长和水手进行海上冒险；资金不够的商人，可以借助合伙人制度、抵押贷款制度，融得更多资金；有存款的手工业者，可以把钱存到银行家那里，依靠他们的专业能力，获取稳定的收益。

在公元前400—前300年之前，雅典的生产型资本已经非常发达。

德摩斯梯尼的讼词，表明了一个雅典富裕阶层多元化的投资方向。他父亲不但投资了铸剑厂，还投资了沙发厂，除此之外，还有航海、房产、存款等等。当时的雅典，已经成为地中海世界的中心。越来越多的人带着发财致富的梦想聚集到雅典，成为"雅漂"。有人的地方，就有市场，人越来越多的地方，市场就越来越大。富裕雅典人的手头几乎不留现金，不仅持有土地、房产，还租用奴隶，进行商业投资和含息贷款。

雅典也创造了一个足以与海浪不稳定性相抗衡的风险共担系统。

德摩斯梯尼父亲最大的一笔贷款去向，是航海贷款。在古代，远跨重洋绝对是一件非常危险的事。许多冒险者一去不返，直至今天，地中海、黑海的海床上，还躺着无数古希腊时期的船只残骸。如果航海风险只是由一个人来承担，可能一次失败，就足以令他倾家荡产，永世不能翻身。但是，通过合伙，通过贷款、抵押，通过各类契约的流转，权衡出风险的价格，把出海贸易的风险标准化、社会化，能够有效地实现风险共担、利益共享。

资本所要求的风险补偿与平均利润相互匹配，为货币提供了一切机会。

精明的德摩斯梯尼在计算他父亲留下的遗产时，以当时通行的12%的单利主张十几年来遗产的时间价值。历史学家统计，当时正常贷款的年利率在10%—12%之间，房地产贷款的利率在8%—12%之间，为城市建设提供的贷款在8.5%—12%之间，为工商界提供的贷款在12%—18%之间。有证据表明，当时小商号的财富常常能在几年内增长两三倍。而航海贷款的回报率，每个季节通常高达40%—60%。为此，许多债主常常随船同行，以照看自己的投资。

表2-3　公元前6世纪—公元前4世纪的贷款利率

| 年代 | 正常贷款 | 房地产贷款 | 城市贷款 | 商业贷款 |
| --- | --- | --- | --- | --- |
| 公元前6世纪 | 16%–18% | — | — | — |
| 公元前5世纪 | 10%–12% | 8%–12% | — | 12%–18% |
| 公元前4世纪 | 10%–12% | 8%–12% | 8.5%–12% | 12%–18% |

资料来源：《利率史》（中信出版集团，2010年）

## 特拉佩基塔

当清晨第一缕阳光穿越薄雾照在比雷埃夫斯港的码头上，古代雅典的一天开始了。这里是公元前400年左右的比雷埃夫斯，这里是古希腊最大的港口。

石头堆砌的码头上，人声逐渐沸腾起来。

健硕的奴隶揉着惺忪的睡眼，从货船上卸下五花八门的木柜。不远的广场上，一位穿着华丽的商人正不厌其烦数着木柜子里精美的双耳瓶。

在港口的最北端，一串马科拉柱廊下面，粮食贩卖商已经开始了一天的工作。他们大声吆喝着，与来自雅典的收购商讨价还价。

马科拉柱廊对面的区域，是个交易展示厅。

这个展示厅是专供外邦商人展陈商品的地方。在这里，有从埃及运来的吊帆与纸草，有从叙利亚运来的香料，还有来自利比亚的象牙，以及来自腓尼基的地毯和花色繁多的枕头……雅典的公民不缴纳任何形式的直接税，城邦的财政收入主要来自这些外邦人的关税。

规模庞大的对外贸易，有着十分旺盛的金融需求。

马科拉柱廊下面，排着一些长桌。长桌表面有两组垂直的线和几串古希腊数字集，这套类似中国珠算的东西叫萨拉米斯算板。雅典的商人正是凭借这套计算技术，商谈利率价格，估算航海风险。

长桌的一边，坐着专业的银行家，他们被称为特拉佩基塔（Trapezita）。

长桌的周围，时常发生粗鲁的争执。不过，吵闹声很快淹没在人海里。大家对此见怪不怪。为了避免钱财被偷窃，或被抢劫，最好的办法就是把钱币托付给特拉佩基塔。或者商定一笔定期利息，通过特拉佩基塔的专业能力和信息优势发放贷款。特拉佩基塔常常掌握不容忽视的资金总量。

公元前4世纪，雅典的私人银行业已经发挥重要作用。

其中，最励志的特拉佩基塔叫波米欧，他本来是一名奴隶，通过自己的勤劳努力，成了雅典最富有的人。波米欧不但从事货币兑换，还从事收取存款、给个人和城邦放贷、对外汇款、颁发信用证和票据等活动。在他发放的贷款当中，有的要求以货物、房产做抵押，有的则是无担保贷款。

当特拉佩基塔对客户资金加以利用的时候，就会产生"存款效应"。

一块硬币不仅可以分成两瓣用，还可以分成三瓣、五瓣用。

这是现代银行才有的功能。

在古希腊，真正的资产不仅包括现金、大厦或者众多的奴隶，还包括银行家敏锐而善于发现机会的眼睛、对于风险的精准评估以及诚实的信誉。

人类天赋，加上一张简单的计算桌，一个记录债权债务和收支情况的账册系统，共同组成了古代雅典的银行和金融交易秩序。

在今天，希腊单词"Trapeze"有两个意思，一是桌子，二是银行。现在，当交易员端坐在电脑屏幕前研究K线图的时候，能否想到，他们的祖师爷曾在农贸市场上风吹日晒地"练摊儿"。

## 希腊式耗散

在农业文明中，人口因追逐土地而高度分散、孤立，缺乏互动。

相对来讲，商业社会更加开放，与外界的能量、信息交换更频繁。

古希腊商业贸易特征，令相当部分的人口脱离农业，集中到城市生活。人口聚集形成城市，可以降低生产和交易成本，促进社会分工，加快专业知识的积累、传播。大量能工巧匠、专家学者集聚在一起，他们相互接触、来往、交流、切磋，碰撞思想的火花，改良社会制度，创造新的技术。

城市是一套复杂的系统，它的生长指标不是按照简单的线性法则，而是以指数来衡量。比如说，一个1000万人口规模城市的创造力，不是100万人口城市的10倍，而可能是20倍甚至50倍。

通过城市化和专业分工，在资本的催化下，古希腊通过与周边农业帝国的交换，建立了一个相对较小的、以资本为纽带的耗散型结构体系，第一次摆脱人类原始的增长方式，踏入非线性的内生型经济增长模式。

美国斯坦福大学教授约塞亚·欧博发现，公元前800—前300年，古希腊经济规模相对于人口总数增长了10—15倍，人均消费翻了一番。这样的增长在今天不值一提，但相比其他古代经济体，已经非常惊人。

发达起来的希腊城邦，哲学家们白天在广场辩论，晚上观测星象，不但有自己的实验室，还有研究助手。

人类的真正价值在于觉醒和思考，而不只是生存。

古希腊相当于中国的春秋、战国时期，全境只有几百万人口，却在天文、数学、航海、贸易、哲学、艺术和社会组织方面，均获得杰出成就。

在数学方面，欧几里得编写《几何原本》，实现了几何的系统化；在医学方面，希波克拉底把医学从宗教迷信中解脱出来，奠定了欧洲医学的基础；在物理学方面，阿基米德发现了浮力定理，并建立了计算球体、圆锥体等的一般计算公式，在深刻理解杠杆原理的基础上，他还发明了许多机械装置；在地理学方面，毕达哥拉斯提出球形大地说，埃拉托色尼用几何方法算出地球周长，创立经纬网络，为哥伦布地理大发现提供极为重要的理论知识。

更重要的是，古希腊的哲学家们建立了批判性科学思维的传统。他们懂得用实验的办法，从事抽象思考和发明创造。

这正是近代科学革命和文艺复兴的源头。

古希腊适应自己的地理禀赋，站在周边农业文明的肩膀上，建立了以工商为导向的城邦国家，培育了一种全新的文明——商业文明。通过航海、贸易和海外殖民，古希腊迅速集聚大量财富，也埋下了现代金融、现代政治、现代科学的思想和方法论的种子。

## 罗马崛起

罗马本是台伯河畔的一个毫不起眼的小镇，既不临海，也不靠山，只有为数不多的农民日出而作，日落而息。

后来，有一群来路不明的光棍聚集到了这里，共同推选出一个"山大王",忙时种田养猪,闲时打家劫舍。

对于忙着做生意的希腊人来说,偶尔也会路过罗马,但这个地方绝对不是漂泊的尽头,而只是个单薄的驿站,吃过、睡过,第二天踏上新的旅程,就不会再记得。当时,希腊人已在意大利建立了多个殖民地,比如南部的塔兰托和锡拉库萨,相比这些繁华的商业城市,罗马就是一个土里土气的"村姑"。

就这样,这个无人问津的小山头,安静地度过了近300年的时间。

罗马王不过七代,与雅典类似,罗马后来也取消了国王这个称号。古罗马最后一个君主叫塔克文,此人实在太混蛋,穷兵黩武、奸淫掳掠,导致民怨沸腾。公元前509年,罗马人民大起义,把塔克文赶出了罗马城。从此,没人愿意背负"国王"这个可耻的名称,罗马进入共和政体,迎来与雅典相似的执政官统治时代。虽然没有直接证据证明罗马此举在模仿希腊雅典,但此后的历史,罗马确确实实开始照搬照抄。

他们从希腊人这里学得了字母表,略作改变成为拉丁字母。他们把希腊诸神一一请进自己的庙宇,顶礼膜拜之余,顺便给这些神仙改个名称,安排一些新的工作。他们派出使团,在雅典和斯巴达游历,学习古希腊的法律和政治。

他们原样拷贝雅典的等级制度,进行人口普查,按财富划分社会等级。比如,规定进入元老院的财富标准是25万便士,进入骑士阶级的财富标准是10万便士。只有拥有足够的资本来为士兵和马匹付钱,才能有资格参与政治生活,没有达到财产要求的,将被剥夺职位。

当然,他们也很快学会使用古希腊强大的金融工具。

古希腊是一个商业社会,主要通过资本运作支持远洋贸易,实现利益共享、风险共担。但很长一段时间里,罗马除了种田打猎,就是拦路抢劫。

罗马把从希腊学到的资本知识,充分运用到了他们的掠夺事业中。军队需要报酬,需要食物,需要被长途运输到远离罗马的地域,这些都是极大的开支。为此，罗马通过货币经济，发展出了复杂的金融工具，比如银行家汇票、包税人公司等，用来处理跨期交换，促进资本形成和控制不确定性。在罗马，打仗不仅是你死我活，还是一项能获得巨额回报的投资。罗马执政官一声吆喝，骑士们穿上盔甲，骑上战马，就去外邦掠夺财富和人口。

与两河流域的亚述帝国相比，罗马不但好勇斗狠，它还很有文化。

在罗马，所有的政治力量都建立在财富基础上。罗马人普遍认为，财产的基本形式是私有，公民的一切财产都应该得到保护（仅限于罗马公民）。为此，罗马制定了大量法律，用于规范社会活动。在罗马，法理学变成了一门真正的学科，法学家们享有盛名。为了规范政治家们参与企业活动，公元前218年，元老院还制定了《克劳迪法》，以阻止元老院议员通过政治优势来获取经济利益。

德国著名法学家耶林说："罗马帝国曾三次征服世界，第一次以武力，第二次以宗教，第三次以法律。"

凭借强大的军队和资本工具，古罗马站在古希腊的肩膀上。公元前338年，当希腊联军被马其顿揍得鼻青脸肿的时候，罗马已经成为当时意大利半岛最大的国家。公元前146年，罗马人征服了希腊，希腊正式成为罗马的一个行省。

## 股票市场

站在帕拉蒂尼山顶俯瞰古罗马广场，人人都会被山下大片废墟震撼。

这个浸透了日月之光、包含了历代生命兴衰的历史遗址，是古罗马留给世界的一份辉煌纪录。

穿梭在荒废的断壁残垣，仿佛走在一个悠长的时光隧道里。

在古罗马广场的中心，有三根断残的石柱，像三个不屈的巨人一般矗立。这就是双子星神庙的废墟。传说双子兄弟帮助罗马赢得了里吉洛斯湖战役，为此，罗马人建立了神庙，还定下了双子兄弟节。

但很少人会知道，这里曾是世界上最早的股票交易市场。

公元前2世纪后，罗马在地中海迅速扩张。每当征服一个地区，罗马会要求当地提供赋税并且服从统治。但罗马并没有组建相应的官僚体制来完成这些事项，而是以政府合同的形式，将公共职能私有化，承包给私人财团。

包税公司应运而生。他们广泛参与政府各类合同竞标，包括基础设施建设、军队后勤保障，其中，特别偏爱地方性税收项目。在征服一个新的地方后，罗马政府会在双子星神庙的广场上拍卖课税权。投标过程往往非常具有竞争性，前台喊价声不断，幕后通过元老院、政治家进行运作也极其重要。

罗马人相信，源源不断的税收项目是一个有利可图的事业。包税公司拥有独立于会员的法人人格，所有权被分成了相应股份。他们有行政管理人员，有公开的账目，偶尔召开会员大会。他们规模相当大，有的雇佣着好几万名奴隶。在组织架构上，有点类似今天的有限合伙企业。

Manceps即承包人，类似今天的公司创始人，由他与政府签订包税合同；Magister即公司董事长，由会员大会选举产生，负责日常运营；Decumani相当于今天的公司董事，是包税公司中有影响的人物，他们参与公司决策，能对总部董事长形成有效约束；Praedes即保证人，他是向国家担保包税公司将良好组织与运作的人；Promagister即分公司负责人，是包税公司派驻各行省的代表；Socii指会员，他们是单个的包税人，与公司订立合同，为公司工作。每个会员都拥有公司股份，并以此享有分红权利，他们对公司债务承担无限责任；Adfines指出资人，他们不参与公司业务和管理，并以出资额为限承担公司债务、分享公司利润。

公元前2世纪，几乎每个罗马公民都以某种形式参与了政府合同。有证据表明，不同包税公司的股份具有不同的面值，且可以转让。股份主要有两种：一种是大资本家持有的大额执行股权；另一种是小额股权，这些未登记的小额股权的交易方式比较随意。

古罗马的股票不只是一种具有可变利率的贷款，而且可以自由波动。

罗马建立了一个遍及全境的信使系统，以便收集信息。通过这个系统，承包人能够计算出合同竞标价格，投资者也能估计出包税公司的股票价格。罗马法学家西塞罗在他的著作中，提到一种"具有很高价格的股票"，并指出股票价值依赖于企业的成功，但充满投机和赌博。这意味着，古罗马已经存在股市行情。

公元前59年，西塞罗指控恺撒的盟友瓦提尼乌斯涉嫌腐败。西塞罗在其控诉中指出，瓦提尼乌斯拥有一家包税公司的股权，并通过操纵股权价格从中获利。这或许是历史上第一个证券市场欺诈案了。

古罗马的股票交易地点，就是双子星神庙门前的广场。

在古罗马喜剧作家的笔下，广场上除了妓女、店主、放债人，还有一群粗鲁、话多、相互吹嘘的家伙，他们在交易包税公司的股票和债券。

今天，广场的演讲台和通向神庙的台阶依然清晰可见。

考古学家认为，三根石柱上曾经存在一个三角形装饰带，与今天纽约证券交易所的正门极为相似。

如果这是一个午后，阳光穿过石柱，静静地洒在广场上，许多人会产生一种错觉，古老和现今、废墟和新貌交相辉映，时间仿佛从来不曾流逝。

## 恺撒的债务

公元前61年，恺撒的大法官任期届满，被派往西班牙行省就任总督。

恺撒踌躇满志，正准备动身前往时，他尴尬地发现，有几个债主拉着横幅堵在了家门口，不还清债务，就不让他去当官。

恺撒这次欠的钱，足够雇佣11万人的军队服役一年。

他把钱都用到哪儿了呢，据说主要花在买书（书在当时是奢侈品）、买漂亮衣服（来自中国的丝绸价格堪比黄金）、泡妞（特别钟情有夫之妇）和举办斗剑比赛上（主要为了取悦罗马市民，为选举造势）。

总之，恺撒一不小心就成了古罗马最大的老赖。

这时候，克拉苏出现了，他替恺撒还了一些，并当面向其他债权人保证，恺撒当完总督回来，一定会把这个坑填上。克拉苏比恺撒大14岁，是罗马首富，财富高达国家预算的一半，他很看好恺撒的政治前途。在当时，元老院贵族成员之间经常以非常低的利率相互拆借，通过金钱关系形成政治同盟。不过，这仅限于贵族内部，对外人是绝对不会轻易拆借的。

当时，古罗马债务危机接二连三。公元前67年，古罗马将领庞培在地中海"剿匪"很成功，一时间海上风平浪静，许多外国船舶带着奢侈品进入罗马，大量货币外流。另外，不少罗马人把巨额财富投资到外地行省。一时罗马产生了巨额贸易逆差，国库和许多家庭债台高筑。公元前63年，城邦下令禁止从意大利出口金银。在不留情面的债主逼迫下，有许多绝望的负债人发起密谋和反抗。

对于个人来说，解决债务危机的最好捷径是抢劫。

对于国家来说，解决债务危机的最佳办法是军事扩张。

一到西班牙，恺撒唯一的念头就是搞钱。他迅速组建了一支15000人左右的军队，把矛头对准了伊比利亚半岛西北部的卢西塔尼亚人和加利西亚人。这两个部落一直不向罗马屈服。恺撒带着队伍，一路烧杀抢掠。

在恺撒的一生中，这次早期的军事行动不值一提。但通过这次征服，恺撒发了大财，不但还清了个人债务，也缓解了罗马城邦的货币危机。

为此，元老院允诺让恺撒担任执政官。

最关键的是，当跟随他一起征战并发财的士兵宣布他为"统帅"时，他明白了两个深刻的道理，一是要拥有自己的武装力量，二是有钱能使鬼推磨。

公元前58年，他担任山南高卢、外高卢和伊利里亚等地区的总督。在接下来的9年中，恺撒夺取了整个高卢地区（相当于今法国），开始攀登人生巅峰。

## 征服边际递减

恺撒被刺后，养子屋大维上位，他就是奥古斯都，罗马帝国第一任皇帝。

公元前36年，在打败政敌安东尼，消灭古埃及的托勒密王朝后，地中海成为罗马的内海。这时候的罗马帝国，人口6500万，控制了大约500万平方千米的土地。条条大路通罗马，罗马成为世界的中心。

与此同时，罗马数百年来几何级的军事扩张也宣告结束。

自公元前3世纪开始，扩张对罗马来说是一项卓有成效的举措。罗马不但可以获得被占区域的财富，还可以获得贡奉、税收和当地的金银矿藏。公元前201年，通过两次布匿战争，罗马从迦太基手中得到了约350吨白银。公元前167年，罗马控制了马其顿地区的税收，凭借这笔收入，罗马可以免除本土公民的税务。公元前130年，罗马吞并帕加马王国，国家预算从1亿塞斯特斯（铜币）增加到2亿。公元前63年，罗马征服叙利亚，预算进一步扩展到3.4亿。公元前49年之前，恺撒征服高卢，由于获得的黄金实在太多，贵金属价格竟然下跌了36%。

凭借这些掠夺，罗马建立了金银货币体系，一时经济繁荣，物价稳定，贸易发达，商业贷款利率在4%—6%的正常区间。

世界资本不断涌入罗马，罗马盛极一时，创造了辉煌的文明。

但是，扩张的收益不可能永远持续。屋大维在输给日耳曼人之后，他和他的继任者意识到征服成本越来越高，收益却越来越小。于是，罗马开始集中精力稳定军队，进行制度建设。以往的共和制度，运行成本越来越高。必须通过中央集权方式，提高信息传递效率，降低科层交易成本。当**帝国的官僚机构逐渐完善，以前的那种包税公司再也没有了生存空间，罗马双子星神庙门前广场上的股票交易也戛然而止。**

罗马人把扩张当成一项投资事业，就不可避免遭遇边际收益递减规律。

首先，对外征服的成本会越来越高。一个从事地域性扩张的国家终将遇到实力相当的对手。在东方，罗马就遇到了波斯帝国，首富克拉苏在那里身首异处。在北方，罗马始终无法彻底征服日耳曼民族，最后还在日耳曼人的入侵下分裂为东、西罗马帝国。

其次，对外征服行动的代价越来越高。按古代的交通和通信技术，远征绝对是一项耗时耗力的举措。奥古斯都以后，克劳狄乌斯征服不列颠，图拉真征服达契亚，最后都是得不偿失，因为这些地方实在是又贫困又遥远。

再次，要承受被征服国土的治理和保护成本。征服可以获得一次性收入，接下来却是无尽的行政和军事职责。罗马帝国的大多数收益来自地中海沿岸，但在莱茵河、不列颠和西班牙等地，管理费用经常超过财政收入。

一个以征服活动获得收益、因财富涌入而得到发展的国家，在扩张结束后，不再有战利品进项，必须依靠本国农业产量维持运营。

曾经大发横财的策略正在变成一种负担。如何应对周期性的农业产量波动，应对叛乱、入侵，应对社会复杂化带来的财政危机，这十分考验帝国的精细化管理能力。在这方面，罗马帝国的想象力实在乏善可陈。

罗马皇帝们最大的金融创新，就是往金属货币里掺假。

54年，尼禄上台，为了筹集基建资金，他采用降低银币成色的做法。尼禄在银币中加入廉价金属，如铅、铜等，罗马银币的含银量从100%下降到90%。罗马就此开始了长达数百年的货币贬值史。117年，罗马银币含银量下降到85%；238年，下滑到28%。到了268年克劳狄二世时，含银量只剩下0.02%。这时候，罗马陷入经济困境，税收加重，国内叛乱不止，国外连年战争，货币面值很高含银量却极低。350年，罗马银币只相当于屋大维时代的1/30000000。

一部罗马银币贬值的历史，也是罗马帝国的兴衰史。由于货币贬值，物价飞涨，军饷往往没法兑现，士兵经常哗变，许多皇帝在平叛的路上疲于奔命。455年6月，日耳曼人攻入罗马城，15天内将这座永恒之城破坏殆尽，那些曾经挤满了观众的斗兽场、赛车场、戏院都在烈火中化为废墟。

## 走向基督

3世纪晚期，罗马帝国风雨飘摇，危机接踵而至。

帝国外部，东方的波斯帝国在罗马的领土大肆践踏，皇帝瓦勒良被波斯王踩在脚下当马凳。西方蛮族长驱直入，在莱茵河畔烧杀抢掠，就连雅典也被洗劫一空。还有一伙法兰克人，在横扫希腊后，夺取船只一路从西西里抢到非洲。

帝国内部，皇帝成为最危险的职业。在银币贬值最剧烈的3世纪，罗马皇帝换得跟走马灯似的。235—285年，出现了至少有27位公认的皇帝，多数皇帝任期只有几个月，皇帝被谋杀的概率近85%。

外有强敌压境，内部纷争不休。出身贫寒的皇帝戴克里先深感忧虑，他想到了一个方案，将帝国一分为四，四个皇帝共同治理。他安排自己和好朋友马克西米担任奥古斯都，为正皇帝，还任命了两个恺撒，为副皇帝[1]，作为接班人。每个统治者都有一座府治、一套机关和一支军队。

戴克里先活着的时候，四帝还能和平共处，然而戴克里先去世，继任者们很快开始你征我伐、相互残杀，谁也不愿意跟他人共享这身皇帝紫袍。

同时，国家经济秩序也气息奄奄，陷入无止境的衰退。

面对通货膨胀，301年，戴克里先颁布冻结物价法令，公布了700—

---

[1] 奥古斯都，原指屋大维，罗马帝国第一任皇帝；恺撒，原指尤利乌斯，罗马共和时期的独裁官。后世古罗马皇帝用这些称号指代自己。

800种物品和服务的最高价格，法令异常严格，触犯法令的人将被处以死刑。强制的物价冻结手段后，市场立刻陷入萧条，与东方的商业关系几乎完全中断。私人企业只能在国家严格规定的权限范围内活动，市场交换退回到实物交换状态。赋税的压力很大，企业活动停滞，大量市民逃离城市。

人们不再像以前那样热爱祖国，贪欲和私心代替忠诚，腐蚀着公民的品质。

许多罗马人过着醉生梦死的日子，不结婚，不生育，不履行父母责任。

政治家不再为人民和国家请命，只知讨好皇帝，愚蒙大众；昔日维护家园的军队，变成由统帅豢养、为统帅夺权和保权卖命的工具；农民不再像以前那样，用自己手中的犁和田来换取幸福。

廉价的娱乐活动犹如稀释的硫酸，缓慢腐蚀着罗马人曾经钢铁般的意志。

但是，在混乱的帝国秩序中，有一股力量在悄悄生长，那就是基督教。

当皇帝戴克里先在斯普特利华美壮丽宫殿中日夜宴饮时，有一个叫作安东尼的罗马贵族，他把富足的家财分给穷人，响应基督的召唤，朝向沙漠走去。

这门新的宗教，尽管备受罗马皇帝的压迫，但仍在不断壮大。

安东尼一头扎进荒野，开始践行苦修。他选择在埃及沙漠科尔佐姆山的一处洞穴安身落脚，在那里开垦了一座小花园并编织草席。后来，越来越多的修道士向他聚拢，形成了首批基督修道院。他们自给自足，种植力所能及的作物，并同当地游牧民族交换物品。他们渴望精神上的熏陶，并在沉思中与各种有形或无形诱惑进行斗争。他们企图摆脱物质困扰，进行一种全新的生活模式，一种讲究慈善、节制、清贫和苦修的日子。修道士们性情温和、低调自谦，很难想象他们能够撼动罗马帝国的根基。

311年，在经过一段悠长而富足的退休生活后，戴克里先在自己的豪宅中离开人世。同一年，安东尼前往亚历山大港，他决心为基督信仰殉道。

312年，戴克里先的继任者君士坦丁宣布自己信仰基督。随着古罗马战争机器的毁灭，征服、资本和奴隶制之间的纽带断裂。从国际贸易到日常的经济生活，宗教权威的作用越来越突出。

当人们不再相信未来，人们就会去相信神，相信一切都是上帝的安排。

这是一个寂静、平衡的世界。

# 第三章  上帝惠赐的利润

在商业革命背景下，不仅勤劳朴实的农民在借贷，商人在借贷，甚至国王、国家和教堂也在借贷，圣殿骑士提供的许多金融服务就具有借贷性质。为了逃离地狱的诅咒[1]，他们急切需要一场意识形态领域的思想解放。

## 沮丧的开端

476年，一小群野蛮人夺取了罗马帝国残存的最后一片领土。

此时罗马大地，瘟疫蔓延，遗传性不育肆虐，人口大幅下降。交通被破坏，商业严重削弱，铸币稀缺而贬值，荒芜的田野间零星散布着自给自足的庄园。

中世纪最初的200年时间里，稀少的文字记录和原始的手工艺品见证了几代人的停滞不前，好像那时候的人们太累了，除了休息之外不能做任何事情。但罗马的经济体系并没有因此断裂，罗马金币还在流通，通往君

---

[1] 在中世纪，根据当时的宗教理论，放高利贷是要下地狱的。但丁在《神曲》中提到的第七层地狱，即是讲述高利贷者面临的宗教困境。

士坦丁堡、非洲和东方的贸易路线并未完全停息，北欧国家之间的交流仍在继续……

632年，阿拉伯人征服了叙利亚、埃及和波斯，并把基督教圣地耶路撒冷变成伊斯兰的领地。在随后不到100年时间里，他们一直打到了西班牙，几乎将整个西南欧洲团团围困。

8世纪的时候，似乎整个西欧突然陷入了一个黑暗时代。

一个基本事实是，以往从未间断的奢侈品停止了进口，地中海的商业已经绝迹。西欧彻底倒退到以农业为主的经济形态。罗马大道已经毁坏，都市贸易和商业无影无踪，拉丁语被遗忘了，迷信之风盛行，商人阶层消失。

城镇基本上成了教会的管理中心，教会掌握着财政大权，行使着政府职能。

但这种资本秩序全面崩溃之下，并非没有例外情形。在意大利边缘的热那亚、威尼斯、佛罗伦萨，资本复苏的曙光出现了。

威尼斯在陆地和海洋、东方和西方的夹缝中寻找生存机会。借着山高皇帝远的地理位置，信奉天主教的威尼斯人，不仅与东正教的君士坦丁堡签订贸易协定，还在教皇的眼皮底下，贩卖武器给信仰伊斯兰教的埃及。

他们的标准借口是商业需求：没有商业，我们不知道将如何生存。

威尼斯人带着交换过来的东方稀有货物抵达中欧，光顾法国香巴尼平原，并在那里定期举办贸易集会。

在中世纪初期长达500年的休耕期中，西欧重建之路漫长且艰辛。但几个世纪的困难，减少了政府的贪欲，培育了一些勇于进取、自信自强的商人。在不断衰败、调整过程中，西欧为更有活力和更平衡的经济结构铺平了道路。

这是一个沮丧的开端，一段长期的萧条，但也是一个充满希望的结束。

## 农民波多

波多的名字躺在巴黎圣日耳曼德佩修道院的一本中世纪庄园手册中。

这本庄园手册记载了修道院拥有的每一片土地,以及生活在这片土地上的佃农及其妻儿的姓名,甚至包括土地上的一块木板、一个鸡蛋。

波多是个小人物,他生活在查理曼大帝时代,查理曼就是红桃K上的"神圣罗马帝国皇帝"。今天,在德国亚琛大教堂,查理曼的遗骨仍在。

9世纪初一个晴朗的早晨,波多早早起床,赶去修道士的农场工作。他不敢迟到,因为有管家监工。

从星期一到星期三,波多每周需要在主人的农场工作三天,农忙时耕种,农闲时编织草席,抢修主人家谷仓屋顶上的洞。波多赶着自己的大公牛,今天是他耕种的日子。在路上,他遇到了附近几个农场里的朋友,大家都是去给主人做工的,有的带着马匹,有的扛着锄头和铁锹。波多的妻子今天也没法闲着,她得找到庄园管家,献上自己的绵羊和鸡蛋。

9世纪的神圣罗马帝国,实物是税收的主要形式。

尽管在查理曼的仁慈治理下,王室所需都靠自己庄园解决,并不向全国征收赋税。但是,每个人都要上缴军费。军费是查理曼大帝向修道院征收的,而修道院则会将这笔军费转嫁到佃户身上。这一做法后来成为西欧各国奉行的规则,国王的财政权受到了极大限制。这意味着,国王如果要为战争筹集费用,首先应取得庄园领主的同意。西欧所谓的民主,就产生在这种中世纪的细枝末节中。

每周除了在主人的土地上劳作三天,勤劳的波多还会耕种自己的小农场,在自己的农场上,波多肯定会付出双倍的力气。

在太阳快要下山时,波多回到了自己的家。趁着暮光,波多和他的妻子开始编织渔网。波多的小儿子维多生病了。为此,波多向犹太人借了不少高利贷。他们得更加努力工作,才能在秋天到来的时候还本付息。

幸运的是,查理曼大帝已经下了谕旨,严禁民间高利贷的行为。这是世俗法对在俗教徒的第一道高利贷禁令。高利贷被定义为："索取超过收益"。从那时起300年间，教会和城邦对高利贷断断续续地实施严厉打击。

尽管已经接受基督的洗礼，但波多仍很迷信。在睡觉前，波多坐在儿子床头，念着古老咒语，以求儿子维多快快康复。

恩威并施的教会也给了波多和他的家人假期。因为教会让虔诚的查理曼下令，周日不应有任何奴役或劳作。除了带军出征、运送粮食及举行葬礼和集会，众人不得做农活，不得照顾葡萄藤，不得耕地，不得割草，不得搭建篱笆，不得诉讼，不得打猎，也不得洗衣和剪羊毛。

波多可以在主的日子里休息，到教堂歌颂上帝，祈求孩子健康成长。但如果是在秋天，波多可能会另有打算。查理曼是个开明的皇帝，他发行了小额银币"便士"，并颁布了关于星期天市场的敕令，刺激了农民参加商业交换活动。

每年10月9日，圣丹尼斯集市开市。集市会持续一个月，就在巴黎城外。自集市开市当天，巴黎所有常规贸易暂停一个月，因为所有的巴黎商人都会在集市的某处，用粮食、红酒、蜂蜜换取异乡来的稀罕物品。波多所在修道院的院长，可能也在集市上有个摊位，卖一些农奴交上来的布匹、奶酪或渔网。

查理曼本人也在这些经济政策中获益，他的宫殿里拥有无数珍宝。

当然，波多可不会想这么多。他会选一天假日，带着三个孩子，穿上最好的衣服，去集市逛上一天。那一排排的摊位上，有镶着花边的丝绸衣衫，有印着图案的皮外套，还有孔雀毛、香水、珍珠、香料、杏仁、葡萄干和逗人大笑的猴子。

在这里，波多能听到一百多种语言或方言。因为这些商人，不但有精明的犹太人，还有威尼斯人、热那亚人，以及撒克逊人、西班牙人、普罗旺斯人、鲁昂人、伦巴第人，也许还有一两个长着东方面孔的中国唐朝人。

在花完口袋中为数不多的硬币后，疲惫但快乐的一家人坐着马车回家。

## 带血的资本积累

10世纪后，瘟疫消失了，人口开始缓慢增长。

10世纪晚期，充足的人力打破了低生产、低消费的恶性循环，几个世纪没有开发的土地重新焕发生机，农业增长开始了。

1000年后，欧洲的货币经济日益普及，命运的车轮越转越快。

新机器诞生了：轮犁、织布机、磨。新工具诞生了：耙、铁犁铧。新技术也层出不穷：葡萄的种植和养护法、凸轮机械得到广泛运用。

那是一个宗教狂热的年代，一个写满神圣符号的年代。

人一旦酒足饭饱，就会膨胀。当基督教士们坐在一起吹牛扯淡时，一想到伟大的耶路撒冷、耶稣的圣墓还在异教徒的手中，就会愤愤不平。

1095年11月，教皇乌尔班二世在法兰西克勒蒙召开大会。他宣布，将发起一场十字军圣战，征服耶路撒冷，解放圣墓大教堂，重振基督教王国和教皇的权威。他承诺，参加十字军圣战的人，此前一切罪过都将得到救赎。

教皇振臂一呼，数万人举起了十字架。他们中有纪律严明的地方军，有横冲直撞的匪帮，还有虔诚守信的农民部队。他们抱着不同的目的聚集到了一起，有的是为了洗脱罪责，有的是为了践行自己的信仰，有的是为了混口饭吃，还有的纯粹是吃饱了撑的凑热闹，就想去外面的世界看看。

他们或许没有想到，十字军将深刻改变欧洲的政治、宗教和经济版图。

有一群精明的生意人，他们已经从中发现巨大的商业机遇。

**首先是热那亚人。**

当乌尔班二世的讲演传到热那亚，热那亚人的宗教激情被点燃。

热那亚市民们决定，结束长期以来的内部争端和嫌隙，在一个六位执政官领导的自治会议下团结起来，为十字军建立一支武装船队。尽管热那亚人并不能预见十字军的结局，但他们愿意搁置自己的贸易活动，进行一场豪赌。

当然，他们有自己的私心，希望在十字军征服的任何土地上获得贸易特权。1097年7月，热那亚1200名男丁帮助十字军夺得了安条克城。他们得到的回报是一座教堂、三十间房屋、一间货栈和一口井，基本构成了一处商业殖民地。这是热那亚人获得的第一宗特惠许可。

1100年8月，热那亚3000名男丁出征，目标是维护十字军的补给线。他们洗劫了海滨城市凯撒里亚。不但船主和军官得到了奖赏，就连普通的水手和战士，也都分到48索奖金和2磅胡椒粉，每个人都成了小小的资本家。新的耶路撒冷王国还把凯撒里亚的1/3赠给了他们，并免除所有过路费。

就这样，热那亚沿地中海岸建立起广泛的贸易据点，迅速完成了原始积累。

**其次是威尼斯人。**

他们对十字军的热情，丝毫不输热那亚人。

在第一次十字军东征中，威尼斯人得到了推罗城的1/3，建立了海外据点。

在第二次十字军东征中，威尼斯人在拜占庭、非洲也获得了不少利益。

在第三次十字军东征中，威尼斯人在黑海沿岸获得了大量贸易特权。

这些荣耀篇章，铭刻在威尼斯人的记忆中，增强了自豪感，也提高了商业利益的期望值。

在第四字次十字军东征中，威尼斯人摇身一变成了主角。因为一笔没有达成的交易，十字军意外地成了威尼斯的"打工仔"。威尼斯执政官丹多洛带着上帝的十字军队，然后干着威尼斯的私活。十字军先是帮威尼斯剿了强盗，然后顺便拔掉了威尼斯的"眼中钉"——札拉城。本来十字军是想取道埃及，攻占耶路撒冷，但最后，大海却阴差阳错地将他们带到了君士坦丁堡。

1204年，经过一系列错综复杂的较量后，十字军攻占了君士坦丁堡。面对同样信仰上帝的东正教徒，威尼斯人带着十字军来了一个"地狱式烧杀抢掠"。威尼斯人并不像法兰克十字军那样只知道劈砍和熔铸，除了金银珠宝，他们像鉴赏家一样，把君士坦丁堡的艺术作品运回家。包括圣徒的遗骸、圣像、大理石柱和浮雕，都被威尼斯人一一安装进了圣马可大教堂。

第四次东征对君士坦丁堡的洗劫，是那个时代的丑闻。但对于威尼斯人来说，却是一个天上掉下来的绝好机遇。除了战利品，他们还得到了之前想都不敢想的东西，威尼斯从一个商业国家一跃成了殖民帝国。

威尼斯号令天下，从亚得里亚海到黑海，无人不从。威尼斯对自己的称呼，从公社，演变为共和国、宗主国。

最后，他们给了自己一个怪异的封号：八分之三个罗马帝国的骄傲领主。这个称呼源于威尼斯人的商业习性，一如在天平上计算商品一样，精明实在。

在他们看来，圣马可旗升起的地方，都是为了威尼斯的荣誉和利润。完成了初始资本的积累后，不久的将来，威尼斯和热那亚将不可避免地进行一场大决战，胜者将成为地中海的商业霸主。

## 圣殿金融

1119年，第一次东征的十字军占领耶路撒冷约20年后，一群虔诚的基督徒离开这座层层设防的城市，满怀喜悦地前往约旦河进行复活节朝圣。他们最终没能抵达。在一个山沟沟里，阿拉伯人袭击了这些朝圣者。300人丧生，60人被俘。整个基督世界被激怒。

为了保卫朝圣者安全，耶路撒冷国王鲍得温二世决定设立圣殿骑士团。

在随后的两个世纪里，圣殿骑士团变成了欧洲最大的跨国金融机构。圣殿骑士创建了一个系统，朝圣者可以在欧洲存钱，然后在圣地取出。比如，一个法国南部的领主，可以通过圣殿骑士，抵押他的一座房屋，并取得一张"汇票"，这张汇票可以在任何一个圣殿据点兑现。历史学家推测，朝圣者持有一个加密的文档，只有圣殿驻点才知道密码，就像我们今天的ATM机。

除了扮演金融中介的角色，圣殿骑士团还积累了巨额的财富。圣殿的财富主要来源于捐赠。耶路撒冷鲍得温二世捐了一座圣殿山和一座清真寺。法国香巴尼伯爵捐了整个身家。阿拉贡国赏赐了大片土地、城堡和租金。罗马教廷赋予圣殿骑士团免交什一税、征收什一税的特权。在这些大人物的感召下，社会各界的捐赠纷至沓来，金银珠宝、地产、庄园、磨坊、城堡、教堂、各种收益权利以及地产上的农奴……圣殿骑士团迅速成为欧洲的大封建主。

12世纪中叶，圣殿骑士证明了自身的价值，但却不是在战场上。

他们吸收存款，扮演储藏所的角色。大量朝圣教徒的个人财产储存在圣殿金库中，为此，骑士们不得不制定了一套监督个人存取款行为的会计制度。他们还承担贵重物品保存，比如英国王冠上的宝石，一度保存在伦敦的圣殿。

他们发放贷款。1147年，法王路易七世前往圣地，走到半路没钱了，圣殿骑士倾囊相助。1213年，为了应付丹姆战争，英国国王约翰以贵重物品做抵押，向圣殿骑士团借了1000金马克。1274年，英王爱德华一世完成十字军东征，在偿还圣殿的借款时，附上了18%的管理费、杂费和利息。

他们充当欧洲王室间的支付中介。英国国王亨利三世和罗马教廷做生意，就是支付给了伦敦的圣殿，再由圣殿骑士转付给罗马教廷。

他们担任信托经理，管理债务工具。1214年，约翰国王建立养老保险，管理人就是伦敦圣殿。1259年，法王路易九世租了一个城堡，每年通过巴黎圣殿支付一笔租金给堡主，在圣殿的支持下，堡主对这笔租金进行了分割和转让。

圣殿的服务范围非常广泛，收税、付账单、印钞、追债、提供给养……除了为贵族服务，他们的触角也延伸到了商人、平民。

圣殿宣称，圣殿骑士的使命不是盈利，而是保护朝圣者收复圣地。碍于教会的高利贷禁令，圣殿提供的金融服务并不会明确取息。但通过管理费、税收减免、特许经营、关税减让等方式，他们获取了大量利润。

圣殿富可敌国，关系网强大、装备精良。

当圣殿骑士们自以为是地在巴黎横冲直撞时，他们犯了一个错误：总以为自己大到不能倒，但事实并非如此。

法国国王腓力四世刚好足够强大，而且欠了圣殿骑士团足够多的钱。腓力四世又叫"美男子腓力"，是个非常强势的君主。为了对抗罗马教廷，曾经专门派出使团，到意大利暴打当时的教皇卜尼法斯八世。此后，凭借一系列政治手腕，他扶持了一个法国人登上了教皇宝座，称克雷门五世。这位教皇实际上是腓力四世的傀儡，他甚至没有勇气到罗马去，于是把教廷设在了法国东南部的阿维农。自他以后的八位教皇都对法国国王俯首听命，史称"阿维农之囚"。

当圣殿骑士打算要求腓力四世按时还债时，终于招来杀身之祸。

1307年10月13日，密谋已久的腓力四世下令逮捕法国境内全部圣殿骑士。腓力并没有用高利贷的罪名指控他们，而是以异端和性行为堕落的名义，给了他们致命一击。巴黎纸醉金迷的生活，可以轻易消磨一个人的斗志，圣殿骑士也不例外。在腓力四世的手段下，他们很快招供了。

教皇克雷门五世顺水推舟：解散圣殿骑士团。各国的国王也都十分愉快地执行了这个命令，他们都欠了圣殿很多钱。

圣殿的使命，是保护朝圣者。但整个13世纪，他们却节节败退，先是失去了耶路撒冷，14世纪初，叙利亚沿岸的最后一个圣殿城堡也失陷了。

即使圣殿骑士的金融安排渗透到了欧洲每一个角落，但他们的根本使命是失败的。

一个偏离主业的宗教机构，也遭到了天主教徒们的唾弃。1314年3月22日的黄昏，圣殿骑士团团长莫莱被绑上火刑架。

## 国王的借款

圣殿骑士团的没落，在欧洲留下了一个公共机构上的真空。这个真空，被意大利的银行家们填补了。

1337年，因为王位继承权问题，积怨多年的英国国王和法国国王决定互掐。这次约架断断续续打了上百年，史称"百年战争"。

兵马未动，粮草先行。打仗看起来是拼命，但其实是拼钱、拼家底。但是，从查理曼大帝开始，西欧封建国家就形成了一个不成文的传统，加征军费之类的战争税，是一项特别事务，需要征得庄园贵族、国会等的同意。这个过程很漫长，手续繁琐，且经常发生扯皮推诿，结果也不尽如人意。

可战争往往一触即发、十万火急。因此，借钱很容易成为国王首选。然而要把别人口袋里的钱，变到自己口袋里，往往是世界上最难办的事情。

法国的先天条件是最好的。13世纪的香巴尼集市，已是欧洲最大的金融交易中心，许多意大利商行都派驻了代表。在13世纪末最后几十年中，香巴尼的重要功能，是为定期举行的财政贷款谈判提供方便的会谈地点。在法国，从国王、侯爵，到主教、庄园主，他们可以从可供选择的许多放贷人那里，一次次地取得相当数目的贷款。

但法国王室却一次次地践踏了自己的信用。腓力四世为了不还钱，采用暴力手段攻击圣殿骑士，并没收他们的财产；腓力四世还把他的几个债权人赶出法国，理由是破坏国家秩序，放高利贷。

此后，至少有5个意大利银行家被抓捕，法国王室的借口是他们违反了教会的高利贷禁令，每次在交纳大笔罚金后，才会被释放。

政局的动荡不安，也使王室放贷人处于不稳定状态。每个国王都会收回他前任许可的特权，并迫害前任宠爱的银行家。腓力五世去世后，他的放贷人格特被指控不诚实，最后死在狱中；查理四世去世后，他的财政管理人雷米，被继任者处死。

银行家在法国遭到频繁的掠夺，结果是法国王室获得的信贷便利逐渐减少。从大约1315年开始，香巴尼集市衰落，这个重要的财政中心逐渐消失。

到百年战争爆发时，已经没有多少银行家愿意大量借钱给法国王室。

相比之下，英国国王的选择似乎要多一些。为了争夺羊毛供应的垄断权，意大利商人和英国本土商人争得头破血流。国王爱德华三世开心地看着双方你争我夺，他刚好从中渔翁得利。

爱德华三世从意大利佩鲁齐和巴尔迪两大银行借了125万英镑。但随后意大利出现财政危机，这两家银行的总部陷入困境，先后遭到挤兑。1343年，爱德华三世适时落井下石，宣布停止还贷。为此，他还把巴尔迪公司的英国代表扣押起来，直到巴尔迪宣布放弃讨还利息后，才释放他们。

意大利银行家的退出，为英国大资本家的崛起提供了机会。以威廉波尔为首，英国商人组建了一支辛迪加贷款团队，专门为英国国王服务。爱德华三世将羊毛供应的垄断权授予了这个辛迪加，并对受到宠爱的放贷人豁免关税。同时，爱德华三世还将资产放置到辛迪加名下，并以此为担保向国内外进行贷款。

为了打赢对法国的这场战争，爱德华三世将他的高级教士和权贵都抵押出去了。1340—1341年，德比伯爵和北安普敦伯爵作为爱德华债务的人质，在马林和卢万被扣押了几个月。爱德华三世及他妻子的5个王冠也被抵押出去了，在布鲁日、特里尔和科隆等地的权贵之间辗转。

这些措施被证明是有效的。在1346年的克勒塞战役和随后的加来大战中，英国商人都在积极筹集资金。当然，爱德华三世也不负众望，一路所向披靡。

当一切运转良好时，1348年秋天，一只名叫黑死病的"黑天鹅"突袭英国。

这场瘟疫不但使英国的计划毁于一旦，也将改变整个世界。

## 威尼斯债券

当英国和法国在欧洲大陆大打出手时，威尼斯和热那亚也没闲着，他们的战场在地中海、黑海，在亚德里亚海北端狭窄的潟湖内。英国和法国两位国王为的是王位继承权。而威尼斯和热那亚也有相同的目标：抢占市场份额，垄断市场。

在第一次十字军东征时，热那亚舰队的风头一度碾压谨慎的威尼斯人。但1204年之后，一切都变了样。威尼斯人主导的十字军攻陷了君士坦丁堡，把热那亚人从东方一些富裕市场中驱逐出来。

1250年，在以色列阿卡古城，双方的私人恩怨最终酿成群族冲突。一群热那亚暴民冲到海港，洗劫了威尼斯船只，掠夺了他们的街区，屠杀了里边的居民。战争就这样被点燃，这场战争连带刻骨的仇恨持续了150年。

为了这场旷日持久的拉锯战，威尼斯和热那亚都在融资上做了大量工作。

面对战争造成的临时性支出，热那亚议会以税收为抵押，向辛迪加组织借款。威尼斯也采取了类似办法，他们将盐的专卖收入用作借款保证。此外，威尼斯还向每位市民要求强制性贷款，承诺在本金偿还前每年支付5%利息。

1262年，巨大的军事压力之下，威尼斯颁布《债券法》。法案将原先发行的所有短期债券合并成一个基金，政府承诺以其税收收入每年分两期支付5%利息，该基金后来被称为蒙特基金。

这个基金有两个创新是划时代的：一是不可赎回。除非在公开市场上进行回购，否则政府不用偿还本金。二是可转让。政府按法律规定支付利息，债权可以继承、转让和用于支付。威尼斯的贷款已经标准化，可以在二级市场——里亚尔托市场进行买卖。而交易对象，是由政府债券产生的应付未付利息。

政府债券在私人和社会组织中的投资组合也得到了前所未有的重视。

接下来几个世纪，每当有军事需要的时候，威尼斯都会求助于蒙特基金。

债券市场也成了避险场所。1344年，里亚尔托银行破产，资金都流向信用风险较低的"国债"市场，国债价格迅速攀升至面值的102%。

在与热那亚的长达一个半世纪的战争中，里亚尔托债券市场一直处于波动状态。威尼斯的做法很快在意大利各个城邦流行。基金也成了战争和国家经济的晴雨表。威尼斯债券的发明，代表西欧国家财政精细化管理能力的大跃升。

1379年秋，第四次威尼斯-热那亚战争——基奥贾之战爆发。这一次，威尼斯人将自己的资源动员到了极限，除了全民皆兵，还花巨资聘请了数万名雇佣兵。这次战争需要的贷款额度是威尼斯所有个人资本的41%，并迫使不动产大规模变现。最终，威尼斯取得了决定性的胜利，热那亚接受无条件投降，热那亚在地中海从此一蹶不振，不得不将目标转向浩渺的大西洋。

基奥贾之战结束后，威尼斯意气风发，一度主宰了世界的贸易。威尼斯的这一赤字融资体系，标志着现代财政制度的产生。这种长期负债形式，此后不断被改进，并在欧洲广泛传播。

政府债券不仅是融资工具，更产生了深远的政治影响。戈兹曼教授认为，这种联邦债券功能多种多样：第一，政府债券集中社会资本，将私人财富转变为财政和军事力量。第二,政府债券将个人利益和国家利益绑在一起,形成命运共同体。第三,大量政府债券收入转向民生领域,通过再分配,可为社会提供保障。第四,政府债券和利息的交易,开启了非常复杂的投机形式,产生了多种多样的金融技术,这些金融工具将成为现代金融市场产生的源头。

15世纪,意大利实现了惊人的财富增长,为文艺复兴奠定了物质基础。

## 达蒂尼集团

1335年,在意大利佛罗伦萨附近一个名叫普拉托的富裕城镇上,一个客栈老板的儿子出生了,他叫达蒂尼。

13岁那年,一场瘟疫夺去了他的家庭,他变成了一个孤儿。

从此,他沦落天涯,做过学徒,做过工人,也做过商业雇员。当时,最流行的合作方式叫"commenda"(康孟达)。基督教严禁以借贷方式筹资,但鼓励合作,于是产生了各种各样的资本合作。这种康孟达契约主要包括两方,一方是投资商或称留守商,不参与经营;另一方是经营者,或称旅行商。留守商承担资本风险,并有资格留有大约3/4的利润。旅行商承担全部劳动力,但享有剩余利润。当发生业务纠纷时,第三方无权向留守商提出任何要求。

起初,年轻力壮的达蒂尼是一名旅行商,他从东方的拜占庭进口铅和明矾,从黑海进口奴隶和调味料,从伦敦进口羊毛,从伊维萨进口盐,从突尼斯进口皮革,从西西里进口小麦……他走遍整个西欧,经营范围十分广泛。

28岁那年,达蒂尼在普拉托成立了一家"家族公司",他占有一半股份。这种类型的公司叫作"compagnia",由拉丁语com(一起)和panis(面包)合成而来,意思是分享面包,一般采用家族合作方式,是分担风险、资金和劳力联合体。家族公司内部，又有诸多分公司，由不同成员拥有和管理，并在外地设有代办处，代理人多雇佣外人。通过这家"家族公司"，达蒂尼在阿维格农、热那亚、巴塞罗那、瓦伦西亚等地设立了分支机构。

1399年，64岁的达蒂尼不顾周围人的反对，在佛罗伦萨开设了银行。达蒂尼的一个合伙人认为，开办银行名声不好，得不到上帝的赞赏，劝他打消这个计划。但达蒂尼仍坚持己见，他将家人留在普拉托，只身前往佛罗伦萨。

14世纪末的达蒂尼公司，已经是一家集团公司，旗下的资本形态多种多样。不仅有商业资本，分布在多个城市；还有金融资本，比如佛罗伦萨的独立银行。

达蒂尼集团还将触角延伸到产业资本。达蒂尼有两家呢绒制造企业，一家染坊，均设在普拉托。随着水力、风力代替人力，引起碾磨、漂洗和冶铁等工业行业的机械化，大量资本投入到了工业扩张中。在佛罗伦萨，雇工已经普遍存在，1338年，佛罗伦萨200家羊毛加工企业中，每家企业平均有150个劳动力。不过，产业资本的利润率一般要低于商业资本，达蒂尼的账本显示，一般的商业利润高达12%以上，而制造业的利润只有8.9%。

那些富有进取心的领主、工匠和商人，都不同程度地变成了企业家。

达蒂尼集团公司与独立子公司之间，每周都有书信往来。整个集团留存下来的书信多达32万封，60多万页。通过这些书信资料，我们可以看到一幅地中海地区商业贸易的繁荣景象，这与中世纪欧洲的"黑暗"形象完全不同。

从1384年起，达蒂尼的账本由单式记账变为复式记账，并采用折旧和摊销。汇票和支票已很常见，佛罗伦萨的银行构建了一个国际性的汇票结算体系。因为高利贷带有贪婪的恶名，迫使许多银行家采用隐蔽手段来逃避教会谴责。最普遍的一个办法，就是借贷双方都用支票进行操作，借者在其他城市，用其他货币偿还，把利息计算在本钱之内，表示这不是贷款，而是外汇买卖。在达蒂尼的账本中，有大量关于买卖外汇的记载，却没有一处提到利息。

可转让票据的出现，也增加了货币供应，减少了人们对贵金属的依赖。

达蒂尼与当时杰出的文人、学者保持着亲密的友谊。达蒂尼谨慎地停留在政治之外，而政治却给那么多商人带来了那么多灾难。

和他同时代的商人相似，达蒂尼是一个充满矛盾的基督徒。他渴望发财，但又十分害怕来世的苦难。他先是选择了财富，并得偿所愿成为一个富翁。但在75岁临死前，他把差不多全部身家约7万弗罗林捐给了慈善事业。尽管他有一个大家庭，还有不少私生子。

在宗教感情极为强烈的中世纪，人们普遍认为商业有某种不洁的本性。佛罗伦萨的安东尼主教就认为，高利贷是魔鬼的勾当。他甚至对一家高利贷者宣告，他家四代成员将被罚入地狱。

意大利的那些商人们，他们需要一场深刻的意识形态领域的思想解放。

## 第七层地狱

当腓利四世攻击圣殿骑士的时候，但丁正在写他的《神曲》。

《神曲》中，35岁的但丁身陷中年危机，处于道德崩溃的边缘，几近自杀。在这意志消沉的时刻，他误入了一座黑暗森林，在古罗马诗人维吉尔的带领下，两人展开了一段地狱之旅。地狱形似一个上宽下窄的漏斗，共九层。中心在耶路撒冷，从上到下逐渐缩小，越向下所控制的灵魂罪恶越深重。

第七层是地狱的重点，占《神曲》篇幅的1/3以上。第七层分为三环。外面一环是留给杀人者和暴君的，他们在沸腾的血水里蒸煮。中间一环是自杀者，任何触碰都会使他们感到痛楚。

被放置在第七层最里面、最恐怖一环的，是那些违背"自然本性"和"违抗上帝"的人。包括同性恋，以及违反自然法则的高利贷者。

他们半死不活地被放置在燃烧的沙地上，头上火焰雨从天而降。对同性恋的惩罚，但丁表示可以理解，但他不明白放高利贷为何有罪。在这里，高利贷不仅指收取高额利息的放贷行为，利率适当的也包括在内。今天，某个人把钱存在银行，银行进而把这笔钱再按相应利率放贷出去，那么所有银行的工作人员，都会犯下但丁所理解的这项罪恶。

为了阐明其中的道理，维吉尔认为，人类若要繁荣和取得收获，必须通过自然或技艺，要么耕种土地，要么靠自己的双手劳作。然而，放贷者"走了另外一条道路"，违背了上帝对于人类的安排。维吉尔的话看似简单，但背后却是中世纪以来上千年的理论架构。

亚里士多德在他的《伦理学》中认为，货币主要是为了进行交易的目的而发明的，所以，金钱的固有用途在于被花掉或被转让。因此，对放贷的钱财收取高额利贷利息，是非法的，是反自然的。

300年左右，基督教教规开始禁止神职人员放高利贷。800年左右，查理曼大帝通过立法来禁止神职和世俗人员放高利贷。

13世纪的时候，神学家阿奎那在阅读了亚里士多德的著作后说，钱不能自我生产，"葡萄园天然地产果，但沉睡的金钱不产生任何果实"。

在巴黎国家图书馆，有一部13世纪的手稿，名叫《范例表》。

从中我们可以读到以下句子：

> 高利贷者想让金钱像马生马、骡子生骡子那样孕育金钱；所有的人都在节日停止劳作，然而高利贷的牛们却耕作不休；他们卖的只不过是对金钱的等待，也就是说时间。

利息是对资本时间价值的发现，对这一点，经院哲学家们并不否认。

但他们认为，时间只归上帝所有，只属于他一个。

高利贷者并没有卖给债务人任何属于自己的东西，他们不顾所有者的意愿，出卖的只是属于上帝的时间。他们出卖白天和黑夜，出卖光明和休息。所以，他们不应当拥有光明和休息。这就是运用于高利贷者身上的地狱逻辑。

作为时间的盗者，高利贷是上帝财产的小偷。他们不入地狱，谁入地狱？

但丁明白这一点后，他不再提出异议，而是跟着维吉尔继续他的地狱之旅。

在第八层，他看到了蓄意欺诈和背信弃义之徒。在第九层，他看到了许多叛徒，布鲁图、卡西乌斯、犹大……他们被悬挂在撒旦的血盆大口中。

当然，并非所有的高利贷者们都不可救药，他们还有一些机会。

## 永生的机会

在查理曼大帝时代，经济紧缩，货币的使用和流通处于微弱状态。

中世纪早期，是一个善恶二元、黑白对立的无情社会。就像教会曾经对高利贷者们说：选择吧，钱袋或永生。二者你只能选一样。

但随着商业革命的发生，情况变得日益复杂。不仅勤劳朴实的农民在借贷，商人在借贷，甚至国王、国家和教堂也在借贷，圣殿骑士提供的许多金融服务就具有借贷性质，罗马教廷持有不少债券。

历史文本对高利贷的指控全面而且彻底。商人、银行家的日子很难受，除了要承受世俗的偏见，还要忍受死后堕入地狱的精神折磨。

在达蒂尼集团的资本运作中，我们可以发现，有关高利贷的禁令，对民间融资形式产生了巨大影响。但这并不能阻止欧洲的商人、城市和国家频繁利用各种金融创新，也不能阻止欧洲民众使用储蓄工具。

当商人眼中的时间和教堂眼中的时间发生冲突，如何弥合这种裂缝，过程注定是痛苦且漫长的。直到今天，争议仍在持续。不过，为了逃离地狱的诅咒，中世纪的经院哲学家和银行家、统治者们一起，在不断寻找和创造机会。

他们急切需要一场意识形态领域的思想解放。

**第一个机会：节制。**

实践中，教会从未控诉过一切形式的利息，合同中规定的利率是被允许的。从1000年左右到13世纪，33.5%的利率被认为是最高上限。确实，教会只是明确地惩罚了那些过分的高利贷们。比如，1215年，教会第四次公会对犹太高利贷进行了指控，提及的只是"沉重和过分的"高利贷。

因此，节制的放贷人有机会从撒旦渔网的网眼中逃脱。

**第二个机会：炼狱。**

炼狱虽然痛苦，但炼狱的出口只有一个：天堂。海斯特尔巴赫的凯撒利乌斯在《关于奇迹的对话》中，列举了高利贷者的炼狱过程：一个高利贷者死了，但他的妻子通过施舍、禁食、祈祷和守夜来平息上帝的怒气，最终，丈夫的灵魂获得了永福。

意大利银行家达蒂尼临死前捐出全部身家，就是想尽快赢得天堂的入口。炼狱的出现，为高利贷者眨了一个暧昧的眼神。钱袋和永生，似乎皆可兼得。

**第三个机会：新理论。**

从14世纪开始，在面对高利贷指控时，人们有了越来越多的辩解理由。

一是损失发生。因延误偿还而产生了损失，借贷者可获得补偿。

二是工作报酬。商人跋山涉水、参加集市或者管账，调换钱币，也都是一种劳动。像所有的工作一样，也应该有工资。

三是利润补偿。高利贷者本可以将他手上的金钱用于其他投资，并获取相应利润，但他却借给了他人，为此，他可以通过适当利息得到利润损失补偿。将资本的替代性用途作为收益基准的概念，这是资产估值工具的关键方面。

四是本金风险和不确定因素。1234年，教皇格列高利九世认为，借贷给商业冒险是可以收取高利息的，因为银行家可能会面临失去本金的危险，或者面临其他不确定性因素。这种风险溢价的概念，也是现代资产估值模型的基础。

商业革命兴起，在生活借贷的基础上，商业性、生产性借贷日益增加。

为了管理这两类不同性质的借贷，教会一方面将高利贷法系统化，继续禁止生活性的有偿借贷；另一方面，通过各种理由将生产性和商业性的借贷视为高利贷法的例外情况，允许其有偿借贷或利息合法化。

这意味着，越来越多的高利贷者有机会进入永生。资本的启蒙人，就是那些银行家，他们是商人，是时间的商人。

在摆脱地狱的束缚后，意识形态的枷锁轰然打开。从此，经济和社会在朝着"相信未来"的资本道路上，走得越来越远。

16世纪时，生活在瑞士的加尔文重新诠释《圣经》，他说，如果所有的放贷都被谴责的话，人们的良心会被加上更沉重的枷锁，这不是上帝所希望的。他质疑，为何压榨一个贫穷的农奴在道德上能被接受，而要求一个富翁为他用于某项商业活动的贷款进行付息却不能被接受？加尔文一步步证明，圣法并不禁止高利贷，放债是帮忙，任何劳动都应得到报酬，钱并非不能创造财富。

加尔文认为，不能仅凭《圣经》的一段文字武断，而应本着公平原则。他大声疾呼："不要让钱闲着，让它生利。"这就是贷款的法则。

加尔文的新教理论在瑞士、英国和荷兰产生了巨大影响，这些国家先后废除了高利贷禁令。今天，现代瑞士银行业的兴盛，似乎可以追溯到当年加尔文的宗教观点。荷兰、英国相继发生的资产阶级革命，加尔文的理论功不可没。

## 中世纪的衰落

14世纪初的欧洲，虽然国王、帝国之间的争战此起彼伏。

但历经12、13世纪的商业革命，欧洲城镇数量翻了几番，经济持续增长，文化、公共政策出现了前所未有的革新。

但跨越1300年的关口后，中世纪欧洲仍然不可避免地衰落了。

资本越来越稀缺，钱荒不断发生。一些银矿停产，一些国家采取措施限制白银出口。银荒使许多银行陷入危机。意大利佩鲁齐和巴尔迪两大银行在挤兑中破产。对乱世的恐惧使人们窖藏硬币。14世纪末，白银变得极度短缺。

利润大范围缩减，可投资的方向越来越少。许多地方的国王违约，甚至找借口把债主抓进监狱折磨致死。土地贫瘠、过度放牧、泥沙流失现象普遍存在。苛捐杂税、银行倒闭、货币混乱和远程贸易利润下降反复发生。

人们对未来再次变得迷茫、无助。历史学家本杰明对成千上万份合同和广泛的文字资料进行了考察，结论是，从14世纪初开始，热那亚和威尼斯商人的信心不断下降。

仅存的一点希望，最终被连绵不绝的暴雨和持续不断的瘟疫彻底扫荡殆尽。

1315年的夏季，西北欧各地区开始下大雨。起初，人们以为这场雨很快会过去。但天好像被捅了个窟窿，雨丝毫没有停下来的迹象。

雨下得实在太久了。英格兰、苏格兰和整个欧洲大陆，都笼罩在暴雨中。农作物腐烂变质，房屋、教堂被无情冲毁，无数生命被不幸吞噬。

雨实在是跟人过不去。从1315年春天，一直下到1317年夏天。持续的暴雨、低温，严重阻碍了农作物的正常生长，紧接着是史无前例的大饥荒。

刚开始，人们吃森林里的树根、野草、坚果和树皮等。后来，有人吃掉自己的孩子，有人挖开公共墓地，吃掉刚埋葬的死人。就连国王也无法幸免，爱德华二世在他行宫里竟然找不到一块面包。大饥荒持续到了1320年，欧洲损失了大约20%的人口。

30年后，当欧洲慢慢走出饥荒的阴影，新的一代开始成为社会中流砥柱的时候，又一场灾难——黑死病从天而降。

这一次，欧洲约有2600万人死亡，占当时人口的30%—50%。

黑死病的传播，据说是蒙古人对热那亚殖民地卡法发动的"细菌战"。蒙古人把死于瘟疫的尸体用弩炮发射到城墙上。随后，瘟疫经意大利、法国、德国，呈半圆形向西向北流行开来。

意大利伟大的诗人彼特拉克经历了这场疾病，他的恋人劳拉死了。在他的文字里面，房子空空、城镇被弃、乡村潦倒、尸横遍野，整个世界沉浸在万籁无声的可怕寂静中。他提到，史家默不作声，医生智穷力竭，哲学家耸肩皱眉，把手指放在嘴唇上，"后人会相信这样的事实吗？连我们都无法相信。"

黑死病夺去了银行家达蒂尼的父母兄弟，让他成为一名孤儿；黑死病也中断了英国征服法国的雄心壮志，百年战争告一段落；黑死病更是彻底撞开了萧条的大门，使一代又一代积累的增长化为乌有。商业革命耗尽了自己的动力，保守成为一个令人向往的目标。更为不祥的是，还有一片阴云正在向北方聚集，即将酝酿一场更大的风暴。

从14世纪早期开始，奥斯曼帝国一直在侵占拜占庭在亚洲的领地。1352年，他们首次在欧洲土地上立足。随后，他们渡过达达尼尔海峡，占领了加利波利半岛。1362年，他们占领埃迪尔内，并把首都迁了过来。这时候，奥斯曼土耳其实际上已经包围了君士坦丁堡。

黑死病标志着中世纪的结束，以地中海作为贸易中心的时代即将画下句点。黑死病带走了欧洲一半的人口，但却没有带走已经开垦的土地，没有带走财富，反而使人均所得增加，现世主义、享乐主义的情绪开始弥漫，对奢侈品的需求更加旺盛，消费驱动型的经济增长方式初步形成。

更重要的是，人口降低，劳动力减少，使得佃户的博弈能力提高，道格拉斯·诺斯提到，在西欧，保留佃户的最有效办法是降低地租和放宽依附义务。于是，中世纪的庄园经济面临死亡，劳役已经不可逆转地由货币地租代替了，土地由自由承租人和（或）由领取货币工资的工人来耕种。

这些为之后从"身份"向"契约"转变、争取个人自由权利奠定了基础。黑死病也没有带走资本的基本结构、技巧和金融信用制度，这些技术将会被一个更有韧性、更加灵活、更快发展的社会所吸收。

# 第四章　中国：皇权的钟罩

从500年到1500年，商业资本是全球性现象，而不是欧洲独有。显然，商业资本可以在不同社会、文化和宗教条件下生长。不同的是，中世纪欧洲商人面临的指控和压力主要来自教会，而中国工商资本则更多处在中央集权和官僚体系的"钟罩"内，随着社会复杂化而备受挤压，并日益萎缩、崩溃消失。

## 利出一孔

公元前1044年，老年姜子牙，在灭商之战中大放光彩。姜子牙没有封神，也没有成神，而是在齐国做了齐侯。凭借自己的头脑和勇气，姜子牙给子孙挣下了一份大产业。

起初，齐国充分发挥"愿者上钩"的无为精神，实行自由主义市场经济。一方面，靠海吃海，姜子牙通过渔业和盐业，发展迥异于内陆的海洋经济。另一方面，在商言商，姜子牙实施"政府搭台、企业唱戏"，充分引导民间资本参与。

就这样，齐国从一个边陲穷国小国，一跃成为诸侯中的富国强国。但是，自由市场有一个人所皆知的毛病，就是经济危机和贫富差距。

300多年后，相当于工业革命至今的一个时间长度，姜子牙十三代孙姜小白经过激烈角逐，登上齐国国君的位子，是为齐桓公。小白人如其名，虽然精通权术，但对经济问题却是个"傻白甜"。于是，他找了管仲做他的宰相，两人在《管子》中一问一答，跟说相声似的，把各种资本工具抖得活灵活现。

当时的齐国，生产过剩和生产短缺交替出现，一些商人囤积居奇，操控物价，盘剥百姓。大资本家富可敌国，而无产者却赤贫无妻。

与古希腊梭伦改革差不多时候，管仲在齐国实施他的政策措施。

管仲改革的指导思想是"利出一孔"。即采用各种手段，控制一切谋生渠道，垄断社会财富的分配，使老百姓事事仰仗君主（国家）的恩赐。这样君主就可以随心所欲地支配其治下的民众了。他的原话是：利出一孔者，其国无敌；出二孔者，其兵不诎；出三孔者，不可以举兵；出四孔者，其国必亡。

在"利出一孔"的思想指导下，管仲连出四招，开始大刀阔斧地深化改革。

**第一招：控制货币发行，干预和调节经济活动**。管仲提出了"轻重"理论，主张把铸币权收归官府，由官府掌控货币流通，干预主要商品价格。在物"轻"时购进商品，物"重"时出售商品，以平抑物价，为君主赚取利润。

**第二招：刺激奢侈消费，促进生产，增加就业**。管仲十分赞成修建豪华坟墓，觉得这不但让穷人有事可做，还能让雕工、木工、女工等手工业者获利。管仲还建了不少娱乐场所——女闾，也就是妓院，这些女闾雕梁画栋、气象非凡。管仲认为，奢侈消费不但可以促进农业生产，还可以刺激商业发展，增加就业。

**第三招：实行"官山海"政策，通过国有民营增加财政收入**。"官海""官山"即规定食盐、铁矿属于国有，实行官督民产，规定百姓在特定时间、特定地域煮盐、炼铁，政府设置盐官、铁官，对盐、铁统一收购、统一运输、统一销售。

**第四招：发放小额贷款，帮助老百姓创新创业，度过经济周期。** 管仲要求地方在摸底调查的基础上，设立农业贷款公司，春耕的时候，给农户发放种子贷款，到秋收时，农户留足口粮后，向官仓出售剩余粮食。如果农户歉收，官府还会发放口粮贷款，帮助农民度过经济周期，保持可持续发展能力。

正是在管仲的改革下，齐桓公成为春秋时代的第一位霸主。

从管仲的利出一孔、轻重理论出发，后来形成了管商学派，他们主张国家积极干预社会经济，实行禁榷、官山海和重征商税等制度。政府直接掌握大量资源，并以散敛方式控制物价和调节经济。

中国古代社会一切的措施和政策，都围绕制统治者的需要而展开，目的是增加君主的收入，充盈君主的国库，维护君主的统治。这套理论让历代君王用起来得心应手，爱不释手，成为历代国策。西汉桑弘羊、唐朝刘晏、北宋王安石、明朝张居正等，历朝改革家都深受管仲理论的影响。

如果改革的举措无法维系，另一个没有多少差别的王朝就会取而代之。相似的生态反复克隆，各朝各代总是陷入残酷又无奈的历史宿命。管仲自己也没想到，他打造了一个千年陷阱。有学者把这种路径依赖叫作"管仲陷阱"。

管仲死后，齐国的霸权并没有延续多久，很快陷于内乱，齐桓公被饿死。

## 曹禄善诉李少津

在今天吐鲁番市东45千米处，有一座广为人知的遗址，叫作高昌古城。

在1300年前，这里是一个规模宏大的贸易中心，是丝绸之路的重要门户。站在高昌古城的废墟上，那些络绎不绝的商队、琳琅满目的货物，仿佛就在眼前。

640年8月，唐太宗派遣侯君集率军远征，只用一天时间就攻下了高昌。当侯君集踏进高昌，他发现，这里跟当时的大县城没什么两样。建筑、风俗、生活习惯，都是唐朝式的。最大差别是这里的外国人口超过1/3。

唐朝征服高昌后，把高昌改名为西州，作为帝国300多个辖区中的一个，完全使用唐朝律法。在此之前，高昌的通行货币是萨珊银币。后来，丝绸作为交换手段，其地位越来越重要。戍边守疆的中国官兵以丝绸为俸，对他们来说，丝绸可以轻松换得任何生活必需品。8世纪以后，银币从吐鲁番的经济中消失。

665年左右，有个名叫李少津的中国商人向他的好朋友——索格代亚纳（今塔吉克斯坦）商人阎延——借了一笔钱，数额为275匹丝绸。这笔借款约值7匹骆驼。签订契约时，有两个见证人在场，他们分别是索格代亚纳商人曹国毅和曹碧梭。这份契约一式三份，分别由阎延、李少津和见证人持有。

随后，阎延离开高昌去往库克。但是，他没有到达目的地。一个见证人猜测，他可能死于强盗之手。

李少津听闻这个消息后，他立刻否认了所有借款。李少津声称，他从未在索格代亚纳人手里得到丝绸。

阎延的弟弟曹禄善把李少津告上了中国的衙门。虽然李少津一再否认。但两名外国见证人出示了契约副本，并声称目睹了这笔275匹丝绸的贷款。根据唐朝法律，他们的证词和契约副本是有效的。

最后，衙门采纳了他们的证词，判决曹禄善胜诉，要求李少津还本付息。

这些判决的法律依据，正是《唐律》。

637年，唐太宗编制了《贞观律》，后来统称《唐律》。《唐律》有专门的"化外人"条款，并且明确规定：凡同一个国家的外国人发生纠纷，按该国法律处理。凡不是同一国家的外国人或外国人与唐朝人发生纠纷，则按唐律处理。

唐朝时期，跨国间的借贷已经时有发生。而以上这个"曹禄善诉李少津案"表明，唐朝司法机构已经能够公正地裁决这些跨国纠纷。

《唐律》不仅指导着唐朝的日常生活，也深刻影响了后世宋元明清以及当时日本、朝鲜、越南等的立法工作。至少有1000年的时间，《唐律》比《法学总论》（成书于533年）影响更大、传播更广，也更加有效。

正是在《唐律》等制度的规范下，人们相信能够获得帝国的保护。中世纪初期，在血腥的蛮族入侵后，欧洲人觉得，只有上帝才能解决战争、饥荒和死亡。《圣经》之外的知识再无用处。欧洲向文盲时代大步迈进。愿意读书的人越来越少，不仅普通大众不识字，不少贵族、国王也成为文盲。

中世纪最初的500年时间里，整个欧洲漆黑一团，文字记录匮乏。

相比之下，7世纪初，唐太宗在隋朝基础上进一步完善了科举制度。"朝为田舍郎，暮登天子堂"，部分中下层读书人从此有机会进入社会上层。科举制度确立了以儒家价值为社会上升流动的标准，极大地促进了文化教育的发展。

与欧洲的腐败、混乱、分裂形象相比，初唐温文儒雅、威名远播，充满希望和活力，人们对未来有更多的激情和信心。

曹禄善在打赢官司后，有学者猜测，李少津很快履行了合约。按照唐律，如果欠债达到1匹布以上价值，违20天处以笞刑20下，40天处以笞刑60下。欠债达到100匹以上价值的，罪加三等，违20天处以笞刑90下。如果超过100天还没有还账，那就不再是笞刑的事了，而是"合徒一年"。用今天的话来说，就是处1年有期徒刑。

一旦李少津偿还了所有欠款，官府的判决就得到了实施。几年后，这纸判决和许多废纸一起，被官府职员当作垃圾卖掉。这些纸张流落到了寿衣店老板手中，被缝在一起，制成了一件纸质寿衣。

673年，寿衣随一位死去的老人，被深深地埋进了高昌城的戈壁沙丘中。

1955年，考古学家发掘一座庞大的古墓群——阿斯塔纳古墓。他们在一座墓葬中发现了这些纸片。虽然尸身已腐，但文字清晰可见。字里行间，丝绸古道上南来北往的商贾贩客、高昌街道挨挨挤挤的商铺货摊纷至沓来。

## 琉璃巴巴

> 琉璃钟，琥珀浓，小槽酒滴真珠红。
> 烹龙炮凤玉脂泣，罗帏绣幕围香风。

李贺的《将进酒》将一个宴饮歌舞的场面描写得缤纷绚烂、有声有色。在唐朝，小到餐具器物，大到建筑装潢，琉璃是消费升级的标杆。唐太宗时期，据说宫中每三年会隆重举办一次琉璃宴，所用餐具均为琉璃，极尽奢华，兴会淋漓。

若要问盛唐什么行当最赚钱，不是运茶，不是卖丝绸，而是贩琉璃。

在唐代，琉璃产地少，产量低，大部分来自遥远的西域，价值几比黄金。1987年，法门寺曾出土了20件琉璃制品，其中有18件来自伊斯兰国家。

唐初时期，琉璃贩卖还是"货郎模式"，规模小、损耗大，供应不稳定。

开元年间，有个叫王元宝的小货郎，他大胆地在长安西市包了一片地，并把货郎们组织起来，建起一个"王氏琉璃市场"。在这个市场，以长安为核心，北至突厥南达南诏，人们能找到几乎所有关于琉璃的产、销、需信息。而且，这个市场的主要客户是走街串巷的货郎和豪门巨贾，而不是小散户。

法国学者布罗代尔曾说，商品从生产者转到消费者手里，要经过空间和时间的双重过滤。这个特性使商业变成为一种必须积累和使用巨额资金的经营活动。从遥远的西域，到繁华的长安，不论是海路，还是陆路，没有资本寸步难行。

长安与波斯、罗马间的路程，大概要花一两年的时间，基本上很少人会走完，琉璃往往会被转手好几道。在这个过程中，购货款、运费、包装费、仓储费、损耗费、雇工费、到长安集中贸易市场的建设，这些大小费用，在每一个贸易过程中必须严丝合缝、相互配合。就这样，丝绸之路的每个交叉点和接力站上，各类资本或通过现金，或通过合伙，或通过赊欠等形式纵横交错，星罗棋布。

与此同时，中国的琉璃资本也深刻影响了伊斯兰世界的琉璃生产。

王元宝每年都会指派专业人士去往波斯，通过预付、借贷等方式，预购国内所需的特殊琉璃制品，特别是佛教用品。在法门寺出土的18件海外琉璃中，大部分有仿瓷工艺，深受中国消费习惯的影响。王元宝的竞争对手杨崇义，甚至不远万里亲自到波斯游学考察市场。不过，杨崇义喝醉了酒当街调戏妇女，被波斯的道德警察逮了个正着，丢脸丢到了国外。

在频繁的贸易过程中，盛唐有两个方面的资本创新引人瞩目。

柜坊。唐中后期，长安、扬州、洛阳、广州等大型商业城市都出现了具有信用性质的柜坊，有点类似银行。商人将钱币存放在柜坊中，柜坊根据商人所出凭证代为支付，收取一定的柜租。柜坊代客保管钱物、贵重物品，甚至连奴婢、牲畜都可以寄放。商人取钱取物，既可凭票据，也可以信物领取。

飞钱。唐后期，金属货币紧缺。当时，各个地方在长安都有驻京办事处——进奏院，商人们在长安售出商品后，便将货款交给本道的进奏院，由进奏院发给票据。商人回到本道，合券取钱。这种"飞钱"业务，解除了商人携带钱币的不便和风险，也免得地方政府不断运钱到京。后来，军队、盐铁、富商也都参与进来。飞钱加速了货币流通速度，对繁荣市场起了积极的作用。

在资本支持下，站在小微企业——货郎的肩膀上，王元宝成为大唐首富。

人怕出名猪怕壮。王元宝的财富多到令唐玄宗也另眼相看。

有一次，唐玄宗问王元宝家有多少钱，王元宝脑子一下短路了："臣请以一缣系陛下南山一树。南山树尽，臣缣未穷。"用今天的话，意思就是："我能在大兴安岭的每一棵树上挂一个最新款iPhone，树都挂满了，我的iPhone还没有用完呢！"老实本分的唐玄宗听后感慨："我是天下最贵的人，王元宝是天下最富的人！"

事后，王元宝后悔不迭。敢在天子面前炫富，这是长了十个脑袋。

历史上，邓通坐拥铜山，自铸钱币，最终饿死街头。石崇与王恺斗富，落得个身首异处。

日中则昃，月满则亏，万事盛极必衰。王元宝深知这个道理。在与唐玄宗谈话后的第二年，王元宝心生去意。于是，王元宝卖了铺面，散了些家财，悄无声息地从长安琉璃市场中退了出来。从此，他只想当个教书先生。

## 简陋的政府融资

古代中国皇帝绝对是个高风险职业，因为皇帝的日常工作，就是处理各种风险。或是自然灾害、外敌入侵，或是官僚腐败、内部斗争。国家越大，系统越复杂，风险越多，对风险的判断、管控能力，考验着统治者的想象力和创造力。

如果皇帝不热爱本职工作，多半结局不太好。即使皇帝兢兢业业，每天铆足了劲上班，但"人有失足，马有失蹄"，天天和风险打交道，难免会误判漏算。

779年，唐代宗驾崩，时年38岁的唐德宗李适即位。唐德宗少年时期恰逢安史之乱，随祖父、父亲历经战火洗礼。即位初期，唐德宗雄心勃勃，身体力行，施行"两税法"，严禁宦官干政，以扭转唐王朝的颓势为己任。

唐德宗很清楚，藩镇是生长在唐朝政权肌体上的巨痈毒瘤。

781年，成德节度使李宝臣去世，他在去世前留下遗表，请奏朝廷允许其子李惟岳继任。唐德宗拒绝了这一请求，并准备裁抑藩镇。但他没想到的是，李惟岳已经联合其他四个藩镇结成军事同盟。无奈之下，唐德宗只好调集其他节度使出兵征讨。结果，平乱者又同作乱者联合起来。一时之间，天下大乱，其中有四个节度使称王，节度使李希烈、朱泚干脆反唐称帝。

内忧外患之下，唐德宗的国库立马空空如也。慌乱之下，昏招频出。

唐德宗的第一个昏招：借商。所谓"括富商钱以供军"，规定财产高于一万贯的商人，只准留一万贯作为经营产业之用，其余的一律借给朝廷充作军费。在唐德宗的要求下，京兆少尹韦祯亲自督阵，长安尉薛萃亲自驾车，沿街一路搜刮抢掠。长安金融街上的柜坊成为重点收缴对象，所有富户的田宅一律封存估价，奴婢尽数抓走出售。

唐德宗的这次巧取豪夺只筹集二百万贯，但后果十分严重——商人罢市，市民罢工，大量富户选择逃亡，整个市场一片萧条，民力接近枯竭。

唐德宗的第二个昏招：间架税。这是历史上最古老的房产税方案。唐德宗是这么设计的：房屋两架为一间，分成三个等级，上等房子，每年每间两千文钱；中等房子，每年每间一千文；下等房子，每年每间五百文。不管是穷人家的小破屋，还是中产阶级的基本住房需求，都纳入了征税范围。为了打击少报、瞒报行为，还规定隐瞒一间杖打六十，罚款五十贯给举报者。

783年，乱兵攻陷长安，唐德宗仓皇出逃。逃亡途中，唐德宗发布罪己诏，称自己"不知稼穑之艰难，不察征戍之劳苦"。此次兵变使得朝廷威严扫地，从此唐德宗像换了一个人似的，不再信任朝臣，专宠宦官，特爱钱财。

借商、间架税后来虽然被废除，但唐后期的税收却仍然持续上涨。

唐德宗以后，正税之外，又有不少新设的税，如茶税、青苗钱、除陌钱等，这些税收非常苛重。以茶税为例，唐德宗时茶十税一，即税率为10%，至唐穆宗时增加到了50%。

在风险面前，王朝统治者的想象力实在匮乏。要么勤俭节约，拼命往国库里攒银子；要么慌乱之下加税、增费、通货膨胀。

此后的北宋、南宋如此，元朝如此，明清也是如此。这些手段简单、粗暴、立竿见影，却也往往后患无穷。

涸泽而渔的结果，是陷入一个死循环，工商业停滞，民力衰竭，资源分散，然后包括军费在内的各种开支更加不足，最终王朝被内部及外来的竞争者灭亡。

唐德宗以后，唐朝也经历过几次改革，但几乎都因藩镇的阻挠流产。875年，一场突如其来的蝗灾最终将大唐逼上绝路。

黄仁宇曾认为，古代中国王朝的税收制度过于简陋，国家以分散的短线补给方式来运作财政，无法形成"数目字"管理，致使体制僵化，流弊丛生。国家的兴衰，企业的成败，莫过于通过对时间的规划，进行"精细化管理"。可中国历代王朝简陋的财政制度，使得他们在面对风险时，手段极其有限。

## 中国式变法

唐亡于藩镇，宋太祖赵匡胤对此有着深刻的体会和认识。

961年，赵匡胤以其高超的表演艺术，几杯酒的工夫，就解除了手下一伙骄兵悍将的兵权。所谓"杯酒释兵权"，其实不过是"以金钱换兵权"罢了。

赵匡胤曾开导众将说，人生苦短，去日苦多，兄弟们不如多积金宝，广置良田，脱下身上的盔甲，吃好喝好、歌儿舞女颐养天年。

兵权收上来以后，藩镇再没有力量挑战中央，有宋一朝300多年，没有发生一起地方政府造反事件。但问题也出现了，中央从此要养兵。

《朱子语类》中"论财赋"一节，记载了朱熹的说法：财用不足，皆起于养兵。十分八分是养兵，其他用度，止在二分。

也就是说，财政收入百分之八十用在了军费开支上。

到宋神宗年间，各种毛病相继出现。权贵经济泛滥，贫富差距越拉越大，土地集中在少数家族手上，朝廷财政收入捉襟见肘。

1069年，宋神宗任命王安石为副宰相，实施大变法。

王安石颁布的法令，大大小小十余条，其中主要包括三个方面。

一是均输法。对于盐、铁、大米等国家重要资源，一改过去买扑、钞引的"牌照"管理制度，实行统购统销、国营专卖，全面垄断生产和销售。均输法灵感来自西汉桑弘羊，脱胎于管仲，却比管仲"官山海"政策更加保守。

二是市易法。设立市易司，由政府拨出本钱，负责平价收购日常滞销的零售品（比如水果、芝麻等），到市场缺货时出售，价格由市易司划定。这个政策与桑弘羊、管仲的"轻重"理论，也是一脉相承。

三是青苗法。在每年夏秋两收前，农户可到当地官府借贷现钱或粮谷，以补助生产，平滑周期。每笔贷款的年息是20%，一年可贷两次。当年，管仲也曾给齐桓公出过类似的主意。

在廷辩的时候，司马光认为，王安石的这些主张都是管仲、桑弘羊玩剩下的，齐桓公、汉武帝就是受了欺骗，才导致一个被饿死，一个下了罪己诏。

但问题是，司马光却拿不出什么更好的办法。

和所有的计划大师一样，王安石变法的初衷有两个：一是强国，增加财政收入；二是均富，缩小贫富差距。从实施效果来看，北宋政府的财政收入确实迅速增加了，但和管仲改革一样，无法长久；而均富的目标，从来没实现过。

均输法造就了一个权力空前的"政府公司",到处与民争利。市易法"尽收天下之货",政府之手越伸越长,城市商业秩序破坏殆尽;青苗法也是完全变味,欺诈、摊派层出不穷,民间苦不堪言。

1085年,宋神宗驾崩,哲宗继位,变法随之废除,王安石郁郁而终。

以司马光为首的反对派上台后,只知道空喊口号,翻来覆去说"以农为本""轻徭薄赋",没有提出任何有建设性的方案。

王安石变法被认为是古代历史最后一次整体配套制度改革。

这次变法与之前的管仲、商鞅、桑弘羊、王莽、刘晏等,再加上此后的张居正改革,都没有什么两样,属于"中国式变法"。

一个严重的后果是,王安石变法的失败给后来的治国者造成了巨大的心理阴影。在如此发达的宏观环境中,进行一场如此全方位的配套改革,最后带来的却是惨烈的失败,这令所有的后来者对变法望而却步。财经作家吴晓波认为,自北宋之后,南宋、明、清历代治国者基本放弃了体制内的制度创新,经济策略越来越谨小慎微、趋向保守,最终走进了闭关锁国的死胡同。自王安石之后的朝代,所有经济问题只剩下一个,那就是:稳定。

**隐藏的密码**

一幅《清明上河图》,北宋汴京的繁华和颓迹遍览无余。

鳞次栉比的店铺、熙熙攘攘的街道、行色匆匆的商人、讨价还价的客人、大打出手的市民,在张择端的笔下,各行各业兼容并蓄,市井生活栩栩如生。

细节一:"解"字透露宋朝金融图景。

《清明上河图》尾部有一个挂着"解"字的店铺。有人说,这是学子算命的地方,有人说是旅客歇脚之处。其实,这是一个钱币兑换铺子。

北宋政府有大量的官方金融机构。榷货务相当于财政部，除了专卖专营，还发行便钱、交引等信用证券；市易务依据"市易法"设立，主要负责调控物价，以通货财；检校库类似信托机构，代管"户绝没官"的财产及相关遗产等；抵当所是官营的借贷机构，帮助农民度过周期、平滑消费；交子务是负责纸币流通印制的机构，后改称钱引务。

而这个挂着"解"字招牌的地方，全名叫"解库"，是官方钱币汇兑机构。

在造纸和印刷技术的保障下，宋代社会陆续涌现出诸如茶引、盐引、香药引、矾引等信用工具。这类信用工具携带方便，具有汇票性质。

与此同时，因为铁钱、铜钱携带极不方便，有商人首创"交子"，用来代替铁钱。由于商人间发生信用危机，后来交子由民间票据变为正式的国家货币。在信用工具和纸币的大发展背景下，货币兑换机构"解库"应运而生。

细节二：高利贷背后的破产农民。

宋代有"倍称之息"的说法，即借贷的年利通常为百分之百。

官府也以各种方式参与借贷活动。其中最重要的形式是赈贷，即在紧急情况下贷给农民户口粮或种粮，帮助农民渡过困境，保证按时耕作。

但是，贫富无定势仍然成为普遍存在的现象。在《清明上河图》中，困顿出行的贫民和踏青返城的贵族形成鲜明对比。许多破产的农民在青黄不接的日子里，不得不进城寻找短工机会。他们或扛着一个行李卷，游走在大街小巷，找寻工作机会；或肩挑一个空筐，准备进城挑东西，他们没有什么购买力，出售的只有自己的一身苦力；或光着膀子，把空空的担子抛在一旁，呆呆地望着店里的食客（余辉，2015）。

细节三：商业自由与沉重商税。

人虽然可以自由进入城门，货却不行。《清明上河图》城门内右侧第一家，有一间小屋，就是税务所，当时叫"场务"。所有进城的货物必须先到这里验货交税。

在税务所门口,有四个人运来一批装着纺织品的麻包,税务官指着麻包说出税额,而几个货主显然很不满,一个忙于解释,一个急得涨红了脸,大声嚷嚷。

宋朝的一大特征是商业的勃兴。在唐朝,市场区和住宅区还用高墙分隔,定时开关。街边也没有店铺,并施行宵禁制度。到了宋代,这些阻隔完全打破。夜市通宵买卖,全国各地商人自由往来。住宅区和商业区已经完全混一,街边店铺密布,在《清明上河图》中,商铺严重侵街和交通拥堵的现象一览无余。

商业的繁荣,让北宋的商税收入急剧增长,过路行商税额2%,本地住商3%。北宋还有名目繁多的各种商业税,多达上百种(冶文彪,2015年)。

宋朝的财政收入中,商业税在历史上第一次超过农业税。《清明上河图》也将北宋的面临的"危机"刻画得入木三分。望火楼被改造成供休憩用的凉亭,两排兵营也已成为饭铺和茶肆。护卫内城的土墙残缺不堪,城楼毫无防备,来自域外的驼队扬长而去。街头官员和吏卒,有的衣冠不整,有的慵慵懒懒,趴在公文箱上打瞌睡。

废弛的军备和混乱的政治,预言了即将灭亡的王朝背景。这竟然是一座不设防的城市。张择端的担忧并非多余,1126年冬,金军攻下开封,冲进一座座无人看守的城门,直扑禁城南薰门!

1127年,金兵俘徽、钦二宗,史称"靖康之变"。

## 刀锋上的商业革命

当意大利人鲍丁南来到临安(今杭州)这座"华贵天城"时,他的第一感受是:挤!

这座城市方圆160千米,到处见缝插针地住满了人,一所宅院往往住着十或十二家。楼宇林立、寸尺无空的现象,是因为他们正在遭受女真族入侵。

1138年，南宋刚刚定都临安的时候，人口只有20万。到1265年，人口增加到150万。城内住着90万人，城外住着60万人。

> 山外青山楼外楼，
> 西湖歌舞几时休。
> 暖风熏得游人醉，
> 直把杭州作汴州。

不少人把这首题在旅店上的诗当作南宋王朝的真实写照。军事上妥协投降、苟且偷安，政治上腐败成风、奸相专权，经济上积贫积弱、民不聊生，生活上纸醉金迷、纵情声色。总之，南宋是一个只图享受、不思进取的偏安小朝廷。

但这并非全部真相。女真和蒙古的刀锋下，南宋正悄悄进行一场商业革命。

传统农业国家完全依赖土地。但"靖康之乱"后，南宋土地面积比北宋减少了约30%。资源禀赋的改变，使得宋朝的农业生产开始丧失比较优势。南宋后期，土地价格不升反降，这表明南宋经济对农业的依赖度下降了（代谦，2018）。就像公元前5世纪的古希腊，12世纪的威尼斯，南宋王朝必须在农业之外找到别的生存之道。

**首先是技术革新。**

两宋之际，各项技术变革和改良层出不穷。中国历史上的重要发明，一半以上出现在宋朝。今天我们所熟知的四大发明，有三个出现在两宋时期。

在农业上，南宋陈旉写了《农书》，第一次提出了土地利用规划；在冶金上，技术也是世界领先，人均铁产量是同期欧洲的5—6倍；在纺织上，技术已不亚于1700年欧洲同类机器的水平；在数学上，秦九韶撰写的

《数书九章》提出了"正负开方术";在医药上,宋慈《洗冤集录》是世界上第一部法医学专著。

这些科技成就令英国学者李约瑟感到眼花缭乱,他在《中国科学技术史》中说:"每当人们在中国的文献中查找一种具体的科技史料时,往往会发现它的焦点在宋代,不管在应用科学方面或纯粹科学方面都是如此。"

宋朝的科技发明远胜于其他朝代和同时期的欧洲。

各项技术的变革和改良,推动了各类产业的发展。在此基础上,商品信用和货币经济继续发展,成为南宋商业革命的一个显著特征。南宋的纸币发行量增长了上百倍,但很长一段时间里,南宋货币并没有随着纸币增发而同步快速贬值,这说明,南宋经济货币化程度具有足够的深度和广度。

在农村,草市空前繁荣。这些定期交易的小商品市场遍布全国乡镇。草市表明,大量地主和农民开始转向商品性农业生产,如酿酒、茶叶、棉花、铁匠。

在城市,专业企业出现。据记载,杭州城中各类行当有410多个。各类手工业品和零售商品细致专业,米市、菜市、茶市、药市、花市、布市等,迎合了上百万人口的需求。其中,规模较大的私营作坊,雇用工匠达百人以上。

**其次是对外贸易。**

在广东阳江海陵岛,有一个广东海上丝绸之路博物馆,博物馆的主角,是一艘来自800年前南宋的商船——"南海一号"。整艘船上大约有8万多件文物,其中大部分是瓷器,从景德镇青白瓷、龙泉窑青瓷、磁州窑黑瓷、越窑划花器,到广东、福建等地的青瓷和青白瓷,满船名瓷,流光溢彩。

那些坚实的松木船舷、成摞成叠的瓷器、露出淤泥的铁器……见证了海上丝绸之路的辉煌灿烂。

当时，海上丝绸之路主要有两个方向，一条是去东亚，到朝鲜半岛、日本列岛。一条是去东南亚、西亚，到东非、地中海，直达欧洲。

装满了宋朝瓷器、雕版书籍、绘画、丝织品和铜钱（世界货币）的商船，以舰队的形式，从临安、明州（今宁波）、泉州、广州四大港出发，三个月之后，便从印度洋带回了马匹、皮革、香料、象牙等商品（文长辉，2017）。

南宋商业贸易的触角如同巨型章鱼延伸到了波斯湾、地中海、非洲东海岸，包括了今天的印度、罗马、埃及以及肯尼亚、坦桑尼亚。但是，就像这艘葬身大海的"南海一号"，大海总是充满未知的风险。为了筹集资金，稀释远航风险，南宋各式各样的合伙制相继出现。

一种叫"带泄"。

这种企业模式和意大利城邦的"康孟德"十分相似。

在海边做买卖的人中，有不少是本钱不多的中小富户，他们没有能力独立组成合伙公司，就参股于相熟的大海商，少的十来贯钱，多的百来贯钱，等到海外货物买回来，按比例分配所得，往往有数倍的利润（吴晓波，2012）。一旦航行结束，合伙人将利润分配后，合伙关系就地解散。秦九韶将这种资本合作模式写进了《数书九章》。

一种叫"斗纽"。

一些富豪联合在一起，共同经营并遵守同一规则。比如，以10个人为一个组织，各人出的钱从10万贯到50万贯不等，大家约定以10年为期，轮流负责经营，在每岁岁末清算后，即换下一位富豪，所得利润大家按比例分配（吴晓波，2012）。

这是一种典型的股份制合伙公司，大家共集资金、共担风险。

在公元500年到1500年的1000年时间里，商业资本是全球性的现象，而不是欧洲独有。显然，商业资本可以在不同的社会、文化和宗教条件下生长。

不论是在中国，还是在欧洲，或在阿拉伯地区，商业资本都不曾远离政治。不同的是，中世纪欧洲的商人面临的指控和压力主要来自教会，而中国古代商人则更多处在中央集权的"钟罩"内。

## 复杂社会的崩溃

北方权贵大批南下，强烈刺激了南方经济的发展。

资源禀赋的变化，推动南宋商业革命向纵深推进。

三秋桂子，十里荷花；市列珠玑，户盈罗绮。在法国汉学家谢和耐的笔下，蒙古入侵的前夜，南宋的临安宛如又一幅《清明上河图》。

尽管蒙古人已经饮马江淮，随时准备"提兵百万西湖上"[1]；尽管国库已连年空虚，不得不靠滥发纸币维持运转；尽管商业税、专卖税等间接税种的开征使得农村日益凋零、农民日趋贫困；但这些似乎并没有影响到临安城内的豪奢生活。

衣服一定要用丝制作，特殊场合，还要在锦缎上绣上金花。宴会讲究的就是排场，200道菜肴要一起上，还要100多种饮料、点心。由于房屋鳞次栉比，火灾隐患不断，这里成立了世界最早的城市消防队。饱食宽坐之后，便是多姿多彩的娱乐：魔术、音乐、麻将、骨牌、烟花柳巷，临安城内专业的澡堂就有3000多家，还有数以千计的茶肆、酒楼和勾栏（谢和耐，1995）。

蒙古入侵前夜的临安，已经透出了中国的近代曙光。有人认为，如果南宋没有遭遇蒙古的铁骑，可能会产生工业革命。

但事实不会如此轻易。在1273年襄樊失守前，南宋军队曾多次战胜蒙古，御敌于国门之外。在这之后，宋军才开始崩溃，直到1279年，南宋在崖山海战失利后悲凉谢幕。

外敌入侵只是压死南宋这个复杂社会的最后一根稻草。在中国历史

---

[1] 此句出自金国海陵王完颜亮的《题临安山水》一诗。

上，开国之初，皇帝们一般都会吸取上个王朝的教训，推行轻徭薄赋的政策，也能够容忍并支持商业活动和资本积累。但这样的黄金时代往往十分短暂。

因为，压力和动荡是任何一个复杂社会的恒定特征，像特权腐败、气候变化、外敌入侵、叛乱起义之类的危机，总是定期爆发于国家的某个地方。

为了增加农业产量，开垦更多荒地，必须增加人口和官僚机构；为了澄清吏治，必须增加监察人员，加大对官员的管理力度；为了赈灾济民，加强对河道的治理，国库里就必须有充足银两；为了边疆安全、平息叛乱，除了增加军事投入，还要强化政治合法性，增强信息沟通效率，建立各种意识形态组织和特务机构……

由于系统内各部门相互关联，当某个部分被迫朝增长的方向发展时，其他各部分也必须进行相应调整。这就像滚雪球一样越滚越大，越滚越复杂。

起初，这些对复杂社会投资的成本-收益曲线表现出可喜的增长。

但面对持续的动荡和压力，到达一个边界后，边际收益不可避免地递减。美国学者泰恩特证明，一个增长的社会文化体系最终达到边际收益曲线的一个点后，继续进行复杂化的投资，也许能够带来回报的增长，但伴随边际收益下跌，终将进入一个崩溃性日渐增强的阶段。

为了应付纷至沓来的危机，帝国只能不断提高税率、增加税种、通货膨胀，搜刮民脂民膏。最可怕的状况可能出现，这些资源大部分投向军备和官僚，作为解决所有问题的途径。对官僚机构、特权阶层、军队建设的投资，最终挤占其他行业的发展空间。于是整个社会陷入工商业停滞、产能下降的恶性循环。

当复杂帝国的运营成本太高，一个科层相对简单的机构就会取而代之。

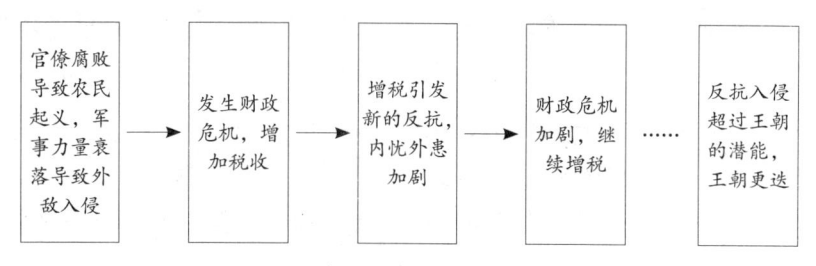

官僚腐败导致农民起义，军事力量衰落导致外敌入侵 → 发生财政危机，增加税收 → 增税引发新的反抗，内忧外患加剧 → 财政危机加剧，继续增税 …… 反抗入侵超过王朝的潜能，王朝更迭

图4-1 中国封建王朝的治乱循环

在中国，周期性的王朝更迭特别明显。

费正清说："中国的历史是一部不断改朝换代的历史，因而不断产生令人感到乏味的重复：创业打江山，国力大振，继而长期的衰败，最后全面崩溃。"

和所有的复杂社会一样，南宋的灭亡遭遇了边际效益递减后崩溃的魔咒。

首先，简陋的融资制度无法满足复杂社会的需求，资本积累成本越来越高。

南宋后期，出现了持续而严重的"钱荒"。1234年，宋蒙战争爆发，朝廷不得不维系一支庞大的军队。同时，对奢侈品的扭曲消费，导致巨额外贸逆差，贵重金属和铜钱流向国外。为此，南宋和他们的"前任"一样，选择了一条饮鸩止渴的道路。为了应付财政危机，朝廷编排各种名目搜刮民财，征税、加费、滥发纸币。通货膨胀带来严重经济危机，最终砸了自己的脚。宋理宗时期，年财政总收入的货币收入就达到了10650余万缗钱。到了宋度宗时期，经过户部系统征收的货币收入，以咸淳三年为例，仅5000万贯左右。（黄纯艳，2013）。

其次，不断增加的社会投入并没有找到新的经济增长点。

南宋的商业繁荣除了制造奢靡之风，并没有实质性地带动产业的明显进步。除了醉生梦死之外，南宋的商业资本找不到更好的投资机会。

最后，复杂社会组织的资本形成效率日益低下。

南宋后期，官僚队伍不断膨胀，特权阶层越来越多，腐败现象日益严重。市井中弥漫着享乐的气息，仿佛过着持续不断的节日，而乡间农民却在艰辛、俭朴、单调的生活中摸爬滚打。

有限的增长随着社会的复杂化而备受挤压，并日益萎缩、崩溃消失。

南宋就像一个很大、很美却又很脆弱的气泡，轻轻一触，就破灭了。

# 中篇
资本秩序的崛起

当中国、印度等其他世界日益封闭时,借由美洲白银资本,欧洲主导了世界贸易秩序,建立了一个以西欧为中心的耗散结构体系。从18世纪开始,在战争资本主义的保护和支持下,英国开始重组全球产业和劳动分工。新的利润空间点燃了阿克莱特、瓦特、博尔顿等一批年轻企业家、发明家的想象力。最终,资本和技术的非线性相互作用,推动了持续而且广阔的经济增长。此后的世界,不断表现出新的特质。同时,资本秩序开始崛起,资本不但控制人的身体,也开始控制人的思想,最终超越宗教、国家,成为支配当代社会的重要因素。

## 第五章　掠夺资本的复兴

1492年，哥伦布在美洲登陆，这一旅程引发了世界上规模最大的财富掠夺。为了支持这些掠夺机器的运转，欧洲许多地区的金融复杂程度不断加深。但是，至少在最初的100多年时间里，掠夺对欧洲的改变十分有限，甚至有害。

### 结束也是开始

1453年5月29日，清晨6点，君士坦丁堡迎来了最后时刻。

在土耳其人攻城的炮火声中，守城士兵绝望地嘶喊。城门一破，奥斯曼军队潮水般涌入城市。君士坦丁十一世战死，他的尸体被插在一支长矛上。

在逐渐展开的屠城和劫掠行动中，凄惨和哀恸之声响彻云霄。

许多基督教徒不由自主地来到圣索菲亚大教堂，将自己的命运托付给上帝。土耳其人用利斧砍开十几厘米厚的木门，手无寸铁的基督徒束手就擒。

下午时分，穆罕默德二世来到圣索菲亚大教堂。他匍匐下来，将一捧尘土倾撒在自己的头巾上，以示真主伟大。随后，他策马穿过惨遭蹂躏的城市，在他身后，土耳其人点燃篝火，伴随笛子和鼓点载歌载舞，庆祝胜利。

黑夜潜入了教堂的穹顶，遮蔽了圣母圣子的肖像，也遮蔽了地上的血迹。

拜占庭消失了，作为贸易中心的地中海将落下帷幕，中世纪彻底结束。

君士坦丁堡陷落的消息就像一块巨石坠入地中海，很快掀起了惊涛骇浪。1453年7月，噩耗抵达热那亚，许多人号啕大哭，或哀悼自己父亲、儿子、兄弟的死亡，或为自己财产损失捶胸顿足。大街小巷披麻戴孝，各种消息飞短流长。

当整个意大利沉浸在极度悲伤中，有一线曙光正在茁壮成长。

这线曙光就是哥伦布。这一年，出生在热那亚的哥伦布已经快两岁，正是牙牙学语的时候。父亲送给他的第一个礼物，是一个玩具船锚。

热那亚盛产精明的商人和资本家，但他们要依靠海员们一次次勇敢的航行。默默无闻的水手和技术高超的航海家，才是热那亚最宝贵的财富。附近海湾巨大的造船厂，城里为数众多的制图社。许多热那亚市民从事海上冒险事业，他们中的佼佼者成为各国商船的指挥员，成为西班牙、葡萄牙的海军将领。

在欧洲各国，只要跟水沾边的事，就有热那亚人参与。在这个盛产海上英雄的城市，哥伦布的出生理所当然。

君士坦丁堡的陷落，使欧洲有充足的理由去畏惧更富庶、强大的奥斯曼帝国。为了洗刷上帝的耻辱，夺回圣城、圣地，他们寄托于未知世界，希望通过一条通往东方的新航线，找到传说中的基督王约翰，一起夹击强大的敌人。

当然，比这些光荣梦想更具吸引力的，是对贵金属和商品持续不断的欲望。

长期以来，南亚的香料、中国的丝绸、印度的花布、锡兰的珍珠等，这些商品是欧洲人梦寐以求的对象……就连庄严的天主教堂，成千上万的香炉里烟雾缭绕的神香，也是不远万里从东方而来。

想想吧，一匹中国浙江生产的丝绸到达欧洲，要经过多少双贪婪的手。

从狭小闷热的织坊出发，到宁波港口装船出航，穿过马六甲海峡、霍尔木兹海峡，在巴格达、大马士革中转，然后抵达贝鲁特和特拉布松，最后经热那亚、威尼斯商人的手卖给德国、英国商人。当丝绸转到欧洲贵族手上，已经是两年后了。两年里，这些丝绸不仅要经历重重税卡，顶着暴风雨、沙尘暴，还时刻面临海盗和沙漠悍匪的威胁。

尽管如此，利润仍高得惊人。麦哲伦率5艘船启航，最后只有一艘歪歪斜斜地回到港口，超过75%的船员客死他乡。但这艘小船载满丝绸、肉桂和豆蔻，老板一算账，竟然还发财了。生命在这本账里毫无价值，利润高于一切。

如此高额利润必然充满血腥的争斗。热那亚人、西班牙人、法国人、葡萄牙人对巧取豪夺的威尼斯睥睨视之，对土耳其、叙利亚和埃及更是仇恨异常。

然而，这一切都在1453年之后的几十年里变得更加艰难。

君士坦丁堡陷落后，热那亚、威尼斯等在黑海的殖民地、贸易据点相继丢失，土耳其人兴高采烈地在黑海、地中海里游荡，把欧洲人的喉咙掐得死死的。伊斯兰世界就像铜墙铁壁一样把东方和欧洲断绝开来：不准信奉基督教的船只、商人在红海出入，欧亚贸易也必须通过土耳其和阿拉伯的商人、经纪人进行。

欧洲人无可奈何，只能咬紧牙关任凭"中间商赚差价"，大量贵金属外流。

欧洲教皇和国家不仅感到尊严上的污辱，还有经济上的切肤之痛。

地中海的商业成本越来越高，欧洲人只好把眼光望向茫无边际的大西洋。

哥伦布来到葡萄牙后，立刻被浩瀚的大西洋吸引。热那亚是航海世界，可比起里斯本即将开发出的巨大航海潜力，它不过是个内河小港口。随着阅历日丰，他清醒地认识到，世人以上帝之名去干许多事，却必须以黄金、白银来衡量这些事的结果。如果一个船长两手空空回来，那他这辈子就别想再登船。

在西班牙国王的支持下，哥伦布有了展示自己航海才华的机会。

1492年8月3日，又是一个清晨，太阳第一缕光线刚刚冲过地平线。新任西班牙海军上将克里斯托弗·哥伦布从修道院里庄严走出，登上圣玛丽亚号。

巨大的白帆绣着十字符号，在晨风中鼓了起来。

哥伦布身姿挺拔，右手抚在胸前。哥伦布怀里，揣了两本书，一本是《圣经》，写满上帝的旨意，一本是《马可·波罗游记》，书中东方世界满地黄金。

哥伦布并不知道，他站在一片新大陆的彼岸，他将亲手打开近代史的魔盒。

## 深海炼狱

古代的航海只能沿着海岸线走，否则等待船员的只能是死亡。

腓尼基人是如此，古希腊古罗马人是如此，郑和下西洋也是如此。在哥伦布发现新大陆前，世界上所有那些往来于欧亚非之间的商船都必须沿着固定的航道行驶，依靠汪洋中的海岛确定自己的位置。

但哥伦布没这么做，他把航线定格在北纬28度。因为他相信地球是圆的。

哥伦布一共在海面上航行了将近70个日夜。这和以往的体验完全不一样。

沿着海岸线航行，累了饿了可以上岸歇个脚，吃点新鲜蔬菜和水果。

但横渡大西洋，有的只是一成不变的海，天是蓝的，海是蓝的，似乎永远看不到头。天气也捉摸不定，日复一日的风吹日晒，突然间的狂风暴雨。酷热、寒冷、恶臭、拥挤、恐惧带来的失眠、忧郁，令船员情绪不稳，极易暴乱。

长期的深海航行中，与缺水缺粮相伴的是坏血病。许多人牙龈出血、关节疼痛，直至皮肤瘀血渗血，免疫力下降，最后痛苦死去。深海就是一座炼狱，早期的远洋航海者必须经历异常艰难的苦行，才能到达遥远的美洲。

大海，从来不是什么诗和远方，要么彼岸，要么死亡。

是什么东西推动欧洲人自愿放弃踏实的陆地，选择充满不确定的大洋？

除了上帝的召唤，更多来自资本的推动，来自相信未来的力量。

君士坦丁堡陷落后，意大利资本和人才开始西移，伊比利亚半岛的葡萄牙、西班牙因其优越地理位置，成为意大利资本聚集地。比如，热那亚的活动中心本来在地中海，但面对强大的奥斯曼，只好把精力转向塞维利亚、里斯本。

哥伦布是意大利热那亚人，他在葡萄牙成为伟大的航海家，最终却为西班牙服务。他那笔发现美洲的经费来源，就很值得深思。

这一趟往返美洲的总花费约200万马拉维迪（当时西班牙货币名）。

这些钱中，哥伦布自己出资25万，是他向朋友借来的；西班牙王室出资140万，但这些钱并非来自国库，而是向热那亚人皮内洛为司库的圣赫曼达德基金借的；剩下的35万则是王室司库桑坦赫尔七拼八凑借来的。

虽然看似政府出资占绝对优势，但来源却五花八门。

哥伦布发现新大陆以后，很多重大的征服都是由国家授权，但由个人或自发组成的小团体投资的方式来完成。科尔特斯征服墨西哥，招募士兵的费用来自他抵押的种植园，船只则是由西班牙古巴殖民政府提供。皮萨罗征服秘鲁，出征费用来自一个叫"长剑与财主"的组织，该组织的成员包括巴拿马总督、神甫（王加丰，2005）。

随着殖民的深入，对于那些暂时没有能力开发的区域，则采取承包的方式。

16世纪初，葡萄牙发现巴西后，国王实在财力有限，遂于1502年把开发巴西的权力暂时承包给以诺罗尼亚为首的一批商人。承包的条件为：诺罗尼亚在三年内垄断对巴西的贸易，第一年无须向国王交纳费用，第二年交纳利润的1/6，第三年交纳利润的1/4；商人们必须每年派出6艘船去探测300里格（约1200海里）的海岸线，及建立一个设防的商站或代理商行（王加丰，2005）。

这种似曾相识的契约，曾大量出现在古罗马时期的对外征服活动中。

在伊比利亚半岛，航海是举国上下全民参与的一项活动。教皇希望把上帝的福音撒遍每个角落，国王希望扩张自己的势力范围，贵族希望获得更多土地，商人天生就要求扩大市场，普通老百姓也企盼能够从航海探险中分得一杯羹。

相比之下，同一时期的中国明朝却完全缺乏这种氛围和动力。

尽管这一时期中国的造船和航海技术在许多方面都领先于欧洲，也有郑和下西洋这样的壮举，但只是皇帝一场闲暇的走秀罢了。当北方少数民族的威胁加剧，明朝皇帝就立刻中止了航海行动，转而将资金集中用于万里长城的修建。郑和死后，造船厂被拆毁，中国进入闭关锁国的状态。

表5-1 郑和下西洋和西方航海的区别

| | 中国方式 | 西方方式 |
|---|---|---|
| 船队性质 | 皇朝特遣队 | 王室特许的私人航海探险队 |
| 经费来源 | 国库拨付一切开支，指派官营机构造船和办货 | 以股份公司和私人集资为主，王室赞助或直接参与 |
| 主要目的 | 对海外藩属确立册封和朝贡制度，宣扬国威 | 探寻新土地、新岛屿、新航路，搜寻黄金、香料、猎获战利品 |
| 主要成员 | 奉差的官吏、卫所官兵、招募的水手、工匠 | 航海冒险家、投机商人、牧师、招募的水手、工匠 |

（续表）

| | 中国方式 | 西方方式 |
|---|---|---|
| 扮演角色 | 官方外交、册封使团、朝贡贸易使团 | 征服者、殖民者、基督教传播者、通商者、海盗 |

## 被切开的血管

从登上圣玛丽亚号帆船的那一刻起，哥伦布就十分清楚，他此行绝不只是寻找什么基督王约翰，传播上帝的福音也不是一朝一夕之功，最要紧的是找到证明他功绩的主要证据——黄金。只要运回黄金，上帝自会显灵。

船一在南美海地靠岸，哥伦布第一件事就是四处打探黄金的下落。

在哥伦布不到100天的简短日记中，有65次提到金子。在登上美洲大陆后，日记通篇提到的词就是黄金，饱含黄金的河流，不了解黄金价值的居民……哥伦布添油加醋的描述，使海地迅速沦为西班牙殖民地。

1493—1520年，殖民者从海地附近开采了近22吨黄金。

因为这些黄金，海地的土著居民基本被灭绝。据统计，海地附近当时约有200万—300万人，到1514年，活着的只有1.3万人。到1530年，这里的居民终于不用半个身子泡在水中艰苦淘金了，因为他们已经不复存在。

细菌和传染病成了征服者最有效的帮凶。欧洲人带来了《圣经》，也带来了《圣经》上所描写的一切疾病：天花、破伤风、性病、伤寒、麻风……印第安人成群地死去，他们对这些疾病没有任何免疫力。借助于火枪的射击、利剑的乱砍和瘟疫的扩散，征服者不断向前推进。

西班牙人征服新大陆的速度极快，手段也极为残忍。

在墨西哥，阿兹特克皇帝彬彬有礼地接待了西班牙人科尔特斯，并把数不尽的金银作为礼物送给他。但这适得其反，科尔特斯还是带领军队洗劫了阿兹特克首都，残酷屠杀了近3000名当地居民。接下来，西班牙人强迫数百万阿兹特克人在金银矿做苦工，这些人最终几乎都死于劳累过度、疾病、岩崩和塌方。

在秘鲁，大字不识的皮萨罗绑架了印加皇帝。为支付赎金，印加上下绞尽脑汁搜罗了7吨黄金和13吨白银。但事实上，哪怕运来全美洲的黄金，也满足不了西班牙人贪婪的胃口。在绞死印加皇帝后，皮萨罗向库斯科进军。在那里，皮萨罗洗劫了太阳神庙，他们把金银器制成便于携带的形状——把全部金银财宝都投入熔炉，铸炼成金属锭。浩劫过后，印加文明不复存在。

1545年，一名印第安人在南美波托西偶然发现银矿，西班牙人蜂拥而至。

汹涌而出的白银令西班牙人狂喜。当时的秘鲁总督托勒多在波托西建立了皇家造币厂，他们把造好的银币装进集装箱，取道运到西班牙，或运到亚洲购买奢侈品。此时的波托西，是财富、荣誉和权力的象征，人口甚至比伦敦还多。银砖铺就的马路，装饰豪华的教堂、剧院，仅舞蹈学校就有14所。

因贵金属燃起贪婪之心，放纵挥霍和冒险，也导致悲惨和鲜血。在可供开采的三个世纪里，波托西的银矿消耗了800万条生命。

18世纪后，在墨西哥瓜纳华托，相似的故事重复上演。瓜纳华托有"世界银都"之誉，生产出来的花边鹰洋在中国市场上一度占据主要位置。其中，巴伦西亚银矿给股东们创造了高达33倍的惊人利润。在瓜纳华托，有眼花缭乱的庙宇、剧院、斗牛场和豪宅，还有在其他地方不曾出现的可怕的不平等。

印第安人携家带口被赶到矿山上，矿井随时都在吞噬着人和牲畜。用汞来提炼白银，使很多工人及家属都中汞毒：头发牙齿脱落，全身控制不住发抖。失去了劳动能力的工人会被矿主踢出门外，匍匐在地上乞讨，默默死去。

从1493年到1800年，全世界85%的白银和70%的黄金都出自美洲。

美洲的白银无处不在，从波士顿到哈瓦那，从塞维利亚到安特卫普，从亚历山大港到伊斯坦布尔，从澳门到广州，从长崎到马尼拉，全世界的商人们都在使用西班牙比索或里亚尔作为标准的贸易交换媒介。

贵金属周游世界，成为世界贸易的润滑剂，有力推动了全球产业的分工。

殖民地的贵金属为欧洲投资创造了条件，哺育了欧洲帝国和世界贸易的繁荣，让欧洲有能力张开双臂拥抱世界，但代价是盛产财富的南美洲迅速被掏空，跌入矿井黑暗深渊。

海地，哥伦布第一次登上美洲的地方，如今仍是西半球最贫穷的地区。

波托西，这座穷国中的贫瘠山峰，现在连一点银渣都没有剩下。那些马蜂窝似的矿井口，放眼望去，就像吸血管一样扎在荒凉山坡上。

瓜纳华托，那些曾夺去数百万人生命的矿井，被联合国确认为世界遗产。许多游客去那里，只为看一眼矿井，品味一下几个世纪前的殖民风情。

如果说经济是肌体，金银是血脉。那么，拉丁美洲就是被切开的血管。

自从发现美洲大陆开始，这里的一切先是被转化为欧洲的资本，而后又转化为美国的资本，并在远离南美的权力中心积累、分配和运转。

## 美第奇的黄昏

对1453年的佛罗伦萨来说，君士坦丁堡的陷落，并不算是一个坏消息。

此刻佛罗伦萨正面临那不勒斯和威尼斯的军事威胁。作为佛罗伦萨的实际控制人，美第奇家族的科西莫惊恐万分，精神几近崩溃，很快病倒了。

但不久后,形势急转直下。土耳其人攻占了君士坦丁堡,威尼斯自身难保,那不勒斯也瞻前顾后,整个意大利都处在土耳其的威胁之中。在教皇号召下,佛罗伦萨、米兰、威尼斯这几个死对头坐在谈判桌上,组成了"最神圣联盟":对内保证意大利维持现状,对外共同抵御侵略者。

这个松散的合约拯救了佛罗伦萨,不久后科西莫奇迹般地痊愈了。

15世纪初,科西莫的父亲乔瓦尼凭借惊人的智慧,把圣殿骑士和其他先驱开创的事业正规化。作为美第奇的继承人,科西莫和他的父亲一样足智多谋。他以过人的精力和令人惊叹的才能,把家族的事业推向巅峰。

在"达蒂尼集团模式"基础上,科西莫将美第奇改造成了一家控股公司。

美第奇不是单一实体,而是合伙公司的组合体,全由一家"母"公司控制。每家分行或生产企业都是独立法律实体,有其自己的名称、资本、账簿和管理。这几家分行也会相互做生意,一家分行会向另一家分行收取佣金,好像两者都属于完全不同的公司。当两家分行合作时,会事先确定利润分成和风险共担。

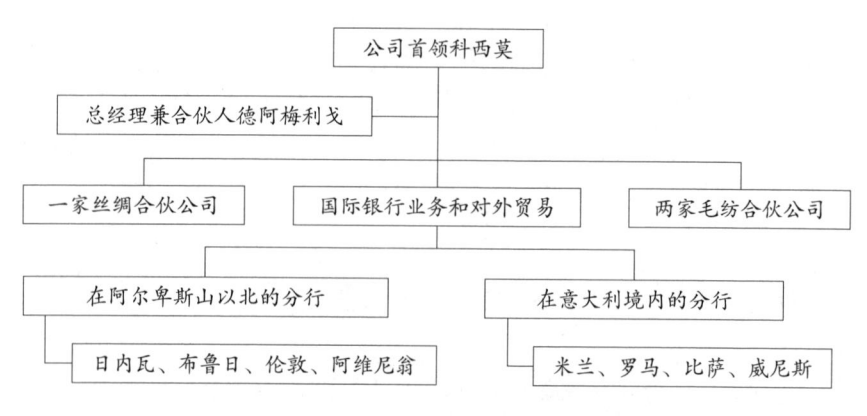

图5-1 美第奇家族控股公司

美第奇银行的大部分资金并不是来自资本金，而是"定期存款"。他们的存款人既有神职人员，也有政治人物，对于不同存款，会给予从8%到10%不等的回报率。

可以说，当时美第奇家族已经能够提供现今银行的几乎全部业务。美第奇的最大客户，是罗马教皇。教皇是唯一能在欧洲所有角落征税的统治者。当收入源源不断从各地流入罗马时，这些货币五花八门，很多以信用形式存在；当教皇和他的代理人游历欧洲时，也不想用褡裢或鞍囊携带现金。教廷需要一个专门机构帮其理财，为其征收税金、接收转移税款、兑换货币、提供贷款。

罗马是资本的聚集地。在早期，作为教廷的财产总管，美第奇罗马分行创造的利润一度高达家族利润总额的一半以上。后期虽有所下降，但也达30%。

然而，1453年以后，特别是随着科西莫的去世，美第奇开始衰落。

在罗马，君士坦丁堡陷落带来最直接影响是教廷税收减少。债务危机令教皇不得不打起美第奇的主意，想夺回欧洲最赚钱的明矾生意。矛盾爆发后，教皇支持佛罗伦萨帕齐家族刺杀美第奇的继承人洛伦佐，并查封美第奇银行在罗马的财产，拒绝偿还教皇圣库欠美第奇的债务。

在东方，1463—1479年，威尼斯和土耳其不断发生战争。虽然佛罗伦萨保持中立，但遭受的扰乱和贸易中断不亚于交战国。经济萧条沉重打击着佛罗伦萨的银行机构。1422年，意大利银行数量多达72家；到1470年，减少到33家；1494年时，只剩不到6家（德鲁弗，2019）。此时的美第奇，也已经处于破产边缘。大部分分行关停，就连罗马分行也在退却，因为资金被教皇圣库深度套牢。

缺乏投资机会，是这一时期意大利商业资本主义的重要弱点。

长期以来，美第奇银行对经济增长的贡献很小，它的资金，不但没有被高效益地进行投资，反而主要用于教廷的铺张浪费或国王的军事战役。也因此，美第奇银行的钱被浪费之后，将很难失而复得。

在君士坦丁堡风雨飘摇之际，许多拜占庭的希腊学者逃到意大利开始新的生活，他们带来了大量古希腊时期的图书和文献资料。这些手稿几乎涵盖所有主题，从哲学到数学、从炼金术到占星术，包括哥伦布用于航海的地球经纬学说。许多小孩开始被教授古希腊语，能够用希腊语交流被认为是知识分子的表现。

当时的美第奇，正在为投资大伤脑筋。把钱花在收藏上成为理所当然。手稿的流入，让美第奇家族进一步扩大藏书馆，据说他们拥有超过1万册的古籍手稿。美第奇历代掌舵者也十分热衷举办各类活动，支持学者对这些手稿进行研究和创作。也因为美第奇的慷慨资助，达·芬奇、米开朗琪罗、多那太罗、吉贝尔蒂、波提切利等一批艺术家崛起，为佛罗伦萨、意大利留下了大量的艺术瑰宝。

一段时间后，佛罗伦萨的人们把这场变化，说成是古代学问的重生。

19世纪后，人们开始把"重生"概念化为"文艺复兴"，并成为一个特殊时代的标志。而美第奇家族，正是这场文艺复兴背后的"天使投资人"。

1492年4月8日，美第奇继承人洛伦佐逝世。此后，美第奇仍是商业巨头，但美第奇银行的事业再也没有恢复。

洛伦佐死后六个月，哥伦布发现了新大陆，历史的罗盘开始转向。

美第奇家族及其控制的佛罗伦萨，与威尼斯一样，都缺位于大航海时代。他们没有进行太多的创新，并面向平民、新兴资产阶级开展金融业务，他们注定会被更加积极地迎接新时代的西班牙、葡萄牙、荷兰、法国和英国抛在后面。

但是，美第奇支持下的文艺复兴，却为人类历史的又一次转变奠定了基础。

## 热那亚时代

佛罗伦萨的每一个细胞都洋溢着艺术的气息。

威尼斯狭窄的水面上，倒映的恢宏建筑见证了这个骄傲领主的无上荣耀。

相比之下，热那亚实在乏善可陈，除了哥伦布，近代史上没有拿得出手的东西。当美第奇家族在佛罗伦萨倾力资助文化艺术，建造规模庞大的城堡时，当威尼斯一代代执政官把海外掠夺的财宝用来装饰圣马可大教堂时，热那亚却把资金投在了远离意大利的里斯本、安特卫普，押注在驶向美洲、亚洲的三桅帆船上。

为什么热那亚的资本宁愿选择远方和风险，而不是建设自己的家园？

热那亚只是一道贫瘠的山丘，向来易攻难守：敌人从北面进攻，就能势如破竹地直达城市制高点；只要敌人在制高点架起大炮，整个城市便只能坐以待毙。

在13—14世纪的贸易扩张中，热那亚的贵族曾像威尼斯一样，梦想建立自己的军事帝国。为此，热那亚和威尼斯在地中海上进行了四次大决战。但在1378—1381年的基奥贾战争中，热那亚耗尽了所有力气。当眼神恍惚、骨瘦如柴的热那亚守军跌跌撞撞出来投降时，热那亚就决定放弃成为一个军事帝国。

热那亚资产阶级被逼到了进退维谷的境地，他们在国内被排挤，大量资本和娴熟的商业技巧没有用武之地，他们在国外被欺负，强敌环视，没有足够力量进行护航。最终，热那亚资本选择脱离不能提供保护和缺乏投资空间的热那亚国家，去往大西洋沿岸寻找新的"权力容器"。1396年，他们屈服于法兰西国王。1463年，他们唯米兰公爵马首是瞻。1492年后，跟随哥伦布的脚步，通过购买西班牙、葡萄牙等伊比利亚半岛的武装保护，热那亚重新获得了新的贸易网络和航线。

当威尼斯、佛罗伦萨不断收缩对外投资，热那亚却已经在北非、塞维利亚、里斯本和布鲁日站稳脚跟，他们成为哥伦布远航背后的风险投资人，他们出资推动西班牙和美洲之间颇费时日的交换，并提供海上保险服务。

在西班牙，1528年，热那亚人多利亚成为西班牙国王的海军将领。作为回报，热那亚人获准在西班牙本土从事商业贸易活动，西班牙传统的羊毛、肥皂等主要工业品，西班牙的贸易航线，都被热那亚人垄断了。1551年，在安特卫普从事商业经营的93家意大利商号中，热那亚拥有37家，占了40%。葡萄牙对大西洋和亚洲航线的探索，奠定了其后几个世纪贸易网络的基础，但热那亚人几乎完全控制了里斯本的批发业务，实际上也掌握了由当地人经营的零售业。

更本质地看，西班牙、葡萄牙不过是16世纪初贸易扩张活动的执行者。

自16世纪20年代起，热那亚资本与西班牙哈布斯堡王朝的联系更加紧密。

当时，西班牙正在多条战线上作战，亟须金融支持。起初，德意志富格尔家族承担着这一任务，他们掌控了欧洲银矿。随着美洲白银涌入，富格尔家族逐渐衰落。热那亚顺理成章成为西班牙王室的救星，他们按10%的利息借钱给西班牙国王。美洲白银在西班牙塞维利亚登陆，然后以汇票方式在安特卫普、里昂购买货物，最后在皮亚琴察交易所汇兑、清算。皮亚琴察交易所处于热那亚资本控制之下，一旦发生争执，由热那亚元老院做最后裁决。

通过美洲白银，热那亚资本也把德意志白银和富格尔挤出欧洲市场。

通过皮亚琴察交易所，大量资金朝着热那亚的方向流去。

在西班牙马德里，热那亚商业巨头不过20来人，他们下面另有几千名热那亚商人，包括铺主、中间商和经销人。这些商人扎根在西班牙、葡萄牙经济的各个层面上，形成"国中之国"。尽管彼此有种种争执，但他们同气相求，互通姻好，每当王室对他们施加威胁时，他们便团结一致，共同抵御。

自1570年开始，热那亚又变成了世界"头等"强国。

西方有句古话："黄金发源于美洲，活跃在西班牙，埋葬于热那亚。"

装着成箱金银的帆桨船大批来到热那亚，数量之多令人难以置信。这些金银或许并不全部属于热那亚，但热那亚拥有调动信贷的能力。他们的商人兼银行家通过白银买卖、黄金交易、汇兑往来操纵资金和信贷，主宰欧洲的支付和清账，左右着欧洲的全部财富。不过，热那亚资本以流动的形式，隐身在葡萄牙、西班牙等领土国家身后，隐藏在美洲的各类种植园里。

这种统治技术熟练，又不动声色，历史学家在很长时间里竟然毫无觉察。

不过，就像布罗代尔说的，热那亚"一切的一切"都是弄巧走险。

直到18世纪，热那亚的资本有一半以上都在世界各地流动，他们从事制造，但为的是别人，他们进行航海、贩运奴隶、种植甘蔗，也为的是别人。在别人家里，热那亚人取得了难以置信的成功，也遭到过灭顶之灾。

在1600年前后100年时间里，受哈布斯堡王朝影响，热那亚经历了不少于6次金融危机。但与这些凶险相比，热那亚商人总是灵活、机敏、见风使舵，当合作对象变得不堪重用，便断然抛弃，再寻找一个新的。15世纪末，舍黑海而取大西洋，19世纪为实现自身利益促成意大利统一，热那亚的躯体虽然脆弱不堪，但却像一台灵敏的地震仪，不论世界上什么地方发生震动，它都跟着摇摆。

热那亚体系在15世纪开始建立，在16—17世纪这段时间里，热那亚成为欧洲的保险箱，直到18世纪末，仍与英国、荷兰不相上下。

更重要的是，与威尼斯、佛罗伦萨和其他欧洲显赫的资本家族不同，他们和政治权力结盟，但却极力避免沦为政治附庸。

从热那亚开始，资本成为一股独立力量崛起于世界历史的舞台。

## 蝗虫和蜜蜂

18世纪初,一位名叫曼德维尔的荷兰医生写了本书,名为《蜜蜂的寓言》。从那时起,资本主义最好的一面就被比作蜜蜂:一个勤奋的创造者。它象征着高度的合作,默默地生产,为许多人谋福利。

在曼德维尔的启发下,英国学者杰夫写了《蝗虫和蜜蜂》,认为资本具有两面性。资本在作为一群勤劳蜜蜂的同时,也是一群蝗虫,他们凭借贪婪残暴的军队,专门伤害无辜,肆意剥削,掠夺着一切事物。

就像古罗马当初用武力征服地中海世界一样,15世纪以来,欧洲也在全面复兴古罗马的战争机器和奴隶制度。1492年,哥伦布在美洲登陆,这一旅程引发了世界上规模最大的土地掠夺。1518年,科尔特斯攻击了阿兹特克帝国。16世纪中,葡萄牙攫取了今天的巴西。1605年,法国占领了魁北克。1607年,英国在今天北美的弗吉尼亚成功建立了第一个殖民地,随后不断扩张。

除了强占大量土地,他们还搬走了这片大陆上的所有黄金和白银。

殖民者还发明了新的致富路径:开辟种植园,种植甘蔗、水稻、烟草和蓝草(用以制作靛蓝染料的植物)等。由于印第安人几乎灭绝,殖民者只好把非洲奴隶贩运到美洲,起初数以千计,后来数以百万计。约300年时间里,超过800万奴隶从非洲被贩运到美洲。

欧洲人的贸易网络横跨亚洲、非洲和美洲,靠的并不是价廉物美的商品,而是武力。由于那些国家实力尚弱,导致全副武装四处扩张的资本家成为欧洲人主宰新世界的标志,他们的坚船利炮见证了资本主义的血腥原始积累。

依靠掠夺富裕强大起来的欧洲人,将世界分为内、外两个区域。"内"包括母国法律、体制和习俗,有着国家维持的秩序;"外"则受帝国支配,原住民被屠戮,资源遭到掠夺,而遥远的欧洲国家几乎不当回事。在这里,领主超越国家,暴力凌驾于法律之上,私人行动者通过军队和武力重塑市场。

为了支持这些掠夺机器的运转，欧洲的金融复杂程度不断加深。

货币市场的精细程度显著增长。1520年，教皇宣布年金不违反高利贷法。年金开始成为欧洲重要信贷来源。人们可以将他们的土地永久抵押，并让后代继承；一个贷款人可以向政府认购一笔钱，然后每年领取年金。在热那亚，1600年应付年金达392吨白银。在法国，年金销售额一度达到王室收入的15倍[1]。

现代银行体系集中亮相。为了支持远航贸易和殖民，专业的贷款行出现。1609年，阿姆斯特丹银行成立，开创了支票账户和直接转账过户。一个商人付款给另一个商人，只需安排在他账户扣款并相应记入对方账户即可，而不用涉及现实有形货币。但这个系统要求接近100%的贵金属储备。1656年，瑞典斯德哥尔摩银行成立，他们引入了"部分准备金"做法，存款为其负债，贷款则为其资产。

对于商人来说，最重要的是汇票的普及。就像航海不能没有水一样，做生意不能没有汇票。精明的商人学会了从汇票中获利，因为处理汇票需要时间，如果这段时间出现汇率波动，其中一方就可能得到一笔合法收益。1650年，汇票已经成为复杂多边商业支付体系中的重要组成部分。

为了适应大航海时代的需求，源于古希腊古罗马时期的海上借贷有了新的发展，创立了以对货物的留置权或以船舶本身的股份作为担保的冒险借贷。与此同时，包括保险业、有限公司、股票交易等一系列制度被创造出来，这些制度成为工业革命前资本市场的建筑构件，并将在以后的工业融资中发挥巨大作用。

贸易和金融的繁荣也需要新闻和消息的润滑。富格尔家族在几大商业中心都设有代理人，他们的手抄报涵盖全世界的信息，从美洲到亚洲，从国王加冕到街头犯罪，从商品价格到外汇汇率，应有尽有。

---

[1] 资料来自 E.E. 里奇、C.H. 威尔逊等人主编的《剑桥欧洲经济史》。

围绕这些金融技术和贸易中心,交易所诞生了。

1531年,安特卫普交易所开业,主要功能是买卖汇票。1565年,英国商人格雷哈姆创立皇家交易所,除了交易大宗商品、奢侈品外,还交易票据、债券、汇率等金融工具。1585年,为协商制定统一的外汇汇率,法兰克福的货币经纪商建立了法兰克福证券交易所。在意大利,那不勒斯交易所位于集市广场的凉廊,威尼斯的交易所位于里亚尔托广场,而热那亚则控制着皮亚琴察交易会。

当太阳照耀在欧洲一小块地区时,积极进取的欧洲人正在努力将多中心的世界纳入其轨道,为此,他们发明了一系列资本工具和方法,使他们能够调动土地、劳动力和市场。在建构现代世界基础的同时,欧洲人通过掠夺也引发了深重的灾难,比如血腥的屠杀,令人胆寒的经济危机,以及巨大的不平等。

接下来会怎么样呢?谁会胜出,是蝗虫还是蜜蜂,是掠夺者还是创造者?

## 斟满毒酒的金杯

有种观点为认为,西方世界的兴起,是因为掠夺了拉美国家的白银。

那么问题来了,为什么古罗马把地中海沿岸搜刮了无数遍,仍只是个农业帝国,为什么成吉思汗和他的子孙劫掠了欧亚大陆,却什么也没有留下?

至少从1500年至1700年,掠夺对欧洲的改变十分有限,甚至有害。

据美国学者汉密尔顿的统计,除去走私出来的白银,从1503年到1660年,有大约185吨黄金和1.6万吨白银运到了西班牙塞维利亚港,超过当时全欧洲白银储备总量的3倍。

天上掉下来的馅饼,令哈布斯堡王朝觉得全仗上帝眷顾,变得无限膨胀。

依靠这些沾满血腥的白银,西班牙建立了一支拥有150多艘战舰、3000余门大炮、数以万计士兵的强大海上舰队,号称"无敌舰队"。

鼎盛时期,西班牙统治的领地遍布各大洲,包括整个伊比利亚半岛、荷兰、意大利大部分、匈牙利、半个美洲、菲律宾等。另外,分布在西非、东非、印度及马六甲海峡和中国澳门沿海地区的贸易港口,也处在西班牙管辖范围内。

他们充当着世界老大,四处开辟战场,甚至在整个欧洲追捕魔鬼[1]。

西班牙要干的事情太多。从亚洲、非洲到美洲,从地中海到大西洋,到处都需要驻军保护。常常一个仗还没打完,另一个仗又开始了。今天刚与法国签订停战协议,第二天又与土耳其开战了。经常在几个地方同时开打,皇帝几乎没有下马的时间。在16、17世纪,西班牙总共只有46年是和平时期,尤其是1618—1678年,西班牙只有3年是和平的。

16世纪末之后,就像当初古罗马一样,掠夺资本主义的边际收益急剧下滑。

**为了应付扩张,西班牙把整个王朝都抵押出去了**。整船的白银还没来得及靠岸,就被划到了热那亚、德国、荷兰等资本家的账上。西班牙的债权人大部分是外国人,他们有计划地掏空了塞维利亚交易所的金库。大约1个世纪的时间里,尽管美洲白银大量涌入,西班牙财政却先后6次宣布破产。1627年西班牙再一次破产,热那亚资本一看势头不对,开始计划退出西班牙财政体系。

**不断对外发动战争,西班牙终于踢到了铁板**。1588年,在与英国的海战中,西班牙无敌舰队遭到了灭顶之灾。17世纪初,荷兰发生革命,而派去镇压的西班牙军队竟然叛变了。1640年,西班牙参与了欧洲三十年战争,不幸战败。在此期间,西班牙统治下的葡萄牙、加泰罗尼亚、那不勒

---

[1] 当时的西班牙国王查理五世发动了一系列宗教战争,反对新教改革。查理五世和他的支持者们认为许多人是魔鬼附体,因此花费巨资去追捕子虚乌有的魔鬼。

斯和西西里，都出现了严重叛乱。特别是葡萄牙的独立，连带葡萄牙的美洲殖民地也失去了。

**经过一个多世纪的挖掘，美洲白银的产量开始下降。** 1626年后，美洲白银的产量开始下降，原因可能是劳动力稀缺。往来于新世界的白银网络，也变得像老旧的供水管道——英国、荷兰的走私者到处寻找漏缝搞破坏。海盗也不让人省心，1628年，荷兰人劫走了西班牙庞大的运宝船，使西班牙损失约1000万金币。腐败，特别是殖民地官员的腐败，也在侵蚀帝国的机体。

**西班牙贫瘠的庄园国度里，工业一诞生就死亡了。** 那些富余的资本并没有投到工业、贸易发展中去，而是用来修建宫殿，购买土地、爵位和珠宝首饰。布鲁塞尔的挂毯，佛罗伦萨的锦缎，米兰的武器以及法国的红酒，充斥着西班牙市场。在通往大洋彼岸西班牙属地的航海贸易中，西班牙控制的不到5%。西班牙的工业品连本国都顾及不了，又怎么能满足殖民地的需要？

在欧洲历史上，西班牙就像一个"黄金漏斗"，贵金属来了，然后永远地离开了。17世纪时，有人说，西班牙就像一张嘴，它进食、咬碎、嚼烂，立即送到了其他器官，除了一瞬即逝的味觉，或者偶然挂在牙齿上的碎屑之外，什么也没有留下——大庄园和世袭制还原封不动地保留着，蒙昧主义和宿命论照样存在。繁盛只是昙花一现，财富从未真正属于过西班牙。

伴随17世纪全球气候骤变，欧洲粮食大幅减产，西班牙彻底衰落。

在1700年哈布斯堡政权结束的时候，西班牙已经全面破产。

长期的失业，荒芜的庄园，混乱的货币，一塌糊涂的工业，失败的战争，空空如也的国库，中央政府在各省的权力也所剩无几。

最令人感到震惊的是，西班牙对自由市场、自由劳动力的限制，在拉美国家建立的不利于经济发展的制度，至今仍阴魂不散。

17世纪时，已经有人把这些矿物财富比喻成斟满毒酒的金杯。

英国政治思想家哈林顿写道：哥伦布曾向我们的先王献上黄金，幸好他并未轻信，而另一位君主（西班牙国王）饮下了这杯毒酒，害了他自己的人民。西班牙外交官法哈多也认为，上帝特意将贵金属掩埋在土地中，让人们使用贵金属的数量不会超过商业用途的需求，"无限的财富——比如来自墨西哥和秘鲁矿藏中的金银——都是'蠢人金'（Fool's Gold），并不能改变旧世界任何东西"。

## 为什么没有崩溃？

在这一时期的大部分时间里，欧洲都处于史无前例的通货膨胀中。1500年，巴黎市场上1塞提埃[1]小麦只需1利弗尔（法国古代货币单位）左右，1600年为8.65利弗尔，1650年涨到了18利弗尔。这场"价格革命"的涨幅放到今天可能不算什么。但在金属货币的时代，欧洲从罗马帝国时代直到15世纪，上千年来物价都超级稳定。突如其来的通胀令整个欧洲猝不及防，一场财富再分配的游戏悄然展开。

首先遭殃的是封建领主。拜千年不变的物价所赐，封建领主跟佃户的契约经常一订就是几十年甚至上百年，他们的租金收入大大贬值。

然后是佃户。封建领主可不是待宰的羔羊，他们会想方设法提高资产收益，开征新税，向佃户分派新的负担。

接着是工场手艺人。物价上涨导致了广泛的工资调整，但这些调整根本跟不上物价的上涨。于是，欧洲工人的生活水平普遍处于下降状态。

受益于价格革命的，是那些新兴商人阶层。借由新大陆的金银，商人们获得了巨大的利润，批发商、贸易商、金融商等一跃成为富裕阶层。

繁荣和困顿、希望和失望相互映照，这种矛盾现象笼罩着整个16、17世纪。

---

[1] 塞提埃（setier），谷物的容积单位，等于12蒲式耳或0.44立方米。

尽管美洲白银源源不断地涌入，但物价只是逐年上涨，通胀并没有到完全失控的地步，欧洲的经济社会体系并未崩溃。

这并不是欧洲各国君主们的功劳，他们得感谢遥远的中国。16世纪的中国，正处在明王朝的统治之下，白银是主要货币。由于人口增长，人民生活水平显著提高，必须确保充足的白银供应。

美洲的白银刚好填补了这个缺口。刚开始，前往欧洲的货船会绕过非洲南端的尖角，穿越印度洋抵达广东。1571年西班牙在菲律宾建立马尼拉城后，他们的船只开始直接横渡太平洋，用美洲的白银购买中国的丝绸、瓷器和茶叶等产品。还有一部分美洲白银，则通过中亚贸易到达俄国的布哈拉，间接转入中国。

从16世纪中期到17世纪中期，美洲生产了3万吨白银，最终流入中国的白银有7000吨到10000吨，占世界白银产量的1/4到1/3。

但欧洲几乎没有生产出任何中国需要的产品，大量白银流入后，就如同泥牛入海，如水赴壑。明清时期的中国，就是一个巨大的"白银黑洞"。

要是没有中国的白银需求，欧洲会走上和罗马帝国相似的道路，通货膨胀，经济混乱，人们会丧失对未来的信任，美洲的矿业会停止运作，整个美洲的殖民计划也会功亏一篑。

多亏中国的这道安全阀，欧洲的白银时代才没有变成一场灾难。

对欧洲来说，美洲白银带来的后果并非全是坏事。在美洲白银润滑下，欧洲主导了全世界的贸易秩序，率先建立了一个全球性的开放耗散体系。

而这，将成为西方世界兴起的根源。

# 第六章　风险打造的世界

通过不断健全的公司机制、股票市场、衍生品交易，以荷兰为代表的西欧发展出了一种全新的风险回报机制。在这些有计划的赌博中，很多公司都失败了，但生存下来的公司却将改变世界，为个人和国家带来大量财富，甚至缔造一个新帝国。

## 全球贸易的旋转木马

16世纪，在美洲白银的推动下，世界经济前所未有地纠结在了一起。

美洲原住民的灭绝，使刚刚兴起来的种植园和金属采矿业劳动力奇缺。欧洲人向非洲输入日用品、贝壳和武器，用于购买和围捕奴隶，然后送往加勒比海、南美和北美地区。在美洲，通过廉价的劳动力，欧洲人获取了蔗糖、烟草、皮毛，还有大量的白银，这些白银最后的归属地是亚洲，特别是中国。

美洲依靠白银来弥补赤字。非洲出口奴隶和黄金。包括中国在内的亚洲，主要商品则包括香料、丝绸、瓷器和茶叶等。那么，欧洲靠什么？

在这个"三角贸易"中，从1500年至1800年，欧洲几乎不能生产任何可以弥补其长期贸易赤字的商品。但是，欧洲的实际收入和财富却是增长最快的。为什么？因为欧洲掌握了全球贸易的主导权，欧洲的公司和船只穿梭在亚、非、欧、美之间，获取丰厚的收益和回报。欧洲还不同程度地参与亚、非内部的贸易，比如日本和中国、东南亚之间的经济联系等。

1619年，荷兰东印度公司总监皮特森写道：

> 我们可以用古吉拉特的布匹在苏门答腊沿海换取胡椒和黄金；用来自科罗曼德尔海岸的里亚尔（波斯钱币）和棉花在班特姆换取胡椒；用檀香、胡椒和里亚尔换取中国商品和中国黄金；我们可以用中国商品换取日本的白银；用科罗曼德尔海岸的布匹换取中国的香料、物品和黄金；用苏拉特的布匹换取香料；用阿拉伯的商品和里亚尔换取香料和其他各种奢侈品——用一种货物换取另一种货物。而这一切都无须花费尼德兰一文钱，只要有了船，我们就有了最重要的香料。那么会失去什么呢？毫无所失，只要有些船，再用一点水注入水泵。[1]

不过，欧洲人竭力挤进世界贸易秩序，注入的可不只是"一点水"。

他们发现了美洲，并掠夺了美洲的白银。然后，凭借这些白银，主导了与美洲有关的各种盈利活动，包括奴隶贸易和不断扩大的美洲种植园。同时，他们手握这些白银，与中国、印度、日本做生意，并逐渐爬上亚洲的肩膀。

美洲的发现，还给欧洲商品开辟了一个无穷的新市场。他们把大量"欧洲制造"销往美洲，而这些商品在亚洲没有任何竞争力。长期以来，欧洲产品质量远远达不到亚洲的标准。美洲市场的存在，意外地引起了新的劳动分工和技术改进，这是此前欧洲通商范围狭隘、产品缺少市场的时

---

[1] 资料来自贡德·弗兰克著的《白银资本：重视经济全球化的东方》。

候,绝不会发生的。

美国学者弗兰克认为,通过美洲的白银,欧洲购买了一张搭乘亚洲经济列车的车票,促进了欧洲的消费和投资,而与此同时,亚洲的经济和政治逐渐衰落,于是,欧洲趁机中了"头彩",取得了近代史上的成功。

当然,这种观点遭到了不少人的质疑。

在我看来,美洲白银资本的作用,并不在于积累,而在于流通。

**借由美洲的开发,以及来自美洲的白银资本,欧洲主导了世界贸易秩序。当中国、日本、印度等亚洲世界日益封闭时,欧洲通过对全球贸易秩序的垄断和把控,不但获得了取之难竭的资本、源源不断的信息,他们还为这套"全球贸易的旋转木马"配备了不断深化的资本形成渠道,把资源配置到新的增长点。**

这个耗散的开放体系,才导致西方的兴起。

但是,在全球贸易的旋转木马中,风险是一个首先要面对的问题。

无论是跨越大西洋,还是沿着非洲好望角旅行,都是一个经年累月的探险过程,往往伴随船舶失踪和船员遇难。从欧洲出发,到亚洲、美洲做一趟生意,周期超过18个月,可能会死掉1/5的水手。只要船开出港口,就如同把钱投在了一个黑匣子里,只有等到返航归国,才有成功与否的消息。

如何通过准确的风险定价和风险配置,激励船员甘愿冒险,保证公司长期稳定运营,又不损害投资者积极性?在英国、荷兰、法国,他们都在尝试通过新的"利益共享、风险共担"机制,来有效解决这些问题。

## 聚天下之货

许多人总是固执地认为,现代资本主义是伴随工业革命而产生的。

可存在的一个悖论是,与资本主义联系在一起的金融机器,它们出现的时间不仅要早于经济学科,而且还早于公司、工厂和雇佣劳动。

银行在中世纪的意大利就已经成熟运转，债券则源于地中海的威尼斯。

卖空、经纪行、泡沫和证券化，这些元素在中世纪已经崭露头角。至于交易所，这个恩格斯眼里"资产阶级社会最高贵的成果和极端腐化行为的策源地"，则可以追溯到12世纪法国的香巴尼集市，到13世纪中，威尼斯的里亚尔托已经成为各类债券、汇率的固定交易场所。

从1500年开始，地中海逐渐衰落。1504年，威尼斯的帆船在亚历山大港找不到一袋胡椒。而在大西洋沿岸，西班牙和葡萄牙却鸿运高照。不过，欧洲经济中心并不在葡萄牙里斯本或西班牙马德里，而是在比利时安特卫普。当时，安特卫普处于西班牙国王哈布斯堡家族的控制之下。国王为什么选择安特卫普？因为安特卫普更靠近欧洲的中心，而胡椒和香料的大主顾是北欧和中欧。1501年，当一艘满载胡椒和肉豆蔻的葡萄牙船只抵达安特卫普时，其他船只就接踵而至。

安特卫普的繁荣显而易见。16世纪中期，除了来自东方的香料，英国的呢绒、德国的金属制品和织物、德法两国的酒、西班牙的羊毛、荷兰的青鱼、波罗的海地区的小麦等，都会运到安特卫普交易。此时的安特卫普，已经成为世界市场，"致天下之民，聚天下之货，交易而退，各得其所"。

随着美洲白银的大量涌入，这里也很快成为一个世界性金融市场。

1531年，一个新的交易所——安特卫普交易所开始营业。在一些专业经纪人的帮助下，投资者可以在这个交易所中进行金融和商品交易。为保持价格变动的连续性，投资者必须每天都在交易所报价。

1532年，西班牙国王查理五世命令当地的官员把交易习俗编成一本法典，以保证金融合约的履行。这大概是世界上最早的交易规则了。1537年和1539年，查理五世颁布法令，宣布票据的背书、票据的持票人条款和合约到期前向第三方转让行为有效，至此，一个支持金融交易的法律体系诞生了。

在安特卫普的集中交易，创造了史无前例的投机机会。市场上出现了操纵胡椒、铜等贵重商品价格的集团组织。政治事件是市场打赌的重要标的。以政府的外汇期权公告为证，外汇汇率也成了投机对象。

与此同时，一些较小的商人进行着谷物的远期交易。就像安特卫普的汇率一样，小麦和黑麦每天都有报价。这些合约，有向生产者支付预付款的季节性交易，有支付一定费用取消合约的定期性交易，还有预先支付一笔费用以获取在特定时期按固定价格购买或出售一定数量谷物的权利。类似远期、期权的衍生品交易还大量出现在青鱼等大宗商品中。

那时候的交易所，就像一个赌场。雄厚的资本携着卑劣的诡计，在市场中翻云覆雨，制造一系列商业性灾难。在许多历史记录者看来，这些种类繁多的衍生品，完全无中生有，只是一种"风中交易"，很容易遭到谴责、鄙视和批判。

交易和风险密不可分。面对浩瀚的大西洋，面对不确定的政治经济，通过各种交易方式、制度安排，分散、转嫁风险，是商业发展的重要条件。

但很长一段时间里，人们没有能力和办法将赌博和风险管理区别开来。

在各种交易的催化下，16世纪的安特卫普迎来了最辉煌的时期。1568年，安特卫普人口已经超过10万，是1500年的2.5倍。崭新的广场，笔直的街道，市政设施和私人豪宅遍地开花，奢侈的社会生活、工业、文化和资本共同组成了这一幅盛世图景。

人无千日好，花无百日红。1576年，荷兰爆发独立战争。为镇压起义者，在1584—1585年的安特卫普战役中，西班牙统治者一怒之下竟放水淹了安特卫普城外的冲积平原。这场历时14个月的战役中，安特卫普守军有接近8000人被杀。就像当年拜占庭的学者逃离君士坦丁堡去往威尼斯、佛罗伦萨，大量安特卫普商人、银行家、能工巧匠、艺术家、科学家带着资本、技术和才能，逃往更北的阿姆斯特丹。

## 有计划的赌博

在世界的不同地区，都有过公司制度的类似实践。

1372年，法国图卢兹12家小磨坊合并成立"荣耀巴扎克"，成为欧洲最古老的公司。这家公司每年召开股东大会，并在会上公开运营账目，股东只负有限责任。公司的股份不但可以自由转让，可以代代传承，还可以用作贷款的抵押物。许多市民持有磨坊股票，并获得稳定的收入来源。此外，佛罗伦萨的康孟达、日本的金刚组、德国的库恩、瑞典的斯道拉恩索，都闪现着现代企业的气息。

但这些企业更多是一种合股方式，风险分担的特征并不明显。

关于现代股份公司的历史，则起源于航海冒险事业。

前辈的历史证明，航海冒险绝对有利可图。哥伦布发现新大陆，为西班牙贡献了取之不竭的白银。而葡萄牙对亚洲航线的开拓，也取得了巨大收益。

早期的探险活动，主要由各国国王资助，或特许授权给私人冒险家进行。

当对外活动越来越频繁，就有必要通过公司的方式筹集更多资金。

整个16世纪，看着西班牙、葡萄牙大把大把的白银进项，同样背靠大西洋的英国却只能吞吞口水，干点拦路抢劫的买卖。感叹上帝不公之余，英国开始同情新教，打算突破天主教的金融牢笼。同时，英国王室担当起了天使投资人的角色，成立了一连串的特许公司，期盼找到下一个哥伦布。

1553年，英国王室看中了一个重新寻找前往印度的替代路线的方案，这家名叫莫斯科威的公司，旨在开拓一条东北方向的航线，环绕西伯利亚前往中国。1555年，莫斯科威得到了正式的特许授权。莫斯科威的融资主要是风险资本，投资者对莫斯科威的期望，与其说是一张饭票，不如说是一张彩票。

戈兹曼认为，这是一种全新的风险回报机制，就像一场有计划的赌博。投资者不会把所有鸡蛋放在一个篮子里，也不期盼所有篮子里的蛋都能孵出小鸡。

莫斯科威没有找到前往中国的新航线，但却开辟了与俄罗斯的丰厚贸易。

1576年，海盗弗罗比舍干脆把自己的新公司直接命名为"中国公司"，提出通过西北方向前往中国。凭借出色的履历和大胆的计划，弗罗比舍争取到了英国女王伊丽莎白、英国财政大臣比鲁夫、英国皇家交易所创始人格雷欣的支持。当然，弗罗比舍也没有抵达中国，他只找到一堆矿石和生活在北极圈的因纽特人。最终，中国公司破产，开辟前往中国航路的壮志化为泡影。

这些探险倾注了英国人的理想，找到一条通往中国的新航路，打破葡萄牙的垄断，拥有和西班牙比肩的财富，由英国主宰新世界的秩序。

虽然大多数致力于探险的公司都失败了，但其他生存下来的公司却将改变世界，为个人和国家带来大量财富，甚至缔造一个全新的帝国。

1587年，沃尔特·雷利在美国东海岸附近建立据点，并命名为弗吉尼亚。

1606年，英国国王詹姆斯一世授予弗吉尼亚股份公司特许经营权，公司股东承诺，要建立与西班牙"极端残暴"的殖民政策相反的殖民制度。弗吉尼亚公司尝试了多种产业，例如葡萄、养蚕、制盐、捕鱼等，最终烟草种植意外成为弗吉尼亚公司利润丰厚的主营业务。

弗吉尼亚公司建立在股东契约的基础上，这种早期探险公司的设计模式，对美国今天的宪政体制产生了巨大影响，弗吉尼亚公司有一名总督，也就是CEO，类似于政府总统；有理事会，后来发展成董事会，类似于参议院；有会员大会，这就是后来公司中的股东大会，类似于众议院。这是美国制度的早期模板。这种公司模式在美国后来的治理模式中随处可见。美国的一些市镇，本来就是一个公司，今天依然通过公司形式进行治理。

当然，除了弗吉尼亚公司，最有名的当属东印度公司。

1600年，英国东印度公司获得授权，负责保证英国在亚洲南部的贸易活动，后来，经过激烈角逐，英国东印度公司真的在印度建立了殖民帝国，并在中国挑起鸦片战争，打开了中国的大门。

但这些公司在刚成立时，股东基本都是无限责任。

这意味着一旦发生事故，股东可能要支付远大于投资额的赔偿。因此，股东必须非常谨慎审察公司的经营者。如果像现代投资者这样，将资金分散，购入多只股票，从股东监控的角度来说是非常危险的。而且，采用无限责任的公司在抛售股票时，需要准确判断买家在遭遇危机时的支付能力。

在当时，不管收益如何，每航海一次就要清算一次。这使得公司经营总是处于不稳定状态，无法完成巨额资金的筹集，海外资产也难以定价和流动。

## 一家新公司

1602年8月31日，星期六，晚上10点左右。

阿姆斯特丹商人迪尔克·范奥斯的家里灯火通明。范奥斯是刚成立的荷兰东印度公司的董事之一，此刻他与商会簿记员兰庞、公证员布鲁宁和其他几位董事围坐在一起，讨论着面前这本包装精美、厚度惊人的股东名册。

这天是荷兰东印度公司最后认购的日子，范奥斯家里出奇地安静。资本金的登记必须赶在午夜前完成。在公证员监督下，他们仔细地检查着每一条账目。快要完成时，范奥斯家里的女佣科内利斯走进房间。在过去一个月里，这位女佣每天看着投资者在范奥斯家里进进出出。在这一刻，她终于下定决心投资100荷兰盾。对于每天工资不到50分的她，这几乎是她毕生的积蓄。

在记录下这笔交易时，簿记员兰庇想起了自己的佣人詹森。兰庇临时决定，在午夜钟声敲响前，给他的佣人发一笔奖金——50荷兰盾的公司股票。在名册的最后一项，兰庇写下了"兰庇代替詹森投资50荷兰盾"。

共有1143名投资者认购了荷兰东印度公司阿姆斯特丹商会的股份，数量多则85000荷兰盾，少则只有20荷兰盾。

至此，荷兰东印度公司的股本全部到位。

公司初始资本约为650万荷兰盾，相当于今天的1.5亿美元，是英国东印度公司资本金的10倍以上。对于当时的企业来说，这一数字非常庞大。

根据公司章程，所有居民都可以购买公司股票，且无资金限制。投资者可选择分布在鹿特丹、阿姆斯特丹等6家商会中的任意一家进行投资。

在东印度公司成立前，荷兰在遥远的亚洲陆续建立了14家贸易公司。这些公司彼此竞争，导致货物在当地的收购价格高涨，在欧洲的贩卖价格却下滑。而且，还面临英国、葡萄牙、西班牙的武力干涉和激烈竞争。

1602年3月，在议会议长的斡旋下，这些公司整合成了荷兰东印度公司。公司获得了荷兰议会东起好望角、西至南美洲南端的所有区域的垄断贸易执照。议会宣称，公司的创立是"摧毁敌人、保卫家园"的钥匙。投资虽依托于人际关系，但与以往不同，这次投资是由共和国最高机构号召，鼓励全民参与的公开发行。这不仅仅是一家企业，还代表共和国在远东的利益，公司不但可以执法、签署协定、对外谈判，还可以在海外发动战争。

**公司对股东实行有限责任制。这一现代化的特点极具历史意义。**

简而言之，持股者只需以资本的形式向公司贡献力量，无须将自己的包括精神人格的一切都毫无保留地奉献给公司，避免将个人私生活一并牺牲。

公司有一个董事会，但起实际作用的是一个有17名成员的理事会，被称为"十七先生"。"十七先生"任命印度群岛等殖民地的总督，也任命这些殖民地的雇员、公务员、军官和法官，但这些任命需要经过三级会议总会的批准。

**荷兰议会授予了荷兰东印度公司21年贸易垄断权。**

公司章程明确提及，资本金除了用来建造船舶和支付人工费用外，还将用来建造海外堡垒。这种安排史无前例，早期公司的垄断权通常只有3—4年，完成简单的货物买卖后就会匆忙返航。显而易见，荷兰东印度公司的策略有别于其他公司，为的是在东方永久驻扎。

**公司章程的起草者当然意识到，周期太长会妨碍感兴趣的个人投资者。**

于是，发行人在章程中规定了一项中期赎回条款：10年后的1612年，公司将披露业绩表现，股东有权根据实际情况要求公司赎回股份。

10年时间仍然太过漫长。股份认购期间，发行人决定在股东名册第一页增加了一个额外规定：可通过该商会的簿记员完成（股票）转移。转移的操作流程今天看来有些复杂。必须经买卖双方两位股东批准同意，股东向簿记员指出资金登记的准确位置，并由簿记员在"特殊登记本"对该次转让进行"准确记录"后，股份转让方可生效。

这意味着，投资者无须等到1612年就可以赎回本金。有人因此认为，股份自由流通这一金融创新是对资本锁定的有效补偿。这个额外条款，缔造了一家新的交易所，并将改变世界的命运。

范奥斯、兰庇在讨论股东名册时，都以为公司在垄断权到期后会解散。而事实恰恰相反，荷兰东印度公司存在了近两个世纪。

1612年，荷兰东印度公司章程再次修订，开始向永久资本制转变。

当然，荷兰的探险和贸易并非都取得了成功。

比如，1621年，荷兰筹集了700万荷兰盾，仿照东印度公司建立西印度公司，想在美洲贸易中分得一杯羹。但与亚洲成熟的产业不一样，美洲种植园没有足够的人力资源。他们必须把当地的土著抓来，或从遥远的非洲贩运黑奴，然后训练他们。种植园也要长期规划，至少要20年才会有稍许成果。

当时荷兰股票市场一天一个价，荷兰的公司只求近期效益。为他们孙子一代的财富，去经营殖民地的想法，是荷兰商人无法接受的。很长一段时间里，西印度公司的武装力量，都是靠抢夺西班牙的珍宝船队过日子。每当有所收获时，股价就突发性地猛升一阵，却没有稳定和持久的利润。

1674年，荷兰西印度公司走到破产边缘，最终被荷兰议会取消垄断授权。

## 发现价格

1603年3月，荷兰东印度公司的船还未出港，便出现了第一笔股票交易。

船员阿勒特把一份价值3000荷兰盾的股份卖给了玛丽亚和范巴尔苏姆。他为什么这么快就卖掉股份？原因是阿勒特没有足够资金履行剩下的投资承诺。

接下来几个月，交易越来越频繁，1603年3月有8手交易，4月有3手，5月则增长至44手。1603年4月，股价已涨至106.5（1602年原始价格为100）。

1603年10月，董事范奥斯的女佣科内利斯把她的股份卖给了一个公证人。

而簿记员兰庇的佣人詹森则直到1610年10月，才把面值50荷兰盾的股份卖出，价格是65荷兰盾。

统计数据显示，大约每年有6%—7%的股份易手，到1607年，换手率已超1/3。需要转让股份的投资商必须在阿姆斯特丹商会办公大楼进行结算登记，但交易本身并不在大楼中发生。股票经纪人或投资人会前往阿姆斯特丹运河边上的新桥，在那里，他们可以打听到来自世界各地的最新消息，并立即利用这些信息交易。当然，如果天气恶劣，他们会移步到新桥附近的圣奥拉夫教堂。

阿姆斯特丹的商业日新月异,而新桥过于狭窄,且人们的交易很大程度无组织、无纪律。最终,城市议会决定仿照安特卫普交易所设计一座新大厅。

自1611年起,交易逐渐集中在经过特殊设计的大厅中进行。

新大厅建在一座庞大的石拱桥上,船只收起桅杆就可以从下面通过。大厅名叫"亨德里克·德凯泽交易所",是新大厅建筑师的名字。交易所看起来像是一个带有围墙的集市广场,环绕中庭周围则是有顶盖的回廊。回廊的每根柱子下面都有编号,不同的交易品种在不同柱子下面进行。

17世纪的荷兰,已经有了今天我们股票市场的一切元素,做市商、经纪人、报纸一应俱全,做空、洗盘、对敲、坐庄也是家常便饭。

**首先出现的是股票远期合约和卖空行为。**

比如,阿姆斯特丹钻石商人泰斯与范福里斯特在1608年10月23日签订了一份远期合约,约定一年到期后,泰斯以145的价格向范福里斯特买入3000荷兰盾,合约签订时的价格为130。1609年10月底,荷兰东印度公司的股票价格已经跌至126,根据约定条款,泰斯支付给了范福里斯特570荷兰盾,即19%(145-126=19)的票面价格(每股3000荷兰盾)。交易不需要到阿姆斯特丹商会大楼进行登记结算,一旦范福里斯特收到现金,合约即履行。

远期合约提供了一种截然不同的交易方式,甚至不需要发生股份转移。买入流程也十分简单,当交易达成时,也没必要向簿记员支付手续费。

**远期市场的出现,为一些做空者大开方便之门。**

有个叫勒梅尔的荷兰商人,曾担任过荷兰东印度公司董事,但不知什么原因,他被踢出了董事会。怀恨在心的勒梅尔本想和法国合作,筹建一家新的东印度公司。很快,他发现不需要购买昂贵的舰队,只需要利用股票市场就能打倒对手。他的计划就是利用远期合约,他和他的合伙人在某个时点集中抛售尚未持有的股票,然后散布公司的负面新闻,对股价造成下行压力。他们只需在远期合约交割前，以更低价格买入股票，就可以因此获利，顺便报仇雪恨。

按照计划，荷兰东印度公司将在1612年清算，股东有退股的选择。

如果股价很低，那么投资者就很可能不再参与投资，公司可能因此终结。

勒梅尔的计划很巧妙。他们散播消息称法国要成立新的东印度公司了，船队在好望角被海妖吃掉了，公司又要花费惊人的费用和英国打仗了……眼看计划快要成功了，但荷兰东印度公司的董事也开始行动，他们向荷兰政府和议会提交了请愿书，声称最近发生了许多卑鄙的股票买卖事件，对投资者不利。

1610年2月，荷兰发布了世界上第一个禁止裸卖空的法令。法令要求，无论是股票的现货还是远期合约，都必须在一个月内到东印度公司中登记，否则交易将被取消，卖方要缴纳交易价值1/5的罚款。

与此同时，迫于空头压力，荷兰东印度公司被迫改变不分红的决定。1609年8月，公司宣布了派息方案——价值75%股本的肉豆蔻干皮，或50%股本的辣椒再加上7.5%现金。对投资者来说，实物红利虽有诸多不便，但聊胜于无。

勒梅尔的空头集团失败了，他亏掉了很多钱，并被逐出阿姆斯特丹。但勒梅尔没有气馁，他继续与荷兰东印度公司对着干。他后来成立澳大利亚公司，发现了一条新航道，真的打破了荷兰对香料贸易航线的垄断。但是，他本人并没有因此发财，他始终被人唾弃，最终钱财散尽。他的墓志铭这样写道："以撒·勒梅尔……从商三十年，赚了很多钱，但也全部失去了，除了他的尊严。"

勒梅尔虽然失败了，但做空作为一种监督机制被不断发扬光大。

尽管荷兰数次重申禁令，但在1623年前，股票交易商们又开始了裸卖空。2008年美国金融危机中，雷曼公司被做空，并最终破产清算，那些眼花缭乱的手法，与勒梅尔的计划如出一辙。

各种期权衍生品也产生了。有个名叫弗朗西斯的经纪人热衷向客户兜售看跌期权。在一份合约中,弗朗西斯愿意为585荷兰盾的报酬,承担起荷兰东印度公司股价跌破500的风险,而他的对手方则愿意为避免这个风险支付585荷兰盾。还有一名叫作道依茨的经纪人,他持有荷兰东印度公司的股票,并卖出一份执行价格远高于现价的看涨期权,为其投资组合的短期价格波动做一份保险。

除远期、期权合约,阿姆斯特丹的交易大厅还有各种各样的"打赌"行为。比如,以"未来一个月法荷是否签订和平协议"为行权条件,股票经纪人比恩斯与政治掮客比查多签订了一份对赌合约。

当然,参与者大部分是投机分子。投机者们提供的这些衍生品,方便了市场参与人风险管理、套期保值。这种交易意外产生了一种发现价格的市场功能。市场许多人或许并不参与股票期货期权市场的交易,但他们却关心因此而形成的价格信息,以此指导自己的经济行为,为一些看似毫不相干的事做决策。

如今,越来越多的人认识到,衍生品可以提高资本生产率和经济灵活性。

弗里德曼说,资本市场是"通过风险定价功能来指导新资本的积累和配置的市场"。判断资本市场功能是否完善,不是看股指涨跌,更不能看交易量和换手率,而是风险定价的准确、有效和专业。

只有定价准确、合理,资本才能配置到经济社会发展最需要的地方。

## 生于泡沫

1635年,一场可怕的瘟疫突袭荷兰。

诡异的是,伴随这场不断蔓延的瘟疫,一场郁金香投机狂热席卷荷兰。

荷兰人充分展开了金融的想象力,他们把股票拍卖应用到了郁金香市场；他们仿照股票商协会，建立了郁金香球茎交易俱乐部；他们还把信贷、期货、期权等金融技巧都用于郁金香投机。按照当时的交易规则，投机人可凭一小部分预付金购买郁金香球根，余款在交割时付清。这是一个期货市场，大部分参与者并不打算在交割时真正交付球根，而只支付签约时的价格与交割时价格间的差价。这些交易受到银行票据的支持，代表合同可获履行的安全。

高价的杂色球茎相当于蓝筹股，普通品种类似低价股。当珍贵的郁金香球茎入市，就像历次股市泡沫一样，诱使许多资金进场，触发虚假繁荣。当时，一个木匠一年的工钱约250荷兰盾，但在1636年12月，一个稀有品种的郁金香球根竟高达3000荷兰盾，1637年春天甚至涨到了5200荷兰盾。

1637年2月的第1周，"击鼓传花"的游戏终于走到尽头。

从哈勒姆一个不起眼的小酒馆开始，只用几天时间，恐慌就弥漫整个联省。人们发现，交易突然凭空消失，大多数球根突降到过去价格的1%。对于买家来说，他们只支付了定金，仍有义务在球根出土时支付巨额尾款。

但大部分买家只是投机分子，除了拖延别无他法。

在这个郁金香盛放的季节，数以千计的投资者被破产的恐惧折磨，他们四处请愿、抗议。直到1638年5月，执政者才决定彻底解决这些纠纷。

在哈勒姆，议会决定，买主可以要求解除合同，但需要支付合同规定原始价款的3.5%作为补偿。买卖合同终止后，球根的所有权回归种植者。这个折中的办法意味着，即使身负数千荷兰盾债务，也可以只付100荷兰盾或更少的赔偿金。在当时，即使是最贫穷的荷兰人，这个数目也能够通过分期付款还清。而对于种植者来说，这个方案看似不太公平，但至少可以保证他们不会亏损太多。

正如荷兰海牙法院所期待的，通过强行和解，避免了昂贵的诉讼活动。

郁金香狂热就这么结束了。

有人想当然地把郁金香狂热和荷兰的衰落联系在一起，这根本言过其实。

虽然这场金融危机造成的恐慌在人们心中挥之不去，但并没有导致金融机构的破产倒闭，也没有引发经济衰退。在当时，荷兰金融体系尚处在初生阶段，各种金融工具还不复杂，投机大多通过期货合约进行，而非通过借贷，真正换手的资金并不多。当价格暴跌、交易取消后，恐慌没有散播到郁金香以外的领域。那些在狂热中挣扎的种植者和投资者，比起狂热之前也没贫穷多少。那场瘟疫也帮了忙，由于旅行受到限制，投机活动基本上仅限于本地。

郁金香狂热就像一个寓言，当投机资本碰到人心贪婪，会让人一夕暴富，也会让财富瞬间消失。郁金香的巅峰时期已成过往，但郁金香仍是私人的钟爱。

熊彼特注意到，泡沫通常发生在新产业或新技术出现的初期。

只用了一两年的时间，荷兰的郁金香球根交易就恢复了平稳。投机者消失了，但花卉市场仍在。剩下的购买者都是贵族收藏家和纯粹的热爱者，他们本就不属于酒馆团体之流，他们购买郁金香只是单纯的喜欢和对美好的追求。

狂热的恶名反而帮了忙，因为全欧洲都听说了这件事，很多人想要亲眼见识一下究竟是什么样的鲜花能引发这样的热情。也正是从17世纪上半叶开始，荷兰建立了花卉出口在国际上的主导地位。

今天，金融的光环早已褪色，但荷兰仍是世界上花卉产业链最完整的国家。

根据世界纪录认证机构确认，阿尔斯梅尔是世界上最大的花卉市场。在这里，五颜六色的鲜花覆盖了整整125个足球场那么大的面积，一个普通的上午，就有700万枝玫瑰、300万枝郁金香、1000万枝其他鲜花完成交易。

这些鲜花来自哥伦比亚、肯尼亚和津巴布韦等遥远的国度。这或许会让人觉得有些荒谬。但几百年来，荷兰人通过令人难以置信的交易设计，掌控了全球鲜花贸易。直到今天，荷兰花卉交易仍然采用拍卖方法。

只不过，今天的拍卖方式已经完全电子化、自动化。他们采用一种名为"荷兰钟"的竞价拍卖法，可以在短短的几个小时之内完成数千次拍卖。

整个过程非常精巧，但核心依然是买卖双方的竞争。

## 香料时代及其终结

> 如果你想到东方去寻找，
> 遍地的黄金，无穷的财富，
> 辛辣的香料，桂皮和丁香，
> 益智健身的名贵补药，
> 如果想寻找晶莹的珠宝，
> 坚硬的钻石，瑰丽的玛瑙，
> 此地的宝藏便堆积如山，
> 你的愿望在此就能实现。

在16世纪葡萄牙诗人卡蒙斯的《卢济塔尼亚人之歌》中，可以清楚地了解到，当时的人们不但把香料和黄金相提并论，而且寻找香料和贵金属，也是西欧前赴后继探索东方航路的主要推动力。

香料的定义非常广泛，主要包括胡椒、生姜、丁香、肉豆蔻、肉桂等。在中世纪的欧洲，香料不仅用于烹制各种蔬菜、鱼、肉、食品和调制香料酒，也被用于医药、保健、宗教等领域，还成为社交礼品和支付手段。

当时，人们常用"贵如胡椒"来形容某件商品的价值。

在欧洲，香料是贵族拥有财富和地位的象征，是一种炫富手段。

对香料的渴求，也使欧洲各国展开了激烈的竞争和角逐。

17世纪以后，荷兰凭借东印度公司的雄厚资本，从葡萄牙手中夺得了一系列控制香料贸易的重要据点。1605年，在安汶岛建立据点；1619年，建立巴达维亚城；1621占领班达群岛；1636年封锁果阿；1641年攻占马六甲；1647年吞并安汶岛；1658年攫取锡兰；1663年取得了科钦；1667年霸占了望加锡。为了垄断香料贸易，荷兰舰队经常四处巡逻，抓到走私者当即处死。

荷兰的垄断甚至延伸到了香料的生产环节，将丁香集中种植在安汶岛，把肉豆蔻的生产放在班达群岛，并禁止其他地方栽种。

在香料的垄断贸易下，荷兰获得了巨额利润。据估计，荷兰香料贸易的毛利润为1000%，有时甚至高达4000%，丁香和豆蔻的利润高达2000%。

荷兰东印度公司的股票每股为3000荷兰盾，在大约70年的时间里，每股股息不少于10.7万荷兰盾。只要拥有几股股票，整个家庭就能过得很舒服。

公司的分红政策对股票市场产生了重大影响。

在17世纪30年代前，股价在120—240范围内波动，随着海外贸易垄断的确立，1638年为400，1650年达到540的峰值。股息的吸引力和股票的高价格，促进了荷兰股票市场的发展，并激励各种金融创新，股票抵押贷款、回购交易、远期和期货都成了投资者的普通工具。

荷兰成为欧洲最富有的国度。荷兰商人随处可见。

一个简单的数字就可以说明荷兰在欧洲贸易中的优越地位：1670年，荷兰商船总吨位为56.8万吨，超过英国、法国、苏格兰、神圣罗马帝国、西班牙和葡萄牙的总和。在阿姆斯特丹的一家银行，有3亿荷兰盾的现金存款。

荷兰流动资本非常充足，利率仅2%—3%。充足的资金引起了英法两国市场人士的广泛注意和深深嫉妒。荷兰这种低利率水平，不仅是因为资本的充足，还有一个原因是荷兰金融市场的不断深化，比如贷款抵押品的流动性改善，荷兰东印度公司可转让股本的创立等等。

然而，荷兰完成对香料贸易的垄断之时，也是香料贸易的盛极而衰之际。

1657年，伴随英国资产阶级革命，在克伦威尔亲自主导下，英国东印度公司终于摆脱临时企业的色彩，转变为一家与荷兰东印度公司相似的永久性公司组织，重新踏上东方贸易的航程。在重商主义影响下，法国、丹麦、苏格兰也都纷纷建立起了东印度公司，目的就是从东方的香料贸易中分得一杯羹。

激烈的竞争最终使香料价格大幅下跌。1670年以后，胡椒价格由1英镑18便士，跌至9.6便士（1670年）、7.2便士（1675年）。在17世纪的最后25年时间里，香料价格比葡萄牙垄断时期降低了40%。为了保证利润，荷兰人定期销毁过剩香料，把大量胡椒、肉豆蔻投入大海。

新航路开辟200年后，香料特别是胡椒从奢侈品变成大众消费品。

这是一个重大的转变。但是，形势即便如此，荷兰东印度公司并未从香料贸易中抽身而退，花费近百年时间建立起来的生产基地、贸易路线、堡垒设施，正在成为荷兰产业转型的巨大负担。

时间进入18世纪，他们仍试图固守香料的垄断经营。

一个历史学家评论道：荷兰把他们最大的帝国建设努力用于一个仅仅是暂时值得争取的目标上，随着世界贸易的发展，香料贸易的没落，荷兰人精力在东方的滥用，其结果是17世纪下半叶国势的中落。

当资本在荷兰本土找不到未来，他们就会转向新的场合。

我们已经看到了荷兰的飞黄腾达。但从18世纪开始，荷兰光艳夺目的历史开始黯然失色。阿姆斯特丹将被伦敦取代，正如威尼斯曾被安特卫普所取代，伦敦将被纽约所取代一样。

但荷兰依旧富裕，至今仍是世界资本主义的前列。

延续接近2000年的香料时代,正在被印度、远东的花布吞噬。

## 国家的认同

中世纪的时候,居住在西欧的人们普遍认为,自己生活在基督的大同世界。

那是一个信仰的共同体,一个跨越千年的欧洲大团结。

但一切都在悄悄发生变化,其中最重要的原因,就是战争。

从14世纪开始,北半球就开始慢慢变冷。1600年后,北半球温度骤跌。随着小冰期的来临,欧洲耕作范围不断收缩,玉米歉收、葡萄发酸、物价飞涨,人们的生活越来越艰难。

在17世纪前后,欧洲出现普遍性危机。在英国,1642年发生了内战,国王查理一世被绞死。在法国,1635—1660年发生了156次农民起义。在西班牙、瑞典、丹麦、荷兰、俄罗斯……大规模的暴动此起彼伏。

欧洲各个王朝之间的军事活动也达到了前所未有的水平。

荷兰为了摆脱西班牙的控制,苦斗了80年(1568—1648年)。信奉新教的德意志诸侯国、丹麦、瑞典等,与信奉天主教的德意志诸侯国进行了殊死搏斗,一打也是近30年(1621—1648年)。为了争夺欧洲霸权,法国与西班牙这个天主教大国,也进行了一场长达24年的艰苦决战。此外,西班牙和英国、英国和法国、英国和荷兰、荷兰和法国……零星战火总是轻易地被挑起,然后结下刻骨的仇恨。

为了应付此起彼伏的战争,欧洲各国不得不努力提高军事技术,包括关键的火药、枪炮技术,新的战术和组织方式等。军事技术和组织动员的提升,极大提高了欧洲人长途征服的能力,使那些武装冒险和殖民掠夺变得更加容易。

更重要的是,在此起彼伏的战争中,统一基督教世界的理念土崩瓦解。

失序、混乱和重建中，近代欧洲的国家和民族开始形成。

16世纪时，热那亚的资本曾和西班牙、葡萄牙王室进行合作，实现保护成本的外部化。当风险来临的时候，热那亚资本只能用脚投票，挣脱君主的搜刮。

但荷兰资本选择了不一样的道路。他们支持本土的奥兰治家族，建立联省共和国，使资本能够在立国活动方面自力更生。他们建立了规模巨大的特许股份公司，对广阔的海外商业空间行使专营权和统治权，公司不仅以追求利润为导向，还代表荷兰政府去完成战争、殖民、贸易和掠夺。

在荷兰，国家和资本之间实现了前所未有的亲密互动、相互制衡。

从荷兰开始，在连绵的争战中，伴随欧洲民族国家的觉醒，英国、法国、德意志、美国等，通过一系列革命或改革，资本不用再攀附教皇、王室、家族等外力，而是通过自主建国、民主协商，与国家权力平起平坐、携手并进。

在人们的固有观念中，资本主义总是和自由竞争、市场经济联系在一起。

事实上，资本的目的是获取利润，不管竞争也好，市场也罢，还是国家、政治、宗教、文化，都只是手段、路径或约束条件。

布罗代尔是20世纪最伟大的历史学家，他用大量的史料表述了一个观点：资本主义非但不能与市场经济画等号，甚至本质上是反市场的。

在布罗代尔眼里，历史上的经济社会可以分为三层结构：位于最下层的日常生活、位于中间层的市场经济和位于最上层的资本主义。在日常生活中，人们自给自足，这是一个"未入青史"的王国。广阔的日常生活之上，才是市场经济的有利地带，从乡村集市、店铺、商贩，到商品、金融交易所，交换经济铺展在巨大的生产、消费领域之间，参与其中的人不过是获得"有分寸的利润"。

但是，在传统的公开市场之外，还有一个不为人知的"反向市场"。这个市场不断寻求挣脱平等交换的束缚，垄断大宗贸易，获得丰厚利润。

资本主义正在其间生长。

在布罗代尔看来,资本主义是一个久远的存在,从其出现、扩张,自始至终都和国家权力结合在一起,并构成了市场经济的对立面。

国家是一种特殊的暴力机器。资本只有获得国家认同,它才节节胜利。

在1500年以后,资本借由国家权力,推动欧洲国家在世界各地征服领土,建成了威力巨大的、名副其实的资本主义世界经济。资本和政治结盟,最终却俘获了政治,甚至使自己一度成为支配性力量,成为世界历史的可怕塑造者。

# 第七章　战争资本主义

在以英格兰银行为代表的国债体系的支持下,英国赢得了海外霸权,通过大量的特许公司,英国强力主导全球贸易网络,调度亚洲、非洲、美洲和欧洲的经济过程。当时人们并不知道,这是通向工业革命的第一步。

## 凛冬过后

美国HBO电视台有部电视剧《权力的游戏》曾风靡全球。

剧中,维斯特洛大陆的形状酷似左右翻转的大不列颠岛。在第八季中,最令观众牵肠挂肚的是北境之王雪诺和龙母丹妮莉丝的感情纠葛。随着雪诺身份的曝光,他成为铁王座第一继承人,与龙母发生直接冲突。为此,小恶魔提利昂和洋葱骑士戴佛斯商量,让雪诺和龙母"二王共治"。

在英国历史上,夫妻"二王共治"是有先例的,且取得了巨大成功。

17世纪最后20年里,英国信仰新教的资产阶级和信仰天主教的国王詹姆斯二世之间的矛盾日益突出。1688年6月,托利党人运用议会权力,向荷兰执政、信奉新教的奥兰治亲王威廉发出邀请,请他从天主教手中拯救英国。

威廉的妻子玛丽公主是詹姆斯二世的长女，也信奉新教。

考虑三个月后，威廉和玛丽决定接受邀请。1688年11月，威廉抵达英国。詹姆斯二世向来重视儿女情长，却不得不面对女儿女婿背叛的情形。不久后，心力交瘁的詹姆斯二世带着小儿子逃亡法国。

1689年2月，英国议会两院达成一致，王位由荷兰执政威廉亲王和玛丽公主共同继承。威廉称"威廉三世"，玛丽称"玛丽二世"。

在就任王位的同时，他们一起签署了一份法案，叫《权利法案》。

法案主要包括以下几个方面的内容：国王不得干涉法律；没有议会同意，国王不得征税；人民有向国王请愿的权利；人民有佩带武器以自卫的权利；人民有选举议会议员的权利；国王不得干涉议会的言论自由……

私人财产神圣不可侵犯，穷人的茅屋再破，风能进，雨能进，国王不能进。

为了合法化这套体制，洛克受命写了《政府论》。洛克大量使用了商业领域中契约、委托等字眼，认为主权在民，主权不能转移给任何人或任何职位。在随后的几十年里，人们对洛克思想的普遍接受，终结了专制主义在英国的威胁，加速了政府代议制的发展。18世纪20年代，英国出现了第一届由首相领导的内阁。

在威廉和玛丽的共治下，荷兰的银行家、金融从业者纷纷涌入英国，为英国金融烙下了深刻的荷兰基因：开放金融市场，利用债券筹集财政支出，利用股票、期货、期权等刺激投机，为食利阶层安排年金和养老金，组建一个为财政政策服务的中央银行……光荣革命释放了英国人在金融方面的想象力。

追随威廉的脚步，在此后约一个多世纪，大量荷兰资本陆续进入英国。

作为荷兰执政，威廉三世十分擅长政府融资，与投资人关系也十分密切，这对英国国债制度的确立起到了重要作用。荷兰利息较低，而利息超过5%的英国国债非常具有吸引力。最重要的是，荷兰人认为，英国国债与绝对君主的私债不同，不但以税款做担保，而且得到了议会认可和保障，较为安全可靠。

1739年，荷兰人持有的英国国债超过1400万英镑，占英国长期国债1/3。1758年，荷兰人掌握了英国英格兰银行、东印度公司、南海公司1/3的股份。1688年以后将近一个世纪，在英国与荷兰的霸权争夺中，并没有发生大规模战争，很重要的原因，在于荷兰将自己的剩余资金转移到了利益最大化的投资场所——英国，而英国则凭借荷兰人的投资，得以与法国进行全球竞争。

以英国国债为媒介的共生关系，使得两国霸权更替能够和平进行。

凛冬将至，这是《权力的游戏》中反复点睛的一句台词。整个17世纪，欧洲仍处于世界舞台的边缘，持续将近一个世纪的小冰期让整个北半球瑟瑟发抖。但这个17世纪，有太多的变化：意大利不再是经济和政治中心；德意志陷入了经济停滞甚至衰退；法国绝对君主制的胜利，没有带来经济进步。

1694年12月，凛冬就要过去的时候，玛丽女王染上了天花。临死前，玛丽请求威廉带领英国继续前行。威廉痛不欲生，他伤心欲绝地晕倒在玛丽床边。在玛丽去世后，威廉拒绝续弦，孑然一身地统领英国，直到1702年去世。

1700年以后，随着北半球寒潮的消退，英国的春天终于到来。

荷兰曾经雄霸一时，但最终只有英国率先实现了现代经济转型。

这时候的欧洲，正逐渐走向现代世界权力的中心。这是启蒙和理性的时代，是旧制度和新制度交织的时代，也是进步、希望和有着无限未来的时代。

## 国家的信用

古希腊哲学家赫拉克利特说："战争，是一切缘由之父。"

战争也可以说是债券之父。

1688年光荣革命后，荷兰奥兰治亲王威廉当上了英国国王。但国王的位子还没有坐热，法国路易十四就宣战了，英国被迫卷入了长达9年的战争。

在此之前，英国曾大量举债，但都是短期借款，利息很高。国家付息不按期，还本更不准时，经常需要借新债还旧债。根据新的《权利法案》，国王课税必须得到议会同意，税收额度、期限以及皇室的花费，也依赖议会。

1692年12月10日，议会表明，对法国的战争支出是必要的，但希望以对民众最不会造成负担的方法来提供。在议会的授权下，为筹集更多的战争资本，威廉三世以荷兰金融市场为模板，开始大刀阔斧地进行金融创新。

长期以来，在欧洲，债券都是领主、城邦、国王筹集战争费用的重要工具。这些债券很多是以土地收益为担保，即以发行年金型债券的形式进行。在荷兰，为了方便公债买卖，甚至成立了专门管理机构——阿姆斯特丹银行。那些风险低、流动性较好的年金型公债，成为富裕市民的重要投资产品。16世纪后期，荷兰人已经有了为家人、晚年购买永久年金的习惯。

威廉三世来自荷兰，对这套债券体制烂熟于心。以酒税为抵押，英国发行了一系列终身年金，年息10%以上；以盐税为抵押，发行彩票国债，除了可每年获得10%的红利外，还能中奖；以土地税为抵押，发行了国库证券，这些国库券可用于缴纳税款；以吨位税及新物品税为担保，建立英格兰银行，开辟市民储蓄渠道。

光荣革命后的126年时间里，英国有一半时间在和法国打架。每次战争期间国债陡增，战争间歇整理国债。整理国债方式有两种，一种是以税收偿付，另一种则是延长债务期限，抓住利率降低的时机续借。一旦进行低息续借，利息支出就会减少，作为担保的税款将出现盈余。1717年，首相沃尔波尔以这些盈余创立了历史上最早的减债基金，这个基金除了偿债，还被用来支付新发国债的利息。

1749年，首相佩勒姆进行大量低息续借活动，一些税收担保项目统一归入减债基金。同时，他还将各种国债统合为年利率3%的无还款期限国债，统一公债就这样诞生了，那些作为新国债付息担保的新税收全部归入减债基金。

从此，国债利率和税目一对一的关系瓦解，虚拟的国家信用成为担保工具。

表7-1　1688—1815年英国的战时支出和收入（单位：英镑）

| 年份 | 支出总额 | 收入总额 | 用公债弥补的差额 | 公债占支出百分比（%） |
| --- | --- | --- | --- | --- |
| 1688—1697 | 49320145 | 32766754 | 16553391 | 33.6 |
| 1702—1713 | 93644560 | 64239477 | 29405083 | 31.4 |
| 1739—1748 | 95628159 | 65903964 | 29724195 | 31.1 |
| 1756—1763 | 160573366 | 100555123 | 60018243 | 37.4 |
| 1776—1783 | 236462689 | 141902620 | 94560069 | 39.9 |
| 1793—1815 | 1657854518 | 1217556439 | 440298079 | 26.6 |
| 总计 | 2293483437 | 1622924377 | 670559060 | 33.3 |

资料来源：《大国的兴衰》（中国经济出版社，1989年）

开始的时候，英国公众对债券这些新花样并没有好感。

笛福曾激烈批评，国债可能会挤占经济和贸易等自然信贷的发展空间。他十分留恋过往没有债券的时光，他说，那时候没有欺诈、股票投机、彩票、公债、年金，没有人购买海军债券和公共安全债券，没有国库券在市面上流通，王国的全部资金投入商品流通的大河，没有任何力量使它偏离正常流向。持相似看法的甚至包括亚当·斯密和李嘉图，他们认为，靠发行国债弥补政府支出，等于将工商资本挪用于非生产性用途，这种浪费对国民经济发展是有害的。

国债就像雪球一样越滚越大，许多人都担心全面破产。1750年，大卫·休谟警告，将来不是国家毁了公共信贷，就是公共信贷毁了国家。许多人批评，议会批准国债初衷是为了减轻国民负担，但事实上，每笔债款都迫使国家开征新税。

外国旁观者也对英国的债台高筑感到不可思议，一有机会就加以嘲讽，认为这是国力虚弱的信号。1739年，法国人杜布歇骑士说，英国将被6000万英镑的债务压垮。1771年，荷兰人塞里奥恩也觉得，英国受到国债巨大的威胁。

这些通情达理的观察家偏偏都被打脸了，国债成为英国兴起的重要原因。

当英国需要钱的时候，国债可以立刻筹集到巨款。1771年，伊萨克·品托写道，国债的利息准时偿付，不容违约，债款由议会保证还本，这一切确立了英国的信誉，因而借到的款项之大令欧洲惊诧不已。他认为，英国在七年战争中的胜利便是国债政策的结果，而法国的羸弱就在于它的信贷组织不完善。

一直要等到18世纪末，英国国债的优越性才逐渐为世人公认。

1782年4月，西法联军和英国在直布罗陀暴发海战。英军能够守住阵地，是以充足的后勤保障为先决条件的。当时，许多欧洲人都认为英国处境困难，简直没有出路，但英国政府发行300万英镑的国债，认购数量竟达500万。英国政府只要向伦敦四五家大公司打个招呼，钱就来了。

20世纪30年代大萧条后，英国经济学家凯恩斯认为，大萧条的主要原因是消费和投资需求不足，要使经济保持在充分就业和繁荣的水平上，必须由政府通过有补充作用的财政活动来扩大有效需求，因此要实行赤字政策，大量增发国债。从凯恩斯开始，现代经济学开始普遍认识到国债的作用，国债不仅可弥补赤字、扩大需求、刺激增长，还是干预经济、引导资源合理配置的杠杆。

国债，不仅代表国家的信用，也是国民经济精细化管理的重要工具。

## 像英格兰银行一样可靠

1694年，在长达几年的战争后，英国发现自己接近破产。

威廉三世绞尽脑汁从"所有愿意借贷的人"那里借款。几乎是在无计可施的境地下，他们建立了英格兰银行。

当时，人们对国家银行相当恐惧，有好几份建议都被否决。1694年4月25日，经过艰难的谈判，议会终于答应为英格兰银行提供特许。条件是，英格兰银行公开募集到120万英镑的资本金后，全部借给政府。相应地，政府每年向该银行支付8%的利息和4000英镑的管理费，利息将由"轮船吨位税、酒类税收和关税"担保。同时，议会赋予该银行12年内发行不超过资本金的记名支票的特权。这种支票可背书转让，起到了银行券的作用。为了守住这个特权，英格兰银行此后一直响应政府低息续借的要求。而这些支票，后来发展成为无息银行券，也就是钞票，即后来的英镑纸币。

英格兰银行并非最早的银行。很早以前，伦敦的金匠就已经接受客户存放金银，并将部分借出，以收取利息。金匠接受存放金银的收据，像钞票一样在市场上流通。可是金匠贷款利率很高，常常在20%—30%之间，不仅侵蚀了工商业利润，就连国王也深受其苦。

刚开始，与这些私人银行类似，英格兰银行并不是一家中央银行。央行的概念，在17世纪还不存在。

除了规模大一些，背景雄厚一些，与国王和政府的关系亲密一些，英格兰银行的业务和其他私人银行没什么区别，主要经营金银买卖与商业期票贴现，发行银行券。1742年，英格兰银行采用本票没有利息的独特形式发行银行券，交易双方不需要拥有支票账户，就可进行收付款。至此，英格兰银行的现代体制逐渐确立：银行内部和银行间的交易不再需要现金；部分准备金；发行货币。

从创办起，英格兰银行就主宰着英国的票据市场。英格兰银行为其储户和其认可的客户提供优惠短期票据贴现,贴现率约为5%。1773年,伦敦银行业的票据交易所成立。伦敦40多名出纳几乎经办了全国所有的付款手续,他们每天晚上聚会,交易各自拥有的商业期票。当然,这些发明早在16世纪的皮亚琴察交易会就已经成熟。但不同的是,古老的大型交易会往往要一年或几年才举行一次,而伦敦的冲账会议每天都在举行。

同时,英格兰银行逐渐开发出了公共职能。

1720年的南海泡沫中,英格兰银行伸出了援助之手,筹集了300万英镑贷给竞争对手南海公司,并将自己377万英镑的政府债按固定价格转化为南海股票。在英格兰银行进行股票认购时,人们将此戏称为"支持公共信用"。

1763年七年战争结束后,西欧大批公司和银行破产,伦敦深受其累。为此,英格兰银行通过降低贴现率、为储户提供现金、发行银行券等手段,缓解货币短缺,恢复公众信心。这些贴现和银行券,成为许多公司、银行的最后依靠。

18世纪,英格兰银行已经充当了最终借款人角色。大家开始觉得,英格兰银行是可以信任的,英语中也产生了"像英格兰银行一样可靠"(as safe as the Bank of England)的谚语。

围绕英格兰银行,英国形成了以市场需求为导向的多层次银行体系。

在伦敦和一些大中城市,有为数众多的私人银行。1807年伦敦约有23家私人银行,1820年这一数量增加到了100多家。广阔的乡村和城镇,还有多如牛毛的地方银行。1550年,英国地方银行只有十几家,1784年数量达120家,1820年为1600多家。这些地方银行多是依据经济需要而产生,往往只是一家企业中增设的"写字间",主要业务是发行票证、贴现期票和发放贷款。这些临时客串的银行家来自各行各业,有磨坊主、铁匠,也有针织商人、采矿主等。

有人认为,18世纪发生在英国的工业革命,英格兰银行没有做多大贡献,因为许多资金都被用到了毫无生产意义的战争和纠纷当中。

事实上，银行长期和短期的信贷是推进这一时期工业化的重要力量。而英格兰银行正是这个体系的主轴。就像今天中国人民银行、国有商业银行、股份制商业银行、城市商业银行、农村商业银行等之间有着复杂的资金往来一样，英格兰银行与广大私有银行、地方银行之间也有着广泛的联系。通过这种联系，资金不仅流向战场，也流向工商业。这些私人银行、地方银行的借款人，除了大量贸易商人，还有大量农场主、工厂主、矿产主和运河挖掘者。

一位名叫特鲁的经济学家认为，19世纪初，英国地方金融从业人员每增长10%，则企业增长12.66%。他还讨论了金融促进工业发展的机制，地方银行不仅促进了当地工业在所有产业中占比的提高，也有助于城市化和产业升级。

18世纪的英国，任何个人、企业，都不会把钱藏在家里，而是把钱存在银行。银行为其存户立账，并在信用账上支付其各项支出。闲置的钱被集中起来，银行当然不会让钱在保险柜中睡大觉，他们会把这些钱循环投入流通。

在英国，货币不再是16世纪西班牙人所理解的贵金属，货币是银行负债（存款和准备金）的总和。信用就是一笔钱，他们以各种票据或数字的方式，在市场上流通周转。以英格兰银行为核心的英国金融体系，接纳了源源不断的美洲贵金属，并把它们变成了现代金融体系的基础，这种基础建立在债务人和债权人关系之上，并服务于越来越多的机构。

丰富的贵金属惩罚了西班牙，原因就是他们只是依靠安特卫普的短期现金，而未能开发出一套高效的资本形成系统。那些认为货币是信用而不是金属的国家，比如英国，站在了西班牙贵金属的肩膀上。

## 投机时代

1687年，一艘名叫詹姆斯和玛丽号帆船，经过9个多月的海上漂泊，终于从西印度群岛回到了伦敦附近格林尼治皇家造船所。

　　船舱打开之后，舱内的货物令专程从伦敦赶来的贵族们惊讶不已。银币和金块堆满了船舱。船长菲普斯头戴金缎带帽，项挂一条足有一米长的金链，大摇大摆地走向码头。官员们将宝藏一过秤：银币足有32吨重！还有无数珍宝。

　　这些财富来源于海地一艘西班牙沉船。除了敬献给国王，菲普斯和船员分了一部分，剩下近19万英镑都给了资助探险的合伙人，相当于100倍的股息。

　　这次探险轰动了英国，许多人想复制菲普斯的成功，途径是成立股份公司。早在1655年，英国东印度公司创建了"公司职员有限责任制"。两年后，东印度公司借鉴荷兰的做法，建立了一个期限更为长久的"合同合资体制"，摒弃了每航行一次都要分配资本的制度，采用仅将盈利分配给股东的红利制度。通过这些改革，英国公司的"股份"第一次变身为可自由买卖的证券。

　　在英国，冒险是一项悠久的传统。菲普斯的成功，极大刺激了人们的欲望。

　　在此之后10年间，许多人纷纷"下海"。年轻的文学家笛福，在写出《鲁宾逊漂流记》之前，也决心海上冒险，尽管成功的可能性仅有万分之一。

　　从1688年开始，伴随光荣革命，冒险时代突然变成了投机时代。

　　这时的英国，农业连年丰收，对外贸易获利丰厚，来自荷兰和法国的移民，带来了新的技术和资金。各种稀奇古怪的公司纷纷出现。

　　有为数不少的寻宝公司和潜水设备公司，他们在泰晤士广场展示潜水设备，邀请有头有脸的人物来造势，设宴款待应约而至的投资者。有格陵兰鲸公司、纽芬兰鳕鱼公司等捕捞企业；有白纸蓝纸、亚麻织造、羽纱公司等制造公司；有宾夕法尼亚、新泽西、多巴哥等殖民贸易公司；有百万银行、孤儿银行等金融公司；还有铜矿、枪支弹药制造商、涡轮发动机厂商、凸光灯公司等。

行业涵盖矿业、打捞、农业、纺织、机械、外贸、基础设施和金融。

早在1623年，英国就已颁布《垄断法》，发明家可以从专利中获得排他性收益。但这个法案并没有很快发挥作用。直到这时，借助资本市场的东风，专利权才开始大放异彩。比如一家生产捕鼠器的公司，声称可以把所有老鼠引诱进去。在取得专利前，股价是15英镑，在取得专利后，价格立刻上涨至60英镑。

人们乐观地相信，不仅科学家和工程师的新奇装置能够改变世界，通过持有他们的股份，自己也将参与这样的伟大时刻。

资本和创新、知识产权前所未有地紧密结合在一起。在英国，公司不只是由一群商人控制的排他性贸易特权企业，而是多元投资者共同组织的企业。

有个叫霍顿的商人发现了其中的商机，他出版了一本名为《促进农商文汇》的双周刊，定期向投资者提供各家公司的股市行情。1694年，霍顿列出的股票数量增加到了57支。他为认购者免费提供东印度之类大公司的每周价格，而要获取小型公司的行情，则需要付出一定费用。

霍顿还在他的小册子中兼职做起了投资者教育的工作。他告诉投资者在哪里找到经纪商，如何根据消息定价，什么是优先认股权和期货（当时称定期交易），怎样利用卖出选择权作为对冲和保值措施，以防价格下跌。霍顿凭借他的经验告诉投资者，小公司股价容易被操纵，因为有人结成股票炒作同盟。

股价操纵并不是一件新鲜事，就连庞大的东印度公司也是目标之一。当时东印度公司总裁名叫查尔德，作为公司大股东，他通过制造假新闻、低买高卖的方法，累积了大量财富。为此，查尔德获得了"肮脏至极的贪财鬼"的称号。

但对市场来说，往往投机的人越多，股票的流动性越好。

起初，人们选择在高大上的皇家交易所进行交易。皇家交易所是一家以商品为主的交易场所，品种包括瓷器、茶叶、谷物、锡等现货，还包括政府债券、商品期货合约等。当然，也包括这些上不了台面的公司股票。

当时的股票交易并不美好。撮合协商的过程往往非常激烈甚至动用武力。一名经纪人刚举手示意卖出，马上手就被另一名经纪人握住，粗鲁的动作使得他们双手通红。一笔交易的达成，往往伴随尖叫、辱骂、推搡。

更糟糕的是，股票经纪的名声很差，他们被认为是一种虚伪的骗术。

因为交易过程过于粗鲁、吵闹，不久，股票经纪人被赶出了皇家交易所。他们只好找寻别的地方，刚开始，他们在伦敦柴思胡同的露天广场交易，这是个农贸市场。伴随肉摊菜贩们的吆喝，各种消息飞短流长，股价涨涨跌跌。

人们实在无法忍受腐烂肉菜的臭味，于是躲进路边的咖啡馆。

这家名叫乔纳森的咖啡馆很善于招徕生意，他们在墙上的小黑板上刊登股市行情，悬挂各类寻找股票、买家的广告。

在这个咖啡馆，随便抓一个人，他都会给你讲一个耳熟能详的故事：新技术公司上市、股票大涨、成交量创纪录，衍生品交易和信贷扩张，谣言和欺诈泛滥，菜鸟争相入场……但同时，他会告诉你，他打算趁乱大赚一笔。

咖啡馆里最常见的行为，就是为公共和私人事件打赌。

战争何时会爆发？威廉国王还能活多久？大雨还会继续下吗？东印度公司的股票一个月后会涨还是跌？刚刚远航的帆船能否顺利返航？……各种事件都能成为商人下注的标的。他们之所以这么做，并不完全出于无聊或贪婪，而是希望借此对冲经营风险。17世纪90年代，股票经纪人也开始熟练地承揽各种保险，从拦路抢劫险、市场交易险到妇女贞操险，无所不有。

1695年的时候，股份公司只拥有英国财富的1.3%。1720年南海泡沫破灭时，这一比例已经增长到了13%。

人们通常认为，工业革命兴起于英国，始于18世纪末。但其实，工业革命的条件早在18世纪20年代就已经具备，包括机械化技术、创新氛围、产权保护制度和灵活的资本。

马克斯·韦伯说，资本主义的本质是加尔文教的理性、清醒、节制和俭朴。但事实上，新的金融世界弥漫着赌博心理。这个大旋涡的中心，正是经纪人在炒股、下注，股份公司和投机博彩天然地融为一体。

当然，随着概率论的进步，人们期望把风险关进笼子。不过就像人类总是无法预测未来，人们对风险的衡量和定价，仍旧保持着巨大的非理性特征。

股市的投机性，切合了冒险和创业的风险需求。凯恩斯说，股市和股份公司之所以能够超越其他资本组织形式，是因为这两者吸纳了赌场的要素。

1748年，乔纳森咖啡馆毁于火灾。1年后，伦敦一些股票经纪人募资重建。1773年，这群经纪人在乔纳森咖啡馆开会，决定成立一个更加正式的机构。后来，他们搬进了一栋有交易室和咖啡屋的建筑，并把这座大楼命名为"证券交易所"。

## 两次大危机的比较

18世纪，英法争雄是世界历史的核心问题。

因为持续不断的战争，英国和法国当时都欠下了大量债务。他们都不约而同地把目光投向了美洲新大陆，期望通过开发新大陆，解决债务如山的问题。

在英国，在时任财务大臣罗伯特·哈利等人的推动下，成立了以贩卖黑奴为主要业务的南海公司。

起初，南海公司的目的是接管英国国债。即把政府的战争债务转换为容易兑换、低利息的长期证券（股票）。为了鼓励持有人将名下资产转换为公司股票，必须拉高公司股票价格，让投资者获得流动性溢价。

在法国，在金融天才约翰·劳鼓吹下，成立了开发美洲的密西西比公司。与南海公司类似，密西西比公司的目的，也是通过公开募股将国债转换为股份，以减少政府债务，开发美洲的未来财富。密西西比公司的商业垄断期限是25年，公司资金为1亿利弗尔，每股定价500利弗尔。

但约翰·劳走得更远。为了刺激市场投资，他进行了大量制度创新。

先是成立了皇家银行，主要任务是发行纸币。这些纸币不但可以用来交税，还可以用来购买密西西比公司的股票。然后，与其他著名泡沫中的故事如出一辙，约翰·劳还讲述了一个迷人的故事：在遥不可及的密西西比，可以用最廉价的小商品换来整船整船的黄金白银，还有大量肥沃的土地可供种植……

在约1年的时间里，密西西比公司股票从500利弗尔疯涨到20000利弗尔。股票持有者沉醉在大洋彼岸那个人间天堂的美好幻想中，法国政府的债务危机似乎迎刃而解，巴黎的工商业出现前所未有的繁荣……

这一切令海峡对岸的英国同行羡慕不已。南海公司的董事们竞相模仿约翰·劳的做法，不但允许分期付款，还通过股票抵押的方式发放大量贷款。同时，他们也用殖民地的金银矿藏和迅速致富的美梦来引诱投资者。

不同的是，南海公司从来没有像约翰·劳控制皇家银行那样控制英格兰银行。南海公司必须与英格兰银行进行竞争，并在国会与反对派较量。

南海公司也无法像约翰·劳那样垄断股票和信贷市场。

在1720年，伦敦有将近190家新公司如雨后春笋般诞生。这些新公司就像泡沫一样如同过眼烟云，有的只成立两个星期，便消失得无影无踪。这些公司五花八门，有镇压海盗的公司，有治疗性病的公司，还有制造永动轮的公司……

表7-2 英国南海泡沫过程中产生的各种公司

| 向伦敦供应海煤的公司 | 全英格兰房屋建筑和重建公司 |
|---|---|
| 改良英国土地的公司 | 头发贸易公司 |

（续表）

| 从西班牙购买大公驴的公司 | 英国各地葬礼装饰公司 |
| --- | --- |
| 永动轮制造公司 | 花园改进公司 |
| 镇压海盗船只的公司 | 进行商务谈判的公司 |
| 为受仆人蒙骗的主人进行保险的公司 | 治疗性病的公司 |
| 皇家交易保险公司 | 伦敦保险公司…… |

为了寻求更多的资本注入，不让这些新公司抢夺有限的资金，南海公司的董事们推动通过了著名的《泡沫法案》，规定在权责不明的情况下建立新公司是非法行为。立法者并不打算扑灭投机者的气焰，但《泡沫法案》却意外达到了。

在法国密西西比泡沫破灭后不到两个月，南海公司的股票也像山崩一样跌落，借钱炒股的人陷入绝望，许多投资者破产。

《泡沫法案》也扼杀了资本市场调动资金推动创新的能力。

法案颁布后，新股发行遇冷，企业未经许可不得宣称有限责任——一种皇室特许权。著名学者斯考特就认为，法案延迟了工业革命的发生。

但南海泡沫带来的破坏，要远低于法国密西西比泡沫。从起点到高点，密西西比公司上涨了接近20倍，而南海公司不到10倍。

当伦敦股票价格回落时，除了《泡沫法案》规定的公司外，金融系统并没有遭到持续破坏。在英格兰银行的帮助下，南海公司依然存在，政府债务转化有序进行，国外投资者也没有转移出去，普通民众基本未受影响，而那190家异想天开的公司，有4家活了下来，其中就包括皇家交易保险公司和伦敦保险公司。

1721年，英国破产商家的数量并没有继续增加，经济很快复苏了。

而对于法国来说，不但股民遭到巨大损失，几代人的财富付之一炬，所有民众都被剧烈的通胀笼罩。国家信用受到重挫，财政危机雪上加霜。王权基本仅能维持生计，不断从一个失败的改革走向另一个失败，直到彻底垮台。像皇家银行等金融机构，他们导致了泡沫，最终也与泡沫同归于尽。

约翰·劳的短暂统治震撼了一切，却一无所获。

为了阻止股价暴跌，法国政府想尽了办法。先是禁止使用金银等贵金属支付，后来又规定股票法定价格为900里拉。眼看禁令无效后，法国政府干脆下令不准股票在路边和公共场所交易，只能局限于许可经纪商之间。

基于对泡沫的恐惧和顾虑，1724年，法国建立巴黎交易所，这是全球首家官方交易所，规定只有经过许可的经纪人才能在这里交易。由于许可经纪人数量较少，而且必须遵守许多限制，于是，一个被称为"场外经纪人"（Coulisse）的非官方群体在皇宫附近发展起来。但法令禁止许可经纪人在交易所之外的地方交易，也不得与场外合作。这样的结果是，巴黎证券市场被严格地一分为二。

英国学者米切认为，法国政府在1724年建立证券交易所的行动，并没有在全球证券市场方面迈出重要一步，而只是一项旨在防止投机活动进一步爆发的限制性措施，它使巴黎失去了深度和广阔的证券市场。

随着18世纪时间的推进，英格兰在世界经济体中的金融中心地位逐步提高，而法国的国土和人口数倍于英国，地位却在不断下降。

很明显，英国金融体制的抗风险能力更强，也更有韧性。

从密西西比到南海公司，投机泡沫逐渐成为现代经济的组成部分。

也是从约翰·劳的纸币开始，现代经济周期和金融危机诞生。

纵观这些投机狂潮，每场狂热背后，都踩着相似的步伐。危机总是存在一个宽松的货币市场和金融创新环境。信用创造就像轻浮的少女，经常不请自来，又不辞而别。而人们也总是过度相信未来，相信新的产业会很快致富。

投机永远不会改变，因为贪婪、恐惧、跟风和赌博心理普遍存在。

但除此之外，投机还是一种乌托邦式的理想，渴望自由，颠覆权威，打破常规和不平等。历史上，所有的投机狂欢，总是和自然、社会、人生的转折点联系在一起，抑或毁灭和崩溃，抑或复兴和重生。

## 重商帝国

1492年，哥伦布在美洲登陆，这是重塑全球联系的第一个重大事件。但直到1607年，英国才在美洲勉强建立第一个殖民地，即弗吉尼亚。

1497年，达·伽马经好望角驶入印度卡利卡特港，这是第二个重大事件。但直到1600年，英国特许建立东印度公司，才从亚洲贸易中分得一杯羹。

在1650年前，荷兰的公债发行和证券交易已经司空见惯。

但这时的伦敦，还没有一家正规银行。在议会与保皇派的内战中（17世纪40年代），商人开始把钱存到金店。后来，金店老板成为银行家，并开始发行票据。

17世纪80年代，英国仍处在世界边缘。相比西班牙、葡萄牙、荷兰和法国，在全球贸易秩序中，英国只是一个无足轻重的角色。但从1688年起，通过持续的"金融革命"，英国成为"重商帝国"，开始掌控全球贸易秩序。

出口贸易刺激着已有工业；进口则引起新工业的产生。商业扩张往往先于并决定工业进步。在那时，如果没有商业活动走在前头，工业发展几无可能。

重商主义追求的是贵金属，但大航海时代以来的教训是，商业的关键在于航运和保护航运的能力，在于独占殖民地作为商品销售市场及原料供应地。

支撑英国这一政策的代表，一个是英格兰银行，另一个是英国东印度公司。

这两者之间的关系千丝万缕，但都共同指向伊丽莎白时代所梦想的目标,即赢得海权、掌控海上贸易,主宰世界秩序。

历史长河的全景画卷中,最吸引人的就是那一朵朵前赴后继的浪花。

首先,通过以英格兰银行为代表的国债体系,英国赢得了海外霸权。

在强大的资本形成能力的支持下,英国踩上了别人的肩膀。

第一个是西班牙。1588年,英国舰队在大西洋上一举击溃西班牙无敌舰队。

第二个是荷兰。1651年英国颁布《航海条例》,随后通过三次英荷战争,牢牢控制了英吉利海峡。1688年后,英荷两国形成经济联盟。英国全面引进了荷兰的公债、股票、银行和财政制度,荷兰储蓄也源源不断流向英国。

第三个是法国,这也是最强大的对手。法国人口是英国的4倍,在大西洋和地中海都拥有很长的海岸线和优良的港口。从1688年开始,英、法两国围绕欧洲的土地、同盟、市场和外围地区(美洲、西非和印度),以及其中的供给品(奴隶、蔗糖、皮毛、海军补给)等,进行了一系列的战争。

1713年,英国把直布罗陀、米诺卡、圣克利斯托夫、纽芬兰及其渔场、赫德森湾以及法属加拿大的前哨地点新斯科舍据为己有。1763年《巴黎条约》——查塔姆首相所领导的大海战的胜利结果——使英国占领整个加拿大,大部分的西印度群岛,以及欧洲各国垂涎三尺的对象——印度。这样,战争与外交帮助英国取得了大量殖民地和海外霸权,并为此后掌控全球商业开辟了一条广阔的出路。

其次,通过以英国东印度公司为代表的特许公司,强力主导全球贸易网络。

在1689年前,英格兰只有15个大型股份公司,总资本约90万英镑。到1695年,合股公司增至150个,共拥有资本430万英镑。

这些公司的主要活动集中在海外贸易。

一个是大西洋三角贸易。装载武器、纤维制品等物品的船只,从英国港口出发，沿着大西洋南下，到达非洲西海岸后，用这些物品交换黑人奴隶。随后，装满黑奴的船只横穿大西洋，到达中南美洲和北美洲之后，将黑奴卖给种植园主和金属矿主。最后，船只载满新世界贵金属、棉花或蔗糖，回到英国的港口。

一个是对印度的征服。18世纪中，趁着莫卧儿帝国的衰落，英国东印度公司大幅扩张其军事力量，通过普拉西战役和后几年的战争，彻底征服印度。到18世纪60年代，公司控制印度地方的税收很快超过了贸易额，成为公司收入的主要来源。从1813年起，公司的商业收入就已经微不足道了。

大西洋三角贸易网络和对印度的征服，一起构成了英国殖民帝国的基石。

凭借武力，英国建立了一个复杂的、以欧洲为中心的贸易网络。重商主义把帝国力量投射到世界上遥远的角落；金融工具的创新使得远距离输送货物成为可能；法律制度的发展给予遥远地区的投资以某种安全保障……1500年，欧洲国家控制着全球7%的地区；到1775年，欧洲国家控制着全球35%的地区，而其中，英国依仗强大的军事力量，处在一个中心位置。

与亚、非统治者和商人不一样，英国还具有掌控全球产业网络的能力。

18世纪的大多数时间里，亚洲的纺织技术更高超，产品质优价廉。在许多观察者的眼里，印度、中国就像一座坟墓，金银在那消耗殆尽，只进不出，"榨干了英国和欧洲的全部贮备"。但亚洲的纺织技术的这种优势很快丧失了。

英国通过调度亚、非、美、欧的经济过程，不但吸收了大量外国储蓄，轻易窃取远东的纺织技术，还设立了一系列障碍阻止外国商品进口。彭慕兰指出，17、18世纪时，英国的纺织业靠着差不多100%关税保护，避免了廉价的印度纺织品的进口冲击。直到成为全世界生产效率最高的国家，英国才拆掉这些壁垒。即使在19世纪末自由贸易的鼎盛期，印度作为英国殖民地，仍然是自由贸易的禁区，多种工业品的市场基本上只准英国人插足。

英国的坚船利炮到处掠夺土地和劳动力，赶走竞争者。一波一波的劳力和土地的掠夺浪潮，见证了资本主义非自由的起源。马克思说，资本主义诞生时就带着鲜血和污迹，它是暴力和压迫的产物。从18世纪起，全副武装的英国资本家开始重塑世界产业分工。当时人们所不知道的是，这是通向工业革命的第一步。

# 第八章　持续增长的起源

在战争资本主义的保护和支持下，英国开始重组全球产业和劳动分工。新的利润空间点燃了阿克莱特、瓦特、博尔顿等一批年轻企业家、发明家的想象力。最终，资本和技术的非线性相互作用，推动了持续而且广阔的经济增长。

## 普利高津的世界

1768年，瓦特改良的蒸汽机问世。但是，到19世纪20年代，热机的效率一直只有3%—5%，有超过95%的热量都无谓地损失掉了。

是什么原因导致蒸汽机效率的损失呢？起初，工程师们觉得是蒸汽机运转过程中摩擦、漏气等消耗了热量。根据能量守恒定律，功可以完全转化为热。但法国工程师卡诺发现，除了机械损失，更多的热量是因为热交换（从高温到低温）而失去。直到今天，发动机的热效率仍只有30%左右。

这意味着，热永远不可能完全转化为机械能，世界上不存在永动机。

在此基础上，德国物理学家克罗修斯提出了热力学第二定律：在一个封闭的系统中，热总是从高温物体转向低温物体。也就是说，能量只能向不可逆的衰减方向转化，从而表现出功能紊乱，无序性增加，最后出现"热平衡"。

克罗修斯对这种无序性提出了一种度量单位：熵。封闭系统总会向着熵增（无序）的方向发展，从有序不可逆地走向无序。克罗修斯还认为，宇宙将朝着死寂的平衡状态发展。热力学第二定律一提出，就在西方引起了一阵骚乱，他们中的一些人惊呼：历史在不可避免地走向世界末日。

可是，至少在地球上，生物是在不断进化的，人类文明也不断升级。

克罗修斯的理论和达尔文生物演化是矛盾的。

1969年，普利高津发表《结构、耗散和生命》，提出了耗散结构理论。普利高津发现，在各种不可逆的现象中，还存在着类似生物演化的可逆现象，存在着从简单到复杂，从无序到有序，从对称平衡到对称破缺的进化。

普利高津认为，在一个开放系统中，在从平衡态到近平衡态再到远离平衡态推进的过程中，当到达远离平衡态的非线性区域时，一旦系统的某个参量变化达到一定的阈值，通过涨落，系统就可能发生突变，即非平衡相变，由原来的无序的混乱状态转变为一种时间、空间或功能有序的新的状态。

比如地球就是一个开放的系统，因为太阳，得以远离"死寂"的平衡态。

在远离平衡的开放系统，不断与外界进行物质、信息和能量的交换，在耗散过程中不断引入负熵流，把系统原本的无序转变为有序。

这个自组织的过程，被定义为耗散结构理论。

这个有序结构，一般来说必须满足四个方面的条件。**一是系统必须开放**。孤立系统的熵不可能减少。**二是远离平衡态**。开放系统在外界作用下离开平衡态。**三是非线性相互作用**。子系统间的非线性相互作用，推动涌现出新的性质。**四是涨落**。随机的小涨落有可能迅速放大，使系统发生跃迁，从而形成耗散结构。

因为耗散结构理论，普利高津获得了诺贝尔化学奖。

值得注意的是，普利高津看出了自然科学与社会科学有相互接近的趋势。

他发现物理现象与社会现象有一些共同性，例如不稳定性、随机性、复杂性和不可逆性，都包含涨落，都能产生自组织过程，形成新的有序结构。

耗散结构理论不仅应用在自然科学，也广泛应用在社会研究领域。

1981年，美国出版了一本轰动一时的书——《熵：一种新的世界观》，将熵概念从自然研究的范畴推演和移植到了人类社会的普遍现象……

在国内，把耗散结构理论应用得最成功的，是任正非和华为。

在任正非的华为管理哲学中，不断提及耗散结构理论。任正非曾说："华为成功的奥秘，就是我们很好地应用了热力学第二定律和耗散结构理论，不断地加温，又不断地耗散，只有这样，华为才能保持20多年的战斗力。"

人类经济历史的演化过程中，同样也受到"熵增定律"的影响。

从两河流域到黄河两岸，从古罗马到中世纪，人类饱受资本边际收益递减的困扰，见证了一个个"从有序到无序"的近平衡过程。

直到1500年以后，以英国为代表的欧洲建立了一个开放的系统。

通过美洲的白银和种植园，欧洲在完成原始积累后，建立了高效的资本形成渠道，把资本投向一个个产业、一项项科技，产生了一系列连锁效应，逐步远离平衡态，并在19世纪实现"突变"，使人类社会摆脱原始的生产生活和经济增长方式，跃迁到了一个新的文明。

## 来了就是英国人

1701年，英国文学家笛福写了一首讽刺诗，诗名叫《地道的英国人》："挪威海盗、丹麦海盗，到处都有他们的红发后裔，加入诺曼法国人复合繁殖,你们地道的英国人就此产生。"在笛福看来,"地道的英国人"是个虚幻的理念。他说,英国是一个由移民组成的国度,并不存在英国"种族"。

笛福对当时英国的看法,与今日美国有许多相似之处。

自诺曼人抵达英国以来,移民如潮水般涌入,这些移民绝不是最好的。笛福的隐喻比"美国是熔炉"的说法更加惊悚:他把英国比作一只便壶、一座化粪池,所有污水流到这里并融合在一起。

但是,英国有悠久的传统欢迎那些向往呼吸自由空气的疲惫、贫困的民众。

那些被邻国驱逐的人士,不论信仰、过去的罪行,都可以在英国找到庇护所。这些人野心勃勃、自力更生、不受约束,嚣张且好争论,他们就是盎格鲁-撒克逊人。

在笛福看来,血统不能造就一个英国人,但共享的价值观可以。

这个社会最具竞争力的特征,就是开放。

16世纪,荷兰移民给英国带来了新型纺织和排水工艺。17世纪,追随威廉三世的脚步,荷兰大量资本进入英国。那些遭受迫害的犹太人,那些因国家宗教环境恶化的法国新教徒,都纷纷移居英国,其中有高比例的专业贸易和金融工作者。18世纪后,英国人周游世界,所能获取的信息、技术和财富更加广阔。

在一个封闭的社会中,所有人都明白自身的位置,大家都按约定的习俗、道德和法律相互监督和巩固。但在一个开放社会,个人意志和思想会蔓延开来,传统和一致性被打破,求新、求变、求自治成为人性中的本能。

资本主义正是开放社会的产物,也是其原动力。

19世纪头10年的英国,他们的开放尤其体现在伦敦金融城。

海外贸易的扩张,给这座市带来无限的商机。许多商人和银行家纷纷到伦敦"安营扎寨",而伦敦几乎照单全收。就像笛福在他的诗里描述的：古老和出身在这里多余无用，厚颜无耻和金钱成就了贵族。来了就是英国人。

这些来自世界各地商人银行家，在伦敦金融城留下了难以磨灭的印记。

1797年，德国汉堡的施罗德家族把一些年轻的成员派到伦敦。起初主要从事糖的贸易，后来涉及票据业务。1840年后，施罗德成为伦敦城重要的商业银行之一。直到今天，施罗德集团仍是全球最大的上市资产管理公司之一。

1798年，法兰克福的内森·罗斯柴尔德来到曼彻斯特，起先从事棉花业务。1806年，内森开始把精力越来越多地转向银行，并负责管理英国政府的资金。伦敦市场所扮演的角色，使罗斯柴尔德家族成为欧洲金融业的主力军。

在历史上，创造开放社会所付出的努力大多付诸东流。

古希腊就有从开放社会转向暴政统治的明显趋势。而古罗马最终也走向帝国主义。在中世纪的欧洲，除了威尼斯、热那亚等少数几个地方，大部分区域都是一个封闭、寂静的系统。中国古代王朝也有类似从开明走向封锁的过程。

每一个共和国里，都有一个恺撒。每一个元老院里，都有一个苏拉[1]。

反动势力用传统宗教和价值观作为武器，奋力扼杀开放社会。

近代英国开放社会的经验十分珍贵。美国学者沃尔特在《上帝与黄金》中写道：更早的年代，开放社会犹如罕见又极其娇弱的花朵，短暂绽放，迅速凋零，但自英国之后，至少在一些特定地方，开放社会如同耐寒的四季常青植物，年年绽放，而且似乎对枯萎病开始具有一定的免疫力。

---

[1] 卢基乌斯·科尔内利乌斯·苏拉（公元前138—前78年），古罗马统帅、政治家，曾率军队占领罗马，自任终身独裁官。

## 工业革命故事的核心

在英国曼彻斯特南面16千米，有个著名景点，叫阔里班克纺纱厂。

这里每天有大量游客参观，因为它不仅有保存完好的庭院，还有恢宏的工业历史。参观者可以沿着河岸游览，千百年来，水流冲刷周边环境，形成了一条约100英尺深的峡谷。纺纱厂现在仍生产布匹，让参观者认识水流如何产生力量驱动纺纱机。车间里身穿工作服的导游带你时光倒流，一睹工人的苦难生活。

纺纱厂四周是田野、房屋和教堂，有足够的空间让你想象曾经发生的一切。

1784年，塞缪尔·格雷格在溪流岸边，建立了这座小型纺纱厂。

这里没有高大的银行、交易所，也没有西装笔挺的经纪人，很长一段时间里，纺纱厂采用的并不是高大上的蒸汽机技术，而是简陋的水车。工人来自附近的村庄、孤儿院。格雷格抛弃了人力，使用湍急水流驱动纺纱机，他和他的同行以极快的速度提高人类古老行业的生产效率，开创了一个史无前例的工业时代。

工业革命并没有发生在繁华的都市，而是在这幽静的峡谷里。

犹如硅谷一样，在18世纪末，曼彻斯特周边田园诗般的起伏山丘和丰富水流成为那个时代先进工业——棉纺织业的温床。追随格雷格的脚步，曼彻斯特周边35英里的地带布满工厂，乡镇变为城市，成千上万的人从农村进入工厂。

在我们的印象中，蒸汽机一经瓦特改良，就在资本的驱使下大量应用。

但伦敦大学教授克拉夫特却认为，如果没有蒸汽机，工业革命还是会发生。1830年前，蒸汽机产生1马力的成本，要远高于水力产生1马力的成本。直到新式锅炉的改良，对煤的利用效率提高，蒸汽机才在产业界显现竞争力。

在棉纺行业，19世纪20年代的绝大部分工厂的动力来源仍是水力。

当时格雷格的创业行为，只是一个偏远山区的个人创业事件。

他从亲戚朋友那里筹集了3000英镑（相当于今天的50万美元）。这笔资金用不着惊动银行，也不用麻烦交易所，只需动用一点人际关系。格雷格工厂员工有差不多一半是价格低廉的童工，产品主要销往欧洲、俄罗斯和美国。通过对成本和市场的把控，阔里班克年回报约18%，相当于英国国债的4倍。

不是蒸汽技术，也不是规模巨大的金融资本，到底是什么引领工业革命？

哈佛大学贝克特认为，工业革命故事的核心是：战争资本主义。通过战争资本主义，英国主宰了西欧这个耗散体系，保证开放系统引进的是"负熵"——有序的源泉。历史学家把这一时期称为重商资本主义时代，但"战争资本主义"这个说法更好地表达了其野蛮性与暴力性，以及它与欧洲扩张的密切联系。

贝克特认为，战争资本主义繁荣于战场而非工厂，战争资本主义不是机械化的，而是土地和劳动力密集型的，基于对非洲、美洲、亚洲土地和劳动力的暴力掠夺。通过这些掠夺，欧洲人获得了大量的财富和新知识。奴隶制、殖民控制、军事化贸易和大量土地的攫取，是新型的工业资本主义破土而出的沃土。

而格雷格的阔里班克纺纱厂，正处在这个全球网络之中。他们的原料来自利物浦的商人亲戚，而这些棉花源于美洲大陆的种植园。他们的制作技术来自于亚洲，特别是来自印度。他们的大部分产品将离开英国前往其他地方，例如用于西非海岸的奴隶贸易，或者卖给欧洲大陆，抑或运到印度、中国换取茶叶。

格雷格能充分利用这些全球网络，是因为英国商人持续地控制了它们。

他们清楚地知道，正是大英帝国在全球的影响和力量，赋予了他们远超过法兰克福、加尔各答和里约热内卢的商人和工匠的巨大优势。

刚开始的时候,格雷格及其同行制作的布料质量,根本无法与亚洲、美洲和非洲的纺纱作坊相提并论。但是,通过贸易保护,他们顽强地生存了下来。然后,在市场的引领下,他们不断改进技术,很快成为棉花帝国的中心支柱。

在18世纪,纺织100磅原棉,人工需要5万小时。1790年,凭借有100支纱锭的"骡机",纺纱工需要1000小时。1795年,在水力纺纱机的帮助下,英国纺纱工仅需要300小时。1825年后,利用罗伯特的自动"骡机",时间缩短为135小时。几十年中,生产力提高了370倍。

1780年前,印度棉布更便宜,质量更好。但此后,英国制造商崭露头角,开始在欧洲、美洲市场上与印度棉布竞争。1830年后,他们的产品进入印度,并很快打垮了印度本地的制造商。

从曼彻斯特乡村间的地方性火花开始,我们所熟知的世界出现了。

## 正确的创业姿势

1732年12月23日,阿克莱特出生在一个有着13个孩子的家庭。

作为家中最小的儿子,他从小就给理发师当学徒。1750年,他学徒期满,成为一名标准的"洗剪吹"。在40岁前,他大字不识一箩筐。但阿克莱特不是一个满足现状的人。作为理发师,他发现假发是一门好生意。为此,他走遍英国收购头发,改进假发工艺。这门生意为阿克莱特带来了稳定的收入。

18世纪60年代中期,阿克莱特开始着手从事新的行业。

在旅行过程中,他接触了许多刚起步的新兴产业,他敏锐地觉察到,纺织业是一项朝阳产业。今天创业者常用"刚需、高频、痛点"来判断一个项目的好坏,在18世纪中期,棉纺织业全部具备。衣食住行,"衣"排在第一位,棉布自古就有长久的刚需。棉织品也具有广阔市场,从西欧到东欧，从非洲到美洲，从中国到印度。但令英国商人感到痛苦的是，纺织效率和质量一直难以提高，印度棉织品处于领先地位，充斥世界各地。

但阿克莱特坚信，自己能够研制出效率更高的机械纺车，打败印度的竞争。在钟表师的帮助下，阿克莱特经过整理、组合、借鉴，"发明"了精纺机和水力纺纱机。他的机器一问世，立刻成为首选。这些机器产出的纱线更坚韧耐用。

在此之前，纺织机主要安置在家里，只要省吃俭用点儿就可以置办一台。

但水力纺纱机完全不同，它需要更多的能量，因此必须集中在工厂，采用规模化的集中生产方式，资本成为不可缺少的生产要素。

正是阿克莱特的水力纺纱机，使得格雷格在阔里班克的工厂成为可能。

尽管阿克莱特的假发生意让他过上了宽裕的生活，但如何让自己的"发明"产业化，他的这点家底显得捉襟见肘，他甚至连专利申请费都付不起。

1768年，阿克莱特来到诺丁汉，找到自己的两位远亲——商人斯莫利和索恩利——并取得了他们的经济支持。他们签署了一个简单的协议，约定合资经营。但在专利证书下来的时候，他们的资金就用尽了。阿克莱特只好去寻求更大的金主——诺丁汉银行家奈特兄弟，并通过奈特兄弟，接触到了资本雄厚、商业经验丰富、技术能力高超的针织商尼德和斯特拉特。

在尼德和斯特拉特支持下，阿克莱特在克罗姆福德建立了水力纺纱厂。

这个高达五层的矩形砌筑建筑，由木质横梁和树桩支撑，厂房长宽高的配合和窗户的布置，以及宽敞且完整的内部空间，在英国建筑上史无先例。

表8-1 阿克莱特投资设立的纺织工厂（单位：英镑）

| 建厂年代 | 厂址 | 动力 | 厂房 | 机器 | 存货 | 总计 |
|---|---|---|---|---|---|---|
| 1768年 | 诺丁汉 | 马力 | - | - | - | - |
| 1771年 | 克罗姆福德 | 水力 | - | - | - | 1500 |
| 1777年 | 克罗姆福德 | 水力 | 1000 | 1000 | 1000 | 3000 |
| 1778年 | 贝克维尔 | 水力 | 1000 | 1000 | 1000 | 3000 |
| 1779年 | 贝尔瑞 | 水力 | 1000 | 1000 | 1000 | 3000 |
| 1784年 | 曼彻斯特 | 水力 | 3000 | 1000 | 4000 | 8000 |

当初始资本盈利后，阿克莱特开始不断地进行利润回投。

由于水力工厂对水力资源的绝对要求，使得工厂在规模上受到限制。因此，阿克莱特扩张的表现并非扩大工厂规模，而是在不同地方建立更多工厂。

为了寻找合适的河流，他的足迹遍布德比郡、约克郡、兰开郡等。

显然，仅靠前期工厂利润，不足以建立这些新厂。

阿克莱特最令人惊异的才能，并不是什么发明创造，而是根据自己的需要，不断找到新的合伙人，并巧妙地发挥他们的作用，同时又限制他们的权利。

在他的合伙人中，有亲戚，有商业经验丰富的企业家，还有不少新兴贵族。

阿克莱特的角色，其实更像一个产品经理人，擅长整合和发现机会。

1780年后，多项指控认为他不是水力纺纱机等几项重要专利的原创者。

1785年，官司打到了英国高等法院。英国高等法院最终认定，托马斯·海斯才是水力纺纱机的真正发明人。海斯才是一个天生的发明家，简单、凭本能干活、一离开自己的作坊便不知所措。虽然好几次想创业，但由于缺乏资本和经商才能而失败。但他十分满足于自己大企业工程师的地位。有证据表明，他不仅是水力纺纱机的发明人，也是双轴、多轴纺纱机等发明的原创者。

而阿克莱特的纺纱机，则是一个诸多专利的大杂烩。

除了海斯的一系列关键发明外，进料器是约翰·利斯在1772年发明的，曲柄梳棉机是哈格里夫斯发明的，梳棉机和丹尼尔·伯恩的机器几乎一样，圆锥形的轴承箱早在1759年就被本杰明·巴特勒所使用。

1785年6月，陪审团宣告阿克莱特的专利权无效。

阿克莱特并没有因为这样一点小事就畏首畏尾。虽然失去了专利权，但他还是英国最富有的纱厂主，他的工厂是整个英国数量最多的、最大的和组织得最好的。他继续不断地在英国各地创建新纱厂，采用新设备。他的工业生涯是从诺丁汉开始，也正是在这个地方，他第一次试验使用瓦特发明的蒸汽机。

1786年，他被封为爵士。在1792年去世时，他留下的遗产高达50万英镑。

这是一个白手起家的人史无前例的成功。

阿克莱特虽然不是这些发明物的发明人，但却是首先懂得利用它们并把它们组成一个系统的人。正是他，率领世界经济从家庭作坊走向规模宏大的机械工厂。18世纪末和19世纪初的所有工厂，都按照他的工厂样式建造。

阿克莱特有着实业家的非凡才能，有着灵巧、坚忍和敢于冒险的奇妙气质。他是企业的发起人、生产的组织者，他是世界上第一个具有现代精神的企业家，他代表一个社会阶级和一种经济制度。就像做手机的都爱盯着乔布斯，做电商的都盯着马云，在当时，所有的眼睛都盯在阿克莱特身上。阿克莱特知道这回事，也愿意做这种热忱事业和无限抱负的榜样。他不停地工作，亲自监督旗下的许多工厂，他永远在路上，甚至坐在四轮马车上，也在不停地思考和规划。

阿克莱特的远景计划非常宏伟，他说，如果我能活得相当久，那我就能富有到可以把国债还清。他是那个时代英国清教资本主义精神的典型代表。

## 瓦特的天使投资人

在蒸汽机时代以前,科学和技术像两条平行的河流,它们井水不犯河水。

科学是阳春白雪,高高在上地躲在象牙塔中孤芳自赏。牛顿、哥白尼、莱布尼茨……他们的研究并不会直接对现实生活产生什么影响。欧洲人辛苦劳作,竭力维持基本生存,有闲暇思考的一小部分人往往专注解释宗教。

技术则是下里巴人,源于职业经验,终于实际需要。在纺织业中,那些伟大的发明家很多都不识字。哈格里夫斯、海斯是木工,克朗普顿生于赤贫,阿克莱特是个剃头匠。他们的洞察力来自日复一日的实践经验和改善效率的现实需求。

但詹姆斯·瓦特不一样,他不是一般的发明家,他是科学和技术的对接者。

1736年,瓦特出生于苏格兰的格陵诺克,他的祖父、父亲、叔叔在当地都是有名的数学家、仪器制造家和商人。他家的墙上,除了挂着上帝和国王的画像,还挂着微积分发明者牛顿和对数发明者内皮尔的画像。

绝不是某些书中书写的那样,瓦特看到水在茶壶里沸腾,就一下子发现了蒸汽的力量。而是在苏格兰格拉斯大学从事仪器制造的时候,瓦特结识了学校教授罗比逊和布莱克。他们将蒸汽机技术和相关知识介绍给了瓦特。

在瓦特之前,有一种笨重而效率低的纽科门蒸汽机已经运行了50年,其间很多能工巧匠试图改进它,但都没有成功。而瓦特的做法正好相反,为了对旧时的蒸汽机进行脱胎换骨的改造,他系统学习了数学、力学、化学和热力学，做了很多实验。在1761年左右，他使用帕平的蒸煮器对蒸汽压力进行系统试验。在1763年左右，他一边修理物理课需要用到的纽科门蒸汽机模型，一边观察它的运转，并对它做了系统评论。为什么力会消失？为什么大量热量被耗费？为了解答这些问题，瓦特在实验室里夜以继日地试验、演算、画图……

最后的解决方案是：冷凝器和气缸被分开，蒸汽的压力而不是气压成为动力……一系列改良纷至沓来。瓦特和其他基于经验的发明家不一样的是，他既掌握细节又掌握整体，他并不满足于阐明原理，而是把原理贯彻应用。

从蒸汽机开始，产业革命的经验时代便被科学时代所代替。这也是为什么瓦特会成为工业革命的标志，而不是阿克莱特或克朗普顿。当然，发明是一回事，如何让发明物应用起来却是另一回事。

要制造精密的气缸、活塞、齿轮，要培养熟练的工人，这一切都需要资本。许多伟大创造，直到发明人死后多年才发展起来。1765年，瓦特几乎要完全放弃蒸汽机的研究，因为他负担不了高昂的研究费用。他不但没有财产，还债台高筑，为了养家糊口，他不得不去一家运河公司兼职测量员和绘图员。

但瓦特是幸运的，他生在一个工业勃兴的时代，他遇见了他生命中的第一个贵人：罗巴克。罗巴克是一名开采煤矿的企业家，他十分清楚瓦特蒸汽机的重要意义。两人一拍即合，签订了一份合同，约定罗巴克负责偿付1000英镑瓦特的债务，并提供必要资金资助瓦特完成改良蒸汽机的研究并在工业上推广运用，罗巴克可获得利润的2/3。这份合同开辟了一个时代，使得蒸汽机走出实验室。

瓦特总是迟疑、犹豫和不自信，他需要有人鼓励和激励他。罗巴克热情地扮演了这个角色。1769年，瓦特第一架蒸汽机在爱丁堡艰难落地。然而，1773年，还没等到更先进的蒸汽机出台，罗巴克就破产了。

幸运的是，瓦特遇见了他生命中的第二个贵人，索霍的五金商人博尔顿。罗巴克将合同转让给了博尔顿。1774年5月，跟随金内尔馆的机器[1]，瓦特也去索霍定居了。在博尔顿所培养的熟练工人的协助下，1774年底蒸汽机终于能够正常运转。但在盈利之前，仍有很长的路要走：预计全部费用至少要达到1万英镑。要知道，这笔费用足够在当时修建三座规模宏大的水力纺纱厂。

投入越来越大，盈利却遥遥无期。

虽然从1775年起，瓦特和博尔顿就卖出了第一台机器，但日子仍捉襟见肘。

1778—1780年，博尔顿在变卖一部分财产后，不得不寻找其他合伙人的帮助。1781年，博尔顿和瓦特一度无法偿还圣诞节到期的债务和支付工人的工资。1782年，瓦特欠了银行一屁股债，为此忧心忡忡。他忧愁地写信给合伙人："如果他们同意放弃对我未来企业上的各种债权，我几乎想把我现在所有的一切东西都交给他们，把我的命运再交给上帝去处理。"

与瓦特沮丧、悲观的性情相比，博尔顿总是充满信心，并付出所有。

就在山穷水尽之时，瓦特发明了"圆周运动"，蒸汽机的用途无限增多，不但可以用来锻压，铸造五金和硬币，还可以发动鼓风机、滚轧机和汽锤，推动面粉磨、麦芽磨、燧石磨……在纺织业，蒸汽机起初只是水力机的辅助工具。1785年，鲁宾逊纱厂第一个脱离水力而完全使用蒸汽机，之后越来越多的纺纱工厂主从索霍买回机器。就这样，瓦特的机器开始在各处代替水力发动机。

从此，工厂不再沿河流而建，而是集中起来形成巨大黝黑的工业城市。

1786年，人们在曼彻斯特只能看到一个烟囱，即阿克莱特的纺纱厂。15年后，曼彻斯特已经有了50个纱厂，大多数都拥有蒸汽机。在这个分工明确的产业集群内部，专业知识、生产技能、市场信息不断累积、流通，

---

[1] 1769年，第一架蒸汽机被安装在离爱丁堡不远的金内尔馆。

形成了一个个相互学习的整体，使集群内的企业时刻保持创新动力。

蒸汽机直接改变了英国工业革命的进程，也改变了英国的历史命运。

1785年后，瓦特和博尔顿终于清偿了所有债务，并获取丰厚利润。

罗巴克与博尔顿生动诠释了企业家的创新意识与冒险精神。对这两位生命中的贵人，也是他的天使投资人，瓦特从不吝啬他的溢美之词。在罗巴克生命的最后岁月，瓦特写道："我的努力所能达到的成功，大部分应当归功于他的友好鼓励，他对科学发现的关心，他的深邃认识。"对于博尔顿，瓦特回忆道："在事业上，能够弥补我容易失望和失去自信的缺点之人，就是乐天的博尔顿……世人之所以能够广受蒸汽机的恩惠，全要归功于博尔顿费心的经营和高明的远见。"

## 千里长河一旦开

要想富，先修路。古今中外，概莫能外。

大航海时代，英国商业贸易快速发展，人口逐渐集中，城市越来越大。棉衣可以自己织，土豆可以自己种，房子可以自己垒，但饭用什么煮？总不能家家户户砍树烧柴吧？所幸的是，英国煤炭资源丰富。

不过，煤是一种沉重的货物，出产自偏僻的矿山上。刚开始，人们把煤放在马背上，但运费极高。1677年，一位曾游历荷兰的商人亚兰汤写了一本书，在书中，他十分羡慕荷兰无比活跃的运河，他认为，足以保证国家兴盛的办法中，发展内河航行占着第一位。但因为缺乏资金，亚兰汤只能挖些小沟小渠。

直到1759年，布里奇沃特公爵向议会申请，以私人方式开凿运河。这条运河长约30英里，费时3年，总花费约30万英镑，起点是曼彻斯特西北部的沃斯利，那里有公爵的煤矿，终点是西南部的朗科恩，那里有新建的纺织厂。

在工程技术上，布里奇沃特运河在完全独立于江河之外，修建了水闸、蓄水池、高架桥，并直达煤矿井下，被誉为世界最伟大的人工奇迹之一。

1761年，运河通航后，曼彻斯特的煤价下跌了一半。

运河修建费用高昂，动辄达百万英镑，例如大联运运河耗资180万英镑。在当时，一家小型工厂的建设费用不过1500英镑，即便像蒸汽机这样划时代的重要发明，研发生产费用也不过1万英镑。

显然，挖掘运河不是几个投资人弄个合伙就可以完成的。即便像布里奇沃特公爵那样的巨富显贵，也非常吃力。

古代中国，隋炀帝在修筑京杭大运河时，主要通过强制方式征用民力（徭役）。近代以来，西方各国在实施这些运河工程时，通常采用政府拨款、国外贷款等方式。例如荷、法、德等国，均由国家承担主要建设费用并负责修缮。而俄国则主要向国外贷款并组织建设。耐人寻味的是，英国基本依赖本国私人企业筹措资金，政府和银行投资只占小部分。

《泡沫法案》通过后，英国股份公司发展停滞过很长一段时间，但这时候，伴随"运河热"，在议会的授权下，大量股份公司再次涌现。

在约30年时间里，新修运河超过2000英里，股票筹资约2000万英镑。

从兰开夏到伦敦，从南威尔士到苏格兰，整个大不列颠的地面上都开出了四通八达的航路。大量技术人才参与进来，在1768年从福思河至克莱德河的运河挖掘中，有个测量员的名字就叫詹姆斯·瓦特。

瓦特和他的合伙人博尔顿十分清楚航路的扩张对他们工业发展的意义。

狭窄和割裂的国内市场，终于就要毫无阻碍地彼此通连起来了。1776年，亚当·斯密写道，由于水运方便，开辟了一个更为广大的市场。在那些大小长短不一的运河上，人们可以看到各种产品，柴郡的盐、东英吉利的谷类、斯塔福德的陶器、威根和纽卡斯尔的煤、塞文河上游的生铁、伯明翰的熟铁和熟铜。在运输商品中，占最前列的是煤。1758—1803年，提交国会的165项运河法案中，有90项是为煤矿服务的，47项为铁、铜和铅等。

阿克莱特的纺织技术，瓦特的蒸汽机科学，正是沿着这些新航路，走向更广阔的空间。而在航路网密集的几个地区，近代工业的大都市不断扩展。

英国运河时代（1761—1835年）与工业革命的严丝合缝绝非偶然。

如果说煤是工业革命的燃料，那运河就是工业革命的生命线。事实上，之后历次工业革命每一次跃升，都与基础设施的大规模建设密不可分。铁路推动了蒸汽机的普及和应用；20世纪初贯通全美的高速公路网、大量的发电站和输电网络，奠定汽车、电力产业繁荣的基础；1993年美国开启"国家信息基础设施"计划，推动半导体、软件等进入新阶段，互联网高速发展。

也因此，彭慕兰把英国工业革命的起源归功于唾手可得的煤炭。

运河像后来的铁路一样，发生了生产过剩的现象。

首批修建的运河产生了惊人的投资回报率，带来了巨大的红利，股价一再飙涨。它们也让公众变得异常兴奋，仿佛它们具有彻底改造旧世界的潜力。

18世纪90年代初期，随着蒸汽机的普及，煤炭的需求量空前增长。接着是普遍的运河投机。短短两三年时间里，议会通过了50多个运河法案。报纸上充斥着激动人心的广告和股价，最流行的广告词是：愿幸运之流让你穿金戴银。认购会议在工地、客栈甚至教堂举行，运河公司职员、客栈老板成为经纪人，他们成立的"航运办事处"，很容易让人想起17世纪30年代的郁金香社团。

1893年，运河股价格暴跌，投机热潮戛然而止。前期运河都是当地土地所有者和商人因市场需要而修建，目的明确。而后期很多运河修建则比较盲目，回报率惨不忍睹。19世纪初，运河总体投资回报已从狂热前的50%下降到了5%左右。在这波"运河热"中，与历史上的所有投机一样，腐败、诈骗和寡廉鲜耻再次重演一遍，草率的企业和盲众的投资者因此破产。

然而,正是在这个投机狂热的阶段,人们开始探索所有可能的道路。

1802年,伦敦证券交易所正式获得英国政府批准,告别咖啡馆时代,交易品种除了政府债券、东印度公司股票外,还有种类繁多的运河股票。

"千里长河一旦开,亡隋波浪九天来。"隋炀帝竭尽民力开挖大运河,结果招来身死国灭,但祸在当代,利在千秋。法、德、俄等国倾尽财力修筑河道,政府债台高筑,进展却十分缓慢。只有英国,通过复兴股票筹资的方式,很快调动了大量闲置资金投入运河。在激烈竞争的形势下,许多运河公司不得不通过发行债券、优先股等方式吸引投资者。这些集资方式,将在日后铁路建设中大放异彩。

## 解放了的普罗米修斯

在大约一代人的时间里,英国棉纺工业产量增加了10倍,炼铁工业产量增加了4倍。1760—1834年,英国经济人均生产总值增长约105%,年均1.5%。

按照今天的标准来衡量,这个增长率并不十分突出。

**1920年至今,美国每年人均生产总值增长率约为2%,日本为2.7%。在改革开放40年的时间里,中国人均生产总值年增长率约为6%。**

但是,在年均人口增长1%的背景下,人均产值在70多年的时间里持续增长,这是史无前例的成就。1760年以前,这种可能性几乎为零。

如果将时间回溯几十年或者更久,经济增长往往只是一种表面现象。因为有限的经济增长很快会被快速增长的人口淹没。1798年,马尔萨斯在他的《人口论》中指出,人口增长呈指数级增长,要远超过食物供给量的增长速度,这一威胁将人类置于维持生存的最低生活水平之上。但这个理论并不完全正确,比如中国改革开放40年取得的巨大成就,却偏偏在于"人口红利"。

人口只是表象。根本问题在于，人口变化有没有带来新的资本累积，有没有推动新增长点迭代出现，有没有实现资源优化配置，他们愿不愿意相信未来。

在1500年前，无论世界哪个角落，经济增长总是周期性崩溃。绝大部分努力都没有摆脱资本边际收益递减，而是在近平衡区不断陷入无序的内卷、内缠、自我维系和自我复制——社会制度和经济发展没有革命式的变迁，也始终没有实质性的螺旋式演进和上升。

暗夜之中，许多小女孩穿过阴森的树林，最后大部分成为饿狼的腹中之物。

18世纪后，人类摆脱了边际收益递减后的崩溃常态，远离平衡，探索出新的规律性。

1760—1830年，在英国经济人均生产总值的增长量中，有2/3以上都应归功于生产力的提高。诸如棉纺机、动力织布机、钢铁捣炼机和蒸汽机等一系列新技术的研发和应用。那么，为何18世纪晚期英国技术进步会如此之快？

这个谜题让一代代的历史学家、经济学家皓首穷经。宗教解放、先进教育、煤炭资源、企业精神、统一市场、专利制度、民主协商……这些因素也都曾纳入研究范畴。但没有哪项单独因素，可以解释工业革命为什么首先发生在英国。所有这些单独条件都可以在别的地方找到相似，在英国工业化之初，能够压倒潜在对手的有利条件之中，没有一个条件是绝对突出的。

但是，能够将种种有利条件合在一起的，却只有英国。

因为各种有利因素的非线性相互作用，让英国成为人类历史中一座光辉灿烂的星座。

其中，资本和科技的互动无疑是最核心的要素。

1500年后，在哥伦布等航海先驱的引领下，欧洲通过战争、掠夺和贸易，建立了一个以欧洲为中心的开放系统。在美洲，西班牙获得了大量贵金属和殖民地，跨出了远离平衡区的第一步。但西班牙并没有走多远，就把接力棒交给了荷兰。在美洲贵金属的基础上，荷兰打造了更加高效的资本形成渠道和价格发现机制，极大提高了资本配置效率。但小小的荷兰只是把资本投向远航，投向香料和奴隶贸易。可荷兰只是转运者，它把东印度、西印度两个殖民地的产物，把波罗的海沿岸诸国的金属，把东方的宝贵纺织品，运送到各个目的地。

与荷兰不同，英国并不只是一个单纯的商业体系。从18世纪开始，在战争资本主义的保护和支持下，英国开始重组全球产业和劳动分工。站在了西班牙、荷兰的肩膀上，开放的英国获得了大量来自全球的资本、人才和技术。1730年起，在全球市场的刺激下，英国工业技术迎来了第一轮大变革。蒸汽机的发明，则彻底打开了机械化的大门。可能实现的新设计、产品和利润空间点燃了一批批年轻企业家的想象。为了支持不断增长的贸易流，公路、桥梁、港口和运河网络迅速扩建。工业革命也给农业、服务业带来了未曾料想的技术进步。

**与原始农业、商业、征服等不一样的是，科技进步是迭代递进的，效率呈指数上升。**当一种类型的科技产业出现资本边际收益递减，另一种迭代科技又会催生新的增长点，产生新的超额利润区域。最终，形成了普利高津耗散结构理论所说的"远离平衡态"，出现边际收益递增。

在这一系列远离平衡态的艰难历程中，蒸汽机的发明和产业化，是人类突破平衡态的一个关键阈值。作为人类"钻木取火"以来最伟大的发明，蒸汽机这个参量的出现，是人类工业进程中的第一个"巨涨落"。

此后的世界，不断表现出新的特质，持续而且广阔的经济增长成为常态。

哈佛大学教授兰德斯把工业革命比喻成"解除束缚的普罗米修斯"，就像夏娃偷尝了善恶树上的果实，就像普罗米修斯盗取了火种，世界从此迥然不同。神话总是警示我们，对知识的攫取是危险之举，但人们总是按捺不住求知的欲望，而且一旦知晓，就再也不会遗忘。

工业革命和随之而来的科技进步，成为数千年以来人类智力发展的巅峰，可也成了善与恶角逐的巨大力量，时刻伴随社会和道德的阵痛。托克维尔说，在英国这个污秽的阴沟里，泛出了人类最伟大的工业溪流，肥沃了整个世界，人性在这里获得了最充分的发展，也达到了最野蛮的状态。

　　没有人知道，人类能否安然度过这一劫……

## 第九章　资本逻辑大获全胜

这是资本主义的全盛时代，这是启蒙和理性的时代，富者纵欲狂欢，贫者苦遭折磨，旧制度与新制度、希望和停滞交相辉映。这是最好的时代，也是最坏的时代。在喧哗和骚动、变革和扩张中，欧洲走向现代世界权力的中心，开启了史无前例的世俗化，攻城略地的传统帝国思维，逐渐被以贸易为核心的商业帝国思维取代，短短几十年时间里，资本主义比任何宗教都要深入人心。

### 饕餮盛宴

1789年，巴黎人民攻占了巴士底狱，欧洲开始了新一轮的动荡岁月。

法国国王路易十六本以为帮助北美独立可以狠狠敲打一下英国，为自己老爹在"七年战争"中受过的委屈出口气，却因此欠下了一屁股债。当他企图向贵族、第三等级加税时，做梦也没有想到，他把自己送上了断头台。在"自由、民主、平等"的口号下，大革命日益血腥，最终走向暴政和专制。随后，拿破仑放任铁蹄踩蹋整个欧洲，让帝国的野蛮力量彻底埋葬革命的人性光芒。

但对于手握重金的欧洲资本家来说，革命和战争却是一场饕餮盛宴。

无休止的动荡和战争，创造了一个金融家前所未有的冒险天堂。

**首先是马利特、霍廷等瑞士银行家族，他们深入法国大革命的总后方。**

法国是一个天主教国家，在罗马教廷的高利贷法案下，金融行业并不发达。路易十六的财政支出十分依赖荷兰、瑞士、意大利等新教国际银行体系。

大革命过程中，在瑞士银行家族的推动下，放贷收取高额利息合法化。

通过承销政府债券、供应军队物资、买卖教会土地、投机法国货币、贴现本国汇票等手段，法国逐渐形成了以瑞士银行家族为核心的"高特银行圈子"。

他们支持拿破仑上台，为此获得了慷慨的回报。

拿破仑授权"高特银行家"建立了法国第一家中央银行——法兰西银行，并将法国金融命脉交到他们手里。在整个19世纪上半叶，尽管政权更迭频繁，但高特银行家们却稳坐钓鱼台，垄断了法兰西银行的董事会席位。

**其次是英国巴林家族，通过法国战后赔款晋升为欧洲"第六强权"。**

1815年，法国战败，拿破仑被流放。根据《维也纳和约》，法国必须支付7亿法郎的战争赔款，并在5年中承担15万反法联军在法国的费用。

复辟的波旁王室不得不寻求巴林家族的帮助，以期早日打发这些外国强权。

在巴林银行的斡旋和带动下，英国等欧洲大财阀、对王室不信任的法国财团等纷纷购买和支持法国公债。巴林家族顺利完成了承销任务，分3期为法国政府筹得3.15亿法郎，狂赚72万英镑，政治地位如日中天。

法国首相黎赛留感叹，欧洲有六大强权，英、法、俄、奥、普和巴林家族。

**最后是以罗斯柴尔德为代表的犹太家族，他们最终成为国际金融市场**

的霸主。

对内森·罗斯柴尔德来说,革命带来的一系列战乱简直是天赐良机。

当时,面对来自法国的军事威胁,英国发行了大量国债,从1793年到1815年增加了3倍,达到7.45亿英镑,是英国GNP(国民生产总值)的两倍多。投资者对这场战争缺乏信心,面值100英镑、收益率3%的统一公债价格,一度跌破50英镑。

凭借强大的间谍和通信网络,内森提前知道了英荷联军在滑铁卢战胜的消息,并大量购入英国公债。有人估计,凭借这一次投机,算上购买力、通货膨胀等诸多因素,内森的纯利润在今天价值超过6亿英镑。

大革命的投资回报不仅在交易所,还有战后重建。漫长的反法战争,欧洲各国无不打得民穷财尽,急需大量资金恢复国民经济。虽然法国赔款生意被巴林银行抢去了,但罗斯柴尔德家族并未气馁,他们先后与普鲁士(1818年)、奥地利(1820年)、俄国(1822年)、德意志公国等达成了巨额债券合同,将这些权倾一时的"神圣同盟"纳入自己的金融网络。

随着拿破仑的星光逐渐黯淡和消失,罗斯柴尔德家族冉冉升起。

在日益国际化的伦敦债券市场,罗斯柴尔德家族扮演着主导角色。据估计,1815—1859年,他们设立的伦敦分行发行了14种不同的主权债券,面值总计约4300万英镑,是伦敦所有银行发行的债券总数的一半多(弗格森,2008)。除了英国政府债券,他们还出售法国、普鲁士、俄国、奥地利、那不勒斯、巴西、比利时的债券,他们甚至帮助英国把苏伊士运河买了下来。

债券发行不是罗斯柴尔德家族唯一生意,他们同时是套汇商、黄金交易商和私人银行家,也是房地产、土地、矿山、铁路和大量企业的投资人。

尽管19世纪初各国经济危机频现,但他们发行的证券没一家出现违约。

罗斯柴尔德家族事业蒸蒸日上。当内森在1836年去世的时候,其个人财富相当于英国国家收入的0.62%。1818—1852年，罗斯柴尔德家族的5处分支机构总资产从180万英镑上升到950万英镑。法国作家威尔说："欧洲被控制在一位巨人手中，这位巨人就是罗斯柴尔德家族。它拥有很多银行作为仆从，政界商界的名流显贵是它的护卫和士卒，投机行为是它的掌中之剑。"

法国大革命大量消灭了贵族财产，却极大增加了资产阶级的财富。

大革命之后的动荡年代，以罗斯柴尔德为代表的一大批银行家崛起，随后，他们将开始修铁路，盖工厂，造轮船，雇用男女员工开动机器。

罗斯柴尔德们一手缔造的这个国际金融秩序，还是一个来去自由的金融体系，投资者可以选择喜欢居住的地方，他们在哪里都能活下去，即使没有工作，也能靠他们便携的资产生活。当各种不同的精英聚集在一起，知识分子、科学家和社会当局像交易所一样高度集中，这意味着将会产生更大的变革。

在诗人海涅看来，罗斯柴尔德是与首相黎塞留、革命家罗伯斯庇尔相提并论的"推翻旧贵族统治的三大恐怖人物"。黎塞留摧毁了旧权力，罗伯斯庇尔消灭了旧势力的残余，而罗斯柴尔德为欧洲造出了新的社会精英。

## 从等级到阶级

在法国，许多投机分子凭借革命一夜显贵。

但与法国跌宕起伏的情节相比，英国的社会阶层的变化显得有些平淡无奇。

在1803年出现的一张英国18世纪名人表里，人们找不到一个工厂主或发明家的名字。在1830年前，大多数英国人也没觉得正在经历划时代的变革。

以罗伯特·皮尔家族为例，祖辈过着男耕女织的生活。直到1750年左右，第一个名叫罗伯特·皮尔的才离开乡村进入城市。

从议员、男爵，到大臣、首相，他们花了约100年的时间。

第一个皮尔起初只是一名印布工人，在他叔父的工厂里打工。皮尔注意追求各种新颖样式，具有很强的企业领导才能。很快他就成为合伙人，没几年就发了财。从1780年起，他几乎雇用了伯里的全体居民。1802年，受他指挥的人员约1.5万人，每年缴纳的消费税高达4万英镑。

1790年，皮尔被选为了议会议员。他非常崇拜当时的英国首相威廉·皮特，并成为其好朋友。1797年，在英国财政危机达到极点时，皮尔捐出1万英镑，并号召身边的工厂主为国家贡献力量。皮尔还自己出钱装备8个连的志愿军，取名伯里忠义志愿军，以在必要时支援国家。

为了奖赏他，皮尔被封为准男爵，这是一个世袭的头衔。

在议会里，皮尔的作用并不重要，他只有很少的时间用在政治上。他必须赚更多的钱，把家族建立在不可动摇的基础上。他放弃自己的志向，把希望寄托在他儿子身上。在儿子很小的时候，皮尔就要求他为家乡服务。当儿子从牛津大学毕业后，他通过自己私人关系，使他进入斯潘塞·珀西瓦尔政府担任次长。

他见证了儿子一连串伟大历程，1812年成为爱尔兰事务大臣，1820年任内务大臣，1828年成为下议院领袖，1834年出任首相。他的儿子就是保守党创始人、英国历史上最杰出的首相——罗伯特·皮尔爵士。

老皮尔代表一个群体，这个群体被历史学家定义为工业资产阶级。组成这个群体的人员，出身五花八门，有剃头匠、牧羊人、锅匠，也有地主的儿子和作坊工场的主人。他们从各个行业汇聚大工业，就像流向新近发现的金矿一样。

蒸汽机制造商博尔顿和瓦特成了欧洲各国国王的座上宾；纺织工厂主阿克莱特的孙子是国会议员，孙女是大法官院副院长；斯特拉特也从事纺织行业，他的孙子成为议员、贝尔珀男爵和大学院长；陶器工厂主韦奇伍德的儿子做了多塞特郡郡长。

这样的例子还有很多。以财富为主要标志的新精英阶层不断上升，1868—1886年，内阁新人中有15名商人和专业人员，只有9名是地主贵族。这个阶层包括银行家、商人、实业家和投资人，他们中有的人有爵位，有的人没有，但生活方式大同小异，穿一样的衣服，喜欢莎士比亚，谈论亚当·斯密。他们在实际权势方面与土地贵族不相上下，也享有相等的名望和尊贵。

而那些不可一世的土地贵族发现，越来越多的庄园落入平民之手。为了保住地位，他们不得不和新富阶层通婚。英国两代马尔伯勒公爵都迎娶了百万富翁的女儿。1870—1914年，英国有超过100个贵族与美国富婆联姻。

通过1832年、1867年、1884年三次扩大选举，英国"贵族地主利益集团"的政治权力不断被削弱。在19世纪结束前，专业化的地方政府逐渐取代了采邑和管家，选举产生的议会代替了贵族集团，法律上贵族和庶民已没有多少区别。

英国也逐渐树立了一种具有"绅士"风范的社交理想，起到了极好的社会融合作用，这是以往等级社会所欠缺的。

绅士成为超越社会阶层的教育理想，贵族越来越不重要。

贵族与其说是一种身份，不如说是一种精神气质：气定神闲，一言九鼎。

伴随工业革命的进程和新富阶级的上升，工人阶级几乎同时出现。当资本家、企业家和中产阶级在议会中指点江山的时候，工人、女工和童工却靠着辛勤的劳动，为整个新兴的工业社会垒砌基石。许多工人遭遇到各种机器事故，居住在阴暗潮湿的窝棚中，饱受传染病的威胁和感染。他们没有机会学习专业知识，像农奴固定在领地上那样，被长年累月地束缚在机械上。

刚开始，工人把自己痛苦的原因归咎于机器。

阿克莱特的兰开夏工厂遭到过猛烈攻击，韦奇伍德也亲身经历了博尔顿工人骚乱，皮尔在阿尔萨姆开设的印花织品厂的机器被扔到河里。

与那些银行家、工厂主发财后顺利进入权力阶层相比，英国工会的发展要艰难得多。法国大革命期间，英国制定《结社法》，以压制民间社会团体。1825年，新的《结社法》终于承认工会合法性，但绝大部分行动都失败了。

工会领导逐渐认识到，没有政治行动，工联主义很难成功。

直到19世纪末，英国职工大会才决定成立一个协调机构，以方便工人阶级在选举中采取联合行动。1900年，英国劳工代表委员会成立，1906年改称工党。1924年1月，工党领袖麦克唐纳组成英国历史上首届工党政府。

马克思曾说，蒸汽机是个危险万分的革命家。

在19世纪的宏大叙事中，一个已经存在1000多年的欧洲封建等级社会，正在逐渐转变为一个阶级社会或市民社会。

这资本主义的全盛时代，是启蒙和理性的时代。富者纵欲狂欢，贫者苦遭折磨。旧制度与新制度、希望和停滞交相辉映，在喧哗和骚动、变革和扩张中，欧洲一步步走向现代世界权力的中心。这是最好的时代，也是最坏的时代。

## 资本来到人间

18—19世纪政治经济的发展造就了两个不同集团：一个集中在伦敦，以商业和金融为基础，代表是罗斯柴尔德、巴林家族等。一个集中在北部地区如曼彻斯特，以制造业为基础，他们中的代表包括阿克莱特、皮尔家族等。

在1750年之前，资本主要致力于宗教、国家和商业。他们为上帝的事业而忙碌，他们为国王开疆拓土，他们为大型特许公司贴身服务。

资本不仅是罪恶的渊薮，是爱欲的伊甸园，也是文明之花绽放的肥沃土壤。

1750年以后，资本也开始同时为工业服务。

18世纪晚期，纺织业是最赚钱的高科技行业。在英国北部地区，棉花抽纱、纺织以及染色工艺的急速机械化，经济生活正在发生空前、彻底的变革。

尽管这时的工业化只是区域性的，似乎也只局限在棉花产业，以至于英国统计和税务部门还没有重视。但它的影响却十分广阔，从欧洲、美洲，到古老的印度，都充斥价廉物美的英国纺织品——围巾、手帕、花布以及薄棉布等。

正是在这样的背景下，内森·罗斯柴尔德来到了英国，

他在伦敦只待了几个月，就北上去到了曼彻斯特。

在这个刚刚兴起的工业城市，内森深刻感受到了英国的经济活力，并很快发现了纺织行业的盈利点——（布料）原材料、染色以及制造。他不但收购制成品，还给纺织厂提供原材料和染料。很快，他就赚得了6万英镑。

与此同时，他也深刻体会到了工业生产的金融痛点。

他跟他的合伙人诉苦："我发出货物后，两个月后才能得到一张在3个月后兑现的票据……我或许在五六个月后才能拿到我的钱……得到订单很容易，但得到货款却并不那么容易。"其实，工业革命早期棉纺业的增长，正是受益于这种90天周转的公开信用证。这种票据可以转让，也可以在付出一定成本的基础上即时兑现。为此，内森经常因为利息、保费与伦敦银行家发生争执。

压力使得内森经营出现了多样化。1801年，他从博尔顿和瓦特公司购买了一台蒸汽纺织机，决定自己生产布料。1805年，他朋友一起，进一步延伸产业链，不但订购布料，而且还订购靛青，买卖珍珠。

不久，内森开始集中精力，关注自己生意带来的各种金融信用交易。

他经常一家银行一家银行地跑，以选择更好的贷款以及贴现率好的

票据，他与众多伦敦银行家有生意上的往来，包括莱昂·西蒙，戈德斯米德，同时与欧洲大陆的银行家也有来往，最著名的包括帕里什公司和施罗德兄弟。

最终，与他的父亲一样，逐渐从一个商人转变成一个商人银行家。

1815年，内森曾在英法战争的投机上一举成名。尽管内森后来的主要精力放在金融投机和交易上，但罗斯柴尔德家族的工业产业遍布所有领域。

当铁路兴起的时候，内森对这种新玩意持怀疑态度，以致当他认识到其中的商机时，已经太晚了。不过，内森并没有墨守成规。当英国铁路线取得初次成功后，内森开始急切建议罗斯柴尔德家族深度介入铁路事务。

英国的机会虽然已经丧失，但欧洲还有大片的土地需要铁路的贯穿。

内森把"铁路大王"的称号，留给了他的弟弟詹姆斯·罗斯柴尔德。

如果说赫德森是英国的铁路大王，詹姆斯就是欧洲大陆的铁路大王。从塞纳河畔的凡尔赛铁路开始，詹姆斯建成了遍布欧洲的铁路网，北至法国、比利时，南至西班牙，东到德国、瑞士、奥地利和意大利。

罗斯柴尔德家族也大量涉足采矿业。从19世纪30年代兼并西班牙阿尔马登汞矿开始，罗斯柴尔德在矿业方面布局不断扩张，包括黄金、铜、钻石、宝石和石油矿业。与他们最初的金融业务一样，他们的矿业也是在全球范围内运作的，从非洲的南非到亚洲的缅甸，从美国的蒙大拿到阿塞拜疆的巴库。

正如哈佛大学教授弗格森所说，罗斯柴尔德是工业时代真正的"孩子"。

在这跨越一个世纪的时间里，大不列颠的资本形成总额增长了约89%，资本形成结构也发生了根本变化。农业投资的份额持续下降，从18世纪60年代的33%下降到19世纪50年代的12%。工商业部门的份额则从20%上升到36%。其中，工业机器设备的投资额增加了20倍。

表9-1　1761—1860年英国固定资本形成总额（单位：百万英镑）

| 年份 | | 1761—1770 | 1771—1780 | 1781—1790 | 1791—1800 | 1801—1810 | 1811—1820 | 1821—1830 | 1831—1840 | 1841—1850 | 1851—1860 |
|---|---|---|---|---|---|---|---|---|---|---|---|
| 居住设施 | 住宅 | 1.49 | 1.38 | 2.17 | 3.35 | 4.58 | 5.82 | 8.91 | 10.28 | 7.60 | 10.25 |
| | 建筑工程 | 0.15 | 0.14 | 0.22 | 0.33 | 0.46 | 0.58 | 1.07 | 1.54 | 1.52 | 2.05 |
| 农业 | 农业建筑 | 2.18 | 2.62 | 3.31 | 4.26 | 4.06 | 4.45 | 4.08 | 4.71 | 6.16 | 6.90 |
| 工商业 | 工商建筑 | 0.97 | 0.73 | 2.13 | 2.20 | 3.04 | 4.16 | 6.81 | 8.52 | 8.15 | 10.99 |
| | 机器设备 | 0.27 | 0.11 | 1.10 | 0.88 | 0.84 | 1.28 | 2.65 | 3.51 | 4.18 | 5.65 |
| | 采矿采石 | 0.08 | 0.04 | 0.08 | 0.16 | 0.12 | 0.25 | 0.28 | 0.63 | 0.88 | 1.71 |
| | 气和水 | – | – | – | – | – | 0.19 | 0.23 | 0.45 | 1.05 | 2.32 |
| | 小计 | 1.32 | 0.88 | 3.31 | 3.24 | 4.00 | 5.88 | 9.97 | 13.11 | 14.26 | 20.67 |
| 运输 | 铁路 | – | – | – | – | – | 0.10 | 0.10 | 3.67 | 14.11 | 8.78 |
| | 路和桥 | 0.53 | 0.52 | 0.53 | 0.49 | 0.47 | 0.78 | 1.15 | 1.19 | 1.02 | 1.01 |
| | 四轮马车 | 0.20 | 0.20 | 0.30 | 0.40 | 0.50 | 0.60 | 0.80 | 1.00 | 1.30 | 1.70 |
| | 运河水道 | 0.22 | 0.50 | 0.25 | 1.04 | 0.70 | 0.57 | 0.52 | 0.47 | 0.19 | 0.17 |
| | 码头港口 | 0.02 | 0.04 | 0.05 | 0.07 | 0.68 | 0.42 | 0.30 | 0.20 | 0.85 | 1.46 |
| | 轮船 | 0.53 | 0.77 | 0.98 | 1.13 | 1.12 | 1.31 | 1.39 | 2.17 | 2.42 | 5.00 |
| | 小计 | 1.50 | 2.03 | 2.11 | 3.13 | 3.47 | 3.78 | 4.26 | 8.95 | 19.89 | 18.12 |
| 总计 | | 6.64 | 7.05 | 11.12 | 14.31 | 16.57 | 20.51 | 28.29 | 38.59 | 49.43 | 57.99 |

数据来源：《剑桥欧洲经济史（第七卷）》（经济科学出版社，2003年），表格数据以不变价格估算。

棉纺业的机械化并不需要大量的固定资本费用，家庭融资就可以勉强应付。

但随之而来的扩张，特别是铁路、汽轮及公用设施的创新发展，单个企业则极少能够负担，通常需要资本市场大力支持。这就要求新的资本组织方式，比如更加自由的股份有限公司。

## 公司的解放

当今世界，人的一生会在很多地方待过，但大部分人接触最多的场所，恐怕就是一种叫作"公司"的虚拟框架。

公司不但是谋生手段，也是许多人展现才华的场所。人们置身其中，仿佛"公司"自古就无所不在。事实上，在最近一个多世纪的时间里，公司才开始遍及世界。在公司大规模出现前，大部分资源都被控制在国家、宗教、贵族、官僚和地方势力手中，个体很难有可自由支配的财产。

但现代股份有限公司的解放之路，却漫长而且艰辛。从中世纪达蒂尼集团，到阿克莱特、瓦特、皮尔的工厂，都采用一种叫作合伙的融资方式。从事制造业所需要的资本额并不大，几个有钱的老板合计一下就能盖座新厂房。至于有限责任，反倒被视为缺点，因为它会降低合伙业主的承诺。皮尔就认为，除非由关心公司的合伙人负责，否则工厂没人管得动。

但无限责任限制了企业的筹资能力。更重要的是，合伙是一种脆弱的组织。一旦合伙人或继承人死得不是时候，这家企业就会面临毁灭的风险。在狄更斯的《董贝父子》中，父亲董贝一去世，企业立刻就沦为各种流氓觊觎的对象。

16、17世纪，另一个引人注目的商业组织是一种叫"特许公司"的机构。

东印度公司、黎凡特公司、弗吉尼亚公司及许多运河公司，都由皇家特许，在某方面拥有垄断特权。这些公司组织复杂，雇员很多，部分股东负有限责任，股票可转让交易，寿命也长得出奇，是权贵夺取新世界财富的暴力机器。

但是，对公司授予特许垄断权一直遭到各方面的强烈反对。那些满载士兵与枪械的特许公司，也日益迷失于自身的权势，与大工业时代所需求的自由贸易渐行渐远。以英国东印度公司为例，后期已经演变成一家以殖民地税收为主要收入的"帝国中的帝国"。在自由主义的批评声浪中，

1813年，东印度公司的贸易独占权被取消。此后，它的地位一落千丈，军队被解散，人事权被剥夺，并在1874年特许权到期后，悄无声息地消失在历史深处。

随着特许权的寿终正寝，公司逐渐走向自由市场的海洋。在英国，1720年的《泡沫法案》作为一项重商主义残余，曾试图排除竞争，巩固权贵利益。1825年，恼人的《泡沫法案》被废除，因为政府无法监督越来越多的未注册企业。关键的改变在于铁路，他们需要大笔资金。1830年，第一条客运铁路建成通车，到了1840年，英国已经铺设了3200千米的铁轨。数百条铁路网都由特许公司建成，每一条都要由国会法案通过，这让国会不厌其烦。

从1840年起，英国政客终于决定对乱七八糟的公司法做一番革新。1844年，贸易局局长格莱斯顿推动《股份公司法》，允许公司不用取得特许状，只要简单地登记注册即可。但它并未纳入"有限责任"这个至关重要的环节。许多英国人对"有限责任"深恶痛绝，认为有限责任会把风险转嫁给供应商、消费者和债权人，会吸引一些差劲的人去从商。

相比之下，美国各州为了吸引投资，都在纷纷放松对公司的管控。1830年，马萨诸塞州议会决定，不从事公共建设的公司也可以享有有限责任。1837年，康涅狄格州更进一步允许大部分行业的公司不需特别法令，就可成为股份有限公司。

这种州与州之间的竞争，后来被称为"逐低竞赛"。

英国不得不面对的是，大量公司选择用脚投票。英国贸易局承认："公司对有限责任的需求是如此之大，以致许多公司到法国或美国寻求设立。"

推动有限责任的重任，落在贸易局副局长罗伯特·洛伊的肩上。

洛伊生于1811年，是个视力极弱的白化病患者，一度被认为没法上学。但他不仅读完了大学，还当选了国会议员、贸易局副局长，并在56岁时成为英国财政大臣。对于自由市场的优点，或是公司不受政府控制的好处,罗伯特·洛伊没有丝毫怀疑。他宣称,成立股份公司是一项特权,我们希望能把它变成一种平等权利。他四处演讲、游说,鼓动议员、公众和媒体支持他的理论。

洛伊讲道:"我的目的不是催促实施有限责任制,而是在为人的自由而辩——在不受国家的干涉下,人们可以自己选择跟谁合作以及怎样合作……不实施有限责任制度,或许会避免一个坏方案的出现,但却会扼杀九十九个好方案的诞生。要允许它们都有机会诞生,当问题出现的时候,给司法机构武装足够的权力以遏制奢侈和欺骗行为,可以将公司从可能卷入的毁灭中拯救出来。"

1856年,英国正式确认有限责任制度。只需要7个人签1份组织章程,登记营业处所,对外自称"Ltd"即可。自那之后,英国人创办公司不必由国家特许授权,而且一旦公司破产,股东也不再承担除了自己股份之外的责任。

洛伊是当之无愧的"现代公司之父"。

此后几年,约有2.5万家有限责任公司在英国各地注册成立。许多公司成立不久就倒闭了,也引发了许多诉讼和纠纷,但有限公司的历史就此展开。

相比特许公司和合伙企业,自由公司具有更强的资源整合和适应能力,也为人民在经济上提供了更多选择。管理学大师德鲁克认为,公司是自由社会形成的前提,"这个新的法人组织……它是几百年来首见的自治机构,是一个在社会之中建立权力中心,却又能独立于民族国家、中央政府之外的机构。"

## 融资工具的变迁

股份虽然是公司最初始的融资工具,但在很长一段时间里,公司股份更多是在商人间发行和流通,与后来面向大众的普通股有极大区别。

**历史上，债券先于普通股而被大众投资者所接受。**

19世纪公司面向大众融资时，往往面临经济不确定、信息不对称等问题。股票常常被认为是一种高风险的投机工具，大众更愿意认购有固定回报的债券，且要求发行人提供担保，如在铁路资产上设定抵押权等。

1849年，纽约及伊利铁路公司发行第二期债券，抵押物不仅包括公司现有的全部财产，还包括未来财产，比如日后取得的租金、收入与利润等。

19世纪20年代，可转换债券出现。经州议会授权，1826年由特别法案设立的莫霍克-哈德逊铁路发行不超过25万美元的抵押债券，持有人可以在两年内按面值转成股份。1865年，伊利铁路公司尝试发行无担保可转债，总额100万美元。

与大众对风险的认知相呼应，当时铁路公司发起人几乎完全是利用发债来募集资金，而把股票当作未来取得利润的来源。

由于债务构成了铁路筹集资金的主流方式，这也导致铁路公司杠杆过高。

在19世纪上半叶的英国和19世纪下半叶的美国，大量高杠杆的铁路公司因竞争压力而陷入破产境地。铁路公司破产重整的过程也是债务工具创新的过程，收入债券、实物支付债券、浮动利率债券、可赎回债券、可参与债券、永久债券等相继面世。此外，为了解决传统债券融资的困境，增加吸引力，某些新债务工具如无担保债券、零息债券、附认股权的债券被创设出来。

**19世纪上半期，优先股开始被广泛使用。**

优先股是一种混合证券，兼有债券与股票的某些特征，如保证支付固定比率的股息，还可以分享剩下的红利，但通常意味着放弃投票权。

在英国，推动优先股流行的动力主要来自以下几个方面：当时政府规定铁路公司的债务不得超过其资本的1/3；避免发行新股融资稀释现有股东的控制权；缓解公司破产压力。对于缺乏信息的外部投资者来说，由于优先股有固定收益，因此它比普通股更容易定价。一个足以证明当时优先股的重要性的事实是：1849年，英国铁路公司资本结构中股本的66%是优先股。

在美国，最早的优先股实践是马里兰州1836年对巴尔的摩等一批铁路公司的出资。对于认购的股份，马里兰州索要6%的固定收益。1871年，宾夕法尼亚州铁路公司设立时利用优先股来募集资金，目的是保持原有股东对公司的控制权。在当时，普通股附带的投票权经常引发铁路公司间的收购大战，如范德比尔特、古尔德对伊利铁路的争夺，摩根、希夫对北太平洋铁路的较量等。

**19世纪末20世纪初，大众普通股才逐渐流行起来。**

在美国，普通股的流行与19世纪末的第一次并购浪潮联系在一起。

这些通过并购产生的巨型工业公司，将大量的普通股倾泻到资本市场，培育了第一代的公众投资者。当时，人们已经可以清晰分辨公众公司股东与闭锁公司股东、传统合伙人之间的区别。而且，越来越多的普通股持有人将自身定位为证券持有人，目的是获得投资收益，而不是参与公司决策经营。

随着股东从企业所有者向投资者身份变化，在普通股内部出现了A类股、B类股等不同类别的设计，各自带有不同的表决权或者现金流权利，以满足企业家、管理层或者特定群体的需要。其中，最引人注目的是"管理股"的出现，它通常派发给主导巨型公司的发起人、银行家或者并购交易中核心企业的所有者或管理人，这些人以少量出资获得对公司股份结构中最大份额的表决权，从而形成"管理层控制"或"银行家控制"的双层股权结构。

成立于1864年的美国道奇兄弟公司，其资本结构就包括优先股与普通股，全部优先股与80%的普通股都没有选举董事的权利，而迪林·里德公司拥有25万股有投票权的普通股，总投资额虽不足225万美元，却能绝对控制这家大公司。

无表决权普通股的出现，在当时引发了完全不同甚至针锋相对的评价。

有人认为，这会导致公众股东遭到不公平的剥削。自20世纪20年代中期开始，美国禁止无投票权普通股上市交易，实施"一股一票"的监管政策。直到1985年，纽交所才开始不再对新公司IPO[1]适用"一股一票"要求，以便利大批采用A、B股结构（通常带有1∶10的投票权安排）的新型高科技公司上市。

## 十年轮回

19世纪初的英国约克郡，高山密林、平原古堡，一派田园风光。

沿着逶迤婉转的河流，间或有几座高大的工厂，发出嘈杂的嗡嗡声。

很快，瓦特的蒸汽机打破了千百年来慢腾腾的生活节奏。1825年9月27日，一条冒着白烟的长龙从斯托克顿出发，最初的时速只有4.5千米，后来达到24千米。蒸汽火车横空出世，从此世界前进的步伐越来越快。

当内森·罗斯柴尔德还在犹豫要不要投资这种庞然大物时，赫德森已经准备大干一场。赫德森做过约克的市长，在了解"机车之父"斯蒂芬森的铁路计划后，赫德森大喊，"让所有铁路都通到约克来"。

1844年，英国经济形势实在是一片大好，利率处于近一个世纪以来的最低点，农业连年丰收，铁路的建造成本不断下降，铁路收入迅速增长。三大铁路公司的分红都高达10%，是当时利率的4倍。

赫德森嗅到了发财的气息。他建立了约克及中北部地区铁路公司，不断收购兼并。1844年冬，他控制的铁路超过1000英里，占当时营运铁路的1/3。这些铁轨价格不断上涨，为他赢得了"铁路大王"的绰号。

当时，搞一条铁路的过程并不复杂。只需当地几个显要人物组成一个

---

[1] IPO即首次公开募股（Initial Public Offerings），指一家企业第一次将它的股份向公众出售。

委员会，然后刊登认股广告，雇用工程师勘测线路，最后向议会提出申请。议会一般不会故意为难，因为许多议员本身就参与铁路投机。1845—1847年，总共有600份铁路方案得到批准，总线路长达1.4万英里。

一旦公司完成临时注册，他们会发行一种股票认购凭证，认购者只需先支付总价款的1/10，余款等到铁路开始修建时才会"催交"。问题在于，许多投资者根本没有能力全额支付这些认购费用。比如有两兄弟认购了价值3.7万英镑的股票，后来发现他们生活在贫民窟，目的只是转手高价卖掉这些凭证。

汇兑银行助长了这种投机，因为它们为铁路股票提供质押贷款。在1845年的上半年里，所有打新者都赚到了差价。有些铁路公司的认购凭证转手便可获利500%，抵押贷款利息高达80%。

从格拉斯哥、爱丁堡，到伯明翰，许多小市镇都为铁路股票成立了交易所。

在整个忙乱的夏季，赫德森的声望如日中天。他参与的每一项计划，股价都会大涨。媒体记录他的行踪，贵族们巴结他，他还当选了国会议员。

随着铁路修建的展开，铁路公司开始催交股票认购余款。因为担心黄金储备减少，英格兰银行把利率提高0.5个百分点，升至3%。尽管调升幅度不大，但却暗示了铁路盛宴的终结。

随后，认购凭证的溢价蒸发，铁路股"雪崩"的传言一个接一个。

坏消息顺着铁路迅速从伦敦传到了各地交易所，一夜之间，股市就从空前活跃转变为近乎绝望的萧条。当投机者试图撤销认购申请时，铁路公司当然不会同意。在整个英格兰，诉讼大量增加，家庭四分五裂，监狱人满为患。

铁路投机导致资金大量流出正常商业渠道，造成资金短缺。在约两年时间里，英格兰银行利率从1845年2%提高到了1847年10月的10%，整个实体经济终于感受到铁路投机带来的严重后果。

1847年10月17日，伦敦"恐怖周"开始了。黄金价格大涨，公债价格急跌，利物浦皇家银行倒闭，不久又有三家股份银行破产。周末，英格兰银行的储备已经严重不足，只剩不到50万英镑黄金和150万英镑纸币，若再挤兑，它将被迫关门。首相及时出手挽救了英格兰银行，但英国经济仍大受影响。

1847年秋，英国许多铁路线建设已经停工，大批工人被解雇。到1852年，从事铁路建设的工人数目只有1847年的1/5。紧接着就是冶金、机器制造业的萧条，铁价下跌一半，接近半数的炼铁炉停产，衰退中的棉纺织业雪上加霜，约两成的棉纺工厂完全停业，70%以上的工人遭受失业或半失业的打击。

英国的危机很快传递到其他国家。法国工业生产总共下降了50%。

1848年，革命浪潮再次席卷欧洲大陆。

在1848年的变革之年里，铁路大王赫德森也逐渐陷入了绝境。1849年，赫德森遭到了各种指控：内幕交易，关联交易，侵占资金，挪用公款，贿赂国会……赫德森曾是铁路狂热的支持者，如今大部分时间却在躲债。他不但失去了议会的席位，还因欠债被捕。在约克郡阴暗潮湿的牢房里，他与一群小偷、赌徒、杀人犯关押在一起。他满头白发、眉头紧锁、一身落魄，似乎隐含无数心事。当他在1871年去世时，他曾经百万英镑的身家只剩200英镑。

这场席卷英国和欧洲大陆的经济危机，只是19世纪频繁危机的一个缩影。格奥尔格·伯内诗说："英国的工业革命不仅导致工厂、无产阶级和现代资本主义的产生，而且为大规模的投机活动和周期性的经济危机创造了先决条件。"

马克思在《资本论》中也观察到，每十年反复一次的停滞、生产过剩和周期性危机，使全体欧洲陷入无止境的萧条和绝望的泥潭。

但熊彼特却发现，危机还有另外一面，投机者是资本主义发展的先锋。"一旦创新已被普遍接受并产生稳定的回报，投机就会让位给投资。"

1855年，英国铁路总长超过8000英里，居于世界首位，是法德的7倍。

英国历史学家钱塞勒觉得，虽然危机连续不断，但修建铁路给50多万人提供了工作和饭碗，这个数字等于英国所有工厂的用工总和。有了铁路，人员、原料和制成品的运输更快也更便宜，"铁路狂热相当于一次从中产阶级投机者到贫困劳工的收入转移，同时还为英国建立了现代工业经济所需的基础设施。"

## 自由的枷锁

1763年，亚当·斯密跟随巴克卢公爵前往欧洲大陆。

在法国，斯密见到了许多重要的思想家，其中包括伏尔泰、魁奈、杜尔哥、内穆尔等领军人物，他们中的许多人，都支持推行自由市场经济。在这些思想的深刻影响之下，斯密开始利用业余时间撰写《国富论》。

在斯密生活的年代，英国政府主要推行一种叫"重商主义"的国策。重商主义的核心思想在于尽可能拥有贵金属，只有这样国家才能搞建设、军备和对外扩张。为此，重商主义要求实行贸易保护，保证贸易顺差。重商主义将战争视为国家追逐金银的正当理由，就像贝克特所说，其本质是一种战争资本主义。

18世纪末，机器的使用提高了生产效率，一批工业资本家从底层崛起。

他们成为地方受尊重的人，与土地贵族平起平坐，并逐步占领议会，有的还当上了大臣、首相。这样一个阶层快速变化的时代，如果人们还用传统贵族视角看，低贱之人上位，上等人不得不从事下九流的商业，这无疑是一个堕落、畸变、妄人横行、礼崩乐坏的社会。斯密提供了一种新理论，他阐述了分工协作对提高生产率的重要性，认为财富并不只由土地和贵金属创造，还由劳动创造。

**18世纪末，英国从缺乏资源变成缺乏市场，急切盼望各国打开国门。**

成长起来的英国工业生产能力需要更广阔的市场，而特许公司所享有的垄断特权成为英国工业资本扩张的一种限制。重商主义政策同样如此——英国资本已经强大到不需要它的保护。斯密提出了一个全球贸易战略：自由贸易。他认为，英国虽可以通过贸易保护、武力征服，来保持商业垄断地位，但选择自由贸易，英国可以赚更多的钱。只有让其他国家富裕起来，才能更多购买英国产品。

**18世纪末，不少人仍相信"贪财乃万恶之源"，财富常与罪恶紧密关联。**

但斯密认为，人类全体财富的基础，在于希望增加个人利润的自私心理。但是，这种"利己"行为通过"看不见的手"也能"利他"。斯密还推翻了传统上认为财富与道德彼此对立的概念。斯密强调，利润增加时，地主或织工就会雇用更多助手，而不是把钱全部藏得死死的。人会变得富有不是因为剥削邻居，而是因为通过投资让整块大饼变大。随着大饼变大，人人都能受益。

在新的资本主义教条里，"生产的利润，必须再投资用于提高产量"。

资本主义正是由此而来。甚至可以说，正是斯密"发明"了资本主义。没有他的理论，资本主义社会摆在你面前，你也视而不见、认不出来。斯密的观点让当时的人们恍然大悟、脑洞大开。斯密以后，英国乃至世界开启了一个漫长的思想解放过程。

**攻城略地的传统帝国思维，逐渐被以贸易为核心的商业帝国思维取代。**

1813年，东印度公司对印度的贸易特权被废除。1834年《济贫法》规定，国内劳动力受市场定价机制控制。1844年，成立公司不用再取得国会特许状，只要简单地登记注册就能成为法人组织。同一年的《皮尔银行法》规定，货币流通严格受金本位自我调节机制的控制。1846年《谷物法》废除，标志倾向英国贵族的关税时代结束，1849年《航海法》废除，自由贸易原则被彻底认可。1852年，议会发表一项声明，称自由贸易是英国的国策。

与斯密的伟大学说相比，这一时期的宗教没有引起人们多大注意，似乎也不再值得深入探讨。19世纪中期，欧洲开启了史无前例的世俗化，无神论也不再新鲜。在短短几十年的时间里，资本主义大获全胜，比任何宗教都要深入人心。

资本主义成功后，不但控制人的身体，也开始控制人的思想。

起初，资本只关心经济如何运作。很快，资本形成了一套伦理，告诉政治应该怎么运行、法律应该禁止什么、孩子应该怎么教育、问题应该如何思考。资本不仅是一种生产资料，还成为一种控制社会生产和再生产的方式。这种方式逐渐形成了一个总体化控制框架，其他事物开始适应这种控制结构。今天，当谈到如何促进津巴布韦的正义时，每个受过教育的人都会滔滔不绝地告诉你，那里需要稳定的民主、蓬勃的经济、健全的中产、自由的企业等等。

当利润成为无上目标，就很难受到其他伦理道德的制衡。

人们在追求自由价值时，向来不排斥诉诸强制、暴力手段。资本主义运行过程中的压榨、剥削，是因为那些买了股票的股东、管理公司的经理、精打细算的企业家，他们把所有的精力和目标专注在"成长"和"利润"上。自由也被系统地用来为殖民主义辩护。他们暗地里支持颠覆他国，他们广泛监视公民信息，他们发动各种战争……全都是以捍卫自由的名义。自由提供一张许可证，使政府得以运用种种压制手段。

人生而自由，却无时不在枷锁之中。就如奥威尔《1984》中的名句，"战争即和平，自由即奴役，无知即力量"。在资本来到世间后，出现了更高层次的权力——资本权力。

马克思说："资本是资产阶级社会的支配一切的经济权力。"超越宗教、国家，资本逻辑成为支配当代国际资本主义社会的客观规律。

## 工业是瘟神

1837年，英国国王威廉四世去世，他的侄女维多利亚继承王位。

当时，女王只有18岁。就像朝气蓬勃的女王一样，英国也充满生机和活力。

尽管每隔十年，总有扰人的周期性危机，但英国仍获得空前发展。在女王30岁（1850年）时，英国工业产出比100年前增加了7倍，五金、棉花和铁的产量占世界的一半。英国人均收入是法国的1.5倍，是德国的2.5倍。这个纪录令人震惊，而且接下来30年，英国继续保持每年3%的增长水平。

这是一个富庶的且愈来愈富的时代。在这种伟大时代，举办一场国际展览会，让世界一起来称赞英国的工业成就，还有什么比这更好的主意？

1851年5月1日，万国工业产品博览会在伦敦水晶宫开幕。超过10万件展品中，有一半来自英国，另一半来自其他国家。五花八门的产品令人咋舌，但最引人注目的无疑是英国本国那些眼花缭乱的工程奇迹：能以前所未有的速度纺织棉花的自动走锭精纺机；700马力的船用发动机；重31吨的光彩夺目的机车；能够举起1144吨的水压机；各式各样的抽水机、起重机和压力机；隧道、桥梁和汽船的模型；还有不计其数的蒸汽机，这是机器神殿中的至尊之神。

这些看得见摸得着的东西，显示了英国经济繁荣的秘密。

维多利亚参加了开幕式，她为英国的科技成就感到无比骄傲。

博览会反映出了人与商品之间的一种崭新关系。美轮美奂、聚集各种产品的水晶宫，就是现代购物中心的前身。消费主义观念被确立。马克思将其称为"商品拜物教"。在这个由工业过程创造的世界中，消费者如果被某一物品深深迷住，他就不会考虑那些非人道的生产过程。

博览会既包含崭新的工业时代梦想，也昭示着将来的噩梦。

在英国之外，博览会展示了一个工业国家的志得意满，也揭开了一个竞争的时代。自此，欧洲浪潮涌动，创造力迸发，工业化快速扩散。

法国是效仿英国的第一个国家，到19世纪80年代，法英基本已处同一阶段。

德国后来居上，1871年统一后，在政府主导下迅速完成了工业扩张，建立起庞大的军事-工业综合体。

美国更是后生可畏，凭借丰富的自然资源，很快站上了英国的肩膀。

俄国反应有些迟钝，但到19世纪90年代，也进入了铁路建设的高潮。

意大利、比利时、瑞典、荷兰、日本等国家也相继走上了工业化的道路。

世界似乎突然被工业强国充斥，其资源、人力和工业生产都比英国更具潜力。从19世纪70年代开始，随着美、德等国的迎头赶上，英国工业独霸全球的地位开始丧失，英国工业资本的边际收益不可避免地走向了递减。

1842—1872年，英国出口年均增长11%，之后1873—1898年，年均仅2.5%。

英国制造业在全球的占比，从1870年的32%下降到1913年的14%。

表9-2 世界制造业生产的百分比占比（%）

| 国家 | 1870年 | 1913年 | 1936—1938年 | 国家 | 1870年 | 1913年 | 1936—1938年 |
|------|--------|--------|-------------|------|--------|--------|-------------|
| 美国 | 23.3 | 35.8 | 32.2 | 加拿大 | 1.0 | 2.3 | 2.0 |
| 德国 | 13.2 | 15.7 | 10.7 | 比利时 | 2.9 | 2.1 | 1.3 |
| 英国 | 31.8 | 14.0 | 9.2 | 瑞典 | 0.4 | 1.0 | 1.3 |
| 法国 | 10.3 | 6.4 | 4.5 | 日本 | 11.0 | 1.2 | 3.5 |
| 俄国 | 3.7 | 5.5 | 18.5 | 印度 | 11.0 | 1.1 | 1.4 |
| 意大利 | 2.4 | 2.7 | 2.7 | 其他国家 | 11.0 | 12.2 | 12.7 |

数据来源：《剑桥欧洲经济史》（经济科学出版社，2002年）

1883—1884年的那段时间，被刘易斯称作"英国命运的转折点"。曾经充当英国火车头的棉纱出口，在1884年衰退后，就再也没有恢复。就钢铁产业来说，英国先是失去了欧洲大陆市场，进而又失去了第三世界市场，最后成为世界最大的钢铁制品进口国。

在约100年的时间里，工业曾是英国经济中最重要的部分。但这时，资本开始极大地疏远国内大多数工业项目，对它们不予重视。1878年，格拉斯哥城市银行倒闭，肯尼迪说，这一年是英国银行业与工业关系中的一个分水岭：整个银行业体系处于这样一个关键之处，要么不得不改组以便顶住不断扩大的工业所带来的更大风险，要么从与工业的长期关系中退缩回来。

在伦敦金融城，1878年后，越来越多的资本不愿卷入对工业的长期资助，就像威纳所说，工业是瘟神，人们避之不及。

**美国经济学家阿瑟认为，技术具有强烈的路径依赖性。建立在科技基础上的工业也存在这种效应。因为沉没成本，强烈的路径依赖性常将一个国家的经济锁入既有的技术、产业。当企业被技术路径锁死时，企业会被淘汰。而当国家被产业路径锁死时，也会走向衰落。**

很长一段时间里，根深蒂固的保守倾向阻碍了英国工业的创新，英国长期停留在传统的生产部门如煤、铁、棉等行业中，对新兴的化学、汽车、电力等部门不敏感，结果在新一轮产业变革中落伍，在面对新的竞争时处于被动局面。

就像当初热那亚资本离开意大利、阿姆斯特丹资本离开荷兰，大量伦敦资本开始撤离英国，去往更加广阔的天地。1860—1911年，英国通过公共渠道输出的资本约48亿英镑，超过当时法、德、荷资本输出的总和。

1901年1月22日，维多利亚逝世，女王赢得了整个国家的爱戴。在长达64年的执政时期，国家走向了繁荣昌盛，也从顶峰跌落。她在位期间，君主立宪彻底巩固，国王变成虚君。在许多英国人眼里，她就是那个时代的缩影。

# 第十章　中国：大清的资本迷途

在一个周而复始的贫困陷阱中，必须建立一个开放的体系，必须具备临界最小资本积累的条件，必须形成一种人力资本激励机制，实现创新与生产活动相结合，否则无法打破贫困均衡陷阱，实现边际收益递增。

## 两个怡和

初中有一篇课文，叫《制台见洋人》。

制台是清朝最大的地方官，是正二品，管好几个省的军事、民政。制台见到洋人，一副卑躬屈膝的模样，十足的奴才相。

但在鸦片战争前，可不是这样的，大到乾隆皇帝，小到县官商官，在洋人面前是要端足天朝架子的。在他们眼里，洋人就是一群来讨饭吃的"蛮夷"。

1823年初春，英国商人威廉·渣甸来到广州，打算接管一家英国私人贸易公司。在广州这个地盘，他迫不及待想要拜会的，不是两广总督阮元，也不是广东巡抚陈中孚，而是他的偶像、怡和行掌门人、大清首富伍秉鉴。

渣甸第一次见伍秉鉴的时候，心里的忐忑不亚于制台见洋人。

在十三行的公堂上，渣甸看到一幅地图，这幅地图名叫《皇朝山海万国朝贡图》。在地图上，位于中央的正是大清帝国，面积几乎占了整个世界的二分之一，周围零零散散地分布着英格兰、西班牙、美国等弹丸之国。地图两边配了一副对联：四海连天万国恭顺觐朝贡，九州动地皇恩浩荡赐贸易。

渣甸看完，觉得有点不可思议。

正恍惚间，只见一位身穿官服的小老头从内堂走了出来。没错，他就是怡和行的老板、十三行行首伍秉鉴。小老头尖嘴猴腮，留着两撮小胡子。伍先生这副尊容，令渣甸一时难以将他和大清首富、贸易领袖联系起来。

谈完正事后，渣甸多了一句嘴，他说："伍老先生，这幅世界地图不对啊，世界不是这样子的，我改天送您老一个地球仪吧。"

伍秉鉴脸色立刻煞白，急忙摆摆手："渣先生你可千万别啊，会要人命的。"

伍秉鉴想到的，是乾隆年间，也是一个洋人，也在这个地方，面见的也是行首——那个行首名叫陈焘洋。对这幅地图，当时这个洋人也提出了不同见解，并送了一个地球仪给陈焘洋，想改变一下清朝臣民的错误观念。

那可是个稀罕物啊。陈焘洋自己没舍得用，打算献给乾隆。

这可能是世界上拍得最惨的一个马屁了。当时，满朝文武都以中国为世界中心，拒绝接受任何地理新概念。内务府将地球仪献给乾隆帝后，乾隆与一干朝廷重臣勃然大怒。这是什么玩意，这是欺君辱国，意欲颠覆天朝上国的中央地位。陈焘洋差点被满门抄斩，他的儿子陈寿山也冤死狱中。

每每想到这些，伍首富就胆战心惊，晚上经常彻夜难眠。

伍秉鉴虽然富可敌国，但他十分清楚，他的所有财产，都是朝廷的恩赐。

当时朝廷制定的是"一口通商"政策,只有广州才能干外贸。朝廷是不可能直接去做生意的,于是,就产生了"以商代官"的十三行制度。

广州十三行对外贸易的垄断性,是伍秉鉴能成为大清首富的客观基础。

对此,伍秉鉴很有自知之明。他不止在一个场合表态,怡和行从无到有、从小到大,这一切都得益于皇上的政策和朝廷的支持。怡和行的一切都是皇上给的、朝廷给的。如果皇上需要,怡和行随时可以上交国家。伍秉鉴遇神就拜,生怕少拜一个。神拜多了,自有满天神佛庇佑。靠着这种觉悟,伍秉鉴的生意越做越大。

1834年,伍秉鉴站在了世界财富之巅,他的财产累积到了2600万银圆。当时,美国首富的身家不过区区700万。

与此同时,伍秉鉴的不安全感也达到了顶峰。

这年刚好发生了"律劳卑事件",中、英两国在虎门擦枪走火,干了一架。伍秉鉴心都吊到了嗓子眼,他知道,不管哪个国家输赢,都没有怡和行什么好处。无奈之下,伍秉鉴决定买两份"保险",消除后顾之忧。

一是,伍秉鉴花巨资捐了个三品顶戴。这样,他就是朝廷命官了。

二是,伍秉鉴决定搞一家保险公司,为他的怡和行留个后路。当然,这家保险公司不能打中国的招牌,否则,谁保谁还不一定呢。

1835年,伍秉鉴集结了一批广州商人,由他的小粉丝——宝顺洋行的合伙人颠地出面,成立了"于仁洋面保安行"。在现代史上,于仁洋面是第一家允许华商附股的西方企业。但其实,这家挂着洋旗号的保险公司,是广东省城商人纠合本银共同创设的。

近代史上,一提到附股、买办,人们就觉得这是半殖民地半封建的产物。在我们的刻板印象中,一些华商担当洋人狗腿子,唯洋是从,敲骨吸髓,欺压善良朴素的老百姓。真实的历史并不全是这样。许多披着"洋皮"的外资公司,实际控制人其实是中国人,站台面的洋鬼子才是高级打工仔。

华商附股并不是为了"傍大款",而是找一个法律更加健全、实力更加雄厚的国家,躲避国内经常遭遇的横征暴敛。在一个皇权可以随意猎杀私权的环境中,这身"洋皮"就等于一层铠甲,可以远离许多"红顶子""蓝顶子"的盘剥。

然而,人算不如天算。1839年3月,林则徐来了,他的任务是禁烟。

伍秉鉴的怡和行并没有参与鸦片贸易,但与伍秉鉴关系密切的洋人,如英商颠地、渣甸,美商福布斯,都是鸦片贩子。朝廷和洋人剑拔弩张,夹在中间的伍秉鉴尴尬、难受、无所适从。对伍秉鉴的立场,林则徐感到非常失望,一气之下,革了伍秉鉴的三品职衔,并套上锁链,把他关到了广州衙门的地牢。

1839年5月,在严峻的形势下,于仁洋面保安行撤到了澳门。

一个小小的保险公司,根本无法抵抗愤怒的国家机器。

伍秉鉴面子尽失,斯文扫地。什么三品顶戴,没有给他带来任何权势;什么保险公司,关键时刻也无法保全自己的产业甚至生命。

当林则徐在虎门点火销烟时,伍秉鉴嗅到了战争的气息。

他已经无路可走,他唯一的选择,就是放弃所有商业利益,与朝廷站在一起。怡和行出钱出力,修建堡垒、建造战船,打算与英军决一死战。然而,在刚刚经受工业革命洗礼的英国坚船利炮面前,大清精心构筑的锁国堤坝,不过一堵薄薄的纸墙,被侵略者一戳就破。

最后,还是伍家出面前往调停。伍秉鉴的儿子伍绍荣与英军首领义律讨价还价。英军索要600万银圆赔款,伍氏怡和出了110万。

但是,这仍洗刷不掉伍家"汉奸""勾结洋商"的滚滚骂名。

战后,香港被强行租借,清朝国门大开,"一口通商"变成了"五口通商",广州十三行的外贸垄断权一去不复返,怡和行的辉煌将成历史。

阴郁萧条的广州城内,风烛残年的伍秉鉴静静地躺在椅子上,他的内心彷徨、惆怅。在战争的暴风骤雨中,无论他做什么,都摆脱不了衰败的命运。在给美国友人的信中，伍秉鉴说，如果经得起漂洋过海的折腾，他实在想移居美国。1843年9月，一代世界首富伍秉鉴，在内忧外患、褒贬不一中，于庞大宏伟的伍氏花园里，溘然长逝，享年74岁。

此后的怡和行，和大清帝国一样风雨飘摇。

1863年12月，伍绍荣逝世后，怡和行的生意一落千丈，彻底销声匿迹。

当伍秉鉴的怡和行无影无踪时，渣甸的怡和洋行则声名鹊起。

1832年，狡猾的渣甸在给他的洋行Jardine Matheson取中文名的时候，为了让名字更加响亮些，他盗用了伍家"怡和行"老字号的名称，简单粗暴地就叫"怡和洋行"。那时候没有商标法，渣甸也是伍家的座上客，伍秉鉴不好撕破脸，也拿他没办法。渣甸的最初目的，不过是想打个擦边球，借用一下"怡和"这个招牌和伍氏家族的势力，为自己贴金。

鸦片战争后，渣甸离开怡和洋行，回到英国参政、养老。但渣甸万万没有想到，在几代经理人的经营下，怡和洋行最后竟成了"洋行之王"。

今天，香港铜锣湾仍有一条街道以"怡和"为名。

在2020年的世界500强中，怡和集团排名第301位。不管创始人在不在，不管经理人是否更换，也不管公司业务是什么，世界风云怎么变幻，渣甸的怡和洋行总能逢山开路、遇水搭桥。

到底是什么样的环境，让伍氏怡和灰飞烟灭。又是什么样的土壤，能让渣氏怡和穿越180多年的风风雨雨，成为一种奇特的历史现象？两个怡和，却是两种命运。这个问题令人深思。

## 风起长江

第一次鸦片战争以后，五口通商，广州贸易垄断地位丧失。

洋行纷纷把总部从广州搬到上海，其中就有一家名叫旗昌的洋行。旗昌原名普金斯洋行，后来破产重整，改名为旗昌。在旗昌50万美元的初始资本中，有不少于30万美元来自伍秉鉴的伍氏怡和。所谓伍世旗昌，寓意五世其昌，拍的正是伍老爷子的马屁。

1860年，太平天国和曾国藩的湘军正在长江流域打得难解难分。

长江航线上的船只，不是被官军抢，就是被长毛劫，风险成本急剧上升。

从上海到汉口一趟，货运单程每吨25两，客运单程每人75两。一条船往返一次的运费收入，就可以覆盖船价成本。

可一旦碰上洋人船只，清军和太平军都会网开一面。

当时，上海旗昌洋行的大班叫金能亨。人如其名，金能亨喜欢抛头露面，游走在两国政商之间，万事亨通，如鱼得水。

金能亨联合几个华商买办，租了一条叫威廉麦特号的船，挂上美国国旗，跑了一趟汉口。往返下来，去掉租船费用，净赚1万多两银子。

英国人早就看到了商机，在英国舰队护航下，已经跑了好几个来回。

美国人也带着军舰和太平天国谈判，今后只要悬挂美国国旗或执美国护照的船只，就可以在长江上无障碍通行。

中国的内河，中国的老百姓的船只没法航行，外国坚船利炮却畅通无阻。

一个大胆的设想在金能亨脑中形成：成立航运公司，专跑长江航运。金能亨兴冲冲地找到他的顶头上司旗昌洋行香港经理德拉诺，在他面前画了个大饼。德拉诺耐心听完，拍拍他肩膀："小金啊，你的想法很好，可旗昌洋行没钱了。"

金能亨一脸蒙圈，为什么？德拉诺如实相告："广州伍氏家族快破产了，要求我们把贷款额和股本金退还给他，现在我们账上只有6万美元。"金能亨郁闷了："德老大，英国人已经开始行动了，再晚我们连口汤都喝不上。"德拉诺无奈耸耸肩，说："我可以私人友情赞助你一些，另外，你可以打着旗昌的招牌进行募资。"

金能亨是个久经商场又胸怀抱负的人，此路不通，便另辟蹊径。

他还有两个选择。最传统的做法是这样：用自己的房产、妻妾做抵押，以年息10%向上海滩的外国银行借款。金能亨是个小白，根本没那么多的资产。另外，他也担心，万一项目失败，他就要破产滚回美国修铁路。

另外一种时髦做法是：把项目做成路演方案，把100万两资本金分成若干份额，出让其中90%的股份，拿到钱后去买船建码头，事成后大家每年按股分红。如果项目没成功，投资人的钱打水漂，金能亨自己也就少领几年工资。

金能亨权衡利弊后，决定采取第二种做法。他卖掉了自己在上海购置的房产，筹集了15万两。从旗昌洋行的华商买办那里，争取到了15万两左右。接下来，他发了个"朋友圈"。主要内容是：拟募资成立旗昌轮船股份公司，在长江上海至汉口间和沿海通商口岸之间开辟新航线，每年至少可以赚50万两银子，两年就可回本，三年就能发财。

今天，在旗昌轮船的档案中，我们可以清楚看到第一批股东的名字。

有个人投资者，顾丰新、陈竹坪、阿荣、阿开等等；有机构投资者，以商号名义投资，昌发、胡记、隆昌等；有外国投资者，比如义记洋行、公易洋行等至少15家。

短短数月，金能亨就筹集了100万两银子。在旗昌轮船的资本金中，有60%以上是由华商附股。其中，旗昌洋行的买办陈竹坪，在旗昌、琼记的轮运投资高达21.5万两。琼记的美国老板说，他是一个我们要向他磕头的人。

1862年3月27日，在黄浦江畔，旗昌轮船公司举办了开业典礼。大厅里，华洋商人欢聚一堂，共饮香槟，畅谈长江航运美好前景。金能亨穿着燕尾服，穿插在来宾之间，不时点头致谢，频频举杯欢呼。窗外不远的松江、虹桥，炮声隆隆，硝烟弥漫，喊杀声此起彼伏，清军和太平军正在决一死战。

与其他合伙性质的洋行不一样的是，旗昌轮船公司效仿欧美最新的股份制做法，将100万两资本金，划成了1000股相等的份额，每股1000两银子，每个出资者按出资份额获取公司利润。旗昌轮船的一切重大事务，也不像传统的洋行那样暗箱操作，而是由股东大会集体讨论决定。旗昌轮船还颁布了公司章程，明文规定：建造和购买新的船只、增建基地，以及修缮费、扩建费、保险基金提存等重大事务，只有在股东大会上才能做出决定。

这是中国近代史上第一家中外合资股份公司。金能亨不但改变了上海以至中国企业的传统结构，也间接创建了中国最早的股票交易市场。

旗昌轮船成立后不久，公司股票就已经产生了市价。一些专门做股票生意的掮客，就像街边投机倒把的二道贩子，一下就冒了出来。从私人会所、洋行、外滩广场上的台阶，到热闹喧嚣的茶馆，股票市场悄无声息地诞生了。

看见"风口"的不只是旗昌轮船，还有怡和、宝顺、琼记、广隆等一批洋行。

与旗昌轮船类似，这些公司成立的轮船业务，大部分都由华商附股而成。

那也是一个有了风，猪都可以飞起来的时代。

一场价格战打响了。1863年底，旗昌轮船将汉口到上海的运费，降至每吨2两银子。这场血战一度让旗昌轮船陷入绝境。票面1000两的股票，骤然落到600两，最低甚至跌到了300两。打完价格战，旗昌轮船开始收拾残局，大举低价收购那些维持不下去的轮船公司。1866年6月，旗昌控制了长江整个货运业务的2/3。这年下半年，公司纯利达20余万两，股价节节攀升。

后来，旗昌轮船把股票面值拆细为每股100两，以方便市场流通。

马化腾说："我如果看到风口，也会往那里挤，但我不是想在风口上起飞，而是给等风追风的人搭个梯子，准备个降落伞，让大家上得去下得来，或者卖望远镜，让大伙看得远一些。"

与那些等着风来、追着风走、风一停就摔下来的附股华商不一样，金能亨能够从微小事件中，感知时代变迁，他是个造风者，喜欢折腾而且坚持不懈。1864年1月，看到公司运营已完全走上轨道，金能亨卸去了公司经理职务，将旗昌轮船交给两个他亲手培养的年轻人去管理。

金能亨干吗去了？他做了三件事。

第一件事，金能亨开了家扬子保险公司，任务是为长江上的航船进行保险。今天上海滩有座地标性建筑叫外滩26号，又名保险大楼，就是由扬子保险公司1918年投资兴建。直到1950年，扬子保险公司才正式结束在华业务。

第二件事，金能亨把手伸进了仓储、物流行业，把旗昌洋行旗下的金利源仓栈、码头开遍长江各个口岸。在上海，金利源码头曾是远东第一大码头。直到1951年，才改名为十六铺客运码头。

第三件事，他担任上海租界工部局总董（租界行政管理机构），深度参与了上海市政的规划建设，打造出了今天上海外滩的模样。

19世纪70年代的上海蒸蒸日上，贸易前景广阔，许多商人提议，将外滩全部改造成停靠船只的码头。对此，金能亨坚决反对。他认为，航运业是低等附属行业，交易所、银行才是掌握商业的神经中枢，如果把外滩建成码头，噪音和埃尘将会吓跑了交易所、银行等机构，整个街道将变得漫天灰尘，乌烟瘴气。

1870年以后，在金能亨的推动下，外滩面貌迅速改变，以簇新的姿态开始出现在摄影作品和油画上，并逐渐成为上海的象征。

有人认为，金能亨是当之无愧的"上海外滩之父"。

## "求富"歧途

1872年，大清难得有了和平的日子。同治帝新婚，全国一片喜气洋洋。

洋务运动已经搞了10年，福州船政局、江南制造总局、安庆军械所等一批军工厂相继建立。但战乱、灾荒、赔款，已使清政府财政捉襟见肘。

朝廷顽固派借机攻击洋务"糜费太重"，慈禧也疑虑重重。

李鸿章上了个《筹议制造轮船未可裁撤折》，正式提出"求富"方案。

在这个折子中，李大人给慈禧上了一堂形势分析课，他说，现在可是三千年未有的大变局，我们大清朝为什么老是挨打？原因是技不如人！

对于落后就要挨打的道理，慈禧有切身体会。

李鸿章认为，搞军工确实要花不少钱。但且听听我的解决方案，那就是"求富"。李大人说，现在最赚钱的生意，莫过于轮船运输业，可都被洋人占了。所以，不仅要建造兵船，更要设立民用商业运输企业，把航运生意抢回来，以后还要建立煤矿、铁矿等企业。钱不是省出来的，而是赚出来的，我们要发行股票，我们要上市融资，我们要用富商们、买办们的钱去赚钱。

李鸿章慷慨陈词，说得慈禧两眼放光。

自1840年以来，清政府被迫开放国门已经超过30年，买办成为一种引人注目的职业。19世纪70年代初，在华外商企业已经超过350家，且正在以惊人的速度增长，到20世纪初接近1万家。在帮助外商企业发财之余，买办们也在极短的时间内积聚了大量财富。美国学者郝延平认为，1842—1894年，买办各种收入大约为5.3亿两，成为地主之外的精英阶层。但与地主不同，买办知道设立近代企业的重要性，并在实业投资方面表现出极大的热情和远见。

拿到同治帝的批文后，李鸿章开始了着手轮船招商局的筹备。1872年12月，李鸿章呈上《设局招商试办轮船分运江浙漕粮由》（也被后人称为《试办轮船招商折》），并附上了公司章程。用今天时髦的说法，《试办轮船招商折》就是一个招股说明书。

股票发行人：轮船招商公局。

所有制形式：官商合办。户部从练饷局中抽20万串制钱作本，鼓励民间参股。

发行对象：必须是华人华商。

发行股数：1000股，拟筹集100万两资本金。

每股发行价格：1000两。

募集资金用途：组建新式轮船企业，夺回国内航运市场。

利润分配方式：无论盈亏，股东每年都有1分的官利。这是极富中国特色的"官利"制度。派完息后，剩余利润按股分红。

重大合同：承运政府漕粮。

董事长：朱其昂，淞沪巨商，家族拥有上百艘沙船。

用今天的眼光来看，这绝对是一个非常有前景的项目。

首批混合所有制改造试点，慈禧首肯，皇帝督办，总理衙门背书，直隶总督亲自抓，政商大佬任掌门人。官商合办，独家特许经营，手握"轮船运漕"的政府合同，每年几十万两白银旱涝保收。不管亏损还是盈利，年固定股息10%。轮船使用蒸汽动力，比起传统沙船，妥妥的产业升级，绝对高科技。

朱其昂兴高采烈地发了个"朋友圈"，令他感到失望的是，竟然无人点赞。

朱其昂只好挨个私信各位江浙大佬，请他们到他的新办公室喝茶。

茶叶贩子李振玉来了，没聊几句，就谈崩了。李振玉发现，在"官商合办"口号下，招商局就是个衙门，从后勤到业务，从管理到账房，都是官。

漕运大佬郁熙绳来了，打算友情赞助1万两。没过几天，有人告诉他，朝廷给的20万串制钱是高息贷款，不是入股，不为公司盈亏负责。而所谓"承运漕粮，兼揽客货"，意思就是要优先给朝廷办差。郁先生顿时蒙了。

阜康商号实际控制人胡雪岩也来了。胡雪岩屁股还没坐下，就直接质问：朱老板，那20万串制钱是军饷吧？万一打仗没钱了，你敢不还？

很快，整个上海滩都知道江浙三大佬拒绝入股的消息。那些本来有心购买的商人，也都纷纷反悔。精明能干的朱董事长，使出了浑身解数，招股年余，却无人过问。

不换思路就换人，李鸿章把眼光投向了广东唐廷枢。唐廷枢虽出身贫寒，但上过新式学堂，做过海关职员，干过怡和洋行买办，对各种国际贸易、海关法例、公司运作等耳熟能详。更重要的是，唐廷枢有丰富的股票承销经验。香港火烛保险行近50%的股份是由他推销的。英商北清轮船公司1/3的股票是他搞定的。怡和洋行的华海轮船公司，有300股也是他操持的。

上过山、留过洋、做过高管，还吃苦耐劳，有战略视野，又有专业能力，这无疑是一份完美的大型企业集团CEO履历。

1873年，李鸿章正式发出邀请函，请怡和总买办唐廷枢主持轮船招商局。唐廷枢知道，如何在恶劣的政商环境下保证民营股东的利益，是把股票销售出去的前提。在天津与李鸿章谈判时，唐廷枢提条件了，主张采取职业经理人制度，将官股定位为监督权，将盈利作为第一要务，而不是替朝廷当差。唐廷枢舌战帝国勋臣，最终逆转了改革路线，将企业支配权下放到商人手中。

唐廷枢身先士卒，在第1期100万两股本中，他认购了约8万两。他的好朋友宝顺买办徐润，认购24万两。他的老乡太古买办郑观应也相继加入进来。他的哥哥唐廷植、弟弟唐廷庚等，纷纷努力奔走，有力出力，有钱出钱。

不到半年时间，唐廷枢招得47.6万两，基本完成招股任务。

以唐廷枢、徐润、郑观应为代表的广东商帮也牢牢掌控了轮船招商局。6名商董中，5名为广东人。各级分支机构，主事者也以广东人居多。

商人第一次成为国家改革的先锋,将现代商业基因植入古老帝国的血脉。

在唐廷枢主持下,招商局经受住了外国公司的价格战。实力雄厚的旗昌轮船在这场竞争中败下阵来,不得不将所有轮船、码头、栈房,由招商局议价222万两全盘承受。这是中国企业第一次通过竞争兼并一家外国企业。

19世纪80年代初,招商局争取到了东南亚、美洲华人投资,还开辟了远洋航线,实力日益雄厚。1873—1883年,轮船招商局获利白银约300万两,航运收入慢慢超过了怡和、太古。开办之初,招商局股价仅为票面价值的四五折,但到1882年6月,原价100两的股票已涨至近250两。

赚了钱的招商局投资创造了无数个中国第一:第一家保险公司、第一条专用电话线、第一家大型煤矿开采企业、第一家保税仓栈、第一家机器纺织企业、第一家银行、第一家钢铁煤炭联合企业……

当招商局日渐获利后,越来越多的官员眼红了,嚷着要收回招商局所有权。

1883年发生了中国近代史上第一场现代金融危机,很多商人损失惨重,有人检举唐廷枢、徐润挪用局款。1885年,趁着唐廷枢赴美考察航运业的机会,李鸿章和他的秘书盛宣怀接管了招商局,并罢免唐廷枢、徐润。盛宣怀当上督办后,拟定了新的用人、理财章程,以削弱民营股东权利。绕了一个大圈,招商局又回到了原点,变回了一家官办企业,政治权力重新取代了商业竞争。

招商局不是第一起"国进民退"事件,越来越多的官督商办企业变成了官办企业。一旦发生财政危机,清政府可以要求这些企业履行"报效"责任。1899年,清政府派钦差大臣刚毅南下"彻查"招商局,将"历年收支底册……一并彻查",规定"除股商官利外,所有盈余之款均著酌定成数提充公用",从此,企业报效成为制度。在这个过程中,招商局根本没有商量的余地。在约19年的时间里,招商局有据可查的报效额就有168万余两,相当于资本总额的42%以上。

当初,唐、徐、郑三人告别优厚洋行生涯,雄心勃勃加入招商局,期望为朝廷效力。但他们三人此后的遭遇却令人唏嘘。1892年,唐廷枢逝世,"身后萧条,子嗣靡依"。徐润被赶出招商局后,历经磨难,1911年逝世时所积财富不过万两。隐居多年写下《盛世危言》的郑观应逝世于1922年,家财也十分有限。

相比之下,盛宣怀却官至从一品、邮传部尚书,成为大清末代首富。

1884年,就在盛宣怀密谋夺权招商局时,日本发生了一件事情,明治政府将当时日本最大的造船企业、几乎与招商局同期创办的长崎造船所,以1日元的象征价格出售给私营企业家岩崎弥太郎。这就是后来的三菱株式会社。

日本政府认为,政府与人民竞争工商之成败,"其弊极矣"。在明治政府的扶持下,日本开启了工业化的过程,人们发疯般地设立种种股份公司。甲午战争时期,日本本国公司总数约4600家,其中股份公司2583家,而在此时的清朝,股份公司数寥寥无几。1899年,日本颁布了新商法,公司设立方式从许可主义变为准则主义,允许股份公司自由转让、发行无记名股、优先股。

吴晓波在他的《历代经济变革得失》中认为,招商局事件后,洋务派官僚与新兴企业家阶层的"蜜月期"就此结束。此后,洋务官僚为工业企业筹集资金变得更加困难。民间资本的失望,使得洋务派的投资手笔越来越小。

李鸿章曾说,招商局是他办洋务的最得意之作。但在大清的权力游戏场中,他辛苦浇灌的求富之瓜,却长成了官僚资本主义的畸形之豆。

## 办个银行有多难

1844年,盛宣怀出生在江苏常州武进县一个官宦世家。

盛宣怀的爷爷是举人，父亲是进士，家世虽不算显赫，却也交谊广阔、家道殷富。1866年，盛宣怀考上秀才。但在接下来的举人考试中，他却屡试不第。痛苦之余，盛宣怀决定放弃科举，在他父亲的举荐下，做了李鸿章的秘书。

盛宣怀出生的那一年，上海开埠。第二年，英国丽如银行在中国设立分支机构。从丽如开始，在接下来约50年时间里，英、法、德、俄、日五国先后在中国开设了15家银行。这些银行一到中国，就开始发行钞票、吸收存款。在这个过程中，大量白银资本流失，中国货币主权荡然无存。

与国外股份制银行相比，国内担当类似业务的金融机构主要是票号、钱庄。

票号、钱庄的组织形式都是陈旧落后无限责任合伙，二者分工又有不同。

票号的主要客户是政府机构、达官显贵，他们替皇上办差，帮助政府代办捐纳、解缴税款、借垫军饷、筹措外债、代理金库等。普通商人、老百姓的小额存款，票号是看不起的。至于近代民族工业的发展，票号是不屑参与的。

钱庄则与老百姓的生活息息相关，是一种典型的普惠金融服务。但是，钱庄组织财务制度混乱，而且规模较小，大额款项一般都要向外国银行、票号拆借，抗风险能力极差。清末大大小小约十次金融风潮，每次都有大批钱庄倒闭。

盛宣怀是个很有洞察力的实业家，他对票号、钱庄存在的问题十分清楚。很早之前他就看过魏源的《海国图志》，对其中的"国立银局"印象深刻。他还偷偷读了洪仁玕的《资政新篇》，对他提到的"兴银行"十分认可。

1876年，在担任轮船招商局会办期间，他的同事唐廷枢曾向他提出"荣康银行计划"，声称召集资本200万元，先收一半。但最后不了了之。

这些努力一个接一个失败了,盛宣怀都看在眼里。

1885年,怡和洋行怂恿李鸿章向朝廷建议"延请西人为之经办官设银行",业务包括钞票发行、官款存放汇兑等。李鸿章让盛宣怀起草了一个计划书。可是,计划还没有递到慈禧这里,就被户部斥为"阳借代为谋利之名,阴为包揽并吞之计,居心叵测,祸国害民"。户部尚书崇绮甚至表示"官可罢,此议断不可行"。

在许多满汉大臣的反对下,计划很快偃旗息鼓。

不久,李鸿章的幕僚马建忠在台湾也提出了类似计划,也未获得支持。

接下来的1887年,一个更大的银行计划出现了。

美国商人米建威提出创办"中美合办华美银行"。银行资本初定为银1000万两,中美各半。在李鸿章安排下,由盛宣怀牵头,认真研究了米建威草拟的银行章程,拟定了《华美绅商集股设立中国官银行草议》二十二条。核心内容是吸引美资本银5000万两,中美商董共同管理,共同铸造银圆、发行纸币,并十分强调"所有华美各员董悉听北洋商宪节制"。

这次李鸿章吸取教训,没有大张旗鼓地向朝廷打报告,而是采取"打枪的不要,悄悄地进村"的策略,企图等到"生米煮成熟饭"后再倒逼上层承认。

但他的如意算盘还是打错了。以翁同龢为首的北京清流派[1]很快知道了。

当时翁同龢的知识结构,不是程朱理学、三纲五常,就是诗词歌赋、经史子集,对银行、公司、股票之类基本没有认识,更视铁路、电报为西洋怪物。

对这个中美合办银行,翁同龢自然十分仇视,他带着80多名御史分别

---

[1] 清流派是清朝光绪年间统治阶级内部的一个政治派别。"清流"原喻指士大夫高风亮节、勇于言事。

上奏、联名上书，群起攻击李鸿章想和美国一起开银行是目无君上、越俎代谋，赴美集资更是丧心病狂、卖国求利。在他们看来，大清与外国国情不同，"开办银行，流弊兹多"，至于中美合办，更是"利归他人，害遗中国"。

很快，慈禧电令李鸿章停止筹办活动。

华美银行计划的流产，令李鸿章扼腕叹息："天下事无一不误于互相牵掣，遂致一事无成。良用喟叹。"在这个古老帝国，干实事的往往抵不住旁观者几句风凉话。身在局中的李鸿章感同身受，他曾抨击这些站着说话不腰疼的清流派："此辈皆少年新进，毫不更事"，他们想借此崭露头角，却导致银行计划因言废事。

相比之下，日本现代银行制度的建立则要顺利许多。

1880年，日本横滨正金银行创立，主要以国际汇兑为业务。从成立开始，横滨正金银行就与英资银行进行了激烈竞争，并以低利融资的优势，从外国银行手中获得了日本邮船、三菱合资、美孚石油等客户。

1882年，以比利时银行为范本，日本建立了中央银行日本银行，并很快发行了日本银行兑换券，履行专管国库、国债业务的职能。几乎一夜之间，日本就建立了接近当时世界最先进国家的中央银行制度。1890年，日本发生金融恐慌，日本银行通过向普通银行发放贷款，充当了"最后贷款人"的角色。

与此同时，专门提供长期产业资金的劝业银行、农工银行、北海道拓殖银行等出现。到1900年，以证券流通及外资引入为目的日本兴业银行设立，主要业务包括：以国债、地方债、公司债为抵押的贷款，及相关保管、信托。

有人惋惜，如果1887年清政府批准成立华美银行，有3亿美元存款，北洋舰队可以购买更多、更先进的铁甲军舰，甲午战争可能会是另外一个样子。

但历史没有如果，1894年甲午战争清政府一败涂地，国人这才逐渐惊醒。

首先是翁同龢。他再也不敢坐井观天，视洋人玩意为奇技淫巧。

1895年5月，盛宣怀向翁同龢提出开办银行，他一再强调，银行不仅可以吸引华商大贾的资金，全方位促进铁路等建设，更重要的是可以抵制国际资本独揽中国银行权。盛宣怀在给光绪帝的《自强大计折》中写道："西人聚举国之财为通商惠工之本，综其枢纽皆在银行。中国亟宜仿办，毋任洋人银行专我大利。"他也分析了现代银行相比票号、钱庄的优越性，认为银行应该官助商办，合天下之商力，以办天下之银行，通过"国家任保护"，保证"权利无旁忧"。

在翁同龢的支持下，盛宣怀终于冲破了列强、官员、御史的重重阻挠。1897年5月27日，中国通商银行在上海成立，这是中国第一家自办银行。不过，清朝的中央银行——户部银行，却要晚到1904年才成立。

## 失控的昭信

1898年1月22日，农历新年，但紫禁城却没有多少喜庆的气氛。

当天，京城天气开始还不错，不久便发生了日全食。稍微迷信的人，见此情景定会心有戚戚。4年前（1894年）的4月，也发生过日食。不久甲午战争爆发。结果清政府失败了，不仅丢了台湾，还要分4次赔偿日本2亿两白银。

为了偿还日本赔款，大清帝国不得不向英、法、俄、德及怡和、汇丰、瑞记等国家和财团借款。为此，清政府连海关都抵押出去了。

转眼之间，第四次赔款期限将于当年6月到期。

光绪帝这个年过得很不爽快。1898年1月30日，大年初九，一个雪花曼舞的早晨，大清御前会议规模空前，凡京城三品以上官员及六品翰林院编修都来了，就连病入膏肓的恭亲王奕訢，也被几个五大三粗的八旗兵丁抬进了午门。

光绪帝连问群臣数次"怎么办",朝堂上仍然一片沉寂。

这时,一个洪亮的声音从角落里传来,"臣有一个办法"。光绪定睛一看,是詹事府左中允、翰林院编修黄思永。黄思永是庚辰科状元,光绪对他是有印象的。黄思永快速从袖筒里摸出一份奏折《请特造股票筹借华款疏》。黄思永建议,发行自强股票,筹集民间资本。具体发行方法包括两个方面,一是官为民倡,通过行政权力和道德压力,强迫官员带头认购,按品级、地方经济状况、家庭财力区别摊派。二是听民自愿,即鼓励绅商士民认购股票,但不强迫。光绪听后,立即传旨"着户部速议具奏"。

这个所谓的自强股票,其实就是公债,为什么偏偏要称作"股票"?这里面是有原因的。在甲午战争前,清政府曾以"息借商款"名义发行了一次公债,主要对象是"官绅商民"。但那次公债发行导致"威吓刑驱,多方逼抑",不到半年即停止了。在大清朝,公债这一新生事物还没出生,就信誉扫地。

这次清政府企图改头换面,以"股票"名义行债券发行之实。为了取信于民,还取了个名字叫"昭信",意思是皇天大信、可昭日月。"昭信股票"章程规定,20年还清,以年利5厘计息,遇闰年不加增,前10年还息不还本,后10年本息并还,本还则息减。章程还强调,商号、官员承销可获得相应津贴、奖励,股票也可抵押,可售卖。

但令光绪没想到的是,昭信股票发行成绩不大,却差点颠覆了整个王朝。

一是挤占了民族工业资本。许多银号、钱庄因此倒闭。这与日本明治政府向工商业者借贷的"殖产兴业"方针形成了鲜明对比。

二是恶化了官场正常秩序。公债发行本是一种经济行为,但朝廷却将其视为对各级官员忠君爱国的一次检验,并对报效官员[1]给予行政或荣誉

---

[1] 当时,那些率先购买昭信股票的官员们将认购的行为称为"报效"。

上的奖励。梁启超曾一针见血地指出，昭信股票这种公债，实则是公开卖官。

三是加剧了基层社会矛盾。虽然朝廷一再强调不准苛捐摊派，但类似事件却层出不穷，四川、山东等地将股票计亩摊派、按户强制，造成恶劣影响。

四是破坏了华洋势力平衡。昭信股票发行中的勒索摊派，使许多中国商号改头换面变成洋商洋号，而一些老百姓则干脆改信耶稣、天主，"以图一日之安枕"。洋教势力的急剧壮大，激化了教会和地方势力的矛盾。

1898年5月，四川发生起义，口号是顺清灭洋、除教安民。

戏剧性的是，昭信股票在起义、招抚讲和、对外谈判的过程中，不断被各个方面的人士所提起、诠释。余栋臣在起义檄文中，明确提出废除昭信股票，认为这是苛政。而四川总督企图把昭信股票纳入地方财政，拿着卖股票的银子剿杀余栋臣，还用昭信股票抵押给法国人作为赔款，在当地不断引起民怨。1898年9月，光绪以任意苛派、肆意扰民为由，谕令全国停止发行。

至此，光绪资本救国的梦想彻底破灭，清王朝的公信力丧失殆尽。

1900年，黄思永因屡次上疏请求变法而被捕入狱。抓着牢门的圆木，他百思不得其解。

为什么这么好的一个主意，最后却到了不可收拾的地步呢？

1904年，梁启超在《中国国债史》中发人深省地写道：（中国自古无国债）"盖公债与立宪政体有切密之关系，愈文明之国，其负担之公债愈多之，信其政府使然也。中国之政体，民视政府如仇敌，如盗贼，其不能得公债于国内也。"

西方国家发行国债，一般都会由专业银行、经纪人来承销，并在二级市场交易流转。但在当时，中国的金融机构和金融市场非常落后，通商银行刚成立，由于缺乏专业的经纪队伍，公债只好由官僚机构承销，最后演变为摊派。至于交易场所，当时还处在原始的"茶会时代"，公债流通渠道有限，难以转售获利，购买公债的积极性自然不高。

梁启超深刻认识到了公债流通制度落后制约了公债发行，为此，他提出，应成立"股份懋迁公司"，即证券交易所，作为公债交易的专业流通场所。

## 李约瑟难题

1942年11月，李约瑟从伦敦出发，长途旅行四个月，由昆明辗转抵达陪都重庆。在接下来4年时间里，李约瑟先后在中国做了11次的长途考察，路程长达3万里左右。他形容自己就像一个圣诞老人，一次次把试管、放大镜及各种化学药物分送给隐蔽在西部的、条件恶劣的中国科学家们。

正是对中国科技的近距离观察，引发了他一系列的思考。他认为，16世纪前中国是世界上科技最先进的国家。那么，为什么在公元前1世纪到16世纪之间，古代中国人在科学技术方面的发达程度远超同时期的欧洲？为什么近代科学没有产生在中国，而是在17世纪的西方，特别是文艺复兴后的欧洲？1963年，李约瑟将此转换成了一个经济学问题，认为要解释这个问题，最好从中国社会未能发展工商业资本主义的原因着手。

一时间，中外学界掀起了一股"李约瑟难题"热。有人认为是中央集权导致资本主义无法生长。有人认为中国自古对产权缺乏保护。有人觉得中国没有瓦特这样的科技英雄。有人认为中国人缺乏科学思维。还有人强调与中国一马平川的地理环境有关。但没有一种解答是无懈可击的。

事实上，"李约瑟难题"本身并不严谨。虽然近代科学起源于西方，但它包纳了旧世界所有民族的成就，或者来自古希腊古罗马，或者来自阿拉伯，或者来自中国和印度。用欧洲人的思维模式、环境特征来抹杀近代科学本身所具有的普遍性，本身就是一个错误方法。

19世纪50年代，全世界完成工业革命的国家只有英国。当时，大清帝国和日本、德意志、美国等基本上站在同一条起跑线上。与其追问"工业革命为什么发生在英国而不是中国",倒不如认真思考一下,为什么当美、德、日等国,像江河一样奔向现代文明的汪洋大海时,中国却挣扎在周而复始的贫困陷阱中。

正如吴晓波所认为的,中国现代化并不是一场迟到的运动。19世纪60年代,当清政府决定搞洋务运动时,美国还在打内战,种族歧视普遍存在,全美钢铁产量不足100万吨。德国直到19世纪70年代才完成统一,工业基础并不见得比上海好多少。日本与中国更是惊人相似,明治维新和洋务运动几乎同时拉开帷幕。

自古以来,中国就是文明的发源地,"偶像包袱"很重,当改革派想采用蒸汽机技术改进货币铸造时,反对派说坏了规矩;当改革派想修铁路时,一帮翰林写折子大喊说会破坏大清风水。相比之下,日本没有出现过中国那样的轴心文明时代,历来都靠外来文明丰富和发展自己,什么好用学什么。结果,在对待"欧风美雨"上,清王朝往往抗拒多于融合,而日本则表现得更加包容。正是这个原因,日本的现代化进程要容易和顺利许多。

这种"偶像包袱",在诺斯看来,叫路径依赖,在阿瑟看来,叫"锁死"。

18世纪时,斯密在他的《国富论》中对中国也有过这样描述,他说中国一向是世界上最富有的国家,可许久以来,它似乎就处于静止状态。"今日旅行家关于中国耕作、勤劳及人口稠密状况的报告,与五百年前视察该国的马可·波罗的记述比较,几乎没有什么区别。"为此,英国学者伊懋可提出了一个"高水平陷阱"的假说,认为中国初始人口较多,导致劳动力便宜,对劳动替代型技术的需求降低,同时因为人口膨胀,使得没有足够的剩余资本去发展工业化。

这是一个封闭、锁死的社会,很难产生制度的跃升和持续的经济增长。

按照普利高津的理论，在这样一个周而复始的贫困陷阱中，必须建立一个开放体系，必须具备临界最小资本积累的条件，必须形成一种人力资本激励机制，实现创新与生产活动相结合，否则无法打破均衡陷阱，实现边际收益递增。正如莱宾斯坦在他的《经济落后与增长》中所认为的，发展中国家要打破低收入与贫困之间的恶性循环，必须首先保证足够高的投资率，以使国民收入的增长超过人口的增长，这个投资率水平即"临界最小努力"，没有这个最小努力，就难以使发展中国家的国民经济摆脱贫穷落后的困境。

首先，清政府虽然打出了"自强、求富"的口号，却没有形成必要的资本积累。在第一次鸦片战争前，清朝就成了白银净出口国，1830—1840年，白银净流出约1亿两，这使这个白银帝国陷入了无止境的经济萧条。鸦片战争、太平天国运动、甲午战争后，清朝的货币、金融和财政主权丧失殆尽，连年战乱和大量战争赔款不但掏空了清政府的国库，也把老百姓仅有剩余所得榨得一干二净。

其次，清政府虽然建了许多军工企业、商办企业，却始终没有建立一个高效的资本形成渠道。"官督商办"变成了官僚资本主义，成为权贵的盛宴。银行体系千呼万唤出不来，传统金融沦为权力、外资的附庸。在整个工业化过程中，像传统中国的历代王朝一样，清政府收入仍然严重依赖农业税、盐税和关税。对改革抱有的敌意和戒心，也使统治集团对新生事物的投资"欲拒还迎"。

最后，清政府最终走向了历史中国王朝覆灭的老路，把资本投在复杂却又没有产出的官僚军队体系中。国防开支的增加，造成了国内农业、工商业和福利开支的捉襟见肘。比如，那些负责管理河务的衙门，因为难以与军队争夺资金，而不得不关门大吉了，大量年久失修的水利和防洪设施变得不堪其用。据统计，军队的开销一度占到了政府预算的75%。那些启动和参与改革的官僚阶层，成为最大的获利阶层，盛宣怀、李鸿章等家族都因此富甲一时。

曾经与欧洲相当（或更高）的人均生活水平，在19世纪下半叶经历了迅速的下降，到19世纪末，中国成为最贫穷的国家之一，仅为英国人均收入的1/30。

　　1911年，在一场不大不小的金融风潮中，清政府终于走到了尽头。

# 下篇
# 金融资本的幽灵

在利润的指挥下，金融化使得资本更具流动性和灵活性。从革命到战争，资本重塑权力结构，对阻碍社会发展的旧秩序进行扫荡。从一个产业到另一个产业，资本不断尝试新的富有吸引力的事物，推动新技术、新企业家崛起。从一个国家到另一个国家，资本建立了一个全球体系，使盛世更兴旺，使乱世更动荡。资本也塑造了一个令人恐惧的金融帝国，金融成了目的本身，而不是社会经济的助力。然而，只有新技术创造的新经济才能满足资本永不停歇、源源不竭的贪婪。全球科技创新角逐的背后，本质是各国创新资本形成效率的竞争。

## 第十一章　革命的本钱

革命对阻碍社会发展的旧秩序进行扫荡，为以后社会发展和进步开辟了道路。就像工业需要资本支持，革命也需要资本无微不至的哺育。但是，革命有价，这种代价不仅包括经济成本，还有生命成本。

### 榜样的力量

1815年5月24日清晨，歌德从魏玛出发。诗人这次是去度假。

他乘坐的马车经过埃尔福特、哥达，驶向埃森纳赫，直达富尔达。

这段距离不到300千米，今天开车可能只需两三个小时，可在当时却要经过至少7个国家：魏玛、普鲁士、埃尔福特、哥达、黑森选帝侯国、法兰克福自由市和拿骚公国。幸运的是，歌德当时担任魏玛的内阁大臣，不用交各种过路税。

最麻烦的事情是每经过一个地方，要使用不同的货币。

莱茵的古尔登、吕贝克的旧马克、北部的塔勒、中部杜卡特和金路易等，还有名为先令、芬尼、克莱采的小硬币，除了精于此道的银行家，没人搞得清。

1828年，老年歌德说出了他的心愿：我梦想有一天，帝国全境的塔勒和格罗申可以拥有相同的价值；我梦想有一天，我可以不用打开行李箱就可以在所有36个国家里畅行无阻。

当时的德国四分五裂，封建农奴制仍占统治地位，经济发展严重受阻。在那里，任何一个小国国君都掌握着对其臣民的生杀予夺大权，甚至可以像在席勒的名剧《阴谋与爱情》中那样，把他们成千上万地出卖给别的国家当炮灰。

为什么要革命，是因为旧制度已经"锁死"！

理论上，制度应该有足够的"弹性"，能及时响应时代发展需要。但当存在足够大的既得利益集团后，制度就会越来越"刚性"，甚至锁死。

马克思说，社会的物质生产力发展到一定阶段，便同它现存生产关系发生矛盾。这些关系如果变成了生产力的桎梏，社会革命的时代就到来了。

100年后，马克思·韦伯认为，资本主义大生产要满足6个条件：正式的自由劳动力、市场上的自由交易、企业家对所有的物质生产资料的占有、经济生活的商业化、法律的可计算（可预测）的裁决和审判、用于生产的理性的机器技术。这6个方面相互关系、相互促进。

所幸的是，18世纪末19世纪初，启蒙运动已经瓜熟蒂落。

霍布斯说，国家是人们根据社会契约创造的，君权是民授而非神授；洛克认为，生命权、健康权、自由权、财产权都是天赋人权；孟德斯鸠提出了世人熟知的"三权分立"理论，认为国家立法权、行政权和司法权应该分开，由不同的机构掌握，三权互相平衡，互相制约。

才华横溢的伏尔泰则处处闪耀人性的光芒。他痛骂天主教会，称教皇为"两足禽兽"。他宣称人人生而自由、法律面前人人平等，倡导君主立宪。卢梭的思想则激进一些，他认为一切权力属于人民。

思想的武器已经准备妥当，接下来就是实践者们的舞台。

第一个是美国。他们起草了《独立宣言》，把洛克、伏尔泰、孟德斯鸠等人的名人名言一锅烩。如果没有这篇宣言，没有这些催人奋进的词汇，美国的独立战争只不过是一场普通的暴力运动，跟革命沾不上边儿。历史的长河中，战争、起义、叛乱数不胜数，"革命"却寥寥无几，因为并不是每一场战争都有灵魂。

第二个实验室是法国。法国大革命也起源于一场"抗税"运动，他们模仿美国革命，起草了一个《人权宣言》，也宣扬人人平等，追求自由民主。不幸的是，法国革命渐渐失控，领袖变成嗜血魔头。"民主"不再是权利的保障，而成了专制的温床。当"自由"肆无忌惮地挥舞着屠刀时，革命成了恐怖的代名词。

两者革命时间差不多，当时被称为姐妹革命。它们的影响是颠覆性的，它们为此后欧洲乃至世界的革命提供了可供参考的榜样、框架、观念和语汇。

亨廷顿认为，革命是现代化所特有的东西。在此之前，人类的暴力行为总是新瓶装旧酒，打倒一个王朝后，另一个没什么两样的新王朝取而代之。但在这两次革命之后，政治现代性开始了。人类开辟了新的进步之路，自由平等成为社会生活的基础和衡量事物的标准。回到旧世界的道路被阻断，全世界没有任何地方能成功地重建前朝，恢复革命前的状态。

从美国的诞生，到一战结束，人类世界被此起彼伏的"革命"笼罩。

英国、西班牙的殖民地，法国的旧制度，美国南方的奴隶制度，日本的幕府统治，还有中国、伊朗、奥斯曼帝国、沙皇俄国、奥匈帝国及德国的君主政体……

不过，就像工业需要资本的支持，革命也需要资本无微不至的哺育。

## 生于独立革命

1776年10月27日，71岁的富兰克林登上开往法国的船，身份是学者。此时的富兰克林已经享有盛誉，他的电学理论得到广泛认可，他的

《穷人理查德生活指南》在欧洲一版再版，他的肖像被商人印在窗帘上、衣服上、餐具上……富兰克林的马车一进巴黎，就受到人们的夹道欢迎。

但他并不是来开派对的，富兰克林带有华盛顿的秘密使命。

当时，美国已经公开宣布要和英国决裂，在莱克星顿放了枪，在费城签了《独立宣言》，在长岛进行了殊死搏斗，但革命闹着闹着就没钱了。

富兰克林此行的真正目的，就是为美国革命求取援助。那时的美洲，全是自由散漫的新移民，没有中央政府，没有受过训练的军人，没有全国级别的税收财政机构，更没有一个可供筹措资金的金融体系。华盛顿和他领导的大陆议会知道，金钱是战争的神经，也是他们最需要的东西。

大陆议会所能想到的第一个办法，是发行名为"大陆元"的纸币。欧洲国家都使用金银币，即使有纸币，也是以兑换券的形式流通，以金银为保障，价值稳定。但大陆元纯粹就是一张纸，没有任何金银做后盾。这种"钱"从印刷机上拿下来的那一秒钟起就开始贬值，早上的一块钱到下午成了三毛，第二天一觉醒来就一文不值了。为了控制物价，一些州想到了限定物价的办法，但严重打击了市场交易。华盛顿将军气急败坏，甚至下令逮捕那些不接受大陆元的人。

大陆议会认识到，必须减少大陆元的发行，并使融资工具多样化。

1778年10月，他们决定发行债券，叫"大陆债"。首期500万元，为三年期，利率4%（后为6%），由美国各州承销。这是美国第一批国债，即全部13个殖民地的共同债务。大陆议会还设计了一期1000万元的彩票，奖品就是大陆债。大陆债的利息用大陆元支付，对公众来说，这和抢劫没什么两样。

起初，大陆债的销售十分缓慢，主要靠人们的爱国热情。直到议会发现一个更有效的办法，即利用外国盟友的基金。

1777年初，富兰克林在法国的工作取得了重要进展，路易十六不但愿意提供一笔200万利弗尔的无息贷款，还同意为大陆债支付利息，汇率固定为1元兑5利弗尔。与用大陆元支付大陆债的利息相比，利弗尔更具吸引力，这极大提高了大陆债的信誉。为此，大陆议会开始发行"大陆汇票"，面值从12元、18元到1200元不等，持票人可凭大陆汇票领取利弗尔硬币作为利息。

但是，法国的硬币在巴黎。这意味着，每一张大陆汇票都要寄给美国在巴黎的委员会，然后才能按票面上的数额收取大陆债的到期利息。鉴于当时的通信条件，这是一项非常困难的工作，许多投资者根本没有足够的信心和资金把汇票送到不熟悉的委员们手里，然后等待硬币漂洋过海回到北美。

完成这个任务的，是美国的第一批证券经纪人。为了使大陆债的发行更具吸引力，大陆议会组织了一批和欧洲有商业接触的商人，让他们担当起经纪人的角色。这些人很快发现了大陆汇票中隐藏的利润，他们以足够盈利的贴现率在美国购买大陆汇票，再倒卖给欧洲商人。于是，大陆汇票的二手交易市场，一夜之间从北美各个城乡咖啡馆中兴盛起来。

一个有组织的证券市场悄无声息地诞生了。

1783年，美国独立战争结束，美英签订《巴黎和约》，美国正式宣告独立。

但是美国的国家信用也跌到谷底，利率6%的大陆债每1元的价格仅为5到35分。最重要的是，美国欠了一屁股债，法国和西班牙的军队还在纽约港，不还钱不走。国会门口聚集着一群债民，他们兜里还揣着当年大陆议会打的白条。

整理战时债务的重任落到了财政部长汉密尔顿的身上。

汉密尔顿努力做了三件事情：一是建立一个完善的联邦税收体系，以保证国家有一个稳定的财政来源；二是以美国政府信用作为担保，以优厚的条件发行新的债券，去偿还旧的国债，包括战时累积的债务；三是按照英格兰银行的模式建立中央银行，以代替政府管理财政并监管国家的货币供应。

1791年，美国银行进行IPO。股份认购者可以用黄金支付购买价的

25%，剩下的规定用美国政府债券支付。这样一来，不仅银行有了充足储备金，国债需求也大涨。一石二鸟的计划看起来很美好，募股活动一开始，就实现了超额认购。对该银行的投机活动随之开始，短短几个月内，股价就从25美元涨到300美元。

汉密尔顿有个手下叫杜尔，当得知需要国债才能买到美国银行股票的消息后，他开始着手囤积国债，杜尔大搞定期合约之类的交易，向土豪朋友借债，逢人便开白条。与此同时，刚刚开业的美国银行增加了信贷规模，大量票据涌进交易和投资的各种渠道，市场上的短期交易和远期合约数量喷涌而出。

当汉密尔顿意识到泡沫存在，开始紧缩信贷后，危机骤然而至。

杜尔破产了，并被逮进了监狱。整个市场因恐慌而停滞。

这次恐慌的重要原因之一是没有一个强制机制，来保证像杜尔这样的人的偿债能力。1792年4月，纽约立法机构通过了一项法案，规定除非证券真正归卖者所有，否则禁止定期交易。与此同时，为了增强市场流动性，汉密尔顿建议，将那些有偿付能力的经纪人联合起来，组成一个新的交易体系，该体系由纽约银行和美国财政部担保。1792年5月17日，24名经纪人在纽约一棵梧桐树下签了一份协议，梧桐树俱乐部成立。

梧桐树俱乐部的成员相互认识且相互信赖，清除了有严重缺陷的参与人。新的证券体系恢复了市场的信心。一个月后，市场开始重新发挥作用。1817年，这个组织改名为纽约证券交易所董事局。

在汉密尔顿的努力下，美国经济开始复苏和繁荣。1794年，美国已在欧洲市场获得最高信用等级。那些熟悉风险的资本家和投机者已经厉兵秣马、跃跃欲试，他们准备好了为这个市场提供充足的资本和流动性，开启光辉的增长历程。

## 成于南北战争

1860年11月，亚伯拉罕·林肯当选为美国第16任总统。六个星期后，南卡罗来纳州宣布脱离联邦。远在华盛顿的林肯焦虑万分，体重几天减少了40磅。

在1861年之前的好几年里，这个国家一直在金融萧条中挣扎。危机如此深重，以致联邦政府不得不派部队进驻纽约，以防暴民闯入国库分库。在南方诸州脱离联邦后，北方金融体系并没有准备好打一场大规模的内战。政府信用水平跌到谷底，联邦债务超过7000万美元，国库甚至没钱支付国会议员的薪水。

1861年7月，林肯向国会建议，他需要至少40万士兵和4亿美元。

林肯不仅需要一名联邦军总司令，他还需要一名得力的财政部长。林肯千挑万选出的财政部长叫萨蒙·蔡斯。蔡斯并不是一个伟大的银行家，也不熟悉发放贷款和管理日常融资。但蔡斯拥有天生的战略本能，他十分清楚，在严峻形势下，为了满足内战的资金需求，他应该做些什么。

第一个办法是增加税种，提高税收。战时税收的范围十分广泛，股票经纪商要支付50美元许可费，股票交易的收入要缴纳1/20税收，银行支票、汇票要付印花税，业务活动要收取毛收入税。个人所得税也第一次被列为课税对象，600—5000美元缴纳5%，5000美元以上缴纳10%。据统计，大约21%的战争费用来源税收。1862年7月，财政部设立了"国内税收委员会办公室"，就是今天美国税收总署的前身。

第二个办法是发行法定纸币。1861年12月，蔡斯建议创造一种"国家货币"，在所有商品交易中都必须接受。1862年2月《法定货币法案》通过，这种不记名无息票据因为出于防伪需要把票券背面设计成了绿色，很快被冠以"绿背钞票"的昵称。整个战争期间，联邦政府共发行了4.5亿美元的"绿钞"，占战争费用融资的13%。议员谢尔曼说，自从通过了《法定货币法案》，我们就可以利用举国财富来镇压叛乱。

绿钞带来的最直接后果是通货膨胀，物价水平上涨到战前的180%。

接着是旷日持久的黄金投机。绿钞和黄金之间的比价随着战争形势变化而变化。人们发现，当北方军队取胜时，黄金的价格就下跌，当南方军取胜时，价格就上升。在纽交所认为黄金交易不够"爱国"，并宣布暂停交易后，大量场外交易平台兴起。为了在黄金上获利，许多黄金投机商押注北方军失利，因此受到广泛的谴责。林肯曾公开诅咒，"我希望这些魔头都被枪子儿射爆"。

有个叫皮尔庞特·摩根的25岁年轻人，在黄金投机中赚了约16万美元。

战后，黄金投机成为全国兴趣的焦点，美国财政部开始阶段性地干预黄金市场。黄金销售成为政府实施货币政策的一种机制。

第三个办法是发行债券。1861年，美国国债总额只有6480万美元，到1865年已经激增到约28亿美元，增长了42倍之多。有超过60%的战争费用来源于这些债券。

起初，国债的购买者寥寥无几。幸运的是，蔡斯找到了杰伊·库克。一直以来，证券投资都是有钱人的游戏，政府债券一般都由银行家接盘。库克决定另辟蹊径，尝试向普通民众出售。

库克说服财政部，把债券单位降到每份50美元，以扩大投资者范围。

他还组织了一个2500人左右的承销团队，分赴美国北方和西部各州，深入每一个边远小山村，甚至跟随联邦军队进驻每个被攻克的南部州。为了有效管理如此庞大而分散的团队，库克把电报这种高科技引入到债券销售领域。

库克谙知顾客心理，他知道，这时候"爱国"才是最大卖点。库克在报纸上讲了很多故事，到处发传单、贴标语，告诉大家购买债券不仅是爱国表现，也是一笔很好的投资。美国教授梅林达认为，库克的宣传活动在美国建立了新的民族主义，民众对联邦政府的认同达到了空前高度。

库克的"平民路线"取得了巨大成功，他卖掉的债券超过14亿美元。

这些购买了国债的家庭深知,一旦北方战败,他们的债券将一文不值。国债将北方命运和家庭捆绑在一起,使得越来越多的北方人心甘情愿献身统一战争。

相比之下,南方政府拥有的融资手段要少得多。

过度征税遭到民众抵抗。在英国发行的棉花债券没有取得成功,由于缺乏有足够深度的金融市场,他们发行的债券卖得很惨。最后,南方不得不持续印钞,这使南方经济完全失控,战争结束时,南方通货膨胀率达到战前的9000%(戈登,2005)。

在北方,大量国债又催生了巨大交易需求,让金融市场发达起来。

1865年,华尔街交易量已达到了空前的60亿美元。很多经纪人每天可以赚取800—1000美元的佣金。在这种交易狂热中,经纪人中午都没时间回家吃饭。于是,快餐店第一次出现了,从此快餐成为城市商业文化的一部分。

当成千上万的战士在内战中死去的时候,华尔街迎来了空前的繁荣。

第五大道和中央公园每天都在举办各种盛大的活动,整个纽约充满各种丰盛的晚宴、隆重的招待会。美国历史学家戈登写道,"浮华世界不再是个梦想",华尔街几乎在一夜之间成为世界第二大证券市场,仅次于伦敦。

在南北战争爆发前的1859年,有人在宾夕法尼亚开采到了石油。

趁着这一轮大牛市,为开发宾夕法尼亚州油田而成立的公司如雨后春笋般出现。1865年,专门的石油交易所在纽约成立。石油还是一个新生事物,人们对于如何利用还没有成熟想法,有人觉得主要用途将在医药或化妆品方面。

繁荣的华尔街,已经为第二次工业革命做好了一切准备。在这次战争中,林肯亲自起草了《解放黑奴宣言》,这为即将到来的大工业生产提供充足劳动力。

1864年11月,林肯再次当选为总统。这时的蔡斯已经心生去意,但林肯并不希望他辞职，遂提名他为最高法院首席大法官，以示对他的认可。

## 货币大革命

直插云霄的山峰，连绵不断的山脉，陈年的积雪闪闪发光。

望着雄伟的阿尔卑斯山，拿破仑陷入了沉思。2000多年前，汉尼拔曾带领3万名将士翻越阿尔卑斯山，攻入意大利北部，成就战神的威名。他很想效仿这位伟大的将军，带领他的士兵跨越隘口，从敌人的薄弱处寻找机会。

但拿破仑并不是个冲动的统帅，他思前想后，难以决定。

1796年，法国已经濒临崩溃，所有的希望都落在拿破仑身上。

法国大革命的起源是抗税，革命成功后，革命者自然不想再承担更多捐税。但是，新政府要运转，军队要补给，许多旧债要偿还，国库却空空如也。最终，革命政府把饥渴的目光落在被驱逐的贵族和教士的财产上，以此做抵押发行纸币。纸币被指定在一定土地上，所以被称为"指券"。起初，指券约定年利5%，政府也向人们保证，当指券涉及的土地出卖后，有关指券将被收回。

但是，谁又敢买这些土地呢？万一旧势力打回来，岂不是都化为乌有？

革命政府的希望落空了，土地没有像他们所期望的那样售出。

1790年9月29日，指券变成了不再含有利息的纸币。随后，在约4年的时间，这种指券发行了200亿利弗尔。到1796年，指券流通价值只剩其面额的1%。恶性通胀笼罩法国，很多人拒绝使用纸币，又开始用贵金属进行交易。

革命政府手足无措，先是制定了限价法案，接着用断头台来强迫人们使用指券。他们像鸵鸟一样将头埋入土中，任由政府破产、经济停滞、暴乱不断。

从路易十六和他的王后开始,国王亲属、贵族、教士,革命家丹东、罗伯斯庇尔……成千上万的人排着队被送上断头台,巴黎沉陷在鲜血之中。

经济急速倒退,货币贬值的速度越来越快,人民信心完全崩溃。

1796年3月,26岁的拿破仑被任命为法兰西意大利方面军总司令。

这时候,拿破仑的士兵已经得不到任何军饷,连吃饭都成问题。只有当拿破仑的军队在沙场上节节胜利,有钱来填补空虚的国库后,这种情况才有所转变。

在接下来的三年时间里,拿破仑数次击败意大利奥军,成为法兰西的英雄。

肆意抢劫掠夺到的金币让法国人获取了巨大的战争红利。

要不是抢掠战利品来填补空虚的国库,革命政府早就崩溃。

1799年11月,在一些银行家的支持下,拿破仑通过雾月政变成为法兰西第一执政。1800年初,为了高效征税和发行国债,他开始着手创建法兰西银行。但拿破仑十分清楚,法国信用体系千疮百孔,拯救法国的唯一办法只有战争。他说:"通过战争我才恢复了财政,古罗马不正是这样获得了世界财富的吗?"

1800年6月,拿破仑再次站在了阿尔卑斯山前。

这次,他终于下定决心,跨越阿尔卑斯山圣伯纳隘口,突袭皮埃特平原。

拿破仑做了一次动员:"战士们,我知道你们现在吃不饱,穿不暖。法兰西需要你们,却不能为你们解决温饱,这令人遗憾。你们的宽容和勇敢,值得褒奖。为此,我要带领各位到最富有的平原那里去。你们将看到繁荣的城镇,那里物产丰富。相信你们会在那里得到想要的荣誉和财富。"

当拿破仑出人意料地驰骋在平原上时,意大利奥军开始兵败如山倒。

拿破仑终于可以数钱数到抽筋了。

在皮亚琴察，拿破仑向帕尔马公爵勒索了200万法郎和大量粮食军马；在米兰，拿破仑征收了2000万法郎的特别税款，掠夺了大量艺术品；在西沙尔平，拿破仑得到了1.6亿法郎军需，并要求每年支付3300万法郎；在威斯特伐利亚，拿破仑要求他们变卖国家资产，向金融家举债2亿法郎；在普鲁士和奥地利，每年有1亿法郎的税收源源不断地流向法国；在西班牙，1809年，西班牙总共提供3.5亿法郎，并且每月还要提供2400万—3000万法郎的军费，为了给法国人钱，西班牙甚至向法国借债1.26亿法郎；在摩德纳公国、托斯卡纳公国、罗马教皇国，拿破仑勒索了1亿法郎……

从1799年到1814年，有价值7.55亿法郎的金银流入法国；大量掠夺过来的财富不仅用作军费，还被法国用来稳定货币信用体系；1811年以后，这些钱还用来发放贷款以促进法国的经济发展。

法国终于摆脱了大革命带来的经济萧条，财政收支保持盈余。

不过，就像古罗马的军事征服一样，拿破仑的征战也终于踢到了铁板。那两块铁板，一个是英国，一个是俄罗斯。1812年，法国正式对俄罗斯宣战。但俄罗斯的背后，还有强大的英国。英国人凭借有力的信用体系，向俄罗斯承诺，每出10万士兵就资助125万英镑。俄罗斯的寒冬，成为拿破仑前进的最大阻力。法军不是战死就是冻死，57万大军只有不到3万人回到法国。

1814年4月，拿破仑宣布无条件投降，法兰西第一帝国灭亡。

但吊诡的是，俄罗斯是1812年战争的胜利者，但战后却成为被影响和改造的一方。在法国驻扎的俄国军官和士兵，他们在法国看到的，却是自由、富足的社会氛围，这与俄罗斯的专制闭塞境况形成强烈反差。那些接受新思想的贵族军官和知识分子，成为俄罗斯历史上最早一代革命者。1825年12月，俄国"十二月党人"发动起义，他们就自认为是"1812年的产儿"。

若要说什么才是最厉害的武器，不是拿破仑的军队，而是自由平等的思想。

拿破仑的帝国梦虽然失败了，但法国的启蒙主义思想，《拿破仑法典》的精髓要义，却开始在欧洲大地从星星之火，走向燎原之势。

## 小拿破仑的社会主义

1823年3月9日，在法国巴黎一个破落的院落里，一位老人将手枪瞄准自己的头颅，连扣了7次扳机，唯一命中的一发子弹打瞎了他的一只眼睛。

老人却没有死去，在医生的抢救下，他居然活了下来。这位纠结而折腾的自杀者，就是法国大思想家圣西门。马克思、恩格斯在《共产党宣言》中，称他的思想体系是"本来意义的社会主义和共产主义体系"，并以继承了他的思想而为荣。

圣西门出身大贵族家庭，族谱能上溯到法国开国之君查理大帝。但这位爵爷却从不走寻常路。他远渡大西洋，参加美国独立战争。他主动放弃贵族身份，投身革命洪流。他醉心于设计一种人人平等的新制度——他将之称为"社会主义"。他将自己的万贯家财投入其中，遭到的却是奚落和嘲讽。耗尽心血后圣西门发现这个世界仍然黑白颠倒，于是他选择了举枪自尽。

虽然圣西门设想的"没有特权、人人劳动、按计划发展"社会被认为是一种"空想社会主义"，但他因此而建立的工业理论却是脚踏实地的"实业兴国"。

圣西门死后，一大批追随者将他的思想付诸实践。

其中不仅包括银行家佩雷尔兄弟，还包括后来的法国皇帝拿破仑三世。

圣西门和他的追随者认为，要在法国进行大规模经济建设，尤其是要发展铁路、航运、运河和大型工业企业，就必须建立大量股份有限公司，更大范围地调动和组织全国资本财富，为经济建设融资，让人民群众通过股息、分红等形式共享经济发展成果，实现国强民富、共同富裕的良性循环。

在实业主义的理论框架下，圣西门也提出了他在金融领域的创新构想，就是通过公开发行股票和债券的形式向社会公众募集资金，成立股份制的投资银行，以取代传统的私人银行模式，更有力推动工业进步。

当时，欧洲金融体系的操盘手，主要是以罗斯柴尔德家族为代表的私人银行。这些私人银行的经营决策都严格控制在合伙人手里。比如，罗斯柴尔德家族就是通过定期修改和更新合伙协议，掌控家族商业活动以及日益庞大的利润分配。他们还恪守"族内通婚"的规则，以防止家族资产被外人染指。

1848年，法国再次爆发革命，路易-拿破仑·波拿巴当选总统。他是拿破仑的侄子和继承人，人称小拿破仑。1852年，他通过政变成为法国皇帝，成为拿破仑三世。作为圣西门的狂热信徒，小拿破仑自称是一个"社会主义者"。在执政之前，他撰写了《论消灭贫困》，展现出极高的理论水平。

小拿破仑一当上皇帝，首先就是支持另一个圣西门门徒、银行家佩雷尔建立一家股份制投资银行。1852年，工业信贷银行成立，初始资本2000万（后来到6000万）法郎，其中佩雷尔家族只占约29%。这家银行的商业模式，就是出售股份、债券给公众筹集资金，然后用这些资金购买它希望发展的新兴工业企业股票。

马克思曾激烈讽刺这种模式是"赌博欺诈制度"，但在当时，却是一个伟大的金融制度创新，能够迅速为工业化提供资本和信贷。

工业信贷银行一炮打响。它每股500法郎的股票以1100法郎开盘，在1856年3月，交易价格达1900法郎。通过从市场上募集的资金，佩雷尔家族分享到了法国市场的繁荣。佩雷尔建立起庞大的铁路、不动产、外贸、保险公司，深度参与了巴黎的市政工程建设，重整了运输、食盐、煤气工业等。

在英国，工业革命依靠的是私人创业家，而在法国，驱动力则是股份制银行。这些股份制银行出现后，金融资本与工业就开始相互融合、渗透、成为一体。

在这种模式下，银行家从过去自有资金的放贷者变成了公共资金的管理者。

在佩雷尔的带头下，按照股份制模式组建工业银行的潮流风靡一时。

起初，罗斯柴尔德家族对这种新的资本组织方式并不感冒，他们采取一切手段扼杀股份制银行的出现。但他们很快发现，即便打得过佩雷尔，还有千千万万的佩雷尔涌现。罗斯柴尔德那套代理人体系日益落伍。他们发现，股份合作向"能人"提供了开放的事业前景，要想留住有能力的员工，变得越来越困难。

19世纪70年代，罗斯柴尔德的新任继承人埃德蒙·罗斯柴尔德审时度势，开始着手打造自己版本的股份制银行——巴黎银行。

在德国，1854年出现了达姆施塔特工商银行，后来又创建德意志银行。

在日本，涩泽荣一在参观完巴黎世博会，回到日本创办了日本第一家近代银行和第一家股份制企业——第一国立银行和日本株式会社。

在美国，大发战争财的摩根模仿佩雷尔兄弟打造了摩根公司。

不负圣西门期望，在金融发动机的驱动下，法国工业革命一日千里。

从1850年到1870年左右，法国铁路总长度增加了5倍，货运量增长10倍，船舶总吨位增加了9倍，法国工业总产值从1850年的60亿法郎增加到1870年的120亿法郎，工业水平紧跟英国，稳居世界第二。

到了1869年，仅巴黎股票交易所上市交易的市值就达到330亿法郎。

马克思也承认，如果必须等待积累去使某个资本增长到能够修建铁路的程度，恐怕到今天世界上还没有铁路，但通过股份公司转瞬间就把这件事完成了。

小拿破仑接手的是一个手握木犁的法国，留下的却是一个用钢铁与水泥筑成的法国。

雨果在《小拿破仑》中骂他是独夫民贼，马克思觉得小拿破仑是个平庸小人。但这并不是全部，正是在小拿破仑的治理下，法国完成了工业革命，一跃成为与英国平起平坐的世界经济强国，实现了大革命以来法国梦寐以求的经济增长。

## 贫困的革命家

在无比拮据中，马克思和他的妻子燕妮，走进了1848年。

新年的庆祝舞会还没结束，马克思就投入了他繁忙的工作当中，为刚成立不到半年的共产主义者同盟起草政治纲领《共产党宣言》。

马克思的字迹付诸笔尖时，字迹十分潦草，燕妮则耐心地把丈夫对资产阶级的控诉和对革命必胜的信念誊写下来。

宣言的开篇直击人心：一个幽灵，共产主义的幽灵，在欧洲游荡。

在《共产党宣言》中，马克思描述了资产阶级犯下的罪行，认为资产阶级把人的尊严变成了交换价值，把家庭关系变成纯粹的金钱关系，把医生、律师、教士、诗人和学者变成了它出钱招雇的雇佣劳动者，资产阶级用公开的、无耻的、直接的、露骨的剥削代替了由宗教幻想和政治幻想掩盖着的剥削。

就在《共产党宣言》在伦敦印刷出版时，欧洲大陆的大革命开始了。1848年初，持续的农业歉收和经济危机，点燃了民众积蓄已久的不满和愤怒。数周内，欢呼声响彻欧洲各国首都，看似不可战胜的统治者如多米诺骨牌般倒下。从西西里、瑞士、意大利、法国到德意志，整个欧洲被人民革命笼罩。

2月24日，法国菲利普国王宣布退位，乔装逃往英国。

巴黎起义的消息令马克思和恩格斯欢欣鼓舞。马克思把母亲的6000法郎遗产捐了出来,购买了手枪、匕首等武器。3月初,他决定去巴黎。在巴黎,诗人海尔维格接受了法国新政府的支持,建立了德国流亡者志愿军团,计划通过战斗建立共和制度。对此,马克思表示反对,认为军团会被打败,但他却被斥为胆小鬼和叛徒。海尔维格举行了光彩夺目的阅兵式,然后浩浩荡荡向德国进发。25天后,他的军队全军覆没。

马克思认为,德意志最需要的是被唤醒,是宣传者,而不是战斗者。

马克思觉得,历史发展是缓慢的,在无产阶级统治到来之前必须经历资产阶级的统治——无论这多么令人沮丧。特别是在德国,无产阶级的力量还很弱小,依靠双手劳动的人虽然数目庞大,但毫无组织,也未意识到自己的力量,因此,要实现无产阶级的终极目标,首先要支持资产阶级的民主主张。

1848年6月1日,《新莱茵报》在普鲁士科隆首刊,定位为民主派机关报。尽管缺乏资金,又人手不足,但马克思仍然努力地经营这份报纸。在科隆的大街小巷,在为数众多的小酒店里,他们到处张贴五颜六色的海报和订阅单。不过,真正吸引读者的,是《新莱茵报》大胆无畏的内容。报纸的发行量快速增长,订阅人数增加到了5000人,成为当时阅读人数最多的报纸之一。

但很快,因为马克思批评普鲁士首相康普豪森,一些商人股东便抛弃了他。

恩格斯曾回忆,马克思写了一篇文章向革命者致敬,《新莱茵报》最后一些资产阶级股东也离他们而去,他们只得另寻资助。

马克思发现,在革命取得一些成果后,资产阶级就变得日趋保守。

刚刚掌权的民主派很快认为,敌人不是来自社会上层,而是下层。在巴黎,上位的资产阶级掉转矛头残酷镇压了工人的"六月起义"。在普鲁士,刚刚有点小权的资产阶级,则通过模糊的措辞剥夺下层的投票权,他们只想做经济问题上的革命派,而不想成为政治和社会上的革命派。

马克思深刻感觉到,6月斗争后,他们得到更多的是不信任和恐惧。

1848年9月，《新莱茵报》被查禁了一段时间，报纸已经难以为继。

仅剩的几个愿意资助的股东看到，报纸的编辑人员中有好多个逃犯，更加不再愿意出资。燕妮不得不从公寓搬到脏兮兮、散发油墨和雪茄味的编辑部，并负责报社的各项杂事，处理像恩格斯一样逃亡战友的需求。

1849年3月，普鲁士国王拒绝接受宪法，拒绝统一德意志，革命彻底失败。

愤恨的马克思离开科隆，到德意志其他地方去为报纸筹款。

从这一天起，马克思正式断绝了与资产阶级民主派的关系，走出了共产主义运动史上的重要一步。这一年来，他目睹了那些所谓的自由主义者，说好了支持工人，却一次次为了确保自己的利益而出卖工人。马克思受够了他们，他断然退出了莱茵省民主联盟，不再寻求资产阶级的资助，也不再向他们妥协。

他太需要钱了，在报纸上的开支，已经花光了他所有的积蓄。但他又不善于要钱，三个星期后他回到科隆，比他离开时还穷。

坏消息不止于此，他的驱逐令下来了。

1849年5月19日，《新莱茵报》发行了最后一期，卖出2万份。这一期从头到尾充满反政府的言论，同时劝告科隆人民不要造反，因为他们会失败。事实正是如此，政府军已经开始清除反抗力量，欧洲的君主们再次坐稳了王位。

6月9日，马克思抵达巴黎。整个夏天，他都在想挣钱的办法。他请求魏德迈能不能找些钱，自己已经一文不名，妻子的首饰都当掉了。他向恩格斯求助：设法在什么地方给我弄些钱吧，我已经陷入经济困境。他找到出版商列凯斯，询问能否为一本还没撰写的著作预支稿酬。他写信给拉萨尔，以近乎乞求的态度寻求他的经济帮助，以便搬离法国。

1849年8月26日，马克思渡过英吉利海峡，来到潮湿寒冷的伦敦。

维多利亚统治下的伦敦，慷慨、开明，是当时世界上最富庶的城市。在漆黑翻滚的水域上，伦敦犹如一座灯塔，给遭遇不幸的人提供避难之所。风雨如晦中,尽管伦敦为他们打开了迎客之门,却没有拿出任何待客之物,他们无比饥饿。

在伦敦,马克思经常被各种各样的债务压得喘不过气来。

他有时候非常失落,因为对资本主义的批判没有给他带来任何收益。尽管如此,在恩格斯的资助下,马克思初心不改,写下了不朽的篇章《资本论》。

## 金与铁

1848年革命失败后,马克思被迫远走他乡,属于俾斯麦的时代降临。

在这次革命浪潮中,容克大地主出身的俾斯麦坚定成为一名保皇党人,他认为,德国的统一进程必须依靠强大的君主制度,民主只会导致软弱涣散。

俾斯麦的言行,深得国王的欢心。1851年,他被任命为德意志邦联大使。

在法兰克福,36岁的俾斯麦成为罗斯柴尔德家族的座上宾。对于这位政治新星,罗斯柴尔德家族极尽讨好,不仅安排了豪华别墅,还经常请他到家中做客。1859年3月,在俾斯麦前往俄国出任大使的时候,罗斯柴尔德家族向他推荐了一位可靠的银行家,以帮助他打理私人财务。

这位银行家就是格森·布雷施劳德。和罗斯柴尔德一样,布雷施劳德家族也是犹太人。起初,格森只是帮助俾斯麦收缴薪水,充当转账代理人,打理家庭花销,为俾斯麦的投资出谋划策,在俾斯麦周转困难时为他提供无息贷款。

1862年9月,俾斯麦被普鲁士国王任命为首相兼外交大臣。

在议会下院的演讲中,俾斯麦认为,像统一这种重大问题,不是议论和多数人投票就能解决的,而是要通过一场斗争,一场铁和血的斗争来解决。

"铁血"成为俾斯麦的施政纲领,但是光有铁血远远不够,还要有金银。

**第一场战争是普丹战争。**

只有打赢了丹麦,才能完成北境的统一,削弱国内自由派的反对声音。

但是,正如俾斯麦所料,议会否决了俾斯麦1200万塔勒的战争预算。

俾斯麦只好绕过议会,转向欧洲那些一手遮天的大银行家。在格森的周旋下,俾斯麦最终以4.5%的年息,从罗斯柴尔德家族手中拿到了大笔资金。普丹战争中总开销为2250万塔勒,有超过3/4的经费是通过贷款方式借来的。

1864年4月,普鲁士取得了决定性胜利。战争融资过程中,格森的出色表现赢得了俾斯麦的赞赏。从此,他不再只是一个私人理财专家,他还是俾斯麦首相的金融顾问。

**第二场战争是普奥战争。**

普丹战争结束后,奥地利成为德意志统一的拦路石。

最让俾斯麦心力交瘁的仍是钱的问题。普丹战争使普鲁士元气大伤,多年的财政盈余灰飞烟灭。议会一如既往地全部否决了俾斯麦的所有预算,并宣布政府未经议会批准,无权动用国库资金,否则就是违宪。

愤怒之余,俾斯麦又只能另寻他途。这时候,格森提出了一个方案,将科隆-明登铁路私有化。

因为奥地利从中作梗,科隆-明登铁路的售卖融资过程一波三折。但格森最终还是不辱使命,在战争爆发的最后关头,成功向私人财团以合理价格出售了相关权利和股份,获得1400万塔勒的补偿。正是这笔钱,让普鲁士军队能够在战场上坚持7个星期,最终在萨多瓦战役中打败奥地利军队。萨多瓦战役是军事上的奇迹,更是财政上的奇迹,俾斯麦在没有加税的情况下筹集到了军费。

至此,普鲁士统一了德意志的北部和中部。经过这场战争,格森开始获得重用,并活跃于德国政坛。

**第三场战争是普法战争。**

普鲁士的崛起,令法兰西皇帝拿破仑三世十分恐惧和担忧。

拿破仑三世千方百计阻挠普鲁士统一德国南部巴登、黑森、符腾堡和巴伐利亚四个邦。俾斯麦清楚,要想完成统一大业,必须打败不可一世的法兰西。

对俾斯麦来说,普奥战争带来的最大好处,是获得了相当的财政自由。普鲁士议会已经不再对俾斯麦的统一大业抱有任何怀疑。

1870年7月,普鲁士主导的北德意志邦联批准了1.2亿塔勒的战争信用。

在格森的游说和组织下,罗斯柴尔德、奥本海默等在内的多家银行为普鲁士承销了价值为6000万塔勒的债券。当巴黎被包围后,格森与罗斯柴尔德家族失去了联系,他便联合其他银行吃掉了另外6000万塔勒的债券承销生意。

当法国的债券在国际市场上无人问津的时候,普鲁士的债券成为抢手货。

庞大的战争经费源源不断地流向普鲁士大军,普军势如破竹。9月1日,在色当战役中,拿破仑三世投降被俘。3天后,巴黎工人举行武装起义,推翻了拿破仑三世的统治。9月20日,普军攻破巴黎。

普法战争的战后谈判中,德方开出了60亿法郎的天价赔款。法国代表说只能赔50亿,60亿这个数字大到无法计算,即便有人从耶稣时代开始一法郎一法郎地数,他到现在也数不完60亿。俾斯麦则回答,我已经带来了一位从创世时就开始数钱的专家,他就是格森。

1871年1月18日,威廉一世在巴黎凡尔赛宫称帝,德意志宣告统一。

1872年,威廉一世论功行赏,格森被册封为贵族。

有历史学家把德国的统一称为"白色革命"。所谓"革命",是因为结束了长期分裂割据局面,促进了德国资本主义经济的发展。而所谓"白色",则是革命道路的保守性,俾斯麦确立的是一条带有强烈专制色彩的君主立宪政体,同时混合着军国主义、民族主义和容克资本主义等各种复杂元素。

这条白色道路取得了巨大成功,却也为将来更大的战争埋下了隐患。

如果俾斯麦是一个白色革命家,那么格森就是他的白色银行家。在随后的20年里,格森伴随俾斯麦变得更加强大、著名和显赫。他深度卷入了德国工业建设,参与了几乎所有经济领域的重大决策。尽管格森已经是贵族,但上流社会仍然对他充满轻蔑。俾斯麦作为恩主,很少公开表彰他的功绩。在俾斯麦的第一卷回忆录里,从头到尾没有提到格森的名字。1899年,随着俾斯麦失势退休,格森也很快落寞、消失。

时间进入20世纪,德国的犹太银行家们将变得更加焦虑、不安。

## 革命有价

用武力摧毁旧政府,几乎是一切新建政府的起源。在短时间内,革命对阻碍社会发展的旧秩序进行扫荡,为以后社会发展和进步开辟了广阔的道路。

但是,革命有价,这种代价不仅包括经济成本,还有生命成本。

美国独立战争长达8年,死亡人数约4500人。南北战争是一战前西方规模最大的战争,有75万士兵死亡,40万人伤残。

法国大革命约有40万人死于非命,能上断头台的基本都是有头有脸的人物,大多数人被枪决、烧死或溺死。

在1848年欧洲革命中,德、法、意等国都有数万人死于各种冲突和斗争。而在俾斯麦领导的10多次德国统一战争中,约有14万人伤亡。

那些嚷嚷着"不惜一切代价"的人,是因为他们不是那个"代价"!

在法国,大革命日益血腥,最终走向暴政和专制。从1789年三级会议到1853年的法兰西第二帝国,在近70年的时间里,法国没有出现过一个比较稳定的政府。丹东派、雅各宾派、吉伦特派、拿破仑、波旁王朝、百日王朝、七月王朝、第二共和国、第二帝国……形形色色的政权轮番上场，又转瞬即逝，有的温和却没有执行力，有的激进到一言不合就大举屠刀。

直到小拿破仑上台，才走出暴烈革命的桎梏，开始发展生产力。相比之下，美国的革命斗争要理智许多。残酷的南北内战后，没有产生战犯，也没有一兵一卒因为"历史问题"而遭到清算和迫害，胜利者更没有掀起运动将反叛者扫进历史的垃圾堆。

南部邦联总统戴维斯1889年去世，活了81岁。副总统斯蒂芬斯战后不久就被佐治亚选为参议员，死后墓碑上刻着"一心为公"。他们生前都没有被改造，死后也没有被挫骨扬灰，尽管他们至死都坚信奴隶制更人性。

1865年4月，林肯被刺杀，北方并没有疯狂，来一次彻底的斩草除根。

硝烟散去，美国人民就放下了仇恨，一心一意搞生产。

这或许是人类历史上边际收益最大的一场革命。

# 第十二章　竞逐产业领袖

趁着欧洲秩序的混乱，美国资本悄然成长，并在恰当的时候担当起领导资本主义体系重建的任务。金融资本打造了一个个巨型企业，也点亮了新的技术革命和产业周期，使得新企业家崛起，但边际收益递减夹裹着金融危机仍如约而至。

## 资本积累的周期

1867年4月10日，马克思从伦敦出发前往德国汉堡。

他这次去德国，是去见出版商，交付《资本论》书稿并收取稿酬。为了这本厚重的著作，马克思倾尽了所有。20年来，他和他的家人在伦敦离群独居、穷困潦倒，靠着恩格斯的资助生活、写作。现在，他"痛快得无以复加"。

在这个伟大的时刻，恩格斯在给他的一封长信里说："这本该死的书让你呕尽心血，是你一切不幸的根源，现在，你终于可以把这个担子抛掉了。"

《资本论》首印只有1000册，许多人表示看不懂。

国际工人协会的福克斯说，拿到书后，感觉有人送了头大象给自己。

毫无疑问，阅读这本著作需要足够耐心。起初，《资本论》没有受到关注，丝毫没有像炸弹一样在资产阶级的头上炸响，从工人协会到学术界，一片沉默。

但和亚当·斯密的著作一样，这是一本前所未有的颠覆性作品。

当你逐字逐句研读，马克思瞬间就变成了一个尖锐的入侵者，他先是占领你的笔尖，随即占领你的大脑。这个对资本主义毫不留情的攻击者，是这个时代思考最深的人。《资本论》缓慢地用各种公式讲述了资本主义的起源、运转和覆灭，它不像《共产党宣言》那么激情澎湃，它不是斗士的武器，它是思想的导师。

在马克思的笔下，资本主义又是一个怎样的运行过程？

马克思认为，在资本主义制度以前，手工业者、农户卖出商品，以便获得金钱，目的是买入其他商品。马克思将这一形式描述为C–M–C（C代表商品，M代表货币资本），这个重复的过程是以消费或满足一定需要为限度。但在资本主义时代，资本家运用金钱买入商品（比如原材料），然后卖出商品，目的是获取更多的金钱，这个过程是M–C–M'，其中M'>M。资本就像永不停歇的"踏轮磨坊"，有一种内嵌的自我扩张倾向，增殖和利润成为其终极目的。

这些增殖，马克思认为是工人剩余劳动的凝结，却被资本家剥削了。

马克思也发现，资本总是呈现双重形式，一种是真实资本（产业资本），比如工厂库存、设备、产品，另一种是虚拟资本（金融资本），比如股票、证券等凭证。而且，任何资本都有一种狂想病，就是企图不用生产过程作为媒介而直接获取利润，马克思将这种金融积累过程描述为M–M'。凯恩斯认为，那是因为人们对资本有流动性偏好，在相似条件下更愿意持有流动性更好的资产。

站在马克思的肩膀上，意大利学者阿瑞吉建立了弘阔的资本体系积累周期。

阿瑞吉认为，每个资本主义体系积累周期都可以分为两个阶段，一个物质扩张时期（资本积累的M-C-M'阶段），然后会有一个金融再生和扩张阶段（M-M'阶段），二者都服务于资本积累。当持续的物质扩张出现边际收益递减，而恢复利润率的行动不能奏效后，就会引发当前体系的"信号危机"，随之物质扩张阶段将向金融扩张阶段过渡。但金融扩张并不意味着危机的克服，在金融扩张阶段的后期，它将引发"临终危机"，导致当前体系周期的结束、崩溃。

从近代史的角度，阿瑞吉列举了目前的四个体系积累周期。

**第一个周期是热那亚-伊比利亚周期。** 热那亚资本购买了伊比利亚（西班牙、葡萄牙）的军事保护，开启了物质扩张阶段，资助且控制了16世纪的贸易扩张，获得了巨额财富。但在荷兰、英国、法国的竞争下，边际利润下降。后来，他们把过剩资本投入到了金融领域，开启金融扩张阶段，把持资金和信贷。随着西班牙势力的衰落，热那亚人最终被赶下了资本主义世界的制高点。

**第二个周期是荷兰周期。** 与热那亚寻求外部保护不一样的是，荷兰资本实现了"保护成本内部化"。在强大的国家武力支持下，荷兰一度掌控了全球贸易秩序，成为当时的"海上马车夫"。不过，这种主导权只是昙花一现，在法国、英国的挑战下，从1740年开始，荷兰周期开始从物质扩张转入金融扩张阶段，荷兰资本成为食利阶层。1780年荷兰危机以后，阿姆斯特丹终于失去了巨额融资方面的领导地位，标志金融扩张阶段的结束，荷兰周期随之终结。

**第三个周期是英国周期。** 与荷兰商业贸易性质不同，在殖民帝国主义的庞大结构之上，英国通过工业资本主义和自由资本主义，既实现了保护成本的内部化，也实现了生产成本的内部化。在英国，工厂成为关键因素，生产活动被纳入资本主义企业的组织范畴。可随着德、法、美等国的竞争，1873年大萧条成为英国周期的"信号危机"，英国过剩资本从物质扩张转至金融扩张。1931年，英国宣布放弃金本位，英国资本主义的体系积累周期彻底结束。

**第四个周期是美国周期。** 与英国周期相比，美国利用地缘政治优势，在通往新的世界经济中心的道路上，通过新的组织革命，实现上游初级产品和下游销售产品的整合，建立了许多纵向合并的跨国公司，限制了竞争，降低了风险，更加削减了交易成本。阿瑞吉认为，在这种"交易成本内部化"的推动下，美国将资本主义的体系积累周期向前推进了一步。不过，自20世纪70年代以来，美国的金融化一发不可收拾，越来越多的资本从物质扩张撤离到金融扩张。

下一个体系积累周期的主角是谁？又将以何种方式实现超越？

这或许还是个谜。但资本主义必然崩溃的信念，阿瑞吉矢志不渝地认同。

## 退场赞美诗

在19世纪最后25年，残酷的价格竞争使英国工业贸易利润大幅减少。

19世纪初，伦敦的罗斯柴尔德率先跳出工业贸易领域，集中精力经营银行金融业务。19世纪50年代起，越来越多的英国资本开始撤离贸易生产。1873—1876年大萧条后，"工业"成为英国资本避之不及的瘟神。

1880年，英国工业总产值被美国超越，1905年又被德国赶超。

19世纪70年代起，英国不再是世界经济的全能领导者。但英国的主导地位并没有改变，英国商船排水量占世界1/3。最重要的是，伦敦正式成为闪耀的世界金融之都，英国是这时候的全球贷款人，英镑作为主要结算货币，则是国际"金本位"秩序的基石。从工业帝国，英国摇身一变成了金钱帝国。

伦敦最负盛名的五大商业银行——罗斯柴尔德、巴林兄弟、摩根、施罗德、克莱沃特——他们几乎垄断了国际贸易融资，成功控制着对外贷款的发放。

承兑汇票交易量从1875年5000万英镑，增长到1913年的1.4亿英镑；保险公司总资产从1870年1.1亿英镑,增长到1914年的5亿英镑;伦交所上市证券市值从1873年23亿英镑,增长到1913年的113亿英镑;伦敦的金融从业者从1871年17万人,增长到1911年的36.4万人。

金融资产在资本存量中的占比越来越高。1850年为39%,1912年上升到64%,形式包括抵押契据、银行储蓄、商业票据和各种政府及企业证券。这些从英国生产领域撤离出来的资本,聚集在伦敦金融市场,像鹰隼般四处寻找猎物。

**1. 追求权力,把战争当作边际收益递减的拯救手段。**

面对边际收益的耗竭迹象,通过横向或纵向并购加强对市场的控制,缓和价格竞争的激烈程度,是许多强势企业的最初解决手段。19世纪60年代,英国铁路发生了大量并购案例。1890—1914年,大量银行也进行了合并,使得几乎所有的私人储蓄银行消失,大型银行控制了全国存款的将近2/3。

当这些缓解艰难时局的权宜之计仍无法克服边际利润率下降的问题时,战争成为拯救手段。在第一、二次世界大战中,巨大战争开销挽救了投资和获利的机会。通过战争,新的权力机构崛起,并重新主导全球产业分工。

**2. 对外扩张,将生产转移到廉价的地方。**

当传统地盘出现市场饱和、技术停滞,金融资本就会开始支持边缘区域的投资,将生产转移到廉价的地方。19世纪60年代,大量英国闲置资本涌入美国,成为美国内战后的重建贷款。1860—1911年,英国通过公共渠道输出的资本在50亿英镑左右,超过法、德、荷三国资本输出总和。与此同时,外国资产在英国金融资产中所占份额,从1850年的8%,上升到1913年的28%。伦交所挂牌的外国证券,也从1853年的8%,上升到了1913年的53%。

**3. 发现新技术,推动新兴产业崛起。**

产业资本束缚于具体的产品,扎根于所能胜任的领域,常常因资产的专用性而产生路径依赖。相比之下，金融资本则是无根基的，具有与生俱来的流动性和灵活性。当风险来临的时候，产业资本不得不面对每一场风暴，或者低头躲闪，或者任凭雨打风吹，但金融资本会迅速逃离危险，四处寻找新的机会。

尽管创新进步与产业资本联系在一起，但在重大变革来临之际，负有责任的产业资本会变得保守。正是金融资本的作用，使得新企业家崛起。

19世纪70年代，原有的纺织、铁路、蒸汽等技术范式已接近尾声。

美国学者佩蕾丝观察到，从原有产业撤离后，金融资本越来越愿意尝试新的富有吸引力的事物，提供金钱以打破例行的技术轨迹。金融资本觉察到，这种行为风险极高，但相较于继续投入现有产业的低利润率甚至亏损而言，资助类似创新依然是值得迈出的一步。于是，对原有路径之外的束缚被解脱，真正全新的技术获得了生机，其中一些创新，将被带入新一轮的产业革命。

19世纪80年代起，在金融资本的帮助下，电力、石油、化学等新兴行业崛起。长久建立的产业面临衰落，新的力量又推动了新一轮发展高潮的涌现。这是一个创造性毁灭的过程。

但在新一轮产业变革中，英国没能逃离对既有产业的路径依赖。根深蒂固的保守倾向，使得英国长期停留在传统的生产部门如煤、铁、棉等行业中，对新兴的化学、汽车、电力等部门失去敏感度。

当旧的体系积累中心困于原有的发展路径，金融资本会通过追求权力、对外扩张、发现新技术新产业，资助新的积累中心崛起，形塑新的积累体制。对于历史资本主义的演进而言，金融扩张既是物质扩张的连续，也是社会突变的象征。它最终导致当时资本主义世界体系的崩溃，但也使得这一体系在新的领导下重新组织，恢复生机，并在深度和广度上将资本主义向全球扩张。

当20世纪的钟声即将敲响，英国已经不能理所当然地占据全球卓越地位。

1897年，在英国女王伊丽莎白登基60周年之际，英国诗人吉卜林感受到了不一样的氛围，他在《退场赞美诗》中忧郁地写道：

> 瞧我们昨日全部的辉煌，
> 像亚述、腓尼基一样陨落！

## 魂断凡尔赛

1871年2月普法停战，刚刚成立的德意志与战败的法国达成协议，三年内法国要向德国交付50亿法郎赔款（约2000吨黄金），否则德国就不退兵。

如此巨额的战争赔款前无古人。

装满50亿法郎银币的圆桶，用马车和铁路辗转运到柏林，德国官员怀着激动的心情彻夜清点，巨额赔款到账的消息立刻传遍柏林。一个新建立的国家，一届强有力的政府，一个不可战胜的铁血统治者，一场正在孕育的技术革命，还有50亿法郎的战争赔款，广大德国人民一时间气焰万丈，信心百倍。

当德国政府加紧把这50亿赔款投入到流通领域时，市场情绪很快点燃。

贷款被提前偿还，订单大量发出，新成立的公司如雨后春笋般涌现，仅在普鲁士，1872年就创建了500多家新公司。不到两年的时间里，有约80家银行和不动产公司成立，主要从事地产投机和工程建设业务。

大规模的工业建设和投机狂热，终于导致了1873年的猛烈危机。

从维也纳到柏林，乐观情绪一夜间消失得无影无踪。1873年10月，奎施拖普银行倒闭，随之新设的12家公司毁灭。接下来，整个德国破产法庭忙得不可开交。11月，英、美等也加入了萧条中，就连埃及、阿根廷也未能幸免。

这次危机后，英国失去了工业领域的领先优势，转而迈向金融扩张。

但对俾斯麦来说，这次危机却是一次攻击自由主义对手的良好契机。

他轻蔑地称那些自由主义者只会"演讲和多数决定"。在俾斯麦推动下，德国转向保护主义和政府干预立场，以扶持本国工业发展。一种有机的"政治交换"关系在德国政府和大型工商企业之间建立起来。

德国政府规定高额关税，给予出口津贴，以专门的法律来加强垄断组织的势力，把利润丰厚的军事订货分配给垄断机构，帮助他们对外倾销商品。这些企业则尽可能地帮助政府巩固国内团结，将国家打造成一个强大的军事-工业综合体，以支持政府更加积极地参与全球政治和经济竞争。

在德国政府的强力主导下，"集中"成为这一时期产业发展的重要特征。

与英、美两国相比，德国资本市场效率较低，无法及时为工业发展提供足够动力。但是，不断"集中"的银行体系填补了这个缺口。1873—1906年，德意志银行先后吞并了32家银行，成为欧洲最雄厚的银行集团。1909年，以德意志银行为首的柏林9大银行及其附属银行，占据全国银行总资本的83%。

这些大银行采取综合银行形式，既经营贴现、贷款，又兼营投资、理财，集商业银行、投资银行与投资信托公司于一身，对德国工业起着决定性的影响。

这种协作和集中的资本形态，被希法亭定义为金融资本。以前分离的产业资本、商业资本和银行资本，都通通被置于金融资本的指导之下。

德国一系列重要企业和工业垄断组织，正是在这种金融资本的支持下兴起。

1879年，在达姆施达得银行的参与下，组成了洛林-卢森堡生铁辛迪加。

1883年，在柏林大银行一手安排下，西门子与德国爱迪生公司合并。1893年，也是在柏林大银行的协助下，建立了莱茵-威斯特发里亚煤业辛迪加。

1904年，沙夫豪银行购买芬尼克斯公司大量股票，并使其加入钢业联盟。

这些大银行也广泛参与了各种创业活动。1897—1910年，大量创新创业公司通过德意志银行发行股票，总额高达73亿马克以上。

到1913年，全德有将近一半的净投资是由这些综合银行提供融资。

这些银行在德国每一家重要工业公司的监事会上都占有一席之位，为这些公司提供建议、联络人脉与安排资金。

在政府和银行的推动下，垄断组织成为德国全部经济生活的基础。

1875年，德国仅有4家卡特尔（垄断组织），到1911年有接近600家，广泛分布在采煤、冶金、电气、化学、纺织等部门。这600家企业拥有当时气力、电力总量的1/3，相比之下，300万个小企业只占气力、电力总量的7%。

列宁说，在德国，几万个大企业拥有一切，数百万个小企业一无所有。

通过组建大规模垄断集团，消除竞争，实现交易成本内部化，德国工业生产能力快速成长。1913年，在世界工业总产量中，德国占15.7%，仅次于美国。

仅用约40年的时间，德国就取代英国成为欧洲的第一工业强国。

19世纪末期，欧洲"新经济"的最佳代表基本集中在德国，从大型电器设备制造集团西门子，到军火公司克虏伯，从法兰克福的化学大工厂，到莱茵河岸的大型机械工厂，英国公司越来越难望其项背。

又一个竞争加剧的时代到来。

但只要伦敦还把持着世界金融中心的地位，德国在工业生产上的进步，就不足以扭转德国的不利地位。尽管在1870年至1913年间，德国工业增长了5倍，技术进步、工业产能各个方面都超过英国，但人均收入却只有英国的3/4。

这种受挫让这个实力渐强的国家决心将斗争转向军事政治层面。

第一次世界大战就在这样的背景下爆发了。普法战争中失败的法国，这次和英国站在一起，在凡尔登战役中以沉重的代价耗尽了德国的元气，一雪前耻。这次轮到法国狮子大开口，在《凡尔赛和约》中，法国要求德国赔偿2690亿金马克（约为10万吨黄金），这是普法战争法国赔款的50倍。结果，德意志帝国的工业基础被摧毁，武装被解除。

德国人只能灰头土脸地面对着惨淡的现实，内心再次埋下复仇的种子。

战争赔款的沉重压力、空前的社会动荡使德国在之后的20年里偏离了正常的发展轨道，并引发了更加灾难性的后果——第二次世界大战。

虽然德国垄断资本主义最终未能取代英国的市场资本主义，但它削弱了英国的霸权力量，加速了英国体系积累周期的崩溃。趁着欧洲秩序的混乱，美国资本悄悄成长起来，并在恰当的时候担当起领导资本主义体系重建的任务。

## 升起的新星

1789年9月的一个清晨，伦敦泰晤士河码头，21岁的英国纺织工人斯莱特换上破旧的脏衣服，躲过了皇家海军的严密盘查，混上一艘前往纽约的客船。

在波涛汹涌的大西洋上航行66天后，斯莱特抵达纽约。

这会儿的纽约，还没有自由女神像，也没有曼哈顿群楼，周围一片蛮荒。

斯莱特凭着惊人的记忆力以及多年练就的机械制造技能，成功复制出了阿克莱特水力棉纺机。从此，美国拥有了世界最先进的纺织机器。在当时，纺织业作为"高新技术产业"，受到英国政府的严密保护。所有熟练工人一律不准离开英国，窃取技术机密的人，会被判处12年监禁甚至死刑。

但这并不能阻挡技术扩散的步伐。

美国纺织工厂如雨后春笋般诞生。1835年,在斯莱特去世时,他的家族已拥有13家工厂,整个美国制造能力达200万锭,棉花年产值8000万英镑。

追随斯莱特脚步,从1800年到1820年,有超过18万欧洲人移居美国。南北战争后,在《宅地法》《鼓励移民法》等一系列法律支持下,从1860年到1915年,进入美国的移民约2800万人。这些移民90%以上来自欧洲,主要以英格兰、爱尔兰、德国和斯堪的纳维亚半岛地区为主。其中,具有专门技能的移民占据着相当分量,比如德国移民超过半数曾经从事过一定的技术工作。

美国的经济发展,正是依靠欧洲移民的技术援助。

高技能移民流入可以改善本国的人力资本和知识存量。尤夫科以美国1880—1940年的数据证明,尽管移民发明家的劳动收入显著低于本土同行,但他们的创造性却要高于本土发明家。在最具创造力的州前10位中,20.6%的人口是国际移民,而最不具创造力的州中,移民人口仅为1.7%。

正如美国经济史学家冈德森所言,美国的每一个基础工业——纺织、采矿、钢铁、铁路,都离不开欧洲的工匠、工人、经理带来的技术。

伴随移民的涌入、产业的发展,美国迅速积累起了巨额资本。

1869—1901年,美国资本积累总额约为840亿美元。这些资本的来源多种多样。既有技术进步,比如1899—1909年,美国工人平均产量增长了44%。也有利润转化,南北战争中发了大财的金融投机家把利润进行再投资。还有银行资本,1866—1914年,银行贷款从6.82亿美元,增加到了150亿美元。

最值得一提的,是外国资本的进入成就了美国的原始积累。

19世纪后半期,数千万移民进入美国,直接带来了约180亿美元的财产,这些财产成为许多移民在美国的创业资本,是美国工业最具活力的血液。

一直以来，伦敦把巴黎、柏林视为眼中钉，却没把纽约视为竞争对手。

1865年以后，纽约的金融地位不断上升，但与伦敦、巴黎、柏林不一样，19世纪的纽约是一个资本输入型金融中心。1880年吸引外资20亿美元，1914年达到67亿美元。1850—1896年，47年里有40年资本净流量为正。

到底是哪些国家地区的商人愿意将他们的存款投资到美国？在德国，银行一度成为"欧洲投资于美国债券的主要中心"，美国的铁路证券也长期活跃在德国交易所。在荷兰，为了使个人投资者的风险最小化，他们组建了各种信托公司，专门投资美国的有价证券，尤其是美国的铁路股票。

表12-1 依据国别统计的美国境内外国投资的来源及构成比例（百万美元）

| 国家 | 1899年 | | 1908年 | | 1914年 | |
|---|---|---|---|---|---|---|
| 英国 | 2500 | 80% | 3500 | 58% | 4046 | 60% |
| 德国 | 200 | 6% | 1000 | 17% | 904 | 13% |
| 荷兰 | 240 | 8% | 750 | 13% | 605 | 9% |
| 法国 | 50 | 2% | 500 | 8% | 390 | 6% |
| 其他欧洲国家 | 110 | 3% | 250 | 4% | 143 | 2% |
| 加拿大 | — | — | — | — | 263 | 4% |
| 其他国家 | 45 | 1% | — | — | 400 | 6% |
| 总计 | 3154 | 100% | 6000 | 100% | 6751 | 100% |

资料来源：《剑桥美国经济史》（中国人民大学出版社，2018年）

欧洲充当着"美国银行"的角色，但英国才是这个"银行"的出资人。19世纪60年代，英国投资占外国在美投资的90%。从那以后，虽然英国投资份额逐渐被其他国家侵蚀——到1913年可能还不到60%，但英国一直保留了垄断地位。

尽管外国资本在数量上并不占优，可能只占美国资本存量的1/10。但戈德史密斯认为，这并不等于它对美国经济发展所起的作用也小。当时美国资本市场刚刚起步，像铁路、钢铁、化工、电力等新兴产业项目根本无法从传统金融机构获得资金，而正是来自欧洲的成熟资本填补了这个空缺，投到了那些有利于经济增长的关键领域和薄弱环节。他认为，如果仅限于美国国内储蓄，不仅铁路系统的发展速度将大大减缓，整个经济成就也将大打折扣。

从19世纪开始，美国发生了巨大的变化。1800年，美国人口约500万，1910年已接近1亿。1801年，英国GDP是美国2.2倍，人均GDP是美国1.13倍；1894年，美国GDP超过英国，1914年是英国3倍，人均也是英国1.4倍。

1896年8月，大清帝国直隶总督兼北洋大臣李鸿章乘坐圣路易斯号船只访问美国。在即将登上纽约码头的那一刻，李鸿章站在船首放眼远眺，他看见不远的海面上，如诗如梦般地浮升起一座大都市的轮廓，一座座高楼在阳光照射下闪烁着光芒。在接受记者采访时，李鸿章说："最使我感到惊讶的是20层或更高一些的摩天大楼，我在中国和欧洲从没见过这种高楼。"

就像一个冉冉升起的新星，美国开始发出夺目的光彩。

## 资本去哪儿

1885年，纽约斯科父子银行面临破产威胁。

此刻，海蒂·格林远在320千米之外的佛蒙特州，但她仍敏锐感觉到她的财产面临危险。她在斯科父子银行存有价值超过2500万美元的证券，还有超过55万美元现金。在过去25年中，她把她从父母那里继承过来的遗产增长了25倍，因此赢得了"华尔街女巫"等一系列褒贬不一的称号。

一旦斯科父子银行破产，这两笔财产就可能被长期冻结。

海蒂写信给斯科父子银行，要求把存款转到化学银行。斯科父子银行断然拒绝，同时通知她，她丈夫爱德华在银行欠款超过70万美元，而用作贷款抵押的路易斯维尔和纳什维尔铁路股票价值已经跌到平仓线以下，银行要求她补上差额。

海蒂一口回绝了，表示丈夫的债务跟她一毛钱关系也没有。为了抢在银行破产前把财产转移出来，海蒂坐上了火车，风尘仆仆地赶到曼哈顿。但仍晚了一步，斯科父子银行已宣布破产，并将她的财产托管给了一个叫刘易斯的人。为了夺回自己的财产，同时免交她丈夫的欠款，海蒂甚至不惜撒泼。她每天在刘易斯的银行里哭泣、大叫、辱骂、威胁，同时又苦苦哀求，直到银行关门才离开。然而，第二天清晨她又早早地来了。

连续两周后，海蒂在支付约42万美元为她丈夫的投资失败买单后，要回了她的那些债券、契约、存款单，和其他所有能证明她财富的文件。

人们总是津津乐道海蒂的怪癖，但不得不承认，她是个精明的投资家。

从19世纪中期开始，纽约资本市场就开始流行"活期拆借贷款"和"保证金贷款"。当时，美国政府债券和高等级的铁路公司债券可以被用作抵押品，相应获得的贷款可以为其价值的90%；发放高额红利并拥有良好口碑的股票，可以获得的贷款可为其价值的80%—90%。许多股票经纪商严重依赖活期货币市场的短期资金，但这些杠杆无疑加剧了市场操纵，提高了股市波动性。

与她丈夫完全不一样，海蒂总是攥着大量现金，从不用杠杆购买股票。

1890年，海蒂终于有机会从丈夫跌倒的地方替他爬起来。

当时，著名股票交易人坎马克得到消息，了解到路易斯维尔和纳什维尔铁路公司的股票将削减分红；由于预料这只股票价格会下降，他开始卖空。"螳螂捕蝉，黄雀在后"，坎马克发现，他无处购买卖空出去的股票。这些股票全部囤积在海蒂手中。海蒂经常在股市恐慌、价格低点时买入股票，然后伺机卖出。为了拿到海蒂的股票，坎马克亲手送给她一张支票，使她一次就赚了40万美元。

当有人询问她致富的秘诀时，海蒂说，你需要做的只是低买高卖。

除了投资技巧，还有更重要的一点，就是选对投资领域。海蒂曾说："我从来不买工业股票，我喜欢铁路和房地产。"19世纪初，大量资本曾经努力追逐远洋贸易，但19世纪50年代以后，铁路逐渐成为最受欢迎的投资方向。

1865—1890年，联邦政府资助铁路建设达20亿美元，占所有投资的10%—15%。

从外国资本的产业布局看，主要为铁路和公共项目。1865—1893年，国外投资者购买了美国铁路公司发行的1/2的债券和1/4的股票。1865—1914年，美国铁路在英融资超过27.7亿美元，占在英总筹资额的54%，相比之下，新兴产业如石油和化学工业，仅为0.23亿美元，只占0.4%，其他主要为公共项目。

从美国国内资本市场看，除去为南北战争融资，也主要是铁路。以纽交所为例，1835年只有3家铁路公司，而1878年前后，全部54家上市公司中，有36家铁路公司，其他还有5家煤矿公司、4家电报公司、4家邮递公司、3家矿业公司等。除运输、通信外，还没有一家以制造为主的公司在纽交所上市。

与这个时代的发展相匹配的，是美国在这一时期建成的伟大建筑都是火车站，其中包括1871年建成的纽约中央车站、1881年建成的芝加哥车站和1907年建成的华盛顿车站，这些车站被称为膜拜蒸汽机的大理石圣殿。

长长的铁轨，将全国城市联系到一起，这是那时最伟大的成就。

海蒂最早的投资，是林斯敦和得克萨斯间约921千米长的铁路支线。海蒂进行的地产投资组合，大部分也是围绕铁路展开。比如，芝加哥是当时美国的铁路中心，海蒂对此十分看好，1885—1900年，海蒂购买了芝加哥超过1700万美元的房地产，包括办公楼、商店、工厂以及未开发的土地。

她有生之年发动的每一次商业战争，也都与铁路有关。

1908年，海蒂立下遗嘱，她的资产超过半数都是铁路债券，剩下的除了现金，就是与铁路有关的房产。

海蒂保守地进行长期投资，从不让自己的投资回报率偏离6%太远。

找到最好的公司，做时间的朋友，保持内心的宁静，在市场的汪洋大海中不随波逐流，这些海蒂的理念，正是对价值投资的最好诠释。

1916年，82岁高龄的海蒂去世，留下的财产足足超过1亿英镑，换算成今天的财富价值，大概相当于230亿美元。

海蒂没有给慈善机构一分钱，而是将她所有的财富留给了两个子女。在母亲的控制解除后，海蒂的儿子内德开始大把挥霍。他花150万美元在朗德山为自己建了一座奢华大厦。他给一个情妇买了一条镶满钻石的贞操带。

但除了享受生活，内德乐善好施。他定期赞助大学、医院、科学研究项目。他着迷于无线电广播，于1922年花巨资赞助达特茅斯学院开展相关实验。内德死后，他姐姐将他的全部财产捐了出去。其中朗德山的大厦和几处地产及一大笔现金，捐给了麻省理工。麻省理工在那里建起了一系列著名实验室，包括核粒子加速实验室、弹道导弹预警系统实验室、电气工程实验室等。

海蒂的女儿西尔维亚死后，也将大部分财产捐给了大学、教堂、医院。

## 巨型企业兴起

19世纪80年代，理查·西尔斯是明尼苏达州一座小镇的火车站站长。由于空闲时间较多，西尔斯便借助火车之便，向当地农民兜售木柴与煤炭。一个偶然的机会，他介入到了手表、珠宝业务。窗外火车的呜呜声,让他灵感大爆发,如果利用不断扩大的铁路网,经营邮购商品业务,向散居各地的农民发送邮购目录,邮售各种日用品,一定会大受欢迎。

1888年,第一张西尔斯邮购目录问世,尽管只有手表等少数几种商品。

西尔斯把公司设在芝加哥市,理由很简单,芝加哥是当时的铁路枢纽中心。

1894年,西尔斯的邮购商品目录已经有厚厚的507页了,经营的商品五花八门,从锅碗瓢盆,到珠宝首饰。在目录的封面上,醒目地写着"世界上最便宜的商品,我们的贸易遍布全球"。

1906年,西尔斯公司公开上市。

为了应付日益增长的订单,在新任合伙人罗森德瓦的努力下,西尔斯花费500万美元打造了一个邮购式工厂,这是当时全世界最大的商业大楼。整栋大楼里里外外铺了长达几英里的铁轨、电梯、机械搬运装置、循环链条、移动式步道、重力滑槽、空气压缩管,一切当时能够用来减轻劳力、创造经济效益、迅速发送商品的机械设备,在这里都被用上了。

这个依靠北美大铁路建立的物流网络,堪比于今天的京东、阿里。汽车大王亨利·福特在参观这项工业成就后,改进了他的流水线。

西尔斯终于成为一家现代化公司,拥有上万员工、区隔清楚的营运单位、全国性的供应网、支薪的专业经理人、整套运作流程……这样规模的公司,在1850年根本不存在,在大英帝国也没有,即使最有远见的学者也无法想象。

后来,适应家庭轿车的出现,西尔斯摇身一变成为世界零售巨头。

1900年,西尔斯的营业额仅110万美元;到20世纪70年代,达10亿美元。但随着沃尔玛、凯马特等公司的出现,特别是面对互联网的竞争,西尔斯开始节节败退。2018年,西尔斯美国总部也申请破产保护,8万人面临失业。

作为工业时代的产物,西尔斯没能够适应信息时代的巨大变化。

铁路不只是现代化企业的催生者，也是最早的现代化企业。

1860年，美国境内铁路约3.1万英里，1910年铁路总长已达24万英里。

要修筑和运营这么长的铁路，需要巨额资金。一家大型纺织工厂投资很少超过100万美元，雇佣工人也不过500人；但一条铁路投资至少要2000万美元，雇佣工人超过4000人。1898年，铁路股占美国公开发行股票的60%，1914年这一比例仍超过40%。1913年，铁路债券总值12亿美元，这还不包括庞大的银行债务。从南北战争结束到19世纪90年代，华尔街几乎专为铁路而存在。

要搬运大量货物、合理配置火车时刻，需要更精细的管理机制。麦卡勒姆提出线路主管和职员主管的分工，线路经理负责发布关于火车和运输运转的命令，以及设备和路轨的紧急维护，职员主管则负责制定标准并评价、提拔、雇用及解雇他们部门的经理，但他们不能发布关于人员和轨道流动方面的命令。现代政府和大型企业运行过程中，常常区分业务岗和管理岗，正是来源于此。

要管理好铁路公司的财务，还要有更先进的会计制度。在纺织厂，唯一涉足财务的雇员是公司会计，他负责每周给雇工发薪水。但在铁路上，售票员、车站代理、货运和客运代理每天都收到钱。相比纺织厂的产品定价、成本核算，铁路的产品服务种类繁多，固定成本范围更广，可变成本随不同线路和设备而浮动，折旧和废弃涉及面更大。因此，现代会计始于铁路，而非早期的纺织厂或庄园。

当然，铁路的影响不仅这些。

19世纪初的时候，马车和水路旅行缓慢又奢侈，绝大部分一辈子所能到达的地方不过是附近的集镇。人们依附于土地，日出而作，日落而息，婚配对象限于本村及附近。火车的汽笛打破了这一宁静，宛如英国画家透纳的画作《雨、蒸汽和速度》所描绘的场景：雨中飞驰的火车气势磅礴，驱赶着铁轨上的野兔逃窜。

铁路时刻表的出现，重塑了人们的时空概念，准不准时成为焦点。

铁路深刻改变着传统的低流动社会：每天在郊区市区间通勤，吃着本地以外的食物，邮购国内外商品，去外地旅行求学工作，伴侣选择范围大大扩展。

铁路也使首都和边远地区联系更加紧密，最终彻底终结了封建制度。

更重要的是，对于美国来说，铁路构建了一个"开放统一市场"。

有研究认为，如果移除所有铁路，那么美国各县的市场开放程度将会平均下降80%，这将导致美国农业用地的总价值降低60.2%。

列宁写道："铁路是资本主义工业的最主要的部门即煤炭和钢铁工业的总结，是世界贸易发展与资产阶级民主文明的总结和最显著的指标。"

## 资本点亮电灯

1879年1月，美国长期的经济萧条终于有了结束的迹象。

春江水暖鸭先知，华尔街最先感受到经济复苏的征兆。2月，皮尔庞特·摩根向他的合作伙伴报告说，自年初以来，生意特别兴旺，这是他很多年没有见过的景象，"大笔的生意洽谈一个紧接着一个，非常红火"。

与此同时，皮尔庞特还在商谈着一笔相对较小但潜力巨大的生意。

1878年10月，皮尔庞特在一封信中提到："过去几天，我一直在尽力促成一笔生意，这很可能是一笔重要生意……它不仅将改变世界，从财务角度对我们也意义非凡。"他强调，此事尚需要保密，"主题是爱迪生和他的电灯。"

当时，范德比尔特的铁路帝国联通全国，洛克菲勒的煤油帝国点亮黑夜，卡内基的钢铁帝国让美国变得更加坚硬，皮尔庞特的父亲朱尼厄斯则擅长利用资本工具进行兼并重组。朱尼厄斯告诉儿子：用别人的钱投资，不要亲自承担风险。

作为摩根家族的少东家，皮尔庞特显然不愿意活在父亲的阴影下。

与保守的父亲相比，皮尔庞特愿意尝试一些风险投资项目。在他事业的早期，他曾经冒着极大危险倒卖枪支，曾经在纽约黄金市场翻云覆雨。现在，正当盛年的皮尔庞特，他希望像洛克菲勒和卡内基一样，建立自己的实业帝国。

凭借在电报、电话和留声机等方面的贡献，当时的爱迪生赫赫有名。

为了吸引更多投资，爱迪生宣称，将以一个500马力的发动机照亮曼哈顿。他还口出狂言，说几个星期就可以拿出一套系统，使电力比煤气还便宜。

顿时，纽交所的煤气类股票价格纷纷下挫，跌幅25%—50%。

开发电灯首先要的就是钱。1878年10月，爱迪生电灯公司成立。公司发行了3000股，每股100美元，共有13个股东，其中包括摩根的两位合伙人。

皮尔庞特想向他父亲和其他合伙人证明爱迪生计划的可行性。但朱尼厄斯对此嗤之以鼻，认为这种发明不切实际。皮尔庞特试图写信劝说，但写了几封信都被他自己撕掉了，因为他实在想不到用什么语言形容这项不确定性极高的事业。1878年底，他只好向他父亲大谈理想和情怀："如果生命中有什么东西最珍贵的话，那就是对彼此之间各自兴趣的尊重，请您理解我提出的计划（爱迪生电气公司），并从不同角度看待它。"即使没有父亲的支持，皮尔庞特仍一往无前。

从一个不错的想法，到一个市场化的系统，其间所费的金钱、时间和曲折，往往任何人都无法预计。爱迪生的白炽灯泡，数千次实验都失败了，他所承诺的照明系统，也没有如期兑现。正当爱迪生努力解决一系列技术问题，建造大型中央发电站并建造工厂来生产相关设备时，他的一些支持者失去了耐心。

1879年秋，投资人拒绝追加更多资金。爱迪生卖掉了自己大部分股份，在银行进行抵押贷款，还动用了朋友的储蓄。正当弹尽粮绝之时，皮尔庞特出手了。

1880年底，摩根公司提供100万美元的股本，帮助组建爱迪生电力照明公司,打算在曼哈顿商业区的珍珠大街建造一座中央发电站。

摩根既是电灯的第一批投资者,也是电灯的第一个使用者。1882年9月4日,在仔细检查安装情况后,爱迪生通知电工打开发电机,随后按下了摩根公司一个电灯开关。《纽约时报》报道,电灯发出的光亮稳定、柔和、光明,让眼睛感到愉快。爱迪生告诉记者,他已经兑现了一切承诺。

从那一天开始,人类正式开启电气时代。

据统计,珍珠大街发电站实际耗资是预算的3倍。当其他投资者打退堂鼓时,皮尔庞特仍坚持不懈,尽管遇到了很多麻烦,也花去了很多金钱。但他知道,从一个好主意到一个成功的结果之间,有数不尽的苦难和挫折。

1892年,在皮尔庞特的推动下,通用电气(GE)成立。

作为摩根财团中的重要一员,GE是摩根皇冠上一颗璀璨的明珠,它为摩根财团带来的不仅是财富,还有数不尽的荣耀和光环。

站在新世纪的门槛,皮尔庞特终于可以向他父亲证明,他不仅是个富二代,他还可以比肩洛克菲勒和卡内基,他才是站在爱迪生背后点亮美国的人。

在爱迪生之前,美国的技术基本上都照搬英国。从爱迪生开始,美国有了自己独创的技术。爱迪生的发明,是世界动力技术的重大突破,如同霍夫曼的焦油化学使德国化工产业大步向前,瓦特的蒸汽机使英国纺织技术领先全球。

20世纪初,美国产业结构已经开始发生变化。

铁路不再是投资者的首选,工业股票迅速成长为华尔街市场的主体。

1896年,道琼斯工业指数开始编制,最先一批有12只股票,包括棉油、糖业、烟草、天然气、蒸馏、养牛、钢铁、橡胶等,当然还包括通用电气。

技术革命往往意味着风险,产品是新的,工艺要接受检验,市场是未知的,消费者还不习惯使用,供应链也没有保证。许多重大突破需要的资本额可能并不多，但随之而来的持续创新和大规模应用，却离不开金融体系的支持。从爱迪生的发明创造，到产业化的通用电气，投资银行和制度化的金融资本成为不可或缺的部分，控制着整个流程。特别是当工业扩张发展到一定阶段，要求一家中央投资机构来处理相关金融问题时，权力就从工业资本家转向金融资本家。

以摩根为代表的金融资本为赶超国家打开了一扇机遇之窗。

资本向远方的传播，使远离核心的边远区域（如美国）融入金融资本的行动范围，并且使各种冒险行为成为可能，包括新工业、新产品。

## 人民的银行家

1869年5月，太平洋铁路建成通车，这条划时代的铁路横贯北美大陆。

阿马德奥·贾尼尼就在第一批乘客中。他新婚不久的父亲和母亲，从意大利远道而来，去往加利福尼亚开始新的生活。他们没有选择拥挤不堪的三等车厢，而是花了100美元，舒服地坐在卧铺车厢里，一路欣赏窗外的景致。

这是贾尼尼一生最为舒适的旅行：他当时还在他勇敢的母亲的肚子里。

在今天旧金山硅谷附近的圣诺耶，他的父亲开了一个简陋的客栈，并在不远的山坡上种植了大片杏子树。小时的贾尼尼每天捉蚂蚁、玩蝴蝶，过着无忧无虑的日子。但田园诗般的童年并没有持续太久。1877年，因为没有答应一个意大利移民1美元的借款，他的父亲被枪杀。那一年，他才7岁，他母亲才22岁。

这件事给贾尼尼幼小的心灵烙下终生无法抚平的创伤。在他35岁自己有能力开银行的时候，他给自己定下一个规则：一旦有钱，先借给小人物。

19世纪末，随着不断扩张的铁路网络，乡村和城市连在了一起。技术革命给已有的生产、交通、贸易和消费模式不断带来巨大的变化。以西尔斯公司为代表的邮购业的发展，标志大规模零售时代的到来。

随之而来的电力供应，极大提高了生产效率。福特流水线上生产的T型轿车价格仅300美元，成为大众消费商品。到1929年，一半以上的美国家庭拥有汽车。汽车的普及，方便人们驱车前往城市，现代化的购物商场应运而生。

大量与电有关的产品被发明出来，电熨斗、电炉、电风扇、电冰箱、电影、收音机……这些商品创造了一个个全新的零售市场。每到晚上，全家聚集在客厅收听广播；每到周末，一家人开车去商场购物，顺便欣赏一部刚上映的电影。

大众广告无孔不入，它们以精妙的方式，破坏了勤俭节约的传统习惯。消费主义来势汹汹。浮华之下，大多数美国人仍只能把鼻子贴在商店橱窗玻璃上，渴望地注视着店内商品。人民群众日益增长的物质文化需求，与大部分群众依然囊中羞涩的矛盾日益突出。老百姓要么屈服于现实，要么屈服于诱惑，借贷消费。

20世纪前，世界各地都广泛存在各种各样的私人放贷机构，这些组织往往和犯罪密不可分，他们通过高额利率和费用，剥削贫困的社会阶层和深陷财务困境的人。在美国，媒体把这些机构称为"贷款鲨鱼"，其实际利率往往超过40%。

而那些正规的大小银行，则只提供商业贷款、证券承销，专为富人和大企业服务。只有需要100美元以上且提供担保抵押的客户，才能迈进银行大门。

消费者作为一个新兴群体，他们需要更加合适的信用工具。所幸的是，第一次世界大战后，当技术革命扩散的动力越来越强劲的时候，分期付款体系迅速发展起来了，"当期购买，延期支付"变得司空见惯。

消费信贷被称为"仅次于从手工业到机器生产的大变革"。

1911年，西尔斯公司首次推出消费信贷业务。到1929年，大多数大型百货商店发现，信贷销售占其业务总量达70%。20世纪20年代后期，90%的家具、75%的洗衣机、65%的吸尘器、75%的收音机和80%的留声机都使用消费信贷。

1916年，马克斯韦尔汽车公司成为首个允许信贷买车的制造商，要求首付50%，余额分8次支付。1919年，通用汽车创建通用汽车金融服务公司，为经销商和顾客提供贷款。到1924年，3/4的汽车是贷款购买的。

20世纪20年代，住房抵押贷款融资也出现爆炸式增长。当时住房抵押贷款主要以摊销贷款为主（每月支付利息和本金），年限一般为10年，有的可延长至20年。到1929年，住房抵押贷款债务占住房财富的比重达27%。

不到10年，信贷就覆盖了所有商品。1925年分期信贷公司超过500家。

与此同时，银行体系也在发生巨大变革，以适应消费时代的到来。1904年，贾尼尼在加利福尼亚创立了意大利银行。在他的银行里，小业主和农民不用担保就能获得25美元低额贷款。

贾尼尼对旧金山地区低收入农民的数量了如指掌，他经常挨家挨户地去那些农民家里拜访，说服他们将钱存到他的银行里。他驱使那些熟悉当地的推销员深入社区婚礼、宗教洗礼、野餐场所，还有教会活动与退休人员团体等各种聚会基地，要求推销员负责为客户找工作、翻译文件、看望病人，甚至有时协调解决民事纠纷。贾尼尼明白，要想做好小额信贷工作，就必须了解大量信息。

从贾尼尼开始，美国这些大小银行开始积极从事零售业务，消费主义的浪潮有了更为坚实的银行体系的支撑。一战之后，越来越多的大型银行开始服务平民百姓，显而易见，消费者这股快速崛起的力量能为他们带来巨大利润。

1928年前后，贾尼尼吞并了纽约的美国银行，并把旗下银行更名为美国商业银行。

1949年6月3日，贾尼尼去世，他的葬礼吸引了几千名普通百姓，他们亲切地把他称为"人民的银行家"。正如他没有忘记过这些人一样，他们在这一天也没有忘记他。2020年，在《财富》500强排行榜中，美国银行位列58位。

20世纪20年代，美国经济得到巨大发展。

信贷被视为这个著名大熔炉里的最大催化剂。这是20世纪金融革命的第一波浪潮，结果激动人心，1929年，消费占到美国国民生产总值的2/3。从1923年至1929年7年时间里，工业生产总值增加了一倍，国内生产总值增长40%。失业率降至微不足道的水平，实际工资水平增加了约22%，而物价水平维持不变。

1928年，胡佛被提名为共和党总统竞选人，他声称：我们美国人即将赢得一场战胜贫困的大胜利，这在任何国家的任何时代都不曾有过。

## 咆哮的20世纪20年代

在这个咆哮的时代，泥沙俱下，鱼龙混杂。

**这是一个自由放任的阶段。**

历经上百年的锤炼，美国人觉得，他们已经摸索出了一整套保证市场有序、稳定发展的制度和程序。即使有风险发生，市场机构也能够应付自如。

纽交所虽然已是世界上最大的股票市场，但其运行方式，却和1817年的时候没有太大差别。它仍是一个私人俱乐部，宗旨是为交易所会员谋取利益，而不是保护公众投资者，在大部分情况下，"交易所想做什么就可以做什么"。

20世纪20年代，没有任何规定禁止经纪人、金融家从他们做市的股票上牟取私利，也没有办法阻止他们泄露内部信息、合谋操纵市场。

**这是一个贫富断裂的社会。**

富人占据不断增长的顶端，越来越富有，而底层的赤贫状况却在蔓延。

1929年，美国1%的富人占有了国家财富的1/3。美国仍有一半人口生活在农村，华尔街的繁荣与他们无关。一战结束后，欧洲需求萎缩，美国农产品价格不断下降。1929年，美国农民收入比1920年减少13%，许多农场主负债累累，农业工人工资不到非农业工人的40%。

尽管生产已经相对过剩，但消费需求却不足。1920—1929年，美国工厂生产率增长了55%，但工人工资只增长2%。大部分农民、工人仍买不起工业产品，或必须依赖信贷手段。1926年，70%的汽车是通过赊销实现的。

耀眼的繁荣只是外表，内在的社会却充满不平等、阶层撕裂。

**这是一个流动性泛滥的时期。**

美国是个极具吸引力的投资目的地，资本从整个世界涌向华尔街。

从1921年到1929年，货币供给增加了280亿美元，平均年增幅7.7%，8年时间增长了61.8%。美联储官员自豪地表示，世界存款总额的5/8在美国。

1927年，欧洲国家出现萧条迹象，他们促请美联储下调美元利率，降低美元吸引力。为此，美联储把贴现率从4%下调至3.5%。结果这种方式火上浇油，不但没有阻止外资涌入，反而间接鼓励了美国的信用创造。

当时，投资者经常以10%的保证金买进股票，有的甚至只要花500美元，就能购买价值5万美元的股票。全美有超过60万个保证金账户，约占总数的1/3。

而且，越来越多的杠杆操作发生在受监管、受保护的银行系统之外。

**这是一个资本和技术"热恋"的时代。**

自发电机、内燃机发明以来，在资本的带领下，人们开始在生产和市场领域尝试技术革命的不同发展方向。20世纪初，多种试错性投资终于结出硕果，新技术范式的潜力被充分挖掘，新兴企业也展现出惊人的利润创造力。金融资本蜂拥而至,只要有必要,他们会随时开发出适当的金融工具。

报纸上满是科技取得突破的消息,人们的乐观情绪空前高涨。

20世纪20年代,美国迎来了一段科技驱动的快速增长时期。1921—1929年,家电产值从1060万美元增加到4.16亿美元,增长了近40倍,炼油产量从0.86亿桶增加到4.39亿桶,增长4倍。1922—1927年,美国股票投资者的收益率超过150%。领涨的正是两只科技股——美国无线电公司和通用汽车公司。

**这也是一个金融和产业紧张关系加剧的时代。**

与技术革命的亲密关系,使得金融资本"意乱情迷"。

在经历新兴产业惊人的增长和利润率之后,金融资本越来越陶醉于高水平收益。它们很快发现,无论这些新兴部门增长率有多高,它们只是经济体的一小部分,而且收益也无法避免边际递减。但是,获得高收益的习惯已经形成,成为正常预期。为了使所有投资都像新兴部门那样达到高收益,金融资本变得极富创新性,从股票到并购,从房地产到绘画,从放贷到各种复杂的衍生金融工具,想象无边无际,它们企图不参与任何生产过程就直接获取高额利润。

投资信托快速发展,这些公司发行股票,并投向其他公司的股份;新的杠杆收购风行华尔街,许多经纪公司推出了杠杆式共同基金;大量控股公司涌现,他们接管许多小型经营公司,利用这些公司的红利,向控股公司的债券持有人还本付息。

企业所有权分散化,职业经理更加关注奖金分红,而不是企业长远发展。摩根的继承人杰克·摩根将权力下放给合伙人,业务不再局限于债券批发和银行业,不但参与股市投机,还利用内幕信息、虚假消息等手段操纵股价。

普遍的牛市情绪来势汹汹。大量新买家涌入市场,这些人大都没有什么股市经验。1929年,一位经纪人写道:无论走到哪里,都能碰到说自己正在股市里赚钱的人。

动荡之种已在风中种下。真实利润与资本收益之间的比例越来越失调。这种幻觉不会永远持续下去，紧张关系注定要在崩溃中完结。1928年，美联储开始收紧货币政策，2—7月，利率从1.5%上调至5%。1929年8月，美联储再次加息至6%。1929年上半年，银行存款开始下降，货币供给量几乎保持不变。

当音乐停止，"黑天鹅"悄然来临，整个美国却像鸵鸟一样把头埋进了沙堆。

## 拯救边际递减

1903年，皮尔庞特·摩根事业如日中天，摄影师为他拍下了一幅著名的照片：皮尔庞特深陷于阴影当中，手握刀片般的椅子扶手，衣领坚硬，双眉紧锁，硕大的酒糟鼻镶嵌在脸上，双眼凝视前方，无一丝怜悯之情，如刀锋般令人恐惧。

虽然皮尔庞特讨厌这张照片，但无疑，这张照片抓住了他的全部气质。

他最擅长的工作就是火中取栗，把每一次萧条变成他的饕餮盛宴。

作为大众极度憎恨的对象，皮尔庞特对民众的怒吼泰然自若。

在那个时代，他被认为是贪婪的人。但也正是像他这样的人，建立了美国第一批专业投行（1854年成立J.P.摩根、1858年成立雷曼兄弟、1869年成立高盛），帮助企业融资，推动企业上市，将整个产业发展成为庞大的企业组织，诸如许多铁路公司、标准石油、美国电话电报（AT&T）、美国钢铁和通用汽车，帮助美国创造了可以统治世界的产业结构。

1890年前后，周期性的资本边际收益递减像幽灵般盘旋在欧美上空。

随着主要干线的完工，价格战成为铁路公司的竞争常态。随之而来的经济萧条，使超过1/3的铁路公司负债累累、运力过剩，纷纷落入被接管的境地。

皮尔庞特迅速找到第一国家银行,组织起大量金融资本。

接下来,摩根开始大规模铁路收购,并采取措施对它们进行重组。

他派出亲信调查公司财务状况,定下改组期限,收存大股东股票,不准派发红利和股息。他要求债券持有人接受普通股、优先股或利率较低的债券,使公司利润能够还本付息。他公开发行新股,以筹集更多资金。他还委托心腹介入各个铁路公司,组成权限在股东大会之上"信托委员会",牢牢控制各个公司。

在皮尔庞特的操盘下,密西西比河以东的铁路都经历了一次"摩根化"。到1900年的时候,大约有3.3万英里的铁路,即全美铁路的1/6,都被摩根财团收入囊中。这些铁路公司的收入总和,相当于美国年财政收入总和的一半。1900年,摩根财团担任董事的企业所拥有的资产,占到全美总资产的1/4以上。

随后,美国出现了一次范围广大的企业兼并浪潮。1895—1905年,超过1800家制造企业合并重组。从纺织到钢铁,从炼油到造钉,大量工业托拉斯诞生。在大规模的横向并购中,美国国内第一次拥有了上亿美元资本金的企业。

并购带来了规模效应,降低了固定成本,那些濒临破产的公司又焕发生机。用美国曼哈顿大学教授盖斯特的话说,这一次是摩根拯救了美国。

**1907年,当华尔街陷入混乱的时候,人们再次把目光投向了皮尔庞特。**

皮尔庞特虽已退休,垂垂老矣,但他很快召集了一个由银行家组成的委员会。这次危机的原因很多,银根紧缩,铜、采矿、铁路股票的过度投机,信托投资公司为了获得资金以进行高风险投资而支付高额利率,等等。

只要皮尔庞特一出马,他的作用就相当于美国的中央银行。

在短短的两周时间内,皮尔庞特和他的合伙人就顶住了这股蔓延的

"台风"。

他首先拯救了几家信托公司和一家主要经纪行,接下来派人到证券交易所宣布,活期借款已经到位,利息低至10%。当消息通过交易传播开来,皮尔庞特远远听到一阵阵响亮的欢呼声。他抬头问这是怎么回事,工作人员欣喜地告诉他,这是场内交易员在热烈地鼓掌感谢他。他再次挽救了纽约,挽救了交易所。

这时的摩根财团,不仅是一家铁路、工业托拉斯,还是一家货币托拉斯。

皮尔庞特不仅有终止银行体系恐慌的能力,他还有能力制造一场恐慌。

然而,这也是摩根最后的辉煌。1913年,在摩根呵护下,美联储成立,目的是对抗恐慌和萧条。在1907年之后的危机中,银行家的影响将再也不能和政府监管相比。

**1928年起,随着货币政策的收紧,全球新一轮债务周期又一次触顶。**

1929年10月24日,道指开盘即暴跌11%,上午市值蒸发了95亿美元。

中午时分,摩根财团最重要的合伙人托马斯·拉蒙特召集华尔街的银行家开了20分钟的会,拉蒙特表示,目前经济基本面很稳定,这只是个小颠簸。他们宣布,共同出资2000万美元救市,承诺购买1.25亿美元的股票。

下午1点30分,纽交所主席惠特尼亲自操盘,买下数个大公司的股票。消息传开后,股价上涨。但事实上,这只是多次失败的救市行动中的第一次。

摩根再也不能像皮尔庞特时代那样翻云覆雨,面对危机只能束手无策。

最终到处灭火的是纽约联邦储备委员会。纽联储先是降低利率,向那些负担了大量经纪人贷款的银行注入资金,以保证市场正常运作。然后,纽联储每天都向华尔街的银行回购价值大约1亿美元的政府债券,以防出现挤兑。

但是,纽联储并不是一个强有力的领导,其他储备银行并未形成合力。

危机过后,美国以至全世界都陷入了史无前例的大萧条。据1932年9月《财富》杂志估计,美国有3400万成年男女和儿童没有任何收入,接近人口总数的28%,这里面还不包括1100万户农村人口。

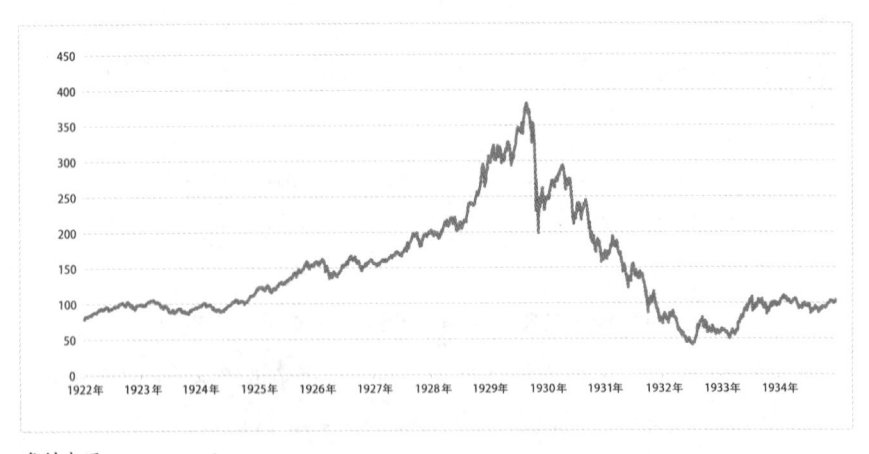

资料来源:macrotrends

图12-1 1922—1934年道琼斯指数

摩根总资产也急速减少,1929年有7.04亿美元,1932年仅4.25亿美元。

比资产损失更严重的,是摩根财团此后的命运。

危机一开始,华尔街就成为民众谴责的对象,摩根财团首当其冲。调查人员发现,华尔街的银行经常把它们在国外的坏账包装成债券,通过他们所属的证券公司推销出去,且向投资者故意隐瞒真相。

1933年6月,《格拉斯-斯蒂格尔法案》生效,法案的最重要内容,就是要求美国的银行要么成为商业银行（只吸收存款、发放贷款），要么成为投资银行（承销公司证券），二者只能选其一。通过这种风险隔离，不只是为了防止利益输送，也是防止当投资银行经营失误时，政府不用像以前那样为了拯救储户的钱而救市，不必拿纳税人的钱来为私人银行的失败投资买单。

1935年8月，按照法案要求，拉蒙特宣布摩根正式分家，J.P.摩根成为一家商业银行，大约20人离开公司去组建独立的投资银行——摩根士丹利。

与此同时，美国《证券法》《证券交易法》相继实施，确立了"信息披露规则"，禁止欺诈和舞弊行为，还创立了联邦证券交易委员会（SEC），负责证券市场的监管。针对控股公司的恶劣行为，《公用事业控股公司法》对控股公司的构架进行了限制，要求简化并不得超过两层。新政还转向了全国银行体系，在1935年增强了联邦储备委员会对各联邦储备银行的监管权力。

也从这时候起，解释1929年大萧条成为宏观经济学的"圣杯"。

正是大萧条，使宏观经济学成为一个独立的研究领域。

凯恩斯主义者认为，随着投资增加，资本成本越来越高，生产过剩现象严重，金融系统的复杂化也降低了资本配置效率，当人们预期未来投资收益降低，就越不敢投资，不敢消费，"持币观望"（流动性偏好）的愿望越强烈。投资和消费需求的不足，最终导致金融危机、经济萧条、失业增加。凯恩斯的对策是通过财政政策、货币政策刺激消费和投资，提高社会总需求，扩大就业。这套"组合拳"，如今已是世界各国最常用的宏观调控框架。

货币主义者则认为，大规模的银行倒闭和货币存量骤减之间存在联系。弗里德曼在《美国货币史》中指出，美联储在大萧条期间采取的货币政策是不当的，导致货币供给量急剧下降，从而经济严重衰退。弗里德曼强烈反对国家干预经济，主张实行"单一规则"的货币政策，就是把货币存量作为唯一的政策工具，在保证物价水平稳定不变的条件下，由政府公开宣布一个在长期内固定不变的货币增长率，这个增长率应该与预计的实际国民收入增长率相一致。

# 第十三章　全球资本主义

在利润的指挥下,跨国资本推动建立了一个全球金融体系,它们在全球范围迅速流动,使盛世更兴旺,使乱世更动荡。当前,美国主导的这个体系成为恶棍的避难所,就像一个米诺陶诺斯怪兽,不断吸收着别国人民的劳动剩余和资金。

## 凭什么环游世界

菲利亚·福格,伦敦改良俱乐部会员,凡尔纳《80天环游地球》的主人公。

有一天,福格和他的朋友下了一个2万英镑的赌注:80天内环游地球。

1872年10月2日,福格带着自己的仆人和全部身家,匆匆走上了这场环球之旅。在这个没有飞机、高铁的年代,80天环游地球几乎是个不可能的任务。但在法国作家凡尔纳的笔下,主人公一路狂奔,闹出不少笑话,但最终赢了这场赌局,还抱得了美人归,成为世界上最幸福的人。

福格凭什么能够说走就走,在80天里绕着地球兜一圈?

**首先，他得有一定的原始积累。**

整个旅程最核心的要素莫过于钱。从船票、车票、住宿，到买大象、保释、罚款、购买船只，整个旅程下来，他花费约2万英镑。如果按黄金比价计算，2万英镑约合今天5000万元人民币，按购买力计算，则相当于7500万元人民币。

福格是一位英国财主，除了2万英镑钞票，他在伦敦巴林银行还有2万英镑存款，他开的支票总是凭票即付。那么，他的财产是怎么来的？福格见过大世面，处事沉稳，在横跨大西洋的时候，担当起了船长的职责，指挥若定。可以推测，福格早年经历丰富，带领商船做过大生意，这也是他打赌的底气所在。

19世纪70年代，英国已经完成工业革命，制造业占全世界32%，站在世界之巅。

**其次，福格所使用的英镑钞票能够得到全世界认可。**

19世纪，黄金是世界硬通货。1821年，英国确立金本位制，每1英镑含7.32238克纯金。按纯金计算，2万英镑重约146千克。福格和他的仆人如果扛着接近150千克黄金环游地球，恐怕还没到苏伊士运河，就已经累死在路上。

幸运的是，福格是个英国人。数百年来，英镑同黄金的汇率都很稳定，英镑纸钞通行全球。1872年，英国确立国际金本位体系，英镑成为当之无愧的世界货币。在那时，美国费城的一家连锁杂货店要给来自中国的茶叶付款，只需指示伦敦的银行家把英镑汇到中国出口商的账户即可。

19世纪70年代，英国也是名副其实的"日不落帝国"。环游的第一站苏伊士运河，1869年开通，为英国去亚洲节省航程8000多千米。接下来的孟买、加尔各答、新加坡等地区，都是英国殖民地，通行英国法律。中国上海和日本横滨，也有英租界或英国人居留地。美国旧金山和纽约，大量移民来自英国，官方语言是英语。

正因如此，福格抓一把英镑钞票，就可以畅通无阻。法国作家凡尔纳很清楚，在那个时代，只有英国人才能做到80天环游地球。

**再次，在福格周游世界之时，全球资本主义已经初露峥嵘。**

这次旅行最重要的中转站苏伊士运河，是一家由法国资本主导的运河公司开凿的，他们为了筹集资金，通过罗斯柴尔德家族在巴黎、伦敦、莫斯科等地发行了大量证券。1875年，英国迫使埃及出售运河股票，取得了苏伊士运河公司44%的股份。

从苏伊士渡过红海、印度洋，到布林迪西、孟买，福格乘坐的是一艘叫蒙古号的商船，隶属英国东方半岛轮船公司。这是一家由英国皇家特许的股份有限公司，作为一家多元化航运集团，公司发行了大量股票、债券，雄厚的资本使得公司不仅可以建造快速、高大的蒸汽轮船，也能够在通往印度、中国、日本的沿线战略要地建立煤炭加气站、码头、储存和维修基地。

从孟买到加尔各答，从旧金山到纽约，福格乘坐的是火车。在印度，铁路基本由英国修建。在美国，横穿北美的太平洋铁路，主要资金也来自英国资本市场。英国1/3左右的海外投资在美国，而这些投资约一半被投到了铁路上。

**最后，福格时代的伦敦，是当之无愧的世界金融中心。**

伦敦作为全球金融界的霸主，所提供的不只是一流的货币。

福格的存款放在巴林银行，这家银行创建于1763年，是当时英国第二大私人银行（第一是罗柴斯尔德银行），其分支机构和产业投资遍布全球。1872年，伦敦金融从业人员超过17万人，行业细分几乎和今天没什么两样。对于福格这种大财主，巴林银行会为他量身定制各种金融服务。

福格一离开伦敦，一只名叫"菲利亚·福格"的股票就在交易所出现了，《每日电讯》《泰晤士报》等20多种有声望的报纸对其进行新闻追踪。显然，这只股票对市场消息十分敏感，当一篇发表在皇家地理学会会刊上的论文认为福格不可能完成任务的时候，福格股价立刻下挫，直到发行价的1%。

这种敏锐的价格发现机制，正是伦敦成为当时世界金融中心的重要基础。伦敦证券交易所、波罗的海交易所、伦敦金属交易所，是这座城市跳动的脉搏。

在伦敦，专业化的金融体系也随时为国际资本市场注入能量。在伦交所，1873年证券名义价值约23亿英镑，其中外国政府和公司占30%—40%。在世界全部资本输出中，英国占到50%以上的份额。就像当时《经济学人》所指出的：伦敦通常更关心墨西哥、加拿大发生的事情而不是英国内部的事情。

在凡尔纳的笔下，19世纪末20世纪初，全球资本主义旗开得胜。

这张全球资本网络以英国为核心，以英镑和金本位为纽带，国际贸易、投资和移民都比较自由，各大洲的公司、矿山、农场和种植园的业主都为全球市场而生产，利用来自全世界的资本和劳动力。这是最接近古典理想的全球资本主义黄金时代：普遍的经济开放，恪守金本位制，尽可能少地干预全球或本国市场。

由此形成的经济秩序，创造了意想不到的财富，带来了可观的经济增长。

这个俱乐部欣欣向荣，似乎没有什么抱怨它的理由。

## 金镑铐

资本周游全球，总要以一定的货币单位结算。印钞是世界上利润最高的生意。基辛格曾说："谁掌握了货币铸造权，谁就掌握了世界。"

500年来，围绕国际货币主导权，各个大国展开激烈的角逐。

16—17世纪，西班牙殖民地秘鲁、墨西哥生产的白银主宰全球的交易。这些银币抓住了全世界人的目光，也引来了无数加勒比海盗。为保护银币安全转运，西班牙人建造了全世界最大的海军和最广阔的安全体系。

但商人喜欢在本地交易时使用银币，而在国际贸易中使用贵重的金币。

18世纪初，牛顿爵士使英国货币标准化，迈出金本位第一步。

在那时候，不论是英国及其殖民地，还是法、德，大多数国家既用金币，也用银币，普遍实行复本位制。复本位制有一个致命弱点，即法定铸造比价难以同国际市场上金银实际价值长期保持一致，容易导致"劣币驱逐良币"。实际流通中，往往最终还是一种货币：银贱则银充斥市场，金贱则金充斥市场。

1821年，英国通过《金本位法案》，正式启动金本位制。

随着英国的强大，以金为基准的英镑成为世界货币。19世纪40年代美国加州地区、澳大利亚的淘金热，南非、阿拉斯加（当时属于俄国）等地接连发现金矿，为金本位奠定了基础。

充足的金币使全球贸易出现前所未有的繁荣。

1873—1900年，银价跌掉一半。德、美、日等大多数工业国家相继过渡到金本位。1905年，世界上最大的白银产地墨西哥采用金本位制，西班牙比索走入历史。1905年后，全世界只有中国，仍在固守白银本位。

在金本位制度下，所有重要货币都按固定汇率直接兑换成黄金，这种可预测性有利于世界贸易、贷款、投资、移民和支付。从1870年到1913年，由于没有太多管制，资本在各国快速流动，国际金融和世界贸易被金本位史无前例地编织在一起，这是一段美好的黄金岁月。

然而，黄金产量却跟不上商品生产的速度，通货紧缩如影随形。

从1873年到1896年，英国物价下降了22%，美国下跌了32%，其他国家跌落得更厉害。尤其是进入世界贸易的商品，例如小麦、铜和煤，价格分别下跌了59%、58%和57%，农民、矿产主和劳工成为这场全球化的输家。

持续不断的经济萧条，重新激起了富国生产者寻求殖民市场的欲望。而那些认为自己是输家的国家，金本位代表可恶的英国强权。经济竞争、殖民争夺、联盟冲突、民族情绪，最终将全世界拉入了一场前所未有的大战。

1914年，第一次世界大战爆发，各国纷纷中止金本位。4年后战争结束，英国因欠下巨额债务，越来越无力维持英镑和黄金的固定兑换比例。周期性的紧缩和萧条触发全球性金融恐慌，它时而像逐渐散开的墨汁，时而又快如闪电。

刻板的金本位制成为众矢之的。凯恩斯把金本位称作"黄金镣铐"，认为这是一种野蛮的制度。他警告，如果英国一意孤行，经济只会更加恶劣。凯恩斯的拥趸艾肯格林在他的《金镣铐》中认为：金本位把不稳定从美国传导到世界各地，扩大了原来不稳定的冲击面，是妨碍决策者遏制金融恐慌的束缚。只要放弃金本位，复苏是可能的。

1931年7月，德国宣布停止偿付外债，实行外汇管制，禁止黄金交易和输出。两个月后，英国宣布放弃金本位，限制黄金出口，允许货币贬值。一些以英镑为基础实行金汇兑本位的国家，如印度、埃及等均跟随。凯恩斯赞许地注视英国放弃金本位，认为这是最受颂扬的事件。

恪守金本位的美国四面楚歌。1933年4月，罗斯福上台，宣布禁止黄金出口，放弃金本位。在摆脱金本位束缚后，美国终于可以扩大货币供应，使经济进入正轨。在美元贬值后一年，美联储将货币基准扩大12%，到1937年货币供应量提高了50%。货币增多提高了商品价格，逆转了通货紧缩。

亚当·斯密以来的那一套政治经济学不管用了，大家都在自寻出路。

在德国，希特勒任命沙赫特担任经济部长，他反对金本位，建议脱离世界市场，进行大规模公共工程建设，转向国内发展。像德国一样，许多东南欧国家——从葡萄牙到拉脱维亚、从罗马尼亚到希腊——都采取了闭关自守、经济上自给自足的方法。许多半工业化国家接受了新的经济民族主义——从墨西哥到阿根廷，从日本到意大利，都强行实施令人望而却步的贸易保护，严控外国投资。

在苏联，在社会和经济大规模的动荡中，斯大林建立起独特的社会主义。与世界其他陷于失业和发展停滞的国家相比，这种自给自足的计划经济，在许多方面取得了惊人的成功。1928—1937年，苏联人均国内生产总值增加了57%[1]。20世纪40年代，苏联的钢铁产量仅次于美国和德国，一跃进入工业强国前列。在实现工业化的同时，苏联几乎完全与世界其他地区处于经济隔绝状态。

在美国，凯恩斯的经济思想凯歌高奏，社会民主成为选择。20世纪30年代中期，许多左翼政党在工人、农民的支持下掌了权，他们开始执行更多的干预主义经济政策，扩充社会保障计划，增加政府支出。与德国法西斯、苏联社会主义不一样，在美国、瑞典等工业国家，劳工、农场主和进步资本家相互联合，用新的社会民主取代自由放任，调控宏观经济，提供社会保障和社会服务。

1939年，金本位已经凋零，国际贸易和投资停滞不前，各国政府对外国商品和公司设置了大量壁垒，欧洲和日本的制造商、农场主与世界市场隔绝。

新的国际货币秩序始终没有建立起来，一片混乱当中，阴霾四合，乌云盖顶，全世界再次滑向自我毁灭的深渊，开启了又一趟地狱之行。

## 布雷顿森林货币战

1944年，二战尾声，盟军各国终于可以腾出时间，考虑战后国际金融秩序。

7月1日，美国新罕布什尔州布雷顿森林镇，一列火车缓缓驶入，大批衣着光鲜的外国人涌了下来。长久以来，这个小镇寂静无声。现在，一辆辆军车把一些重要人物和他们的顾问送到这里，这群顾问中很多人，以后

---

[1] 据美国世界经济研究所经济史研究学会推算，按照2011年现价美元计算，1928年苏联的国民生产总值约为409亿美元，人均为258美元；1937年增长到1228亿美元，人均792美元。

将成为首相、财政部长或央行行长。

一场著名的国际货币会议即将召开。与会代表来自44个国家，总数超过700人。还有470多家新闻媒体，数百名会务人员，他们只能在饭店周边安顿。

为了这场会议，美国财政部助理部长哈里·怀特已经筹划了两年半。

两次世界大战彻底改变了整个世界的格局。

美国军事实力和生产能力远超过当时任何一个国家，拥有世界上约3/4的黄金储备。相比之下，英国日薄西山，债务占国内生产总值的比重，从一战前夕的29%飙升至二战结束的240%。凯恩斯也承认，一个在20世纪20年代控制地球1/4领土和人口的国家正面临着一场"金融敦刻尔克"。

在布雷顿森林，英国全权代表凯恩斯享受到了明星般的待遇。他参加一场又一场的酒会，急切的美国记者团则紧紧抓住他的每句话、每个动作。

凯恩斯关于政府干预经济的新观点令人瞩目，也备受指责，他对传统经济思想的抨击，堪比20年前爱因斯坦相对论对物理学的颠覆。凯恩斯在他的《就业、利息和货币通论》中，以无人匹敌的机智与自信辩称，现代资本主义经济本质是货币经济，就业、收入、消费、投资、利率与货币供求之间相互依存，货币数量的变动会对实体经济活动产生重要影响。

现代西方的货币理论正是沿着凯恩斯开辟的道路，把货币数量对实体经济活动的影响作为货币分析的核心，并顺应政府干预需要而发展起来。

凯恩斯把自己的这些洞见应用到了全球货币体系的设计当中。

他提议，成立"国际清算联盟"，设立一种叫"班科"的超国家主权货币。凯恩斯计划的目的，是尽可能保留业已破产的大不列颠在历史上享有的帝国特权。他觉得，凭借自己的声望和三寸不烂之舌，可以在布雷顿森林会议上说服怀特和美国政府，将自己的计划融入新的国际货币体系中。

然而，在一个注定由美元主导的战后世界中，这几乎是不可能实现的。

怀特十分仰慕凯恩斯的学识，他的国内经济观点是标准的凯恩斯主义。但在与凯恩斯的谈判中，怀特咄咄逼人、寸步不让。事实上，在布雷顿森林会议之前，美国政府已经完成了布雷顿森林草案的95%。所以，英国代表是否参会，来了以后怎么谈判，只不过是逢场作戏。即使有伟大的凯恩斯加持，英国政府在华盛顿的"乞讨行动"，注定将日益绝望、一败涂地。

怀特成为布雷顿森林体系的主要设计者，他战胜了来自英国的天才对手：

（1）美元与黄金挂钩。每一美元的含金量为0.888671克黄金。

（2）其他国家货币与美元挂钩。

（3）实行可调整的固定汇率。各国货币对美元的汇率可在1%的幅度内波动。若波动幅度超过1%，各国政府有义务通过干预维持汇率稳定。

布雷顿森林会议还产生了两个伴生物：世界银行和国际货币基金组织（IMF）。世界银行的主要职能是帮助众多国家进行战后重建，向他们提供长期贷款。国际货币基金组织的主要职能是维系以美元为核心的国际货币汇率制度。

作为补偿，美国向英国政府提供了价值37.5亿美元，年息2%的长期贷款，以帮助延缓战争期间欠下的债务。英国政府直到2006年才将该贷款还清。

布雷顿森林会议开启了英国霸权彻底崩溃的序幕。

怀特摇身一变成了美国英雄，他帮助美国从二战谋取到了最大利益。

早在1894年，美国GDP就已超越英国，但直到二战后，美元才取代英镑，美国才真正成为超级大国。在半个世纪时间里，美国一直韬光养晦，承担最少的全球责任，赚取最大的全球利益，极力避免本土卷入战争，闷声发大财。

在布雷顿森林体系支持下，世界贸易和资本流动的活力逐渐恢复。

一个离岸金融市场形成了。冷战背景下，苏联、东欧国家和美国关系紧张，他们不敢把用于进口的美元储备存放在纽约，转而存在欧洲的大银行里，其中多数放在伦敦。于是伦敦首先开始了以欧洲美元为主的外币交易，欧洲美元市场蓬勃发展。在这个市场，货币交易和资本流动基本不受境内法规限制。

资本流动的主角，不再是国际贷款、各类证券，而是直接投资（FDI）。1870—1914年，英国FDI仅占10%。1950年，美国FDI是对外贷款等间接投资的两倍，1970年为四倍；1950年美国在欧洲、日本的FDI约20亿美元，1973年为410亿美元。FDI不仅给外国带去了资金，还有新技术、新营销和新管理。

国际资本流动虽然还受到诸多限制，但逐渐摆脱了经济民族主义。

布雷顿森林体系也取得了重要成果：经济增长、失业下降和物价稳定。

战后25年时间里，日本产出增长了8倍，消除了与美国将近100年的差距。西欧虽然逊色一些，但从1948年到1964年，人均产出也翻了一番。1973年，全球21个世界主要工业国总产出12.1万亿美元，是1948年3倍多。

## 打开潘多拉之盒

1971年8月13日，尼克松和他的智囊悄悄离开华盛顿，去戴维营避暑。

在前往机场的路上，总统撰稿人萨菲尔问顾问斯坦："我们要去开什么会？"斯坦隐晦地说："这个周末可能是经济史上自1933年（罗斯福新政）以来最重要的时间了。"对经济问题没什么功底的萨菲尔追问："我们打算关闭银行吗？"斯坦笑笑，解释道："不大可能，但如果总统想要取消金本位的话，我是不会惊讶的。"

萨菲尔茅塞顿开。当时，在世界货币市场上，投资者正在抛售美元。

其中，法国最积极。越南战争使美国的财政赤字直线上升，法国不愿埋单。从1965年起，法国就开始将美元换成黄金。1971年，法国已经成为仅次于美、德的黄金大国。

美国要保卫美元，阻止黄金流失，就不得不提高利率、削减开支、限制工资和利润，这会驱使经济陷入衰退之中。没有一届政府愿意看到这种情形，当时总统选举年快要来临，尼克松想起自己的政治生涯，尤其不愿收紧经济政策。

随着欧洲、日本等经济体的崛起，美国产品已不再那么有吸引力了。从1965到1970年，美国公司收入下降了17%，工人收入下降2%。1971年，美国进口大于出口，首次出现贸易赤字。支持自由贸易的劳联-产联转而拥护保护主义。美元坚挺意味着美国产品昂贵，意味着美国制造商必须承受来自他国的竞争压力。

正如美国经济学家罗伯特·特里芬解释的，使用一国货币作为国际储备会产生许多荒谬的结果。

美元作为国际货币核心，各国为了发展国际贸易，必须用美元作为结算和储备货币，这会导致美元不断在海外沉淀，对美国来说就会发生长期贸易逆差；而美元作为国际货币核心，必须保持美元币值稳定与坚挺（比如和黄金挂钩），这又要求美国必须是一个长期贸易顺差国。就像特里芬所说，如果美国满足了世界的流动性需求，它就完蛋了；而如果不能满足，它也完蛋了。

这就是"特里芬悖论"。

1971年8月15日，美国宣布美元与黄金脱钩。此后，美元下跌10%。尼克松还加征了10%进口税，采用工资和价格控制措施，以保护美国生产者。1973年，美元再次贬值10%，许多国家纷纷与美元脱钩，将固定汇率改为浮动汇率。

美国贸易恢复了顺差，经济提速，失业减少，但布雷顿森林体系彻底陨灭。国际货币基金组织流传着一份讣告：布雷顿森林"先生"生于1944

年新罕布什尔州，由于长期带病运作，在它诞生27年后自然去世。

布雷顿森林体系崩溃后，固定汇率终结，国际资本获得了新的动力：直接投资由1986年的2.8万亿美元增加到2000年的29万亿美元；国际银行贷款从1973年的300多亿美元增加到1997年的5000亿美元；新发行的国际借券从20世纪70年代数百亿美元增至1996年的6000亿美元；全球外汇交易从1979年的30万亿美元增长到1995年的300万亿美元；国际资本在1960年只占全世界GDP的6%，在1995年是62%。

全球化水平达到了前所未有的程度。

20世纪80年代，欧美各国顺势发生了一场静悄悄的新自由主义革命。从撒切尔夫人，到罗纳德·里根，他们自称供给学派的实践者，对凯恩斯的需求管理思想倒戈相向，主张把经济的控制权从政府转到市场，认为应通过减税等政策来提高生产者积极性，使他们能够降低产品价格，从而促进市场繁荣。

以放松管制为目标的金融自由化运动也在全球兴起。他们主张必须改革政府对金融机构和金融市场的过度干预，放松对汇率、利率的管制，使汇率反映外汇供求，使利率反映资金供求，从而提高储蓄率，增强筹资功能，刺激经济增长。

经济资本全球化的潘多拉魔盒彻底打开，并很快席卷世界各国。

1985年，莱·特维提出，谁拒绝全球化，谁就会被抛到全球经济发展列车之下。1988年和1990年，美国、加拿大、墨西哥拆除了彼此间所有的贸易壁垒；1991年，欧洲经济共同体的12国也取消了相互间的贸易藩篱……1988年，第一条横跨大西洋的光纤电话电缆启用，可以同时承载4万次通话。

全球经济金融以光速紧密联系在一起。

从此，大规模资本开始在发达国家和发展中国家之间大进大出。

一个幽灵，一个资本的幽灵，开始在全世界到处游荡。它就像一只初生的牛犊，笨拙地左突右奔。利率、汇率自由化，资本自由流动，金融脆弱性增加。

世界动荡加剧，货币和金融危机频发，全球经济发展越来越不平衡。

## 失去国籍的企业

20世纪60年代，通用汽车美国国内市场占有率达到53%，站在世界之巅。

通用汽车使用的钢占全美钢产量10%以上，橡胶占25%以上，铝占6%左右，总产值是美国GDP的3%。通用汽车不只是四个轮子加一个引擎的产业，它还同国防航天密切相关。二战中，通用汽车是盟军军用品第一大生产企业。战后，它研制的坦克、军用运输车、导弹系统等，有力支持了美国的对外战争。

在美国经济的天平上，通用汽车举足轻重，它如果感冒，全美都要打喷嚏。

1966年，通用汽车一时滞销，道琼斯指数立刻下跌了15%。

从20世纪60年代中期开始，通用汽车遭遇了巨大挑战。德国大众以闪电速度在美建立1000多个经销点，甲壳虫爬满美国公路。1973年中东战争爆发，石油价格上涨3倍，美国许多汽车因缺油、油贵而停驶。价廉、质优、省油的日本车大受欢迎，排着方阵登上美国口岸，又浩浩荡荡驶进美国城市乡村。

1974年，通用汽车在美国国内市场上的份额下降到42%。

面对激烈的市场竞争，通用汽车不得不把眼光再次投向世界市场。早在20世纪20年代，通用汽车就已经在英、德、日、澳等国开展并购，设立分公司。但当时通用汽车在海外13个国家的运营单位，均为全资子公司或全资附属机构。

多元政治社会很难容忍一个经济集团有太多主权色彩。

为此，通用汽车对它的海外政策进行了全面审查，着重修改了全资政策，出让部分股权，加强技术援助，以求能参加更多国外合作项目。平等、让利、共享成为通用汽车进军世界市场的口号，很多世界同行和当地政府向通用汽车打开了大门。在此基础上，通用汽车提出跨国经营的"客人哲学"：遵守所在国法律，尊重当地文化、传统和风俗习惯，尽最大力量为所在国目标和居民服务。

通用汽车逐渐脱离了它的国籍，它变成了一个"国际通用"。

从20世纪70年代起，通用汽车先后与日本五十铃、日本铃木、韩国大宇、瑞典萨博等合资生产销售，在西班牙、委内瑞拉等设立合资公司。通用汽车也很快认识到，21世纪拥有最大潜力的市场是中国。1996年，通用汽车宣布与中国上汽合资。2004年，通用汽车岌岌可危，所幸的是，中国市场业绩增长了27%，创下纪录。

通用汽车的这种企业结构，被称为"M型组织"，即通过分权趋向的多部门结构，使企业经营活动更好地适应分散化市场的要求。

沿着通用汽车开创的国际化模式，越来越多的知名企业走向世界。跨国公司数量大幅增加，2001年达6.3万家，是1980年的4倍多。跨国公司资产规模迅速膨胀，1909年世界最大跨国公司美国钢铁，资产18亿美元；1990年，世界最大跨国公司是通用汽车，资产高达1800亿美元，是当时新加坡GDP的4倍，真正富可敌国。

跨国企业的扩张不再是单纯的横向发展，而是纵向一体化、复合一体化。

比如，通用汽车在全球范围之内，运用各种方式，将上游初级产品供应、下游最终销售整合在同一企业内部，以控制竞争，削弱了风险和不确定性。跨国企业的特殊优势，就是在母公司和子公司之间建立起一种内部市场，将涉及多个经济主体之间交易转移到一个企业内部来进行，从而节约交易成本。

纵向一体化使企业内部运作更具计划性，是商业组织形式的一次"聚变"。

阿瑞吉教授认为，美国引领了这次企业组织变革，打造出一种新的资本主义企业，实现了"交易成本内部化"。这也是美国崛起的秘密武器。

在通用汽车的带领下，诸多国家卷入世界市场，"你中有我，我中有你"。

**一个国际分工与专业化协作体系加速形成，世界成为一个大工厂。**

1991年，全世界的跨国公司海外机构所生产销售的金额约6万亿美元，首次超过当年世界商品出口额，人类社会从国际贸易时代进入国际生产时代。

在跨国公司推动下，国际分工与专业化协作的程度越来越高。

原来，只是不同行业之间进行国际分工和国际交换，20世纪80年代以后，同一行业内部不同产品、同一件产品的各种零件也来自许多国家和地区。

整个地球俨然成了一个大工厂，"人类已进入组装世界"。

美国《洛杉矶时报》曾对通用汽车旗下豪车品牌庞蒂亚克的生产环节进行报道：庞蒂亚克设计在德国完成，发动机为澳大利亚制造，轮胎及电气设备制造商在韩国，无线电设备由新加坡提供，车身板材是日本制造，美国只提供变速器，最后的组装在韩国完成，然后销往世界各国，包括运回美国本土。

1996年，美国《财富》提到："这些公司……，它们早已消除了国界。"

**一种全新的资本主义跨国企业出现，它们凌驾在民族国家之上。**

早期的跨国公司是一种科层等级鲜明的组织结构，母、子公司之间从属关系很强。但随着复合一体化战略的推行，越来越多的跨国公司发展成为以各成员公司为结点的网络系统，母公司逐渐失去了管理和决策的核心地位。

简单以母公司国籍或总部来判定跨国公司身份，越来越不合时宜。

跨国公司不再有祖国。生产经营活动的全球化推动了世界金融体系的结构转换。在利润的指挥棒下,跨国企业受到跨国资本管理阶层的精密控制,按资本的逻辑行事,"它们不受任何国家权威的支配,即使在最强大的国家"。

资本主义世界的活动空间,在很大程度上超出了主权国家政治权力的控制。

这些跨国公司把生产和服务过程进行分解,将投资场所、生产场地、纳税地点、居住地点分布在不同的国家,公司领导人可以工作生活在最优美的地方,纳最低标准的税;他们把岗位出口转移到劳动力成本更低、承担义务更少的地方,使各个国家、地区之间彼此相互竞争;他们可以讨价还价,甚至敲诈勒索,用各种手段逼迫民族国家在贷款利率、补贴补助、劳动立法等方面做出让步。

跨国公司在全球范围内活动,而民族国家的调控空间仅限于本国领土范围。跨国公司的涌现,削弱了民族国家的经济、货币和利率主权。

## 恶棍的避难所

1985年9月22日,美、日、德、英、法五国财政部长达成"广场协议"。

协议的核心内容是让美元有计划、有秩序地贬值。"广场协议"之后,五国央行联手在外汇市场上抛售美元,引发全世界投机者跟风。以日元为例,一年后日元对美元汇率从235∶1上升到120∶1,1992年达到了80∶1的高位。

由于日元升值来势凶猛,日本经济实力和雄心受到了严重打击。

在美元贬值过程中,日本出口竞争力削弱,大量工厂不得不转移到工资低廉的国家和地区。由于担忧日元升值导致经济萧条,日本在一年多时间里连续下调5次利率,并大幅放水,此举导致日本国内出现房地产和股市的投机狂潮。泡沫破灭后,日本由此开始了"失去的十年",长期在低迷局面中徘徊。

有相当一部分人认为，"广场协议"是美国为整垮日本而布下的惊天大阴谋。

尽管将日本"失去的十年"完全归咎于"广场协议"很牵强，但"广场协议"却是美国放的一把火。美元对日元汇率的持续贬值，日本并非不想干预，而是没有能力干预。

在当时的国际离岸市场上，日本政府资源实在有限。

相对于国际市场巨大交易额来说，日本所能调用来执行公开操作的资金极其有限，几乎"一眨眼就会被市场吞掉"。从1986年3月到1987年1月，日本银行在货币市场上注入了160亿美元。但在离岸市场上，每天外汇交易达6000亿美元（2018年日均交易额6万亿美元）。

自从布雷顿森林体系崩溃，这个全球化的离岸市场就开始茁壮生长。

1973年，在欧洲美元的范式基础上，形成了石油美元。沿着大致相似的路径，又相继出现了亚洲美元、欧洲英镑、欧洲日元等。除了货币市场，还存在一个期限在1年以上涉及非居民交易的外汇资金借贷市场，包括离岸银行信贷市场、国际辛迪加贷款市场和离岸债券市场等。离岸金融从根本上突破了国际金融中心必须依附国际贸易中心的传统模式，引发了国际金融中心的分散化。在这个市场，利率、汇率很大程度由市场决定，许多主权国家和跨国公司参与其中。

大量货币在发行国的境外流通，国际金融资本似乎摆脱了国界的约束。

20世纪70年代，学者们已经开始热切讨论"跨国资产阶级"的形成问题。

从大前研一《无国界的世界》，到里斯顿《主权的黄昏》，书店里商业书籍的标题耸人听闻。他们看到，没有祖国、四处流动的金融资本是经济生活全球化最突出表现，它与民族国家金融系统共栖共存，构成世界金融市场的二元结构。

全球货币与证券交易把整个地球变成个大赌场，片刻不停，日夜不息。每天清晨，东京交易所开门营业，接着是香港交易所、新加坡交易所，然后是欧洲的交易所——包括法兰克福与伦敦，最后是纽约交易所。这是一个永不停顿的循环过程，每天交易总额几乎是所有各国中央银行货币储备的两倍。

这个离岸金融市场，是一个投机者的天堂。这里几乎没有法律方面的麻烦，不存在当局监管，也没有存款准备金制度，他们自由地按他们所认为的风险开展业务。这里进入门槛很低，任何个人电脑用户都可以通过路透、彭博、Telerate等资讯服务终端来获得当前数据，迅速参与其中。

离岸市场似乎是一个独立王国，很少有国家能够撼动。但美国除外。

布雷顿森林体系的解体，使得黄金-美元汇兑本位制终结，但美元作为最主要的国际储备货币和结算手段的地位被保留下来，实际上导致了纯美元本位制的确立，美元作为世界货币的重要性不仅没有降低，反而增加了。这一地位赋予了美国政府和美国资本在世界货币生产方面前所未有的行动自由。

虽然美国难以使用一贯的宏观调控方法来"管控"离岸市场，但却肯定能够深刻地影响它。一国汇率每年常有40%—50%的波动，远甚于经济基本面。是什么驱动这种变化呢？去查一查路透或彭博的资讯服务，就会发现经济政策尤其是美国政策、政府官员尤其是美国官员，他们驱动了这些变化。

长期以来，"政治范式"而非经济基本面变成了影响汇率的主要力量。20世纪80年代，当里根呼吁"通过强势的美元建立强大的美国"时，美元开始走强。当詹姆斯·贝克主张强势美元是国家丧失竞争力、造成贸易赤字的原因时，美元兑日元的汇率在"广场协议"后的一年里下挫了将近50%。

有人说，离岸金融市场是恶棍的避难所。一些不法分子利用离岸中心、保密天堂等，进行偷漏税、洗钱等违法犯罪行动。还有大量投机资本，则在离岸市场虎视眈眈地寻找"猎物"，通过做空捕食来填饱肚子。

但是，离岸金融市场最大的恶棍不是别人，正是美国。面对经济不景气，当美国政客发现拿不出有效的政策时，他们就会挥舞美元这面旗帜，让美元升值或贬值，诉诸爱国主义情感来煽动民众情绪，获取选票。正如约翰逊所写的，采用这样的方式激起的爱国主义是恶棍的最后避难所。在20世纪70年代和80年代初，通过宽松的货币政策和美元贬值，给美国政府和美国企业带来了很大的竞争优势，保障了美国相对成本的突然好转。

通过"广场协议"，美国的贸易收支也一度回到了顺差状态。

许多日本企业如汽车零部件生产商、家电企业和电子产业，纷纷转往美国生产，美国通用汽车等三大汽车公司得以苟延残喘。

大前研一很遗憾地说，签署"广场协议"，等于是拱手将货币主导权让给了美国。历史上，从纺织品谈判到汽车、电子和半导体磋商，凡是两国之间发生的贸易摩擦，没有一次是以日本胜利告终，"日方按照美国要求，步步退让"。

但日本对美贸易逆差和财政赤字并未改观。那些传统企业也没有因此东山再起。

## 国际赌金者

1774年，荷兰亚伯拉罕银行公司发行了一种富有创意的金融证券，证券年化收益率为4%，它包含各种各样的债权，有丹麦和维也纳的银行债券，有俄罗斯、瑞典的政府债券，有西班牙和法国的运河债券，还有英国殖民地债券等。

这些配置的国际化程度令人惊讶，完美诠释了"多则优"的理念。

金融学家哥特·罗文霍斯特在《价值起源》一书中认为，这正是现代共同基金（公募基金）起源。

不过，世界上第一只正式的开放式基金，却是英国政府1868年批准的

"海外及殖民地政府信托"（F&C），它首次明确了各方当事人的权利义务。这家信托持有的投资组合，大部分是高收益的国际债券，它们来自美国、埃及、意大利、秘鲁、西班牙、俄罗斯、奥地利、土耳其、巴西等，收益率在5%—15%不等。F&C基金的整体表现虽滞后于市场，但它为普通投资者提供了稳定性。

1909年，伦敦一名叫作洛温菲尔德的经纪人写了本名为《投资：一门精密科学》的书，在这本书中，他提出了投资的地域分布理论。按照这个理论，一个投资组合应当包括来自世界上不同经济区的不同有价证券，包括北美洲、南美洲、非洲、北欧、南欧、俄国、中国和印度。他写道，同一区域的债券总是受相同事件的影响，趋于同时变动，因此，不能把鸡蛋全部放在一个篮子里。

因为信息、成本等各种因素，投资者都普遍存在"本国偏好"。

但随着资产规模的扩大，要维持最优组合，就必须配置国际资本工具。一份研究表明，如果投资者仅持有美国股票资产，随着组合中股票数目的增加，风险会从80%下降到27%左右，此后不管股票数目怎么增加，风险也无法下降，这部分无法降低的风险就是美国市场的系统性风险。但如果不断加入部分国际股票，风险会一直下降到11.7%左右（奚君羊，2013）。

20世纪70年代中期以前，各国投资者很少投资国外资本市场。

随着外汇市场的开放和资本管制的放松，国际证券投资规模越来越大，投资渠道越来越多，比如国际共同基金、国家基金，还有世界股票基准份额、互联互通等。而且，不必总是把资金转移到国外，才能购买外国资本工具，许多在美国交易的外国股票，都以美国存托凭证（ADR）的形式存在。

相比股票，许多规模宏大的机构投资者更热衷债券特别是公债工具。

20世纪90年代中期，机构投资者总金额资产中约38%为各国国债工具，因为这些国债既稳定可靠，又能够通过二级市场保证所需要的流动性。

正如IMF所说，固定收益市场是"金融全球化市场的基石"。

在诸多国际赌金者中，最负盛名的先驱是长期资本管理公司（LTCM）。这家公司是由所罗门固定收益主管梅里韦瑟在1993年建立，公司团队可谓强大：两位获得诺贝尔经济学奖的数理大师——斯科尔斯和默顿；美联储前副主席穆林斯；不少来自常青藤的天才教授、博士，他们建立了一套数量分析模型。

LTCM的投资策略，就是利用多元市场中的价格差异赚钱。他们不仅关注美国债券，也把大量资金押注到了德国、意大利等欧洲金融市场，还涉足俄罗斯、亚洲、巴西等新兴市场。他们通过电脑编制数学模型，将历史数据、市场信息等结合在一起，通过连续而精密的计算得到不同金融工具间正常的历史差价，然后与现实差价进行比较。问题在于，这个价差太窄了。就算LTCM猜对了，收益率也极低，经常是万分之几。怎么办？通过不断加杠杆把赌局做大。

1997年8月，LTCM的杠杆比率为19∶1。在国际金融市场风平浪静的岁月里，LTCM策略取得了巨大的成功。

1994年LTCM收益率为28%，1995年高达59%。1996年共赚了21亿美元，这个只有100多名雇员的公司，比麦当劳、迪士尼和耐克赚得还多。夏普教授疑惑不解：你们的风险在哪里？斯科尔斯也挠头：没有人看到风险。确实，按照计算，像东南亚金融危机这种"黑天鹅"，10亿年都不会爆发一次。

1997年7月，泰国引发金融海啸，多米诺骨牌纷纷倒下。

尽管爆发了东亚金融危机，但1997年LTCM的收益率仍达25%。

俄罗斯成为压倒LTCM的最后一根稻草。1998年8月17日，俄罗斯宣布债务违约，全球市场暴跌。短短150天，LTCM资产净值下降了90%，仅余5亿美元。随后，LTCM被美林、高盛等组成的银团接管，天才们被迫交出控制权。

巴菲特说，投资并非智力游戏，智商160的人并不一定能击败130的人。

还有一些学者则认为，LTCM代表的仅仅是高智商的诈骗，有毒的金融产品和有毒的经济学理论狼狈为奸，它的倒闭只是2008年更大崩溃的预演。

## 米诺陶诺斯怪兽

在古希腊神话中，克里特有一只牛头人身的怪兽叫米诺陶诺斯。

这头被诅咒的邪恶生物非常残暴。为此，克里特国王米诺斯不得不建造一座迷宫将其困在里面。当时，克里特与雅典之间正发生争战。为了解除雅典的灾难，雅典人向克里特求和，答应每九年送七对童男童女到克里特进贡。米诺斯在接到童男童女后，会下令把他们关进迷宫，供怪兽米诺陶诺斯享用。

在第三次进贡的时候，雅典英雄忒修斯破解了迷宫，杀死了这只怪物。

这是忒修斯一生中最伟大的功绩之一。

在当时，克里特在爱琴海区域享有经济和政治霸权，像雅典这样的城邦必须例行进贡以示臣服，进贡的方式就包括向米诺陶诺斯敬献童男童女，他们的牺牲能够带来宝贵的和平，可以暂时支撑并维持一个不稳定的均衡。

1971年12月，美国总统尼克松和法国总统蓬皮杜在亚速尔群岛碰面。

蓬皮杜在他的驱逐舰上滑稽地向尼克松认错，并恳求尼克松重新构建基于最新固定汇率的布雷顿森林体系。尼克松不为所动。希腊经济学家瓦鲁法克斯认为，一个新的难以驾驭的野兽——全球米诺陶诺斯取代了布雷顿森林体系的位置。

这头米诺陶诺斯，就是美国双赤字，它成为全球经济恐怖平衡的动力机制。

1971年，美国出现自1893年以来的首次贸易赤字。同时，因为对越战争，财政也产生赤字。"双赤字"首次出现。从此，除克林顿政府时期稍有缓解外，无论是里根、布什父子，还是奥巴马、特朗普，美国"双赤字"问题持续存在，且不断恶化。贸易差额由20世纪70年代初的盈余，到2018年为7712亿美元贸易赤字。财政赤字从1981年的784亿美元，到2019年，已经突破1万亿美元。

谁来供养这头怪兽，为美国"双赤字"买单？很简单：其他国家和地区。

从刚开始是欧洲各国，到后来是日本，今天则主要是中国。

一方面，美国长期保持一个"消费驱动型经济"的增长模式，而世界主要盈余经济体不断向美国供应商品，赚取美元。另一方面，美国政府热衷减税，且兴师动众在全球布兵，公共支出激增。为了融资，美国发行了大量国债。有意思的是，其他国家在向美国提供商品的同时，也很乐于购买美国国债等金融产品。这些盈余经济体从美国赚得的利润，70%又回到了美国，回到了华尔街。

世界商品和资本源源不断地流入美国，如同麦加朝圣。

购买美国金融产品也是美国政府唯一欢迎的对美投资方式。一旦其他国家，尤其是中国（以前是日本）试图收购美国实物资产时，它毫不犹豫地说不。

美国经济的"双赤字"像金庸《笑傲江湖》里任我行的吸星大法，他马不停蹄地运转了几十年，不断吸收着别国人民的劳动剩余和资金。

雅典人向克里特岛的米诺陶诺斯进贡童男童女，是迫于怪兽国王的军事力量。

全球这些国家和地区，为什么自愿为美国"双赤字"提供商品和资本？

因为美元的霸权地位。国际贸易中，不管有没有美国公司参与，主要商品销售主要以美元计价。每笔交易，都导致对美元的额外需求。通过为石油、矿产、粮食等商品定价，美元成为国际市场中的"美国商品"。有一个笑话说：在世界上的商店里，能看到意大利造的鞋子，中国造的衣服，也能看到德、日造的汽车，但却怎么也找不到美国货，后来再仔细寻找，我们发现了美元。

在金融自由化和信息技术的推动下，美国金融市场产品创新不断，大量股票、债券以及在利率、汇率基础上产生的金融衍生，使美国金融市场变成一个极具深度和广度的金融帝国。这个帝国不仅具有其他区域难以匹敌的流动性，还有极高的投资效率。这不仅吸引了大量全球投资者，也吸引了包括发展中国家在内的许多上市企业，他们借此分享全球财富增长红利。

华尔街不仅买卖公司所有权，帮助企业融资，它还会把银行、技术等稀奇古怪的资产，转变成某种容易转换成货币或分散风险的形式，帮助它们定价，使它们更具流动性，提高配置效率。华尔街是个人、企业甚至整个经济体预期未来的焦点，各类资产价格每日波动，传递人们对未来的信心、期待或恐惧。

这就像一个每日计票的大型投票所，没有一个国家或公司胆敢忽略它。

这样的服务当然不可能是免费午餐，这是霸权红利，也是制度红利。

当然，这一切背后，是美国强大的综合国力和军事实力。正如美国西点军校一位教官对学员所说，"只要有人敢挑衅美元地位，就是我们出手的时候"。

这是一个不可思议的全球盈余再循环机制。将近50年来，这头全球米诺陶诺斯取得了辉煌的成功：它的贸易赤字将世界工业产品从20世纪70年代的泥泞中拉出来，成为全球经济增长的引擎，德国、日本、中国这些国家，从中获得了看得见的经济增长和财富扩张；它的财政赤字，和华尔街一起，成为全球资本流动的核心枢纽，它们一起为需要资金的企业和国家提供援助。

美国以开放的姿态，有选择地从全世界吸纳人才、商品、资金、信息。然后，在美国体内，通过一套定价机制，把这些资源进行重新整合、配置，不断增强自身体质。资本既是一群勤劳的蜜蜂，也是一群残暴的蝗虫。

作为一个整体，当2008年这头米诺陶诺斯受伤时，全世界立刻陷入泥潭。

吸星大法有一个巨大缺点，就是吸来的内力是别人的，容易发生反噬。

美国"双赤字"引发了全球经济金融动荡和不平等，潜在致命伤是金融体系的脆弱性和权利义务不对称。在充满重重迷雾的全球经济中，谁才是勇敢的忒修斯，谁才能带领大家走出迷宫，杀死这头残暴嗜血的米诺陶诺斯，开启新时代？

## 危险的三合一

1997年6月的泰国曼谷，灿烂的阳光普照，夕隆大街旁高挺的椰子树在微风中摇曳，长约1千米的银行大楼连成一片，大厦门前行人熙攘。

曼谷，这个"增长王国"的心脏，正在享受从未有过的经济繁荣。

10多年来，泰国经济保持年6%的增长率。一方面，泰铢紧盯美元汇率，随着美元一起贬值，制造业出口量直线上升。1986—1994年，泰国制造业出口年增长30%，占总出口的比重由36%上升到81%。另一方面，泰国很早就开放了资本项目，全世界亿万美元潮水般涌入。各种大型工程蜂拥上马，股票、房地产一路高歌，高消费之风全国盛行，泰国政府则在谋划将曼谷打造成亚洲金融中心。

一时泰国成为全球"经济增长奇迹"，被许多发展中国家仰望。

当泰国怡然自得地享受举世赞誉时，一只巨大的"灰犀牛"正狂奔而来。

　　1992年，邓小平发表南方谈话，中国改革开放再出发，便宜的工业产品涌进欧美日等国。在欧洲，东欧国家逐渐从剧变中恢复元气，大量产品出口西欧。与此同时，1994年美国货币政策转向，一年之内目标利率从3%增加到6%，许多资金回流美国，推动美元走高，美元开始从贬值转向持续升值。

　　紧盯美元的泰铢跟随美元不断走强，出口面临巨大压力。

　　曾经，大量资本从资本主义中心区域——美国转向广大发展中国家和地区，并在全球范围内循环流转。但当全球化的边际收益锐减，这些翻云覆雨的美元就会选择撤离，带着盆满钵满的利润回到它们的母体——美国。这些高利润源于发展中国家的廉价劳动力、土地和资源，以及未受保护的生态环境。

　　1997年泰国出口增长为0，贸易逆差从1994年的89亿美元提高到1996年的163亿美元，分别占当年GDP的6.4%和9.1%，远超国际警戒线。

　　泰国政府决定有所作为，举全国之力维持稳定繁荣。

　　加拿大经济学家蒙代尔有一套进退维谷的定理，各国在三件普遍心仪的事情中——资本流动、稳定的汇率和货币政策独立——最多只能做到两件。如果一个国家允许货币自由流动，而该国又将货币与另一国货币捆在一起，就会像采用另一国的货币一样，必须接受另一国的货币政策，包括利率、准备金等。

　　这是个危险的三合一，鱼和熊掌不能兼得。

　　实践中，在维系固定汇率体系的努力失败后，各国央行会选择将汇率交给市场，而自主运用利率工具调节国内就业、通胀和经济增长。

　　在维持资本流动的情形下，泰国当时的想法是，既紧盯美元，保货币稳定，守住不发生金融危机的底线，又要独立的货币政策，保投资，保增长，保资产价格。为了留住国内短期资本，泰国不断提高利率水平。1996年，利率高达13.25%，远高于美国的5%—6%。高利率抑制了投资消费的需求，加速经济衰退。也因为高利率，企业被迫向国际金融市场寻求低息资本，扩大外债规模。1997年，泰国外债达到900亿美元，相当于GDP的50%，其中60%为短期外债。

就在这个时刻，一双贪婪的眼睛盯上了泰国。

1997年年初，索罗斯在读完一份研报后，决定出手。他认为泰铢被严重高估，紧盯美元的政策不可持续。几个回合后，1997年7月，泰国几乎耗尽了所有外汇储备，不得不宣布放弃维系了13年的主要与美元挂钩的联系汇率制，对泰铢实行浮动汇率。消息传出，泰铢对美元下跌18%，之后总共贬值了60%。

人们惊恐地瞪大眼睛，隐约感觉有只看不见的手在主宰着他们的命运。

尽管夕隆大街的大厦外观无甚变化，但纽约标准普尔公司已经发出"讣告"，泰国8家大型金融企业被列入特别观察名单。随后，泰国宣布暂时关闭50多家金融机构。银行破产、房价下跌，泰国脆弱的金融体系一夜间被薅了羊毛。

但这只贪得无厌的巨手并没有就此罢休，它又如同幽灵般伸向了菲律宾、印尼、马来西亚、韩国、中国香港、新加坡……截至8月中下旬，菲律宾比索贬值11%，印尼卢比贬值8%，马来西亚林吉特贬值5%，新加坡元贬值1.5%。

东南亚各国损失的财富累计相加达数百亿美元之巨。

从此，泰国放弃了成为一个强国的幻想，安安静静地成为一个旅游景点。

整个东南亚悄悄回到了他们历史上的样子，不再奢望什么奇迹。

东南亚金融危机只是20世纪90年代众多危机中的一个缩影。从1992年开始，类似的三合一困境，从一个大陆传染到另一个大陆。

1992年，与德国马克挂钩的欧盟成员国，被迫接受极高利率和经济衰退。为了避免数百万人失业，大多数欧洲政府选择让货币贬值。

1994年，坚挺的墨西哥比索令其产品挤不进北美市场，推动其提高利率，以使资金留在国内。最后的结局是，墨西哥不得不放任货币贬值。

1999年，阿根廷也面临同样的残酷选择：要么坚持下去，但代价是广泛的破产和失业；要么通过货币贬值来挽救经济，但代价是大规模金融货币危机。

俄罗斯、巴西、土耳其、阿根廷等等，都曾遭受过类似折磨。全球市场上大量投机资本则虎视眈眈，四处寻找要害，把别人的痛苦和危机变成其盛宴和狂欢。遗憾的是，那些国家大部分努力和抵抗都付之一炬，多年经济增长毁于一旦，投资者受损，失业率上升，贫困增加，社会体系脆弱性加重。

在资本全球化的过程中，这些国家因放弃了本国货币独立性而备受痛苦。当越来越多的国家加入国际金融市场，蒙代尔的这个左右为难的"三合一"困境，就像一把利剑一样悬在货币从属国头上：要么放弃对本国货币政策的控制，要么放弃货币稳定。对于大多数国家来说，这不是理论，而是血腥的现实。

金融全球化的状况突出地说明了国际经济一体化进退维谷的窘境。

资本在全球迅速流动，使盛世更兴旺，也使乱世更动荡。在整个20世纪90年代，当这些货币从属国在危机中浴火重生的时候，那些回到美国的海量资本，推动了美国新一轮的互联网革命，美国再次充满生机。

## 通向富有的屏障

1994年底，保罗·克鲁格曼发表文章《亚洲奇迹的神话》，对东亚长期持续高增长提出质疑。不久前，芝加哥商学院阿尔文·扬对快速增长的东亚"四小龙"（韩国、中国台湾、新加坡和中国香港）进行计算，结论是"四小龙"的增长主要归因于资本积累而很少源于技术进步。他发现新加坡年技术进步率仅0.2%。对此，克鲁格曼认为，就像20世纪50年代的苏联一样，东亚地区的经济增长主要是由有形资本和劳动力投入的增加驱动，而不是提高劳动生产效率。

但克鲁格曼也指出，日本和中国是例外。"日本无可置疑地在技术上赶了上来"。如果以1978年为基期，中国经济增长中效率提高也占很大比重。

20世纪50年代，著名经济学家索罗就指出，如果我们进行更多的设备投资、拥有更多的劳动力，产出将会不断增长，但这种要素投入不可避免会遭遇边际收益递减，比如在劳动力数量不变的情况下，一味增加机器设备，一开始机器稀缺时增长率会很高，但当机器数量相对工人数量变得富余时，增长率会下降，直至增长率下降为零。也因此，高储蓄不能维持经济增长。

所以，索罗"震惊"地告诉人们，"投资并非经济长期增长之源"。

那么什么才是？索罗的结论是：技术变化。换句话说，在其他因素保持不变的情况下，技术进步可以使得工人生产出更多、更符合市场需求的产品。

1987年，索罗因为这个理论获得了诺贝尔经济学奖。

在索罗的理论基础上，克鲁格曼认为，由于依靠资本投入增加驱动经济增长存在着边际递减规律这样一个自然限度，东亚地区不可能长期保持较高经济增长速度。他断定，东亚地区成为世界经济中心的观点没有理论依据。

克鲁格曼对东亚经济及其前景的观点，被中国学者称为克鲁格曼命题。

20世纪90年代开始，日本进入了"失去的十年"，尽管技术仍有进步，但与美国的差距日益悬殊。1997年金融危机以后，大量外资撤离，东南亚诸国已经完全褪去"增长奇迹"的外衣。亚洲"四小龙"中，新加坡、中国香港已经成为资本输出中心，依靠金融服务保持较高收入水平，中国台湾、韩国虽取得了一定技术成就，但也不可避免面临优势产业衰退的危机。

在1990年以来的全球化运动中，有三个国家获利最大。一个是美国，美国资本家获得了巨额利益，但中下阶层的劳动者却难以从中分享。一个是德国，依靠欧洲一体化，德国工业占据了大部分欧洲市场。另外一个是中国，也是唯一的一个发展中国家，近几年高技术产品比重有所增加。但中国能否走出"中等收入陷阱"，获得可持续的创新能力，仍然需要时间的检验。

克鲁格曼命题其实不仅适用于东亚，也适用于印度、拉美、非洲……20世纪90年代，全世界最富裕的20%人口吸引了92%的证券投资、79%的FDI；而最贫困的20%人口仅吸引了0.1%的证券投资、0.7%的FDI。一些人认为，这是因为穷国相对富国来说，存在一些劣势，比如政治不稳定、富国的掠夺、权贵腐败、攫取性制度和掠夺风险等。而诺贝尔经济学奖得主卢卡斯认为，如果穷国收益率足够大，足以抵消这些不利因素的影响（卢卡斯，2005）。而且很多时候，资本并不是没有流向穷国，只是它们在攫取利益后又回到了母国。

为什么一些国家的资本形成被迫中断？为什么资本没有持续从富国流向穷国？为什么那些曾经被资本热烈拥抱过的地方，一场危机后就一地鸡毛？

第一，没有资本积累和投入，就没有可持续的经济增长。许多穷国常年陷于战乱、复仇，或者只进行低水平的农业劳动，或者闭关锁国，或者对资本的累积和流动采取严格的政治管束，那么，在这些国家和地区，就不可能有资本积累起来，也就不可能有足够资本投入到经济生产领域。没有投入，物质资本的积累就会受影响，物质资本中蕴涵的先进技术也不能实现，就业机会减少，最终导致经济的长期停滞甚至崩溃。就像纳克斯在《不发达国家的资本形成》中所探讨的，贫困是因为其经济中存在若干互相联系、互相作用的"恶性循环力量"，"一国穷是因为它穷"。

第二，资本市场不完全，价格失灵，导致资源配置不合理。在苏联，资本积累的主体是国家的计划部门，资本积累的手段是国家动员、自上而下，资本形成的过程也不会受到市场竞争的影响，利润不是目标，股东不用担心风险，技术选择全由计划人员掌握。这种政治动员的方式初期能够立竿见影，但随着经济系统的复杂化，由于缺乏有效的价格信号，极有可能造成资源错配，导致增长的低效率。同样问题，也出现在许多伊斯兰国家，由于宗教的原因，这些国家普遍缺乏有效的金融市场，资源配置效率低下，增长动能不足。

第三，技术发展落后，增长点难以为继，投资机会逐渐萎缩。最典型的例子是拉美国家，1900年时阿根廷人均GDP水平约相当于美国的70%，智利约相当于美国的54%，但到了2019年，两国只有美国人均GDP的16%。20世纪30年代以来，拉美国家相继走向进口替代的工业化道路，但工业科技含量不高，企业创新动力较弱，研发投入长期偏低，阿根廷、智利的研发强度不足0.6%，而日本已突破3%，韩国更是超过4%，中国也在2%以上。世界银行的研究表明，1960年以来，拉美和韩国人均GDP上的巨大差异，绝大多数都能够被技术进步所解释。

从泰国到拉美，从马来西亚到墨西哥，短暂的繁荣总是被投机资本掏空。

如果说贪婪的国际投机资本是罪魁祸首，那么，增长的低质量才是根源。

## 第十四章　金融帝国

从20世纪70年代开始，越来越多的资本涌向金融资产。广义的金融部门已经取代铁路、钢铁和汽车制造的位置，塑造了一个令人恐惧的金融帝国。在这个新的金融帝国中，金融成了目的本身，而不是社会经济的助力。

### 纽约，纽约……

在美国散文家怀特的眼中，纽约是一首诗。

"纽约将所有生活、人种、族群压缩在一个小岛上，配以韵律，再配以内燃机的轰鸣。曼哈顿这座岛屿无疑是地球上集万种人于一地的极致，她是一首诗，诗的魔力千万个居民都能理解，诗的深意却永难把握。"

纽约，一座城市就几乎是整个世界。城邦无数，唯纽约是巅峰之都。

如果纽约是首诗，那么曼哈顿和华尔街就是这首诗多变的韵脚。

合韵，纽约兴盛，美国兴盛；不合韵，纽约动荡，美国动荡，世界动荡。

"因为南北东西无法扩展，曼哈顿被迫直冲云端，巍巍壮观。曼哈顿之于美国，恰如白色教堂的塔尖之于村落，它是信仰的象征。"

世界上大概没有几个地方、几条街，能和一个国家的命运相连得如此紧密。行走在曼哈顿的华尔街上，就像在翻阅美国的发家史、资本的积累史。

起初，这里是印第安人的家乡，他们在这里种植玉米、土豆、西红柿……

荷兰人来了，他们带着长枪大炮，也带来一套完整的金融体系。

不久，英国人接手，他们把城市范围扩大到长岛的邻近陆地。纽约这时候还只是一个贸易港口，华尔街的主要功能，是为远洋航行提供融资和保险。

独立战争期间，因为大规模的战争融资，华尔街迎来了意想不到的繁荣。1817年，一组经纪人派遣了一个代表团去往费城，考察了费城交易所的章程，然后依葫芦画瓢建立了纽约证券交易所。刚开始，纽交所只有30只股票和债券，会员不仅从事证券交易，也从事货币工具交易。

1853年，纽约成立了银行清算机构，每年清算价值总量占全美50%以上。

南北战争又是纽约的难得机会。华尔街帮助北方进行大规模融资，国债数额从1860年的6500万美元上涨到战后的27亿美元。战争带来的巨大金融需求，引导华尔街走向了前所未有的牛市，战争4年间，华尔街规模扩张了几十倍。

尽管如此，在纽约之子惠特曼的笔下，那时的纽约仍属于广大劳动人民。在布鲁克林，听着各种劳作的声音，惠特曼写下了《我听见美国在歌唱》：

> 我听见美国在歌唱，我听见各种各样的歌，
> 那些机械工人的歌……伐木者的歌，
> 牵引耕畜的孩子在早晨、午休或日落时走在路上唱的歌……

也是从这时候开始，曼哈顿传统的农业、手工业开始撤离。烟草业缓慢搬往阳光充足的南方地区，啤酒酿造业撤到了更远的郊区，与此同时，20世纪初，新兴的电力、机器制造、电影行业兴起了。

1900年，来自德国、瑞典和英国的外国政府债券一阵风似的在纽约发售，摩根银行与来自英国的罗斯柴尔德、巴林一起充当承销商，承销非常成功。《华尔街日报》激动地写道，美国在列强中获得了新地位……

但金融的王冠仍旧属于伦敦，华尔街甚至不在替补名单内。

一战前，纽约和美元对英国的货币霸权毫无威胁。

1914年，第一次世界大战爆发。美国坚持在金本位制度下偿还自己的债务，承受住了对美元信用的攻击。相比之下，在巨大的战争压力下，英镑溢价消失，汇率不断跌破中间价。1914年底，外汇市场专家麦克斯声称，形势令人鼓舞，最激动人心的迹象之一是南美、中国和日本正越来越多地到美国市场开具汇票，而不是去伦敦。美元取代英镑成了避险货币。

一战时期，大量农产品和军需品的订单飞向美国，华尔街迎来了又一轮大牛市。五次"自由债券"的发售额，使得美国债务突破250亿美元，资助了美国参与一战成本的2/3，也导致了纽约场外二级市场的兴盛（加贝德，2013）。一战使得美国变成了最大的债权国，纽约取代伦敦成为世界金融中心。从那时候起，纽约蜕变为世界金融体系的太阳，其他市场都是绕转的行星。

二战来了，美国经济再次腾飞。1940至1944年之间，美国经济扩张了125%，人均收入翻倍。为了给二战融资，华尔街先后协助美国政府发行了7次国债，发售额达到1850亿美元，国债总额超过2600亿美元（加贝德，2013）。在美国二战电影《父辈的旗帜》中，许多英雄退役后，就会去参加国债募集运动。

二战后，通过布雷顿森林会议，美元彻底取代英镑，成为世界货币。

纽约的世界金融中心地位已经无可撼动。但华尔街股市似乎置身事外，并没有从这场战争中分到多少。1940年起，华尔街股市便连续下跌，交易量大幅萎缩。1945年末道琼斯指数约193点，1949年200点，仅为1929年股市震荡前高点381点的一半左右。对大萧条的持久恐惧，让人们不愿意投向股票。

当1954年经济衰退的鼓点渐渐来临，纽约股市却意想不到地起飞了。1954年，美国GDP从3654亿美元下降到3631亿美元，而道琼斯指数却增长了125点，在2月13日达到294点，这是自1930年以来的最高点。而到当年12月，道琼斯指数终于冲破了1929年381点的纪录，此时离1929年已经过去了25年。

纽约的好运气终于来了。戈登说："艾森豪威尔牛市的基石是杜鲁门时期的繁荣。"纽约又迎来了一次产业结构的深刻变革，产业发展由制造业转向金融、信息、公司管理等知识服务型产业。1947—1963年，纽约增添了5800平方英尺的办公楼面积，对金融白领的需求与日俱增。1973年，纽约在工人附加值方面仍高于全国平均水平，但制造工人在该市的比重已经低于5%（凯西斯，2013）。

一个帝国，一个金融帝国，正逐渐展露它狰狞的面孔。

## 沸腾岁月

1960年最后一天，纽约，长久阴霾的天空终于出现了红日。

纽交所以530万股创下当年最高成交量，华尔街到处洋溢着新年的气息。

艾森豪威尔总统的任期即将结束。人们隐约感到，市场将有所作为。当然，华尔街还没人想象到，8年以后，纽交所成交量将是这一天的3.5倍。

1961年1月，肯尼迪发表就职演说，这篇关于冷战的演讲号召人们抵御侵略。但华尔街一点也不在意，它很快由一种欢快的调子转变为疯狂的步伐。2月中旬，股票均价已比上年10月上涨了15%。即使当年4月发生了古巴猪湾事件，美国中情局遭受巨大挫折，但股市仍然上扬了近25%（戈登，2005）。

没有什么能够阻挡华尔街对自由上涨的向往。

一个叫作"go-go"的词汇，在美国街头巷尾流行开来。这个词原意为"一种华盛顿地区的黑人舞曲"，但很快被别有用心地定义为"随心所欲、快乐活泼"。

华尔街基金经理当然不会放过这个"流行语"，他们把它特指到一种股票的操作方式上。一些共同基金，以一种自由、快速、灵活，并掺杂喜悦、快乐和喧闹的方式，迅速买进卖出大宗股票，专门赚取快钱。

布鲁克斯认为，这种投资情绪和操作方式，代表了这个"沸腾"的时代。

陈旧、作坊式的经纪公司走向衰亡，全国性经纪公司迅速崛起。美林公司革命性地将连锁店运营模式引入经纪业务。美林严格培训它的客户经理们，使他们具有金融知识和诚信意识，一举改变了华尔街经纪人狡诈、粗鄙的形象。1960年，美林总收入达1.36亿美元，是排名第二的巴奇的4倍。

专业的经纪人和专业的投资分析相互融合，成为点燃华尔街的星星之火。美林还聘用了大批证券分析师，对潜在客户免费发放调查分析报告。沿着格雷厄姆开创的证券分析道路，运营资本和现金流等概念被运用到对上市公司的价值判断当中，"投资"逐步取代"投机"而成为主流。

源源不断为华尔街提供燃料的，是各种层出不穷的基金。从1950年通用汽车建立一个养老基金起，到1960年已经有超过8000个养老金计划（布鲁克斯，2006）。1957年纽约州废除个人信托资产中35%的股票持有上限，个人资产中股票比重越来越大。20世纪60年代，养老基金每年都有10亿美元进入股市，有20亿美元进入债市。随着千百万家庭有能力购买人寿保险，保险公司也成为华尔街主要投资者。

这些养老基金、保险公司资产配置的主要方式，是共同基金。

二战结束时，共同基金管理的规模不过10亿美元，在证券交易中几乎微不足道。1960年，共同基金的规模约170亿美元，1965年增加到350亿，并且还在以每年24亿美元的净值迅速上升。1965年，基金交易占纽交所交易额的1/4，到1969年接近50%。在许多人眼里，"人民资本主义"终于实现。

与共同基金同根同源的，还有各种伴生物，其中最为怪异的是对冲基金。

联邦法律通常禁止公共共同基金从事保证金交易，或者卖空股票。

但对冲基金是只对富人开放的私人基金，完全不受联邦法律的束缚，神秘、专有、夹杂特权，最小投资额至少10万美元，甚至更多。他们把做多做空、套期保值等方法用于债券、期货、互换、期权，以及这些金融工具的任意组合，既冒最大风险也制造最大收益。最引人注目的是"对冲基金之父"阿尔弗雷德·琼斯，1968年他的累计回报率高达5000%，而道琼斯指数才勉强翻番。

一个对冲基金"产业"出现，它是豪华列车里面的豪华高铁。

1929年大崩盘后，在约30年的时间里，华尔街都被看作受诅咒的地方，富有才华和野心的年轻人都不愿在那里工作。但跟随股市上涨的步伐，年轻人占领了华尔街。他们30岁左右，上过商学院，穿着醒目的条纹衬衫，浑身散发着自信，他们高喊着"go，go"，嘴里不停冒着新词：业绩、理念、协同效应……

1969年，投资人士中65%都在35岁以下。这些年轻人从没遇过险恶的市场环境，但他们的薪金高得吓人，他们比其他任何行业的平均工资高出70%。

美苏冷战、肯尼迪被刺杀、越南战争、民权运动、性解放……这一时期美国的社会、经济、文化都在经历剧变。但这段岁月不仅属于政治运动，还属于经济增长、股票绩效和共同基金，属于新股风潮、创造性会计、层出不穷的投资明星和联合企业廉价融资方式。这是一个全美集体疯癫的年代，投资者对于高增长股票及并购概念趋之若鹜，有的科技公司市盈率高达1000倍。

就像《沸腾岁月》作者布鲁克斯所说，那段岁月没有什么不可能。

1966年2月9日，道指在上探1001.11点后回落。事后表明，这就是峰顶。

尽快市场上升势头停止了，但交易量却没有停止。1968年4月3日，交易量突破1900万股大关，轻而易举地打破此前所有纪录。交易量激增也带来了无穷的麻烦，华尔街被淹没在了纸堆里，很多交易因无法搞清而作废。交易所被迫不断改善装备，新的股票自动报价机和数字计算机开始使用。

然而，这一切都将发生重大变化。

当时间跨过1970年的大门，恶性通胀和经济衰退竟然同时出现，这令聪明的经济学家们也很困惑，因为这两个恶魔来自截然不同的两个世界。

1970年4月22日，一位名叫佩罗的投资者账面损失了4.5亿美元，他这一天的损失，比除纽约外任何城市的年度福利预算还要多，实际购买力超过J.P.摩根1913年去世时的全部家财。两天后，道指缩水至735点。佩罗令人眩晕的个人损失，代表了20世纪70年代华尔街的恐慌和荒诞。就像1929年"黑色星期四"那天一样，不可能发生的情形再次发生，仿佛咒语一般。

大部分热门股票跌落下马，那些吹捧过它们的年轻快枪手纷纷离开证券业。

一旦上涨的股市开始下滑，天才们都原形毕露。

随后，布雷顿森林体系崩溃，新自由主义和金融自由化纷至沓来。

## 货币托拉斯

1969年1月20日，万众瞩目下，尼克松发表就职演说。

尼克松意气风发，踌躇满志。而坐在台下的伯恩斯觉得有些局促不安。不久前，尼克松已经找他谈话，希望他接任美联储主席职位。他在当天的日记中写道："我能看出总统的热切期望，但我的心情远没有尼克松那般轻松，要是总统不把头抬那么高，身体挺那么直，我会感觉更好。"

尼克松接手的是一个经济过热的国家，在20世纪60年代最后4年里，通胀率平均约4.25%，这是个令人担心的水平。面对日益恶化的金融环境，起初，尼克松主张紧缩货币信贷、削减政府开支、延长征收附加税等。但更可怕的事情是，1970年美国经济陷入衰退，失业率升至6%，这是自1960年以来的最高水平。

在尼克松眼里，失业、经济衰退远比通货膨胀更迫切。

他记得1960年的那次大选，他败给了风华正茂的肯尼迪。那次失败让他记忆深刻，他一直认为是美联储紧缩货币政策导致经济衰退和高失业率，让他输给了民主党人肯尼迪。这一次，他绝不允许重蹈覆辙。

1971年，伯恩斯一上任，尼克松就发出警告："看好经济，别出现衰退。"

在伯恩斯的就职仪式上，尼克松一点也不客气："伯恩斯博士，请给我们更多的货币吧！"言外之意，希望伯恩斯立即结束紧缩货币政策。白宫的政客们更是不顾美联储的独立性，反复"提醒"美联储实行低利率政策的必要性。伯恩斯的儿子回忆说："尼克松对父亲施加的压力是让人难以想象的。"

1971年，伯恩斯把第一、第二季度的货币供应增幅提高到8%、10%。当年8月，尼克松宣布美元与黄金脱钩，布雷顿森林体系开始瓦解。美联储在货币生产方面，获得了前所未有的行动自由。

货币供给急剧增加。1973年通胀率达10.5%，到尼克松因水门事件辞职时，通胀率已超11%。通胀预期开始深植美国货币体系。正是20世纪70年代的持续高通胀，让美联储在公众意识中留下不可磨灭的印象。特别是经过弗里德曼等学者的细致研究，使美国人民相信，美联储即使不是通胀的根源，也在其中扮演关键角色。与此同时，美联储主席是国家二号重要人物的观点，也在公众认知中扎根。

如果美国正在变成一个金融帝国，那美联储就是这个帝国的引擎。

实际上，当时美联储也左右为难。一方面，中东战争爆发，石油价格上涨加大了物价上涨压力；另一方面，失业率节节攀升，1974年到了8.2%，GDP却为负2.2%。伯恩斯在日记中潦草地写道："美国面临一个全新的问题，经济衰退和高通胀居然并存。"对这种"滞胀"的现象，伯恩斯觉得传统经济学解释不了。

自伯恩斯当上美联储主席以来，他从未忤逆过任何一任与他共事的总统。每当大选之年，他都会因政客需要，不失时机放松银根。1976年大选，美联储再次推行宽松政策，可事与愿违，福特没连任。虽然福特没说什么，但仍有人将这种结果归罪于伯恩斯没有额外的货币刺激。卡特上任后，伯恩斯离职。但伯恩斯所打开的宽松政策一发不可收拾。1978年，美国通胀率逼近15%。

后来，伯恩斯发表了一次重要演讲《央行的痛苦》，他认为全世界的央行都是失败的，因为这些国家的元首宁愿违背经济法则，也不肯惹怒他的选民。

美联储最核心的一项特权，是随心所欲地投放货币。它可以用印出来的钱购买任何想要的东西，并将其记为资产；它可以将利率置于很低的水平，这样银行就会有更多的钱对外放贷；它可以容许大银行任意扩大货币供应量，而这些大银行却不需要为不良贷款和信用过度扩张承担任何后果；它的手段相当丰富，如公开市场操作、调节准备金率、调节利率等。

1913年美联储成立时，曾承诺将提供安全的流通媒介，终结恐慌和萧条。

但美联储只是开了一个空头支票。1913年能够用1美元买到的东西，到2010年要花21美元。美联储天生就属于通胀制造行业。另外，关于"消灭商业周期和恐慌"，也是个彻头彻尾的谎言。20世纪美国出现了16次经济危机。21世纪还有两次，分别发生在2001年和2008年。历次金融灾难的制造者正是美联储。美联储不负责任的信贷扩张，制造了20世纪20年代的股市泡沫。也是美联储低利率政策，播下2008年灾难的种子。

随意开动印钞机，不可避免会带来恶性通货膨胀。有许多国家和地区，比如委内瑞拉、阿根廷、津巴布韦等，都曾因为无休止地印钞而陷入恶性通胀，那些关于美丽世界的承诺，都随着泡沫破裂化为碎片。

那么，为什么美国没有持续的恶性通胀？

16世纪时，随着大量美洲白银的输入，西欧发生通胀，但并没有变成一场灾难，原因是大量白银被亚洲特别是中国消化。美国也一样，通过布雷顿森林会议，这些成批印刷出来的美元，通过各种途径在全球范围内流通，全世界各种商品的生产者替美国人消化了这些货币增长。

当然，与16世纪西欧的区别是，美国还是一个庞大的金融帝国。

20世纪70年代以来，日益膨胀的资产和层出不穷的金融产品成为这些货币的寄居场所。这些美联储发行出来的货币，并没有全部用来购买基本生活物质，而是不断用于购买各种金融资产、偿还各种金融债务。

1980年，美国股市的总市值约1.36万亿美元，2019年为47.18万亿美元；1980年，美国房地产总市值约1.5万亿美元，2019年为25.8万亿美元；1980年，美国债券总市值约2.54万亿美元，2018年为41.3万亿美元；1980年，美国场外衍生品刚刚起步，2008年超过200万亿美元，次贷危机后发展虽有所减缓，到2018年仍超过176万亿美元……

1985年，美国终于战胜了通胀。这既要归功于美联储主席沃尔克痛苦英明的选择，但更要归功于20世纪70年代以来美国的金融化。房地产、股票持续上涨，债券总额不断扩大，各种衍生品被创造出来。这些资产的价格上涨成为美元的蓄水池，但却不用计入通胀数据中，反而被看作每一任政府的"政绩"。

就这样——印钞上瘾，信贷上瘾，债务上瘾，资产上涨上瘾。

不过，通过印刷货币制造出来的虚假繁荣，最终将通过经济衰退来纠正。正如奥巴马所说:"我相信许多财富原本就是虚幻的,一开始它们就并不存在。"

## 资本积累金融化

2020年3月2日,通用电气前董事长韦尔奇去世,享年84岁。

此刻,全球媒体都在忙着报道新冠疫情。但这丝毫没有影响大家对这位伟大CEO的追悼。因为他被称为全球第一CEO、美国最成功的企业家……

他到底对通用电气做了什么?其实概括起来就三个字:金融化。

这家由爱迪生创办的公司,在上百年的时间里,一直是美国创新标杆。1981年,公司主要销售喷射式涡轮、核反应堆、矿山设备、复合材料和电子设备等。

韦尔奇接手后,通用电气开始180度大转弯。在他任内,金融业务成为公司中流砥柱。通用金融成立于1932年,目的是为客户提供协助。但在韦尔奇手里,通用电气最终表现得像一家银行,靠借钱维持日常运营,它不再关注创新产品和服务,而是关注资本运作,通用金融也成为世界最大的商业票据发行商。

在韦尔奇统治下,通用电气不再依靠新技术来让投资者满意,而是依赖"金融巫术"。主要的利润大户也不是实业制造,而是金融化。它横跨了金融所有领域,从设备租赁到杠杆收购,直至次级贷款。2001年,韦尔奇卸任,通用电气早已不是一家工业公司,而是一家大到不能倒的金融公司,来自金融板块的利润超过50%。

20年时间里,通用电气市值翻了37倍,市值超过4800亿美元,全球第一。

通用电气是金融化的最明显的案例,但它绝对不是唯一一个。

**实际上，美国经济——从企业到家庭，几乎所有领域都转向了金融。**

从20世纪70年代开始，大型零售和制造业公司纷纷扩大金融单位。这些单位起初只是帮助消费者分期付款，但最终都成长为金融巨擘，为母公司创造巨额利润。

美国罐头公司转型为普莱莫卡金融服务公司，成为花旗集团旗下资产；通用汽车利润的大头并非来源于卖车，而是消费者购车贷款；福特汽车则通过福特信用公司，深度参与全球对冲交易；美国航空公司常常通过燃油套期保值获得更多利润，而不是卖飞机票。

英国石油公司从掉期、期货和其他金融工具中获得的收益至少占总收入的20%。他们建立了庞大的交易部门，交易产品不仅包括石油，还涉及燃气、电力、石油化工产品、货币乃至金属等方面。

美国"非金融企业"金融资产与非金融资产比率持续上升，1963年为7.28%，1980年为38.5%，到2001年为100.2%（马锦生，2014）。

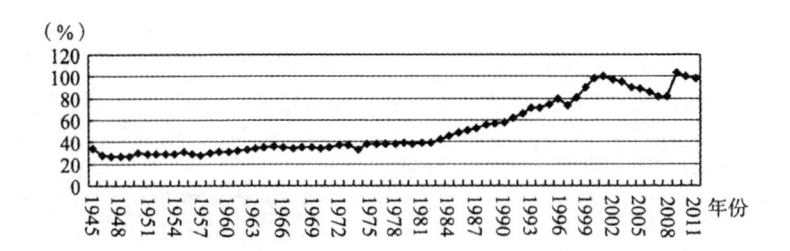

资料来源：《美国资本积累金融化实现机制及发展趋势》（《政治经济学评论》，2014年）

图14-1 美国"非金融企业"金融资产与非金融资产比率

**在实体企业实现资本积累金融化的同时，更多家庭收入也进入金融领域。**

1974年起，美国国会陆续通过了16项关于鼓励推行职工股份所有制的法案，员工持股计划实施，社会保障基金从现收现付走向资本化、基金化，固定福利养老金计划变成了个人固定缴款计划（如401K计划[1]），退休储蓄变成了机构投资者的法人资本。越来越多的家庭收入向资本市场转移，推动资产价格膨胀。

个人的经济保障越来越依赖于金融市场的整体健康，而不是公司或政府。20世纪50年代，直接持有股份的家庭不到1/10。1983年，1/8的家庭掌握股票，到2001年成了1/2。与此同时，家庭消费信贷化日益普遍。1970年，美国家庭部门负债仅0.46万亿美元，2007年为13.7万亿美元。

**与此同时，越来越多的资金在金融机构体内循环，脱实向虚。**

从20世纪70年代开始，工商业贷款占比持续下降，1974年为35.7%，2010年只有8%。相比之下，自90年代以来，家庭消费信贷和零售投资业务成为重点，不动产抵押贷款取代传统的工商贷款成为银行第一大信贷业务。

传统银行"先存后贷"的信贷模式也发生了变化，"创造贷款-持有贷款"模式转变为"贷款-出售MBS[2]"模式。以房贷市场为例，依托12万亿美元房贷，美国开发的CDO[3]、CDS[4]等市值规模超100万亿美元，为全球GDP的3倍。金融企业用这种成倍放大的虚拟资产收益来改善其资产负债表，从中赚取高额利润。

这种新的金融资本脱离了制造业，与房地产、消费信贷形成共生关系。

从1970年到2000年，美国金融业经历了惊人的发展，共同基金资产值一路蹿升，增长了163倍；纽交所日均成交量加快，翻了87倍；1985年美国金融业利润约占公司总利润20.9%，2002—2007年每年都超过40%……

---

[1] 401K计划是一种由雇员、雇主共同缴费建立起来的完全基金式的养老保险制度。

[2] MBS：住房抵押贷款证券化。

[3] CDO：债务债券抵押产品。

[4] CDS：信用违约互换。

同时，几乎所有行业都可以转化为新股发行，几乎所有类型的贷款都可以证券化并批量发售，几乎所有可定义的经济轨迹都能够作为未来收入源泉进行零售……

如果美联储要对金融部门进行一次全面检阅，那场面一定非常壮观。

从交易所、投资银行、商业银行、共同基金到对冲基金、私募股权，数万面旗帜飘扬。银行业的集中度越来越高，信用卡随处可见……在卡内基、福特去世不到100年的时间里，广义的金融部门已经取代铁路、钢铁和汽车制造的位置。

美国实体经济占全部GDP比例从1950年的62%降到2007年的34%。

戴维斯将金融化比作"哥白尼革命"，实体经济改变了轨道，围着金融转。

在这个新的金融帝国中，金融成了目的本身，而不是社会经济的助力。

有趣的是，在韦尔奇离开通用电气约15年后，通用电气决定彻底退出金融业。

在2008年次贷危机中，通用电气一度濒临破产。韦尔奇的接班人伊梅尔特不得不毕恭毕敬地跑到奥马哈市，求巴菲特借30亿美元。此后，伊梅尔特发誓重组通用电气，将公司从复杂的金融计划中剥离，重回实体经济。2015年4月，通用电气宣布出售金融集团房地产业务，并决定在未来两年剥离旗下价值3600亿美元的大部分金融业务，仅保留对制造业有利的航空、能源和医疗设备金融服务。

有人说，通用电气成也韦尔奇，败也韦尔奇。其实，这种马后炮似是而非，韦尔奇只是做了他那个时代正确的事情，并且取得了成功。

任何商业模式的边际收益都是递减的，包括金融化。

## 理论是灰色的

现代投资理论史上,最著名的洞见是一篇《投资组合选择》的短文。

1952年,芝加哥大学博士生马科维茨在《金融杂志》上发表了这篇文章,文章只有4页文字。马科维茨认为,人们不只是重视报酬,也在意风险。

在这篇论文中,马科维茨把收益和风险定义为均值和方差,为了解决投资组合的收益和波动问题,马科维茨把强有力的数理统计方法引入了资产组合选择的研究中:测量每只股票相对其他股票价格变动的相关性。

相关性为两个不同的分布提供了联系,它是最微妙又最危险的工具。

在最初10年里,这篇论文并没有多大影响,总共引用不超过20次。

从沸腾岁月开始,在马科维茨思想的基础上,投资理论大踏步向前。托宾引入无风险资产。夏普、詹森和特雷诺提出了资本资产定价模型(CAPM模型),告诉人们要获得更高报酬,就必须承担更高风险。布莱克和斯科尔斯则解出了期权方程,得出了期权的评价公式——B-S模型。

起初,这些模型只是现实世界的一个拙劣模仿,干不了什么。

默顿的加入改变了这一切。他使用一个鲜为人知的"伊藤公式",采用"时间连续性",把期权定价模型转换成为可以描述在一系列时间区间中、各种条件持续变动的情形。这项动态分析,大大扩展期权定价模型的适用范围。他开创了一个奇迹:免费的午餐是可能的,风险可以被驱逐。

长期以来,这些千丝万缕的投资理论只在象牙塔内被津津乐道,华尔街毫不理睬。20世纪70年代的危机改变了这一切。外汇、股票、债券市场的剧烈震荡迫使专业人士认真考虑学术研究,希望找到控制风险的新方法。金融的命运不再掌握在华尔街手中,甚至也不掌握在企业所有者手里,而将由一群大学教授来描绘。

期权公式引领了一场衍生品的革命。

默顿后来回忆起20世纪70年代那段日子,好像全世界都在为他们而运行。

1973年，芝加哥期权交易所成立。因为期权公式，这家交易所一开始就颇为成功。1973年第一个交易日，有284个席位参与交易，约16只标的股的911手看涨期权契约成交。即使是在1974年的惨淡日子里，每天也有32万美元成交额。不到10年时间，有针对300多家公司股票的期权合约上市。与此同时，利率选择权、国债期货选择权、货币选择权、标准普尔100指数选择权等相继诞生。

场外衍生工具也迅速发展起来。为了规避外汇管制风险，货币互换工具出现，包括企业与银行间的远期外汇交易、外汇掉期交易等。利率互换工具涌现，比如固定浮动利率交换或不同浮动利率之间的互换等。场外期权交易也被发明出来，如利率顶（caps）、利率底（floors）、利率双限（collars）等。后来，互换标的范围进一步扩大，覆盖了股票收益互换、信用违约互换等。

默顿感叹，在人类历史上，没有哪个年代见证过如此迅猛爆发的创新活动。

马科维茨、夏普、斯科尔斯、默顿他们后来都获得了诺贝尔经济学奖。诺贝尔奖委员会认为，他们所发明的方法为许多领域的定价奠定了坚实基础，该方法也创建了许多新型金融工具，并且这些工具为社会的有效管理提供了便利。

金融衍生工具的兴起，给公司财务运作注入了一股新的动力：风险管理。对公司来说，金融衍生品能够消除特定融资工具下的风险，降低融资成本。

而且，衍生理念与传统融资工具结合，出现了许多新型融资工具。

比如，一类兼具融资与风险管理双重特征的债务工具——结构性票据诞生。这种票据具有特异回报，即其利息与本金支付并非基于债务期限、市场利率或发行人信用等级、担保品等传统债券要素，而是与其他某种资产价格（如汇率或信用违约概率）挂钩。这些工具极大满足了市场主体的特殊需求。

在金融工程的加持下,股权融资工具嫁接衍生工具产生出大量混合证券。圣地亚哥大学帕特诺伊教授列举了一些古怪的证券,如可赎回的累积优先股、利息增加的可转换股等。华尔街用来满足公司融资或调整资本结构需要。但也因此改变了股权原有的收益-风险特征,带来"空洞投票权""隐性、变异所有权"等公司治理问题。

20世纪80年代,期权公式结合了一系列全新负债工具,使房屋抵押贷款市场欣欣向荣。然而,衍生品在分散风险的同时,也成为风险集聚的载体。

以次贷危机为例,美国住房贷款机构为了分散风险、拓展业务,把次级贷款(SB)打包成住房抵押按揭债券(MBS)回笼资金。投资银行购买MBS后,对基础资产的现金流进行重组,设计出风险和收益不同档次的新债券,比如担保债务凭证(CDO),为了给这些低质量的CDO增信,他们又向美国国际集团等保险公司购买信用违约互换(CDS),以及二者的结构化产品——合成CDO。这些结构化的组合产品形成了所谓的次贷价值链:SB-MBS-CDO-CDS合成CDO。

当宏观经济变化,次级贷款者违约,衍生品链条节节崩溃,危机瞬间引爆。

巴菲特说,金融衍生品是大规模杀伤性武器,是定时炸弹。

许多经济学家也把这笔账算在了衍生品头上,认为这些产品是有毒资产。

进一步地,他们认为有毒的衍生品是建立在有毒的经济学基础上。

布克斯塔伯教授写了一本《理论的终结》,认为2008年金融危机是对经济学理论的一次挑战甚至羞辱。他认为,由于人性非常复杂,通过经济假设和数学建模来认识世界,很可能导致失败。理论是灰色的,现实之树常青。经济学家必须离开黑板,回到真实世界,尊重"人之为人"的自由意志和行为复杂性。

## 交易所里没有诗人

1993年，纽交所总裁格拉索迫不及待地加入一个叫"兄弟互助会"的组织。

格拉索出身意大利工人家庭，只有高中学历，长期以来被许多华尔街精英看不起。但从这天开始，他可以和那些人平起平坐了。不过，在加入这个组织前，还有一个不成文的程序，那就是一年一度的兄弟会"羞辱仪式"。

仪式在曼哈顿的豪华酒店举行，这个晚上，人们徜徉在牛排、酒水和雪茄之中，同时欣赏由新会员表演的滑稽短剧。格拉索脚穿高跟鞋，头戴金色假发，胸前还挂着两个假胸。当他走上舞台时，台下立刻哄堂大笑。他朗诵的是著名词作家欧文·柏林的《白色圣诞节》，只不过，他把原句改成了：

"我梦想看到一个新的华尔街，矮小的意大利人遍布各个角落。"

兴奋的人们向他砸去小面包，面包如同雨点一样落在他的脑袋上。那个晚上，格拉索很受欢迎，他建立了许多梦寐以求的人际关系。

只不过，交易所里没有诗人，有的只是金钱和权力的角逐。

两年后，凭借雄厚的人脉，格拉索终于坐上纽交所董事长的位子。他是纽交所历史上第一个从内部管理层选拔出来的一把手。

格拉索首先要应对的，是来自纳斯达克的激烈竞争。这个从20世纪70年代一块电子屏幕起家的交易所，凭借低廉的挂牌费用和独具优势的多元做市商方式，一举成为纽交所（特许交易商）的重要竞争对手。

格拉索制订了一个严密的"挖墙脚"计划，从纳斯达克抢夺上市资源。他亲自向大客户展示，纽交所挂牌的股票在交易过程中很少出现剧烈波动。他不厌其烦地强调纽交所200多年历史形成品牌影响力，强调刊载纽交所股票交易表的报纸比纳斯达克多三倍。当然，最后他想说的是，纳斯达克根本没法和纽交所比。

与此同时，格拉索对纽交所的上市制度进行了大刀阔斧的改革。

在此之前，纽交所对挂牌企业只有一个标准，那就是税前利润。1995年和1999年，纽交所先后两次调整上市标准，在先前"税前利润"的盈利指标基础上，增加了"调整后净利润+市值+收入"和"市值+收入"两套标准。新标准的引入，吸引了那些因前期投资规模大、折旧高而达不到盈利门槛的优质公司。同时，纽交所还放松了企业盈利限制，对部分企业不作盈利要求，只要满足"市值不低于10亿美元且收入不低于2.5亿美元"的要求即可。

纽交所从过去侧重于公司的盈利能力，转到注重公司成长性。

凭借非凡的手腕，纽交所从纳斯达克手上挖走了多家优质企业，仅1999年就"偷走"了65家。相比之下，格拉索担任董事长以来，只让一家企业跑去纳斯达克挂牌。

1980—2000年，纽交所的IPO数量为1619家，筹资额3985亿美元。同期，纳斯达克IPO数量为5191家，但筹资额为2476亿美元，只有纽交所的62%。更重要的是，美国国际集团、伯克希尔-哈撒韦等金融巨头等都选择了纽交所，高盛等五大投行也都在纽交所。从增量看，在这1619家IPO企业中，金融行业781家，接近总数的一半。从总量看，1951年金融类公司数量占比只有1.5%，市值占比1%，到2001年，金融类公司数量占比12.5%，市值占比超过20%。

如果美国是一个金融帝国，那这个帝国的心脏，就是纽交所。

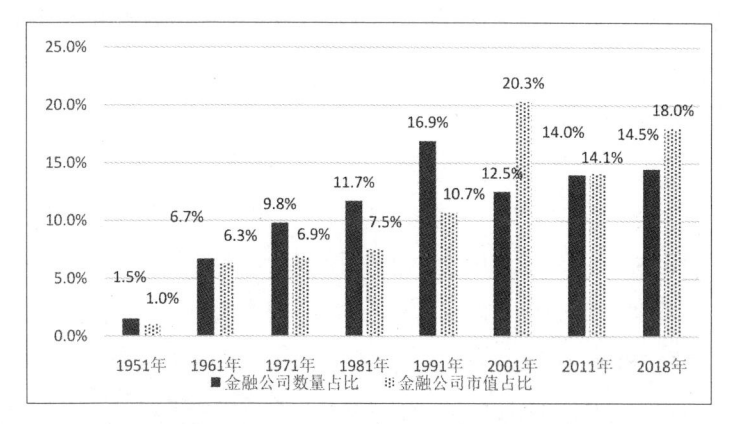

图14-2 纽交所金融类公司数量占比和金融市值占比（%）

1999年，纽交所的利润超过7500万美元，交易席位涨到前所未有的高度：265万美元，特许交易商的年薪至少200万美元。

作为纽交所领头羊，格拉索毫不亏待自己，他当年的收入是1100万美元。由于当时纽交所是一个非营利机构，他的薪酬无须披露，绝对保密。不但普通公众和员工不知道，就连纽交所的主人、交易席位的拥有者也丝毫不知情。

他成了真正的纽交所之王，权力和声望都达到史无前例的顶峰。

很多人以为，纽交所不是一个以科技应用见长的交易所。事实上，从1867年第一架股票报价器进入纽交所开始，纽交所就十分重视新技术的应用。长期以来，信息技术费用就是纽交所仅次于薪酬支出的第二大成本。2000年，纽交所日均交易量超过10亿股，纽交所交易流程唯一没有实现自动化的步骤，只剩下喊叫的股票拍卖环节，这个环节涉及纽交所的价格发现和核心竞争力。

如果时间定格在1999年，那该多么美好。

但2000年仍然如约而至，当新世纪的钟声敲响，一切都将重新改写。

一方面，高盛CEO亨利·保尔森率领一批金融高管向格拉索逼宫，企图迫使纽交所采用电子交易。高盛收购了一个叫作"群岛"的电子交易平台，与纽交所抢夺市场份额。保尔森主张，在纽交所1000只重型股中推行"电子自动撮合"。这让格拉索不寒而栗，这意味着纽交所特许交易商大额利润和纽交所90%的成交量，或将烟消云散。格拉索坚决捍卫自己的权利，不允许任何人抢占领地。

另一方面，高盛1999年上市，纳斯达克2000年上市，这给努力保持会员制的格拉索带来巨大压力。在保尔森等人坚持下，格拉索制订了纽交所上市计划。但随后互联网泡沫破灭，格拉索打起了退堂鼓，决定暂缓IPO。他这样做也有私心，2001年纽交所收入只有3000万美元，比1999年下降了60%，但他的薪酬依旧超过1000万美元。如果纽交所不是上市公司，他就无须公开薪酬。

保尔森威胁："如果纽交所不改变，我们就来改变纽交所。"

2003年，格拉索1.395亿美元的退休薪酬（1999—2007年）曝光，各大媒体顿时哗然。互联网泡沫破灭，纽交所的主人——高盛、美林、摩根士丹利等会员都过得苦哈哈的，整个华尔街损失惨重，而纽交所的CEO凭什么能如此高薪。纽约总检察长斯皮策认为，格拉索违反了法律中关于非营利公司的规定。

2003年9月17日，格拉索宣布辞职，一代纽交所之王黯然离去。

与后来的CEO表现以及薪酬相比，格拉索的薪水显得"相当合理"。2005年，高盛CEO保尔森薪酬高达3830万美元，他的继任者贝兰克梵2007年的总薪酬是6850万美元。当年声称被格拉索薪酬吓一跳的贝尔斯登CEO总收入达4000万美元，但不久后，贝尔斯登就差点破产，最后被收购。

但不管如何，保尔森终于扫除了障碍，在他支持下，高盛合伙人泰恩出任纽交所董事长兼CEO，开始大刀阔斧改造纽交所：着手拆除纽交所交易大厅，将其改造为电子交易所；安排纽交所与群岛合并，命名为高增长板，主要提供交易服务；放弃非营利地位，成为上市公司；收购泛欧交易所，开始全球化。

保尔森才是真正的王者。华尔街的权力榜上，他高居榜首。

2006年7月，在小布什邀请下，保尔森出任美国第74任财政部长。
在即将发生的次贷危机上，他还将发挥重要作用。

新世纪来临的时候，互联网技术的进步，正在深刻改变交易所的竞争环境。

2005年4月，美国SEC通过了Reg NMS[1]修正案，鼓励市场竞争来确保投资者获得最佳的订单执行价格。从2005年到2008年8月，纽交所上市股票在纽交所市场中的交易份额从79%下降到25%，其中大部分被BATS、另类交易平台、新型交易所等蚕食。传统的上市服务已经被纳斯达克逼到角落，现在交易份额也被不断销蚀，纽交所这个古老的品牌，此刻已经日薄西山。

2012年，年轻的洲际交易所（2000年成立）以82亿美元收购纽交所集团。

纽交所仍然屹立在华尔街，但它再也没法掌控自己的命运。

## 大到不能倒

提到华尔街，总让人想起风流倜傥、飞扬跋扈的莱昂那多。
他饰演的"华尔街之狼"交织着金钱、欲望和贪婪，深入人心。
电影只是电影。百年华尔街的主宰绝不是这些奶油小生，而是高盛、花旗、摩根这些古老的名字。他们操控价值上百亿美元的大宗并购，他们直接影响总统和美联储的决策，他们的CEO换个岗位就是财政部长、SEC主席……
他们曾经有个共同的名字：投资银行。
大萧条导致的《格拉斯-斯蒂格尔法案》要求，投资银行和商业银行分离。J.P.摩根被肢解为摩根大通（商业银行）和摩根士丹利（投资银

---

[1] Reg NMS：美国全国市场系统规划。

行），高盛、雷曼选择了他们擅长的投行业务，花旗则继续在商业银行领域狂飙突进。

20世纪60年代，随着401K计划的实施，基金、保险等各种机构投资者在市场上形成了巨大力量。20世纪70年代，证券化金融工具迅速流行。20世纪80年代，金融自由化浪潮来势汹汹，利率上限的Q条款被取消，利率彻底市场化，415条款加快了证券发行的程序，银行跨州经营限制被打破……

时代不断变化，一杯威士忌、一根雪茄加上个人魅力主宰的时代即将过去，投资银行更加专业化、技术化、数字化的时代来临了。

投资银行开始向交易型的金融服务商转变，大力开发商品、衍生品和资管业务。他们将触角伸到了世界每个角落，分享全球发展红利。他们放弃了近百年的合伙人制度，成为公众公司。他们化身为"门口的野蛮人"，利用垃圾债券和杠杆收购大展宏图。他们熟练地将各种金融业务联动起来，从中获取高额顾问、利息、承销等费用，同时利用信息优势翻云覆雨。

金钱永不眠、贪婪是好的……这是一个黄金遍地的时代。

华尔街的投资银行家们发现自己成为世界各地的宠儿，几乎无所不能：从兼并收购到资产管理，从财务咨询到证券清算，从承销发行到资金借贷，从权益产品到固定收益产品，从大宗商品到衍生品……

当投资银行成为宠儿时，一旁的商业银行却饱受金融脱媒的煎熬。大量贷款客户涌入资本市场进行直接融资，他们可以根据自己的风险收益偏好选择不同的共同基金、私募股权、大宗商品、高净值个人服务……

可是商业银行资产负债表的两边都在迅速枯萎。

为了绕开《格拉斯-斯蒂格尔法案》的藩篱，大型商业银行纷纷转型成为控股公司，由下设的证券机构主理投行业务。1968年，花旗就成立了控股母公司，并开始涉足投行业务，1998年，花旗收购了旅行者，一跃成为全球投行榜首。1989年，J.P.摩根重返阔别半个世纪的投资银行业，

2000年合并大通曼哈顿银行，成为最大的金融控股公司——摩根大通。

在克林顿主导下，1999年美国通过《现代金融服务法》，长达半个世纪的分业经营才落下帷幕，全能银行再也没有法律障碍。

从此，华尔街的金融巨头在"大到不能倒"的道路上一去不复返。

就像皮凯蒂在《21世纪资本论》所主张的，这些巨头的CEO颇像旧时代的地主，只不过他们不控制劳工，而是掌握了现代经济中更加重要的资源的使用权：资本和信息。他们成了地球上最富有、最有权势的那批人。皮凯蒂发现，18世纪时农地价值相当于全部资本的2/3，而21世纪的资本迥然不同，房产、商业和金融资本占到了90%以上。

比起硅谷巨头或石油沙皇，金融家才是当代资本主义的真正主人。

以这些金融巨头为中心，保险、基金、衍生品、房地产、结构性投资工具、商业票据渠道……像俄罗斯套娃那样合到一起。这些连接千丝万缕，银行风险经理都难以理解，更别提让银行领导及时领会。高盛合伙人詹斯勒说，庞大复杂的金融机构的总裁们知道资产负债表上的所有项目吗？那是不可能的。

复杂化让金融巨头能够随心所欲锁定大量利益。但复杂化带来的信息不对称、决策失误、道德风险，也将金融业务和系统性风险紧紧绑在一起。

2008年，次贷危机爆发，雷曼成为倒下的第一张多米诺骨牌。

美国政府组织了一个由财政部长亨利·保尔森为首的救援小组。在保尔森的斡旋下，雷曼CEO富尔德四处求救……当所有买家都收手后，保尔森面临两个抉择，要么放任雷曼倒闭，要么政府接手。保尔森的选择是雷曼倒闭。保尔森牵强地解释说，雷曼没有提供充足担保，美联储无法援助。

2008年9月15日，全美第四大投行、拥有2.8万员工的雷曼宣布破产。

刚开始，媒体对政府不救助雷曼，还持肯定态度。但很快，事件开始重创信贷市场，股市暴跌，海啸来袭。

好莱坞电影《大而不倒》还原了这个场景。电影中，保尔森络绎不绝地接到各种紧急电话，华尔街大佬们抱怨雷曼倒闭让自己岌岌可危，法国财长指责保尔森怎么能犯这样的错误，GE董事长的电话尤为刺耳：雷曼破产令GE出现资金困难，如果连GE都没法正常运营，美国所有生意都不要做了。

华尔街已经绑架了美国政府和民众。保尔森努力为这次绑架做了斗争，让雷曼倒闭，结果整个金融体系立刻风雨飘摇。很显然，他决不能再允许其他任何一家巨头倒下。保尔森在他的日记中写道，市场再也经不起像雷曼倒闭那样的打击了。

在雷曼宣布破产后一个月，白宫宣布救市措施，其中包括动用2500亿美元购买银行股份。美国银行，250亿美元；花旗集团，250亿美元；高盛，100亿美元；摩根大通，250亿美元；摩根士丹利，100亿美元；道富，100亿美元；富国银行，250亿美元……也是在美联储提供的安全垫下，美林、贝尔斯登分别被美国银行和摩根大通收购。

这些金融大鳄把整个美国经济都拉下水了，但还得给他们注资。

与此同时，美国国际集团（AIG）因为给各种金融产品提供保险而站在风口浪尖。在电影《大而不倒》中，保尔森的一番情绪激动的话解释了什么才叫"大到不能倒"：我们早上乘坐的班机是从AIG租赁的，市中心的建设是AIG承接的，8100万份寿险保单、账面价值1.9兆亿元，上百亿教师退休金，AIG的资产到处都是，你想要大而不倒？就是这个了。

如果AIG破产，整个金融系统全部完蛋。

鉴于AIG这种"大而不倒"的地位，美国政府向AIG进行了三轮注资，金额合计1823亿美元，最终持股92%，成为AIG最大股东。

没有得到政府救助的雷曼CEO富尔德，默默地在电视机前看着保尔森救这个救那个，说出了他在这部电影里的最后一句话：混蛋！

## 乡下人的悲歌

2016年11月9日，特朗普当选美国第45届总统。

第二天，一本名叫《乡下人的悲歌》的书，冲上亚马逊销售总榜第一名，《纽约时报》对这本书的推荐语是：读懂特朗普为什么能赢。

这本书的作者叫J.D.万斯，从小生长在贫穷的白人群体中。但幸运的是，万斯高中毕业后加入海军陆战队，退役后上了耶鲁大学，接着在硅谷上班，过上了"拥有漂亮妻子，良好工作，有保障收入"的体面生活。

这看起来是一个励志故事，但万斯只不过是乌鸦变凤凰的少数个案。他的大多数亲人、儿时朋友，仍旧摆脱不了贫穷和困顿——他们的祖先曾在美国南方当奴工；后来又当佃农、煤矿工人；在较近年代里，他们成了机械工和工厂工人。在美国，"他们是乡下人、乡巴佬，或者是白色垃圾"。

万斯书写的地理坐标，叫米德尔敦，美国著名的"铁锈地带"。

这里曾因水利便利、矿产丰富而成为重工业中心。20世纪80年代，米德尔敦有一个引以为傲的市中心：购物场、餐馆、酒吧、杂货店……一应俱全。然而，随着钢铁产业的没落，工厂被废弃，机器布满铁锈，市中心沦为废墟，商店寥寥无几……

但是，万斯写道，如果你想找发薪日贷款商，米德尔敦市中心肯定有。

所谓发薪日贷款，是一种时间短、担保低、利息高、发资快的小额贷款。放贷者通常每次预付给借款者100—500美元。而借款者会签署一张远期支票给放贷者作为回报，其中包含贷款本金和申请费用，两周后放贷者将支票兑换。其中贷款申请费，可视为一种利息费，一般每100美元申请费为15美元。

发薪日贷款被称为"掠食的鲨鱼"，不到万不得已，没有人会去尝试。

但在万斯所处的世界，这都司空见惯。"我们无度地消费，……我们购买大屏幕电视和iPad。我们的孩子穿着高档衣服。但这一切都是靠着高利息的信用卡和发薪日贷款。我们花钱去购买不需要的房屋，然后再把房屋抵押掉换钱，最后宣布破产，等到我们清醒过来，已经不得不离开住得满是垃圾的房屋。"

当地议会曾讨论要控制发薪日贷款时，万斯却并不赞成。

万斯认为，发薪日贷款是他们唯一选择，否则他们连一个圣诞节都没法过。

《乡下人的悲歌》的背后是深陷贫困和借贷中的美国中下阶层。

20世纪70年代末期，美国工人工资水平增长陷于停滞，严重滞后于生产率的进步。在一般工人工资停滞的同时，收入不平等加剧。1980年，美国最富1%家庭占总收入约10%，到2007年达到23.5%，与1929年大萧条时期几无差异。

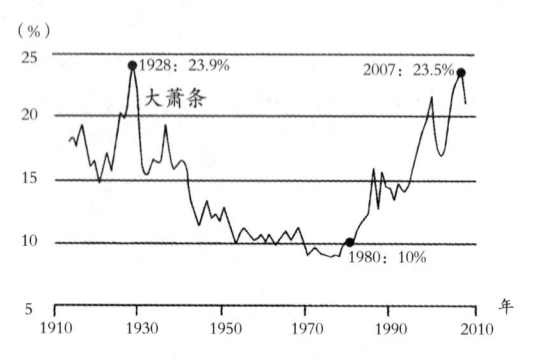

资料来源：《两次全球大危机的比较研究》（中国经济出版社，2013年）

图14-3　美国最富1%家庭收入占总收入比例

从更长、更广的时空维度来看，这种不平等现象普遍存在。皮凯蒂的研究表明，在可以观察到的300年左右的数据中，投资回报平均维持在每年4%—5%，而GDP平均每年增长1%—2%。在100年的时间里，有资本的人的财富翻了7番，是开始的128倍，而整体经济规模只比100年前大8倍（皮凯蒂，2014）。

在这个不断增长的蛋糕中，资本拿走的收益太多，贫富差距日益加大。

贫富差距的一个重要结果，是个人储蓄的崩溃和负债的增加。

在20世纪70年代至80年代早期，美国家庭储蓄占可支配收入的10%左右，但在进入新世纪之后，这一比率已经接近于零，个别年份甚至为负。

就像万斯所描述的，节俭没有什么用，我们花钱大手大脚，假装自己属于上流阶层。这些工人和工薪阶层通过金融市场的消费信贷和住房信贷维持生活水准，满足教育、医疗、住房和养老方面的需求，而金融机构则从中抽取可观利润。

除了各种各样的消费信贷，美国还发明了一种叫次级抵押贷款的工具。

联邦政府向银行施压，必须为所在社区的中低收入家庭提供有效银行服务。

次级抵押贷款主要发放给了美国工薪阶层中较贫困的部分，其利率是浮动的。2001年，次级贷在按揭中还不足5%，2007年超过13%。从2001年起，房利美和房地美开始购买次级抵押贷款，并将其证券化。起初，在美联储低利率政策下，工薪阶层还贷压力还比较小，但从2003至2007年，联邦利率从1.13%提高到5.02%。于是，次贷违约率迅速上升，金融危机一触即发。

这次金融危机对股市和实体经济的打击是巨大的。也是在这次危机中，通用汽车不得不通过破产保护的方式自救。自救方式之一，是大量关闭工厂和裁员。

简斯维尔，这座存在过80余年的汽车城市，至暗时刻不期而至。

2008年12月23日，圣诞节前两天，通用汽车最悠久的装配线——简斯维尔工厂走到了最后一刻。大门挂上了锁，工厂一片漆黑，9000多名员工失业。

随着工厂的关闭，简尔维斯立刻出现了数家贷款营业网点。这些高利贷机构，接受工人们抵押的半个月后的工资单，提前支付现金，但是利息常常高达60%左右。一夜之间，这个生意开始繁荣起来。

从米德尔敦到简斯维尔，在美国历史上，有许多地区靠一个产业兴起，然后又随着产业迁移而衰落，大部分底层劳工的命运就像一叶扁舟，随波逐流。

在美国财政和贸易赤字不断扩大的同时，美国家庭也陷入债务模式。

债务，是这个金融帝国的生命之源。

经济学家格赫拉姆·拉扬在他的著作《断层线》中说，信贷已经成为中产阶级对抗社会地位下降的深层恐惧的手段，"让他们吃信贷吧"，很好地总结经济崩溃之前对狂热年代的赞颂。从此，这个债务和信贷的"气球"[1]就从未离开。

## 大债危机

与权势熏天的财政部长亨利·保尔森相比，49岁的约翰·保尔森不值一提。

2005年，约翰·保尔森在华尔街的职业生涯已近尾声。他管理着一家不大不小的基金公司，出差坐经济舱，调研坐最后排，向上市公司提问时毕恭毕敬，相比华尔街的青年才俊和格林尼治的对冲基金大佬，他显得默默无闻。

房地产金融欣欣向荣，交易员们都在用高性能计算机模型来做决策……当整个华尔街都在讨论房地产和MBS时，保尔森却还在做保守的并

---

[1] 格赫拉姆·拉扬在他的书中将强制高额偿付的贷款比作"膨胀的气球"。

购生意。

保尔森的老同学佩莱格尼则是个彻头彻尾的失败者，两次被解雇，两次离婚，几无积蓄，年届五十找不到工作，只好哀求保尔森赏碗饭吃。保尔森"大方"地给了佩莱格尼一个初级分析师的职位，这让他感激涕零。佩莱格尼每天起早贪黑，跟比他小20岁的同事一起，在格子间里做着分析和研究。

功夫不负有心人，佩莱格尼很快有了惊人的发现。

他的第一个发现是：自1975年以来剔除通胀的美国房价指数。1975年到2000年间，剔除通胀因素后，房价年度增长1.4%。但是接下来的5年，却以每年高于7%的幅度增长。因此，美国房价只有缩水40%才能同历史趋势吻合。而且，佩莱格尼还发现，历史上每次房价下跌，都会跌破趋势线。

他的第二个发现是：做多次级债券CDS。直接卖空房市，根本不可能。但CDS却是个完美工具。当时，房市一片大好，谁也不相信会发生违约，因此，给次级贷款保险的CDS十分便宜，只需要每年交纳1%保费即可。计算的结果激动人心，即使加上佣金，一年最多只亏8%，但却可赚1200%。

佩莱格尼在走廊里拦下了保尔森，向老同学推荐CDS，做空美国房地产。

保尔森被他的主意吸引了，立刻马不停蹄地开始筹资。

基于"房价存在40%泡沫"的判断，保尔森制定了交易策略，以12倍杠杆，做空CDO和ABX指数（次贷衍生债券综合指数），做多CDS。

本杰明说，世界上的麻醉物，最危险的当属低息贷款和超额信用。

2001年，受互联网泡沫破灭和"9·11"恐袭影响，美国经济出现衰退，美联储将利率从6.5%一路降到1%。大幅降息刺激了借贷，尤其是家庭部门。

得益于日益宽松的货币政策，2000—2006年房价上涨了80%。

人们疯狂进入房地产市场，每年购房家庭比例几乎达到8%（一般约4%）。

一边是狂热买房，另一边则是狂热地为买房者提供资金。银行愿意提供更高额度，也愿意冒险，在提供抵押贷款前，不再要求收入证明，并大力推销初始利率极低（后期会上升）的浮动利率。这类次级贷款占了20%的市场份额。

银行一点儿也不用担心这类资产的流动性，因为他们很快将资产打包，以MBS的形式卖给了房地美、房利美等，然后改头换面变成了CDO+CDS，成为金融市场的宠儿。对于承销这些产品的投行CEO来说，他们在乎的是年底的分红和奖金，为此，他们将杠杆加到令人发指的地步。雷曼的杠杆是31倍，贝尔斯登的杠杆是27倍。万一破产怎么办？在他们看来，自己已经"大到不能倒"。

同时，外国资金大量涌入，参与泡沫。这部分资金很多来源于新兴经济体，比如中投就持有"两房"债券，香港也有不少投资者购买了雷曼迷你债。

强劲的资本流入，使美国公民能够得到借款，维持超出自身收入的消费水平。2006年，美国家庭债务占可支配收入比例已从2000年的85%上升到120%。

其中，债务增幅最大的，是位于最底层1/5的低收入群体。

历史上的每一次金融危机，都是由众多平静支流汇聚而成的灾难。就像这个次贷危机，导致的因素纷繁复杂：货币政策、衍生品、道德风险、全球化……

但灾难的源头，仍是资本收益的边际递减。

不论是投向房地产，还是投向复杂的衍生品，总是会遇到魔鬼。

（1）随着资本成本升高，预期利润率降低。2004年起，美联储逐步加息，从1%提高到了2006年的超过5%。（2）系统复杂化降低了资本配置效率，也加大了系统性风险。金融系统的复杂化和金融巨头大而不能倒，导致信息不对称、决策失误、道德风险……也意味着金融冲击能通过关联部门迅速向全球转移。（3）在大量资金的加持下，房地产开发出现相对产能过剩。从1995年到2005年，美国新的单位住宅建筑量翻了一番。

以保尔森为代表的"大空头"，只不过顺手推了一把。2009年年初，全球各大银行及其他公司损失近3万亿美元，股市投资商损失近30万亿美元。华尔街五大投行无一幸存，不是破产、被收购，就是被迫转型。极度混乱后，美国政府被迫出台了一系列救市措施，接管两房和保险商AIG。

保尔森虽没有任何房市和次贷投资背景，却脱颖而出。

他是皇帝新衣里那个戳破谎言的孩子，神不知鬼不觉地走在了前面，利润之巨令人眩晕。保尔森公司前后盈利约200亿美元，相当于一个人口千万的国家的GDP总和。他个人收入将近40亿美元，接近一家中等规模的上市公司。他的老同学佩莱格尼也华丽转身，2007年奖金高达1.75亿美元。

当然，保尔森也背负了骂名，他的利润满是血腥味。

电影《大空头》的主角迈克尔·巴瑞，是第一个发现CDS这台末日机器引擎缺陷的人，也曾准备大举进入。但最后，他打消了这个念头，原因是查理·芒格跟他说：房地产市场崩溃，最终是政府买单，做空CDS赚的是纳税人的钱。

# 第十五章　创新资本形成

全球科技创新角逐的背后，本质是各国创新资本形成效率的竞争。在经济领域，只有新技术创造的新经济才能满足资本永不停歇、源源不竭的贪婪。资本是技术创新的发动机，也是创新扩散的播种机，资本既是起因，又是结果。

## 从曼彻斯特到硅谷

1810年，美国商人洛厄尔以养病为由前往英国。

洛厄尔此行有一个隐藏目的，就是学习引进英国先进纺织技术。

20年前，斯莱特冲破层层封锁，将水力棉纺机技术移植到美国，赢得了美国制造业之父的头衔。但英国纺织技术的王冠——蒸汽动力纺织机，仍遥不可及。

许多美国人去往英国取经，但大部分都被英国海关扼杀了。

在英国游历期间，洛厄尔在曼彻斯特待了很长时间，目睹了蒸汽纺织厂的机器设备和管理方式。但他的异常举动被英国官方发现，并被重点关注。1812年，在返美的客轮上，洛厄尔被英国海军扣留，原因是涉嫌盗窃蒸汽动力纺织机设计图。但英国海军并没找到证据，和斯莱特一样，他将图纸牢牢记在脑子里。抵达美国后，凭借惊人的记忆力，洛厄尔仿照并改进了蒸汽动力纺织机。

机器问题解决后，洛厄尔面临的最大困难是资本。

和水力纺织机相比，蒸汽动力纺织机需要更多资本。洛厄尔的自有资本只够建一个水力纺织工厂。在朋友阿普尔顿、帕特里克的支持下，洛厄尔创造性地采用股份制方式集资。1813年，洛厄尔筹集了40万美元，组建波士顿制造公司。

洛厄尔创造了历史，波士顿制造公司是美国历史上首个现代股份公司，这种集资方式将较大投资额化整为零，加快了投资速度，满足了社会化大生产需求。

当时，在《泡沫法案》的阴影下，英国对民间股份集资还畏首畏尾。

这种以股权为中心的制度创新机会，被美国人一把抓住了。

洛厄尔在沃塞尔姆建立了工厂。他强调人性化管理，主张对工人进行德智体教育，并开办学校，让工人孩子有学上。不幸的是，1817年洛厄尔英年早逝。

但洛厄尔的事业并没有中断。他建立的波士顿制造公司并不像合伙企业那样，因为创始人逝世而终结。从1822年起，波士顿制造公司的投资重心转向东切尔姆福德地区。为了纪念洛厄尔的伟大成就，波士顿商人一致同意将此地改名为"洛厄尔"。到1840年，波士顿制造公司已经拥有31家纺织工厂。

洛厄尔一跃成为全球纺织中心，被称为"美国的曼彻斯特"。

洛厄尔的纺织工业的繁荣见证了创新的典型扩散历程。

这条路线从英国开始，然后西欧（比利时、法国）、中欧（德国、奥地利）、东欧……但与法、德同时的还有美国。姜洪教授提出了一个疑问：这条创新扩散路线为什么不是英国—法国—西班牙、葡萄牙……难道是比利牛斯山太高吗？但阿尔卑斯山也不低。为什么不是在法国之后穿过地中海，去往突尼斯、阿尔及利亚……是地中海太宽了吗？那这些创新为什么又能横渡大西洋,到北美落地生根?

从1500年开始,西欧经历了漫长的商业资本主义的浸染。

有限公司、债券市场和商业银行被发明出来,资产阶级革命不仅带来了新思想、新制度,还带来了新阶层:企业家群体。当西班牙、葡萄牙把从殖民地掠夺的财富,用于维持王室贵族的奢侈生活时,英、美、法、德等地的企业家群体,则把这些金钱,通过日益完善复杂的资本工具,投向了技术创新和产业发展。

希克斯教授考察英国的工业革命后就认为,工业革命不是技术创新的结果,而是金融革命的结果。工业革命早期使用的技术创新,大多数在工业革命前早已有之,但业已存在的技术发明缺乏大规模资金以及长期资金的资本土壤,便不能使其从作坊阶段走向大规模的工业产业阶段,"工业革命不得不等候金融革命"。

按照康德拉季耶夫长波理论,工业革命以来,约出现了五个技术周期。

每一轮周期大约40—60年。罗杰斯认为,创新需要经历漫长的时间,才能转化为大规模商业生产。这是勇敢者的游戏,既要克服既得利益者和世界观的压力,还要解决不断增长的资本需求问题。

**第一轮技术周期,以纺织工业兴起为标志,时间是1770—1825年。**

先行者们以合伙形式,在自己园子里"破土而出",并沿着河流建立工厂。大量私人银行、乡村银行为工厂生产线建设提供了大额、长期、廉价资金。

**第二轮技术周期以铁路、炼铁工业为标志,时间约为1825—1875年。**

债券为大众投资者所接受,优先股广泛使用,股份制形式也满足了这一时代对巨额资金的需求。

**第三轮技术周期是电气化和重工业化,时间是1875—1920年。**

这时候的技术以霍夫曼的焦油化学、卡内基的酸性炼钢法、爱迪生的电气电力为杰出代表，巨型企业在"泰勒主义"下有序运转。金融资本一跃而起，成为主宰力量，现代投资银行和具有高度流动性的股票市场在华尔街茁壮成长。

与此同时，一些嗅觉灵敏和有前瞻性的金融资本被分配到了实验室。

19世纪70年代，德国合成染料企业建立了世界上第一批工业实验室。1876年，爱迪生开创有组织的技术研究先河。1890年起，通用电气、杜邦公司、贝尔纷纷建立起了实验室，大批专业研究所诞生……越来越多的企业主动发掘技术潜在效率，并加速将其引入生产领域。

第四轮技术周期是石油、汽车和大规模生产的时代，时间约1920—1975年。

在美国，以分工和专业化基础的刚性生产模式兴起，消费金融应运而生。

第五轮信息技术时代，互联网成为社会基础设施，时间是1975年至今。

硅谷成为经济引擎，大量资本从美国东岸来到西岸，摇身一变成为标准化的风投基金，不断催生崭新的产业：半导体、计算机、软件、互联网……为了适应这些新产业的新需求，创业板市场建立，A、B股结构再次出现。

在信息技术引领下，人们的资产组合也在发生巨变，基金业崛起，高频交易、跨期套利等改变了人们的投资理念，证券化将一切转化为可交易的资产……

表15-1 历次技术革命浪潮的发展阶段

| | 成果转化 | 先导产业 | 新基础设施 | 推广应用 | 组织形式 | 资本形成方式 |
|---|---|---|---|---|---|---|
| 第一次产业革命 | 水力纺纱机 | 机械化的棉纺织业 | 运河 | 熟铁、机器制造（英国） | 工厂 | 合伙、以英格兰银行为中心的私人银行、乡村银行 |

(续表)

| | 成果转化 | 先导产业 | 新基础设施 | 推广应用 | 组织形式 | 资本形成方式 |
|---|---|---|---|---|---|---|
| 第二次蒸汽和铁路时代 | 蒸汽机 | 蒸汽机设备 | 铁路、电报、大型港口 | 铁矿和煤矿业、机器制造、工业动力英国传播至欧洲、美国 | 工业城市、标准化生产、全国统一市场 | 各类债券、优先股、股份公司 |
| 第三次钢铁、电力和重工业时代 | 钢铁、发电机 | 廉价钢铁、电力设备、重化工 | 电力网络、电话、大型桥梁隧道 | 钢制汽轮、民用工程、纸业包装美、德赶超英国 | 巨型结构、规模经济、横向一体化、世界市场 | 普通股、现代投资银行和具有高度流动性的股票市场，金融资本统领全局 |
| 第四次石油、汽车和大规模生产时代 | 内燃机 | 量产汽车、石油燃料 | 高速公路、机场组织、石油管道、有线无线通信 | 石化产品、家用电器、航空美国传播至欧洲 | 大众市场、纵向一体化、超大城市 | 小额信贷、分期付款等消费金融 |
| 第五次信息和远程通信时代 | 计算机 | 半导体、集成电路、英特尔微处理器、生物科技 | 数字通信、卫星、光纤电缆 | 软件、控制设备、互联网、消费电子美国传播至欧亚洲 | 信息密集型经济、网络非集权一体化 | 风险投资、创业板、A、B股结构、技术并购、证券化等 |

**资本在为技术创新提供持续动力的同时，也被改变得面目全非。**

从曼彻斯特到硅谷，无论在哪一轮技术周期，资本市场都是组织和制度创新最活跃的领域。创新已成为资本的组成部分，两者前所未有地结合在一起。

## 经营风险的生意

一下飞机，年轻的分析师阿瑟·洛克就被旧金山温和宜人的气候吸引了。

旧金山冬季温和多雨，夏季干热，全年介于十几到二十几摄氏度。这种地中海气候,据说全球只有2%的地方能如此幸运。1955年,"晶体管之父"肖克利从东海岸贝尔实验室辞职,重归故里西海岸旧金山帕洛阿图,建立肖克利半导体实验室,一个重要原因,就是这里全年阳光明媚,实在令人难以抗拒。

但洛克此行并不是度假,而是去干一件不太见得光的事。

一个月前,洛克所在的斯通投资公司收到一封信,这封信来自肖克利实验室一群半导体科学家。他们自称长期受到肖克利的"虐待",难以忍受其飞扬跋扈的管理方式,打算寻找雇主另立门户,"如果能找到合适赞助商,我们可以同时带来总数约30人的高级人才和一支出色的辅助员工队伍"。

洛克对这些人的聪明才智留下了深刻印象,也了解到半导体的商业潜力。洛克代表公司向众人提了个不同寻常的建议,由团队成员建立自己的公司,而不是寻找集体雇佣。斯通公司负责融资,作为回报,他们要求得到新公司部分股权。

洛克的建议使整个团队大吃一惊。

这些科学家一直生活在科研环境而不是企业环境下,他们从未想过要创建自己的公司。当时,也几乎没有科学家或工程师自己建立新的商业企业。

但是,他们觉得从职业发展角度,这个建议极具吸引力。

在接下来的筹资过程中,洛克遇到了相当大的困难。

他联系了超过30多家潜在公司,但都被委婉拒绝。

因为这不仅是一个没有产品的公司,还是一个没有经营管理经验的团队。

功夫不负有心人,一家军需承包商仙童摄影公司对半导体表示了强烈兴趣,并愿意打破常规。在洛克的周旋下,斯通公司代表团队同仙童摄影进行协商,签订了西海岸首批风险集资协议。协议规定,仙童摄影筹资建立仙童半导体公司,为其提供一年半的运营贷款——138万美元。斯通公司、8位科学家共同拥有这家新公司。协议规定，如果新公司取得成功，仙童摄影有权在2年后以300万美元或者在8年后以500万美元对之进行收购。

1957年10月，8位创始人离开肖克利，成立仙童半导体。

肖克利对8人的离开怒不可遏，称8人为"叛徒"。这8个人是：罗伯茨、克莱纳、赫尔尼、摩尔、拉斯特、格里尼克、布兰克和诺伊斯。

1958年初夏，仙童半导体向IBM交出了第一批产品。也在这一年，美国通过《小企业投资法案》，为风投公司扫清了法律障碍。当年，仙童半导体销售量为50万美元，到1960年，增长到2100万美元。

仙童半导体连续开发了平面工艺和集成电路，确定了硅芯片工业的产品、工艺和制造体系，使得高可靠性电子系统成为可能。

通过为仙童半导体筹集资金，洛克确信，温暖的旧金山圣塔克拉拉谷有一股吸引资金的巨大力量。在他看来，"钱虽然在东岸，但硅谷蕴藏着商机"。

1961年，在忍受了四年的夜间飞行后，洛克决定搬到加利福尼亚。

洛克离开了纽约，在旧金山创立了属于自己的公司。他先后直接或间接投资了科学数据、泰利达、英特尔……他还因为欣赏乔布斯的口才和活力，而成为苹果公司的第一个投资者……洛克的事业财运兴旺，从1961到1968年，他总共筹集500万美元，为他的投资人赚回1亿美元。

洛克不是历史上最成功的风险投资人，但却是第一批吃螃蟹者。

沿着洛克的脚步，越来越多的东岸投资家搬到了西岸。在东海岸，金钱就是力量，金钱主导是商业上无须阐明的假设，"在波士顿，创业者穿戴整齐准时赴约来精诚打动投资者"。可是，西海岸不是这样玩的，真正的宝石是手握未来的企业家，而资金就是一种辅助物品。

根据协议，8人的股份被收购，但他们并没闲着，而是开始了新的"叛逆之道"。1961年，赫尔尼、罗伯茨和拉斯特创办了Teledyne。1962年，克莱纳创办了Edex以及后来著名的风投公司KPCB。1968年，诺伊斯带着摩尔建立了IT巨头英特尔。布兰克成了一名投资家和创业顾问。8人中唯一没有从商的是格里尼克，他成为加州大学伯克利分校的一名教授，并在1975年出版了《集成电路》。

从仙童开始，创新创业的基因镌刻进了硅谷的每一个细胞。

20世纪60年代，在洛克、戴维斯、克莱纳、钱伯斯等人的推动下，风投领域进行了一场无声的革命，他们为风险投资建立了一套行业标准，包括普通合伙、有限合伙、出资比例、薪酬体系、管理费率等。他们每个月都在旧金山大学城举办例会，交流信息。他们中的很多人逐渐从旧金山搬到了今天的沙山路。

表15-2　美国知名风险投资公司和所投企业

| 风投机构 | 成立时间 | 所投代表性企业 |
| --- | --- | --- |
| 红杉资本 | 1972 | Apple、Google、Cisco、Oracle、Yahoo、LinkedIn |
| KPCB | 1972 | Compaq、Sun、Amazon、AOL、Google、Lotus Software |
| 恩颐资本 | 1978 | Groupon、3Com、TiVo、WebMD、Fusionio |
| Accel Partners | 1984 | Dell、Facebook、RealNetworks、Veritas、Macromedia |
| 德丰杰 | 1985 | Hotmail、Skype、Overture、百度、分众传媒 |
| 华登国际 | 1987 | Ambarella、Quantenna、新浪、中微半导体、大疆创新 |

资料来源：深圳证券交易所报告《新一轮科技革命下企业融资特点》。

因为得天独厚的环境，沙山路很快就成了西海岸的"华尔街"。

高风险的投资事业历史悠久，至少可以追溯到中世纪，并在近代探险中发扬光大。在过去数百年里，从瓦特到爱迪生，创业者不得不依赖于他们的亲人、朋友、当地商人以及一些敢于为有风险的事业做出贡献的富翁。

但20世纪60年代开始，风险投资从个人爱好或富人副业，转变为一个行业。

为获取比股票、利息更高的收益，各类银行、养老基金、大学基金、保险公司、富人中产等纷纷加入进来，这些资金雄厚的风险资本成为"风险投资家的培训基地"。伴随产业发展的步伐，今天风险资本行业已经遍及全球。

风险投资总是和高科技联系在一起，从半导体、生物技术、个人计算机，到互联网、人工智能，风险资本成为20世纪下半叶技术变革的主要推动力。

## 商业银行能干什么？

20世纪80年代初的硅谷，有许多影响深远的大事正在发生。

电子邮件诞生了，随后互联网起步；苹果上市了，市值为创纪录的13亿美元；IBM推出了个人电脑，采用微软系统……但对于比尔·彼格斯坦夫和罗伯特·梅德亚里斯来说，这一切似乎都和他们没有关系。这两位失意的高级管理人员，一到晚上就凑到一起玩一种叫德州扑克的纸牌。虽然他们也意识到，一场全新的高科技革命正在发生，但那时候，他们不知道自己能够做什么。

沙山路的风险投资公司已经够多了，他们没有任何这方面的优势。

某天晚上，这几个哥们突然悟出一些道理，就像玩扑克一样，只要尽可能地了解对手，做好资金管理，就可以长期盈利。

自淘金热以来，旧金山就是美国西部的金融中心。人民银行家贾尼尼的小额信贷就是从这里走向全美。但为何这些银行几乎没有注意到硅谷正在发生的革命？银行一直专注支票账户、现金管理以及信用证、融资租赁，却不愿意和创业企业打交道。银行的特质是规避风险，而这与硅谷冒险的作风格格不入。

彼格斯坦夫和梅德亚里斯决定填补这个市场空白。

1983年，硅谷银行成立，注册资本500万美元。

硅谷银行刚成立的时候，除了给新兴增长企业贷款，主营的仍是传统服务。但随着直接融资市场的发展，金融脱媒现象日益严重，商业银行举步维艰。从1980年年末开始，硅谷银行逐渐把业务对象调整为技术和增长型公司。为此，他们开始加强与硅谷的合作，彻底革新产品和服务。

"技术创新的中心在哪里，我们就在哪里。"

硅谷银行与风投、科技企业之间，不是简单的服务关系，而是一种强关系的连接。

硅谷银行没有银行柜台，不吸收公众存款，其资金主要来源于贷款客户及风投机构。由于客户必须将资金存放在硅谷银行，银行可以有效对客户资金流向和资金利用情况进行监控，还可以分析客户公司运行情况，为客户提供咨询服务。而风投机构的存款多为活期账户，资金成本较低，有利于提高息差收益。

刚开始的时候，硅谷银行主要服务增长期和成熟期的高科技企业。

硅谷银行为他们提供流动资金贷款，比如，根据创业公司的资产，为可收回账款提供贷款。硅谷银行还开发了大量现金管理业务，以使企业家可以安心经营公司，而不必花太多的时间在公司现金流上。

硅谷银行也是美国唯一一家向未盈利公司提供贷款的银行。

同时，硅谷银行还为私募股权和风投基金提供贷款服务。

表15-3 硅谷银行提供的产品和服务

| 提供的服务 | 加速器服务 | 增长服务 | 企业金融服务 |
| --- | --- | --- | --- |
| 企业发展阶段 | 初创期到早期 | 中期 | 成熟期 |
| 销售收入规模 | 500万美元以下 | 500万—7500万美元 | 7500万美元以上 |
| 产品 | 没有产品，专注研究开发 | 产品进入市场 | 在全球推出产品 |
| 企业管理 | 创始人+初始团队 | 引入职业经理 | 专业管理团队 |
| 风险状况 | 持续融资风险 | 商业风险 | 商业风险 |
| 主要金融产品 | 中长期创业贷款 | 流动资金贷款（供应链融资）、闲置资金管理 | 现金管理、全球财务管理 |

（续表）

| 提供的服务 | 加速器服务 | 增长服务 | 企业金融服务 |
| --- | --- | --- | --- |
| 其他服务 | 介绍投资者、指导如何创业 | 协助推进国际化 | 指导开展并购、管理全球业务 |
| 市场占有率 | 50% | 10%—12% | 小于10% |

资料来源：《这里改变世界：硅谷成功创新之谜》（中信出版社，2013年）

后来，硅谷银行最重要的贷款产品逐渐变为创业贷款，市场占有率超过50%。

很多人问："为什么硅谷银行能控制坏账率？"

硅谷银行接受专利技术作为抵押担保。除了获取利息收入，他们还设定认股期权，在企业公开上市或被收购时可以选择行权。硅谷银行还为创业企业提供多元化的增值服务，深度参与到企业经营目标的实现过程当中。

长期以来，硅谷银行客户主要集中在软件与互联网、硬件、生命科学与医疗三大行业。对于这些新设立、成长快但风险高的中小企业，硅谷银行采取的模式是投贷联动，贷款对象是接受过风投机构A轮或A+轮企业。

有人这样总结硅谷银行和一般商业银行的区别：

如果你确认拿到红杉的500万美元融资，然后你向银行要100万贷款。一般的商业银行会问你：红杉是谁？而硅谷银行会告诉你，100万美元已经打到了你账户上。

正是凭借这种与风险投资、创业企业的紧密合作和联系，硅谷银行逐渐成为一家关注创新领域的多样化金融服务商。今天，硅谷银行的业务范围早已突破传统商业贷款，涵盖证券投资、财务顾问、市场分析等各个领域。他们站在了创新创业的最前沿，并因此获得了丰厚的回报：从1993年起，硅谷银行的平均资本回报率是17.5%，而同期美国银行平均回报率是12.5%左右。

## 大象的华尔兹

1946年2月，世界上第一台现代计算机ENIAC诞生。

ENIAC占地面积约170平方米，能够重新编程，每秒执行的运算速度是手工计算的20万倍。

IBM总裁老沃森的儿子小沃森看到这个庞然大物时，立刻就被吸引了。

小沃森试图说服他的父亲启动计算机研发项目，但当老沃森看到科研小组的模型和预算时，他犹豫了。研发成本之高昂，对IBM来说简直难以承受。这个真空管和电子零配件装成的巨大机器，吱嘎作响，丑陋难看，听起来像满满一屋子的人在织布。老沃森很怀疑这些机器的市场，他甚至断言：世界对计算机的需求大约只有5部。为此，父子俩经常发生争吵。

但老沃森还是妥协了，他已经70多岁，没有太多精力掌控全局。

1949年小沃森在当上副总裁后，把研发费用从3%提高到9%。小沃森招聘了超过4000名意气风发的青年工程师，还与麻省理工结成战略联盟。

1950年6月，朝鲜战争爆发。9月，IBM收到了海军实验室的一笔订单：一台高速电子计算机。1950年，IBM长期欠款有8500万美元，而当年净利润只有3700万美元。这个军用电子计算机是IBM的一次大型冒险行为，仅设计和制造样机就需要花费300万美元，整个计划成本超过1200万美元。

为此，老沃森彻夜难眠，他害怕自己一生心血被无法无天的儿子糟蹋了。

1952年4月，IBM正式推出适用于军事领域的IBM701"国防计算机"。

除了军事用途，这款计算机还能批量应用到适合消费者需求的商用过程。"原子弹之父"奥本海默盛赞这是"对人类极端智慧的贡献"。1956年，IBM占领了计算机行业约70%的市场，老沃森终于可以放心地把总裁职位交给小沃森。

IBM的历史掀开了崭新的一页。科技巨头的革新和成长，就好像要指挥一头笨重的大象灵巧地跳起华尔兹。除了领导者的战略眼光，还有两个重要因素：政府支持和研发投入。

**政府是科技进步的最大风险投资者。**

高科技的发展史，可以看作是一个受益于技术军转民的最佳示范。

从长远看，IBM的发展与政府、军方息息相关。20世纪50年代，IBM与计算机相关的销售额超过一半来自两个军方合同：一个是B-52轰炸机的制导计算机，另一个是海军项目"半自动地面环境探测系统"（SAGE）。在整个50年代，仅SAGE就给IBM带来超过5亿美元的销售额。

在美国，政府不仅是公司规则制定者、产品购买者，也是早期系统开发的资助者。在大学计算机项目中，接受政府资助的占70%；电子工程的最初动力来自两次世界大战带来的军事需求；超级计算机的主要用户是军队、安全局和核武器实验室；第一批硅晶体管用户是空军及导弹系统，第一批集成电路用户是宇航局；互联网源于美国国防先进研究项目署，万维网则由欧洲粒子实验室发明……

政府是高科技的第一个客户，战争则是其第一个应用领域。

**研发投入是企业锻造竞争力的重要手段。**

20世纪50年代末，IBM的地位受到挑战。比如，一家名不见经传的数据公司，出人意料地造出了CDC6600巨型机。这让IBM深感威胁。20世纪60年代，小沃森再次豪赌，高额投资研发新型计算机：IBMS/360。IBMS/360总共花费52.5亿美元，超过原子弹计划"曼哈顿工程"。但也是这款产品，让IBM再次称霸世界。

在IBM，研发一直都处于不可撼动的地位，这是IBM数次华丽转身的资本。

是不是研发投入越多越好？就像所有投资一样，研发也会遭遇边际递减。

20世纪90年代，IBM变得停滞不前。经过仔细分析，IBM发现在研发费用、研发损失和产品上市时间等方面远落后于业界最高水平。IBM研发占总收入12%，业界最高水平为6%。IBM研发损失是26%，而业界最高水平为3.3%。

1993年，郭士纳担任IBM总裁。他在大量裁员后，实施了一套名为"集成产品开发"（IPD）的研究管理体系，彻底摧毁旧有生产模式，从流程重组和产品重整等方面缩短产品上市时间、提高开发效率。IPD实施3年后，IBM研发费用从12%减少到6%，研发损失费用从26%减少到6%，产品上市时间大大缩减。

1994年底，IBM获得了自90年代以来的第一次盈利：30亿美元。

**为实现技术领先，除了自主研发，还有一条路：技术并购。**

为了使IBM这只大象重新跳舞，郭士纳进行了许多大规模并购。1995年斥资35亿美元收购莲花软件，2002年收购普华永道的咨询部门和瑞理软件公司。2001年，IBM在技术界仅次于微软，名列世界500强前十。

2002年郭士纳离职时，IBM已从废墟上再度崛起，重现昔日辉煌。

沿着郭士纳指明的方向，在这之后20年里，并购重组成为IBM主基调。2000—2009年，IBM共收购了35家公司，仅次于思科（48家），高于微软（30家）和谷歌（17家）。2010年起，IBM收购范围转向云计算、大数据和人工智能，仅大数据领域就超过30家，包括智能软件Cognos和统计软件SPSS。

但2020年，在世界500强的榜单上，IBM仍滑落到了118位。

大象能否再次起舞？

2019年7月，IBM以340亿美元巨资收购小红帽。面对亚马逊、微软、阿里巴巴等强劲对手，IBM选择开源技术一哥小红帽作为自己的撒手锏。这是IBM史上最大规模的收购，也是"百年老店"IBM为自己转型进行的又一笔豪赌。

资本 5000 年

## 技术英雄站上舞台

1995年春，佩奇遇见谢尔盖，两人一见如故。

那年佩奇22岁，谢尔盖21岁。沐浴在加州温暖的阳光下，两人争论起来，火花四溅。不吵不相识，智力角逐很快演变成长久的友谊。

与佩奇不一样，谢尔盖出生在莫斯科，是个不折不扣一代移民。谢尔盖的父亲曾在苏联担任统计官员，移民美国后成为一名数学教授。

就像历史上的伦敦、纽约一样，硅谷以开放胸怀收留各方人员。它的作用范围，不仅是加州4000万人，也不仅是美国3.3亿人，而是全球70亿人。

**硅谷成功的第一个关键要素，就是它是一个典型的开放系统。**

在硅谷新创办的高科技公司中，超过50%公司创始人中至少有一位移民。

人们总觉得，美国是世界上最富创新精神的群体。但仔细分析一下就会发现，几乎没有一项重要发明来自地域广袤的传统地区。从19世纪发明电话的贝尔，到杨致远和谢尔盖，再到特斯拉的马斯克，都是第一代移民。

风险投资非常愿意把钱交给移民，因为他们有改变自己地位的强烈愿望。

硅谷的多元文化，也使这些创业公司一开始就十分国际化。

1996年，佩奇和谢尔盖同时成为斯坦福大学的博士生。为了完成论文，他们合作开发一个叫作BackRub的搜索引擎。这个搜索引擎在斯坦福大学的服务器上运行了一年多，最终因为占用太多带宽而引起校方不满。1997年，他们将BackRub更名为Google，代表10的100次方，意蕴无穷无尽的信息。

**硅谷成功的第二个关键因素，是处在一个世界上最好的大学网络中。**

斯坦福、加大伯克利、加大旧金山、圣何塞……这些大学培养了大批工程和科学人才，为硅谷的那些大型公司和初创企业源源不断地输送"燃料"。

风险投资家德雷帕说，没有斯坦福，就没有硅谷。

佩奇和谢尔盖的网站越来越受欢迎，这表明它可以商业化。

1998年8月，SUN公司的联合创办者贝托谢姆给这个尚不存在的公司开了一张10万美元的支票。为了兑现这张支票，佩奇和谢尔盖申请注册了一家公司，取名为Google（谷歌）。有记录表明，他俩当时还想回学校完成博士学位。他们先后联系了Excite、雅虎，希望以100万美元价格出售谷歌，但都遭到了拒绝。

1999年6月，红杉和KPCB决定向谷歌提供2500万美元风投。这被证明是20世纪90年代全球回报最高的投资。在2007年时，其价值已超过400亿美元。

**硅谷成功的第三个关键因素，是建立了一套创新支持生态体系。**

在这个体系中，为创业家提供资金、服务和咨询，帮助企业家成长的创投机构，是其中的"基石组织"。

硅谷以创新闻名于世，但其实硅谷的原创发明很少。硅谷没有发明晶体管、集成电路、计算机、互联网、浏览器、搜索引擎、社交网站、智能电话……生物科技和绿色科技也并非出自硅谷。硅谷所起的作用，是使这些技术"迅速传播"。硅谷有着独特的、近乎魔鬼般的嗅觉，能迅速理解一项发明对于社会的颠覆前景，并从中挣到大钱。

硅谷文化的内核，是宽容失败，这使硅谷更善于科技培育和产业转化。

2000年以后，互联网泡沫破灭，裁员和破产席卷硅谷。

当很多竞争对手深陷困境时，谷歌趁机延揽人才。很多技术天才从其他地方赶来，与两位创始人一道工作。佩奇和谢尔盖慷慨给予了他们大量股票期权。

**硅谷成功的第四个关键因素，是建立了一套以股票期权为代表的激励**

机制。

在硅谷，股票期权被视为首选货币，是员工奋力拼搏的催化剂。

2001年，谷歌开始盈利，第一笔盈利的收入达到了700万美元。

对于硅谷大多数企业家来说，IPO是最终梦想。他们可以沉浸在聚光灯下，用美元衡量自身价值。佩奇和谢尔盖也深知，从接受风投那天起，上市就不可避免。他们有责任让天使投资人、员工把所持股份变成现金，也有义务为风投公司的投资者实现收益。

在硅谷，律师、会计师和投资银行家的重要工作，就是帮助创业公司IPO。但这些机构也饱受非议。KPCB创始人珀金斯就说："他们是不可或缺的恶魔。"

既然上市不可避免，佩奇和谢尔盖就想按自己的规则来。长期以来，投资银行牢牢控制着IPO的整个过程。他们为公司股票定价，决定哪些投资者能够买到股票，并从中收取高额服务费，一般高达融资额的7%。华尔街还会故意压低IPO的价格，然后让优选客户在上市第一天就抛售股票并从中获利。佩奇和谢尔盖知道很多丑闻，有的不道德，有的违法，满是邪恶。

两人非常反感投行在收费上的垄断，也不愿卷入这种腐败堕落的体系。

在提交给美国SEC的股票声明中，谷歌提出了一种截然不同的发行方式。整个上市过程，被称为高科技版本的"荷兰式竞拍"。谷歌先设定一个价格范围，根据在线收集潜在投资者的出价，计算能把所有股票都卖出的最低价格（结算价），等于或高于结算价的标单，一律按结算价得到配股。在资金允许的情况下，投资者都可以有同等机会购入一些股份，没有人因为出身或人际关系被排除在外。

这是典型的谷歌方式，就像他们宣称的"不作恶"一样。

2004年8月19日，谷歌在纳斯达克以每股85美元完成IPO，筹集到16.7亿美元。负责上市的两家公司——瑞士信贷和摩根士丹利拿到的佣金不到通常的一半。这种发行方式帮助谷歌公平分配股票，牢牢把握住了主导权。

这是强势资本第一次向科技英雄俯首称臣。佩奇和谢尔盖打破了投行垄断，赢得了饱受投行压迫的企业家的尊重。人们猜测，这次公开募股是否预示着技术公司新时代的开始？从此，技术型企业家站到资本市场舞台的中央！

## 纳斯达克崛起

20世纪70年代初，有三件重要的事情塑造了今天的华尔街。

首先是固定佣金制的终结。自20世纪60年代以来，机构投资者崛起，他们四处寻求较低的佣金比率。1975年5月，实施了近200年的固定佣金制寿终正寝。这个无可避免的结果，产生了残酷无情的赤膊竞争。客户必须得到随叫随到的待遇、最好的研究、持续不断的跟进服务。现在，许多美国券商已实行零佣金制度。

其次是全美市场体系的建立。美国资本市场是一个多类型、多交易中心的市场体系。1975年，美国国会下令建立全美市场体系（NMS），将美国的各个证券交易所和第三市场都连接起来。NMS意图建立一个全美范围的证券交易报价市场，提高竞争性和透明性，以使投资者能以最好的价格买卖股票。

**比浮动佣金和NMS更重要的，是纳斯达克市场的诞生、崛起。**

1938年，为了给场外市场提供监管指导（纽交所、美交所已内置监管职能部门），美国国会创立美国全国证券交易商协会（National Association of Securities Dealers）。那时候，优质公司在纽交所上市交易，这是一个上市标准相当严格的市场。次优公司在美国证券交易所交易，准入条件要低一些。而那些在场外市场交易的股票，进入标准就更加宽松了。

很多规模较小的公司，特别是那些刚刚成立不久的科技型创业企业，在公开发行后往往得依附场外市场一段时间，然后才有资格到那两个主要交易所之一上市交易。在场外市场，股票做市商一般会在前一天准备好报价，然后交给美国国家报价机构，报价机构再把报价印在粉红色的单子上发布出去。

所以，这种"场外市场"又被称为粉单市场。

问题在于，粉单是在不同时间里收集，又在不同时间里印出来，等到经纪人或投资者拿到粉单时，报价已经旧了。为了创造一个相对公平的市场，美国全国证券交易商协会自己作主，为场外市场建了一个庞大的、专门收集和处理市场零散报价，然后再向市场发布统一股票报价信息的计算机和通信网络系统。这个系统全称为美国全国证券交易商协会自动报价表（National Association of Securities Dealers Automated Quotations，NASDAQ），即今天的纳斯达克市场。

出人意料的是，这个系统很快得到认可，一个全新的市场茁壮成长起来。

报价系统刚推出的时候，参与报价的证券数量有2300多只。第二年，纳斯达克交易量超过22亿股，接近当年纽交所成交量的一半。1975年，纳斯达克顺势推出了第一套上市标准，对挂牌公司的总资产、股本及资本公积、公众持股数、股东数及做市商数量提出了要求。从此，纳斯达克将自己与场外市场区别开，成为一个完全独立的上市场所。1975年底，纳斯达克共有上市公司2598家。

传统交易所将交易活动集中在交易大厅，采用每只股票由一个专家负责的股票拍卖机制。而纳斯达克的股票交易则发生在两个处于不同地理位置的做市商之间，通过电话或租用的通信线路来完成交易。相对交易大厅模式，纳斯达克是一个开放型的虚拟证券市场，特别适合于不同风险的市场参与者。

这时候的纳斯达克，已经成长为美国第二大证券市场。

纳斯达克在设立时，并没有专门针对新兴产业和高成长性中小企业这一概念，但他们设立的上市条件，正好适合于这类公司。而且，那些科技型创业公司如英特尔、思科、微软、苹果等，天生就认为与纳斯达克基因契合。他们无法理解，为什么像纽交所那样的市场，人们站在交易席位旁，相互声嘶力竭地叫喊着，会比计算机支持的系统更有效率，计算机是可以24小时不停运转的。

为了让科技公司更容易上市，纳斯达克取消了公司必须盈利的规定。

当纳斯达克的交易量迅速增加时，纽交所开始警觉了。

从20世纪80年代开始，两家交易所开始了旷日持久的竞争。

为了抢夺上市资源，纽交所主席亲自上门推广。从1990到2003年，共有680家上市公司选择离开纳斯达克，转到纽交所挂牌交易。这些公司离开纳斯达克的原因主要有三个：一是公司成长起来之后，就希望到融资能力更强的市场上进行二次融资；二是寻求股票价格稳定性更好的市场，相比电子交易，纽交所的专家制度更利于市场稳定，比如在1987年股灾中，纳斯达克因为价格骤降而系统崩溃，而纽交所则通过稳定市场赢得了投资者认可；三是希望降低股票交易成本，20世纪90年代初，纳斯达克的股票交易成本一度是纽交所的两倍。

从1990年开始，纳斯达克开始着力塑造品牌形象，改进交易制度，提高定价效率，激活流动性，以保留那些已经成长起来的上市公司。纳斯达克的努力取得了积极效果，一些优质公司留了下来。例如，微软、甲骨文、戴尔、英特尔等。如今，纳斯达克已形成全球精选、全球市场、资本市场、私募市场等板块体系，多达10余套上市标准，契合各个行业、发展阶段企业的多样化需求。

与纽交所相比，纳斯达克的高技术特征日益明显。

1971年，信息技术行业在纳斯达克数量、营收、净利润、市值占比为14.85%、14.18%、11.77%、14.93%，2019年这一占比分别为18.42%、44.62%、65.32%、60.12%。在纳斯达克市值排名前十的公司中，多数市场份额位列第一甚至垄断，如英特尔垄断高端CPU领域，微软垄断PC操作系统，ASML垄断高端光刻机市场，谷歌和脸书几乎分别垄断了除中国外的搜索、社交市场等。

表15-4 纳斯达克各行业占比变化趋势

| 行业 | 企业数量占比 1971年 | 企业数量占比 2019年 | 营业收入占比 1971年 | 营业收入占比 2019年 | 净利润占比 1971年 | 净利润占比 2019年 | 市值占比 1971年 | 市值占比 2019年 |
|---|---|---|---|---|---|---|---|---|
| 医疗保健 | 5.61% | 29.70% | 1.80% | 7.31% | 1.33% | 0.02% | 2.41% | 11.80% |
| 信息技术 | 14.85% | 18.42% | 14.18% | 44.62% | 11.77% | 65.32% | 14.93% | 60.12% |
| 金融 | 14.85% | 18.84% | 9.06% | 7.24% | 27.10% | 12.84% | 17.26% | 6.22% |
| 消费 | 32.67% | 14.77% | 42.63% | 27.72% | 33.90% | 17.58% | 35.84% | 15.21% |
| 工业 | 19.14% | 8.75% | 22.20% | 8.98% | 12.86% | 4.41% | 19.99% | 3.74% |
| 能源 | 1.98% | 2.61% | 0.58% | 1.07% | 1.53% | −2.16% | 1.51% | 0.47% |
| 其他 | 1.65% | 2.99% | 0.58% | 0 | 0.86% | 0.02% | 0.59% | 0.12% |
| 原材料 | 5.94% | 1.50% | 5.58% | 0.87% | 3.88% | 0.22% | 3.53% | 0.32% |
| 房地产 | 0.66% | 1.73% | 1.53% | 0.98% | 0.38% | 0.60% | 0.90% | 1.21% |
| 公用事业 | 2.64% | 0.69% | 1.86% | 1.21% | 6.39% | 1.14% | 3.04% | 0.80% |

资料来源：深圳证券交易所报告《新一轮科技革命下企业融资特点》

纳斯达克的成功，使其他国家和地区开始重视创业板市场。例如，韩国1995年成立了科斯达克，英国1995年成立了AIM，香港1999年设立了创业板等。

螳螂捕蝉，黄雀在后。

真正改变纽交所和纳斯达克竞争格局的，不是彼此间的你争我夺，而是互联网。2000年开始，建立交易场所的技术门槛越来越低，新兴的ECN电子交易网络迅速发展，而后另类交易平台、暗池交易、新型证券交易所大量兴起，纳斯达克也不可避免地沦为传统交易平台。今天，新一轮技术革命已经起步，大数据、人工智能、区块链等新技术的发展应用，也在深刻改变着交易所行业的组织形态、业务模式，交易所的功能和边界也在被重新定义。

## 大浪淘沙

1995年8月9日，网景公司IPO。

这一天被认为是互联网繁荣的开端之日，也是资本市场的一个转折点。

这家投资仅1700万美元、开业16个月以来从未有过任何盈利的浏览器公司，上市首日市值就突破了20亿美元，当年年底超过200亿美元。网景的免费浏览器使信息共享成为现实，让整整一代人沉浸在"万维网"当中。

现在的互联网思维，很大程度上由网景缔造。

对于许多关注现金流和盈利状况的投资公司来说，传统意义上的经济分析都会认为网景价格太荒唐了。但网景之后，再没有人以利润率来衡量一家科技公司，人们开始谈论用户数和点击量，谈论网络效应。网景IPO告诉人们，投资者对使用新技术重塑世界的新公司充满信心，他们也愿意为此承担风险。

科技股以高昂的价格告诉人们，一场深刻的技术革命正在进行。

个人电脑和在线交流提高了人们的工作效率并创造了新的休闲方式。越来越多的信息、图文通过互联网传播，人们希望得到功能更强大的计算机、更快的上网速度、更多的配套软件，也催生电子商务等新的交易方式。

华尔街迎来了前所未有的繁荣。20世纪90年代，道琼斯指数上涨了5倍，纳斯达克指数也从1990年的不足500点上涨到2000年的5700点，上涨了10多倍。

20世纪90年代末的美国处于世界历史上财富创造的最辉煌时期。

在1988年《福布斯》美国财富榜上，沃尔玛创始人沃尔顿以67亿美元名列第一，入榜门槛2.25亿美元。沃尔顿成功的秘诀在于革命性地使用计算机记录、管理库存。到2000年，《福布斯》排行榜最低门槛是7.25亿美元。盖茨以630亿美元名列第一，这几乎是12年前美国首富资产的10倍。

更重要的是，这些富人大部分是白手起家。

在2000年的《福布斯》财富400强中，约2/3的富豪是从一无所有打拼进了排行榜，而只有19%的富豪是靠继承遗产上榜。

2000年3月，科技股泡沫开始破灭，纳指时而大幅下挫，时而小幅调整。随后"9·11"恐袭使泡沫雪上加霜。2002年10月10日，纳指跌至1108点。

伴随互联网概念股的估值回归，网景的命运也走到了尽头。

从1998年起，微软IE浏览器诞生后，网景市场占有率迅速下滑。随后，网景被美国在线收购，后又成为时代华纳的一部分。2003年7月，网景被时代华纳解散，网景的标志也从办公大楼中被去除。

网景已死，但WWW仍然活着。大量公司追随网景的脚步，背靠风险投资努力向前。这些公司不断改进技术，不断推出新的产品和服务，不断提升质量。在这个过程中，无数的企业倒下，但无数企业仍前仆后继地补上。

"有人辞官归故里，有人漏夜赶科场"，按照经济学家熊彼特的说法，这种"创造性"毁灭正是现代经济发展的动力源泉。

1990—2000年，纽交所和纳斯达克两市共有IPO公司6507家，但截至2019年底，仍然存续的公司仅1180家，存续率18%。仅1999—2002年互联网泡沫破裂期间，就有超过30%的公司退市。科技公司的淘汰率更高，1999—2001年，有899家科技公司IPO，到2019年底，这批公司仍然还在交易所交易的仅61只股票，存续率为7%（潘妙丽，2020）。

那些历经风雨成长起来的科技企业，也从来不是一帆风顺。

目前仍存续的61只科技公司股票中，有13只曾经下跌超过90%，几乎每只股票都经历了过山车般的行情。美股龙头苹果公司上市后一年多时间中，股价一度跌至0.2美元，跌幅超过60%。随后，又经历了一年之间上涨460%、半年左右又跌去70%的大起大落。即使上市6年之后，苹果股价又回到起点……

这是一个易进易出、大进大出、大浪淘沙的市场。

这个市场的投资者，他们并不比其他市场的投资者更聪明，他们对投资标的了解、分辨、定价也需要相当长的时间。只有从一个较长的时间维度，通过个股风险收益的不确定性，叠加市场整体不断发展壮大的确定性，才能最终奏响资本市场支持实体经济和科技创新的优美旋律。

## 公司的未来

公司的历史显示，公司有绝佳的演化能力。

19世纪末20世纪初，美国上下开始了一场并购运动，其特征是采取托拉斯发展方式。超大规模的企业控制一个接一个小企业，从横向到纵向，从运输、通信、金融，到制造、销售等。这些大型企业的权力高度集中，科层结构明显。

公司从过去的政府工具变成属于自己的"小小共和国"，身负经营业务与替股东赚钱的任务。这个组织看似企业，但也是一部运作精密的官僚机器。

20世纪40年代以后，美国大型公司开始转向M型结构，即多部门分权形式。这些总部在美国的跨国公司，都按这种思路建立分支机构。这些分支机构的领导者可能是外国人，他们通常比美国老板更了解当地市场。

公司组织形态从封闭化、机械化、层级化十分严重的理性组织，走向管理扁平化、权力均匀分散至各个核心层级的自然性组织。

在这两次企业组织的变革中，核心驱动力是为了获取"规模效应"。

通过横向或纵向上的整合，有效地控制竞争，减少交易成本，削弱了风险和不确定性，以此降低单位成本，在市场上获取价格优势。但规模效应是有边界的，就像科斯交易成本理论所提到的，当企业规模大到一定程度，造成沟通成本、管理成本和协调成本不断增加，最终可能抵消规模效应，带来规模不经济。

第三次企业组织变革始于20世纪70年代，这次变革的主力是服务业，以创新为导向，放权更为彻底，兼并收购变得更加容易。许多互联网、生物医药公司，仅设立一个规模较小的总部，由总部控制大批自主权很大的经营部门，下属部门之间既存在合作，又存在竞争，每个部门负责自己的业绩和发展，如果一个部门缺少生产效率，就会被总部剔除出去。

公司以一个更加开放的系统出现在世人面前，内部组织自主有效地运作，内外边界变得模糊。在这个新的系统中，股东、员工、用户的角色可以随时交换，股东可以与员工分享股权，客户也可以随时变成股东……

为了适应市场激烈的竞争和永无止境的创新压力，公司必须在开展费用惊人的自主研发之余，进行大规模兼并收购。新的融资手段如杠杆收购（使用债务为公司重组融资）、管理层收购（出售公司的部分产权）和垃圾债券（没有任何抵押的高风险债务）等，极大地推动了公司控制权市场的发展。

而这一次的企业组织变革，核心驱动力是为了获取"网络效应"。

所谓网络效应，是指用户越多，边际成本越低，而边际效益却越高。

当边际效益无穷大的时候，就是你根本离不开它的时候。就好比微信，越多的人使用，其对用户就越有价值。

许多企业把利润中的大部分投资于获取更多顾客，或鼓励第三方对其产品进行支持，以求增加中长期利润和对消费者的价值。比如英特尔持续投资于外围设备和软件企业，为开发商的项目花费大量金钱，目的在于吸引更多工程师围绕英特尔的技术架构创造产品和服务，以增加英特尔芯片的网络价值。

网络效应创造了非线性的或指数性的规模收益，大型公司的崛起速度前所未有。当年，通用电气达到1000亿美元市值用了100年时间，IBM用了50年，而苹果花了30年，谷歌只用了10年，脸书只花了不到5年时间。

公司取得了前所未有的活力，但也面临前所未有的压力。

英国东印度公司存在了258年,美国网景公司却只有4年,更多科技公司昙花一现。置身一个有无限选择的世界,没有一家公司对未来成竹在胸。

毋庸置疑的是,未来,公司这只变形虫将继续它的"变形记"。

从经济学的角度,对公司的未来走向,主要有三种观点。

第一种观点是,少数几家大型公司会"悄悄地收购"这个世界。

第二种观点是,公司会越来越不重要,并终将消失。

有本名为《公司制的黄昏》的书认为,以大数据、区块链为基础,传统的公司或将消失,一种全新的社群机制将会崛起,网络效应也会被"裂变效应"取而代之。

第三种观点是,互不相干的独立公司不再是现代经济的基石,它们会被网络系统取代。这正在发生,但不同的是,公司仍处于经济运转的中心位置。

公司将往何处去?在我看来,公司的演化取决于两个方面的逻辑:

一是交易成本层面。是采取松散网络状,还是官僚科层体制,或者直接交给市场,往往取决于交易成本,交易成本又与科技进步息息相关。就目前的潮流看,大型组织正在分解成较小的企业单位,企业和企业间形成松散关系,小公司一有机会也可以挑战大公司的优势地位,而不是组成长久僵化的法人组织。

二是政治管制层面。老罗斯福曾宣称:"我相信公司。它是当代文明不可或缺的工具。但我也相信公司应该受到监督与控管,为整个社会谋福利。"公司是从政府腰胯下诞生的,即使它从19世纪中期就得到了自由身,仍需取得"特许权"。比如今天公司的形态和行为,与20世纪80年代以来的放松管制息息相关。

公司制度自建立以来,就一直在朝着开放、共享的方向迈进。

这样看起来,第三种观点似乎更为接近。

或许,技术进步会使公司出现新的变化趋势,但公司的本质是一种以盈利为目的的资源配置方式，在资本驱动的社会形态中，公司将呈现越来越多的面目。

## 创新的资本逻辑

在人类历史上，稳定而持续的经济增长是世界各国人民的共同追求。

以美国为例，从1984年到2008年金融危机期间，经济一方面长期稳定增长，另一方面则摆脱了大幅波动的困扰，这是一个令人惊讶的大稳健时期。做过美联储主席的伯南克觉得，这得归功于美联储高水平的货币政策。

美国先锋集团首席经济学家戴维斯却不这么认为，他比较了美国历史上的两次大稳健，认为大稳健都伴随交通信息技术的改进、经济结构的转变、制度的创新，以及宽松安定的外部环境。其中，交通信息技术减少了市场交易成本，并在一定程度上"内生"出了其他有利因素，是持续繁荣稳定的关键。

但在第一次大稳健（1840—1856年）时，美联储还不存在呢。

经济活动需要货币的润滑，但这并不意味着能够从中直接获得能量。

货币转化成资本需要金融市场。金融市场如同人的肝脏，其活力取决于资本收益率。资本有一种内嵌着的自我扩张倾向，总是在不断追寻高额回报。在经济领域，只有新技术创造的新经济才能满足资本这种永不停歇、源源不竭的贪婪。强大的金融资本和强大的科技创新能力，就像一个硬币的两面不可分割。

1.在技术周期过程中，从一个范式到另一个范式，资本形态因势而新。

第一次技术浪潮中，地方银行能够办理储蓄和贷款业务，甚至某些国际贸易业务，但是它们无力聚集第二次技术浪潮中铁路建设的巨额资本，这些活动需要吸引和操作资金的新方法，需要依靠股份公司和有限责任来实现。

第三次技术浪潮中，巨大的金融帝国能够轻易为大型工程项目融资，支持牵涉数万工人协作的大工业构想。但这些巨人很快发现，他们难以想象如何提供无数小型消费信贷的任务，而这正是在第四次浪潮中扩张市场所必需的。

在第五次技术浪潮中，风险资本的崛起为科技创新大开方便之门，但谁也不知道，随着数字货币、数字资产、小额众筹、直接上市、区块链金融的演化，在下一次技术浪潮中，金融又将展现什么样的新形态？

佩蕾丝认为，每一次技术革命都会产生一种"新经济"，随之而来的是生产率的飞跃，催生新的市场行为，包含投资、生产、贸易和消费方式等方面的重大变迁，但这些新东西会改变资本运行的本质和资本主义的周期性特征。

2.在技术浪潮内部，从一个阶段到另一个阶段，金融创新因时而变。

技术革命的浪潮每隔40—60年发生一次。在浪潮的前半期，灵活的金融资本是扩散过程的动力，有力地将技术革命推向前方。在浪潮后半期，生产资本发挥作用，将这一技术范式扩散到整个经济中。一般来说，每一轮技术革命都可划分为爆发、狂热、协同和成熟四个阶段。每个阶段都需要金融领域的创新。这些金融创新决定技术革命能释放多少潜力，也决定利益的再分配。

在爆发阶段，最多样的创新集中出现。在狂热阶段，新产业就像一个赌场，吸引许多投资者参与其中，投资者通过转手资产或操纵金钱寻找机会，推动资产价格非理性膨胀。在协同阶段，金融创新指向安全可靠的资本回报，通过分享实际利润赚钱。在成熟阶段，产业中的"现金牛"制造越来越多的闲置资金，但高回报的投资机会却越来越少，在边际收益递减的压力下，金融的创造力转向所有权集中，转向对外投资活动，或者采取操作手段榨取非法利润。

同时，这些闲置资本也会四处寻找新技术，开启新一轮产业变革。

表15-5 适应不同阶段的金融创新类型和目的

| 金融创新的类型和目的 | | 阶段 |
|---|---|---|
| A. 为新产品或新服务提供资本 | 1. 为重大创新服务（银行贷款、风险资本及其他）<br>2. 有助于进行大额投资和/或分散风险（股份公司、银行辛迪加等）<br>3. 满足基础设施投资的金融需求（既为建设也为运营）<br>4. 促进对新奇产品或服务的投资或贸易。 | 爆发阶段<br>协同阶段 |
| B. 有利于增长和扩张 | 1. 为了增量创新或生产扩张（如债券）<br>2. 在不同情况下促进政府融资（战争、基建、福利支出）<br>3. 向国外转移（或创造）生产能力 | 爆发阶段<br>协同阶段<br>成熟阶段 |
| C. 金融服务自身的现代化 | 1. 金融资本行业纳入新技术（通信、运输、安全等）<br>2. 发展出更好的组织形式，并改善服务形式（从电报传输、快速票据兑换到ATM、电子银行、电子交易等）<br>3. 新金融工具或方法的引入（从支票到虚拟货币，本地、国内和国际服务，以及各种类型的贷款和抵押） | 爆发阶段<br>协同阶段 |
| D. 追逐利润、分散风险 | 1. 吸引小投资者的工具（各种形式的共同基金、存款凭证、债券、新股发行IPO、垃圾债券）<br>2. 鼓励并促进承担风险的工具（衍生工具、对冲基金等） | 爆发阶段<br>狂热阶段 |
| E. 为债务重新融资，或盘活资产 | 1. 重组债务（流程再造、新兴市场债券、掉期交易等）<br>2. 购买活跃的生产性资产（购并、联合、接管、垃圾债券）<br>3. 获取或盘活资产（房地产、期货及其他） | 爆发阶段<br>狂热阶段<br>成熟阶段 |
| F. 有问题的创新 | 1. 发现并利用法律漏洞（金融避风港、不记录的交易等）<br>2. 发现并利用不完全信息（外汇套汇、提前与延期支付）<br>3. "空手套白狼"（金字塔计划、内部人交易、欺诈等） | 爆发阶段<br>狂热阶段<br>成熟阶段 |

资料来源：《技术革命与金融资本：泡沫与黄金时代的动力学》（中国人民大学出版社，2007年）

3.在推动创新的过程中，从一个国家到另一国家，金融结构因地而异。

技术创新具有高智力、轻资产的特点，以银行信贷为代表的间接融资体系往往不敢投、不愿投。相比而言，以股权融资为代表的直接融资体系所形成的风险共担、利益共享机制，在支持科技创新方面有天然优势。

在英国之后的数次技术浪潮中，颠覆性创新很多都来自美国，这与美国强大的直接融资体系息息相关。相比之下，以大银行为主导的德国、日本，其技术创新大多是在大型企业内部依靠改进升级完成，或在引进+模仿的基础上进行二次开发，属于寄生性技术创新。不过，近年这些国家的直接融资比重逐渐趋同。自20世纪90年代金融改革以来，日本直接融资比重快速上升，目前稳定在75%左右，与美国的差距（88%）越来越小。德国上升趋势较缓，2018年也达62%。

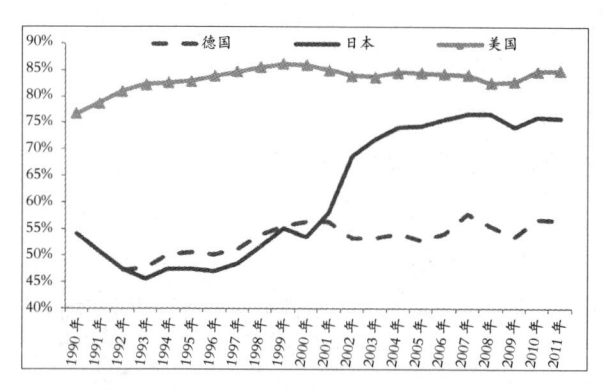

图15-1 美、德、日三国直接融资比重

直接融资比重并非越大越好。经济发展水平较低时，银行体系更能促进经济增长。当处于中等发展水平时，直接融资重要性显现。直接融资比重提高到一定程度，其边际效应则会下降。当前，中国直接融资占比约50%，其中股权融资16%。在创新驱动背景下，适应当前中国经济发展的最优直接融资约为60%，股权融资为30%，实际结构和最优结构之间还存在较大差距（彭兴庭，2019）。

创新，一切皆是创新。

熊彼特认为，"创新"的本质是"建立一种新的生产函数"，实现各类生产要素和生产条件的一种新组合，并把这种新组合引进生产体系中去。

其中，企业家是实现创新、引进新组合的灵魂。

当企业家实行新组合时，他首先要获得的是维持其创新活动的资金。但在循环流转的静态经济中，一切都是有"归宿"的，原有资本并不是为创新而准备。那么这种创新活动的资金是从哪里来呢？熊彼特认为，是无充分准备的信贷（佩蕾丝认为是灵活的金融资本）填补了企业家的需求。资本的职能是为企业家创新提供必要支付手段，利润则是企业家实现了新组合而应得的合理报酬。在创新浪潮的推动下，资本主义的经济的发展呈现繁荣、衰退、萧条、复苏的周期性特点。

可以说，资本特别是金融资本和创新息息相关。

资本是推动技术创新的发动机。通过市场机制及其价格规律，资本为技术创新提供合理回报，促进技术产业化。知识既源于生产过程，又源于资本本身。

资本是现代社会需求的挖掘机。自从资本来到人间，社会需求就进入了一个剧烈变动的时代。新需求不断被创造出来，并推动新技术来满足这种需求。

资本是促进创新扩散的播种机。伴随四处流动的资本，创新才能以超越宗教的、政治的、民族国家的和语言的各种限制，以世界主义的方式传播扩散。

创新驱动的中心，是资本。因为资本既是起因，又是结果。

## 赢者通吃

谷歌、苹果、脸书、亚马逊这些科技巨头，凭借巨大的网络效应，其经济体量、财富和影响力实现了指数级增长，控制版图不断扩大。这四家公司总市值，超过中美以外的所有国家GDP，在标准普尔指数前50名中占了约1/4的份额！

科技巨头是新一代基础设施，但也成为吸收财富和社会资源的"黑洞"。

**他们密切追踪用户活动，收集大量数据（包括内容、浏览记录、联系人列表、设备信息、位置等），并通过与第三方分享等方式套现，赚取超**

**额利润。**

亚马逊掌握着美国接近50%的电商市场，占据了75%的电子书市场。

谷歌垄断了美国80%的搜索引擎市场，在欧洲甚至达到了92%。

95%的年轻人使用脸书及旗下产品。

仅移动广告，谷歌和脸书拿走了行业六成的利润和96%的行业增长份额。

一组公司息税前利润的数据表明，从1950年到1985年，美国头部25%的上市公司和底部25%上市公司的差距相对稳定；但从1985年开始，差距不断拉大，底部25%上市公司在1995年之后，利润已经为负（龚焱，2019）。

这种"剪刀差"还在加大，并导致"赢者通吃"的马太效应格局。

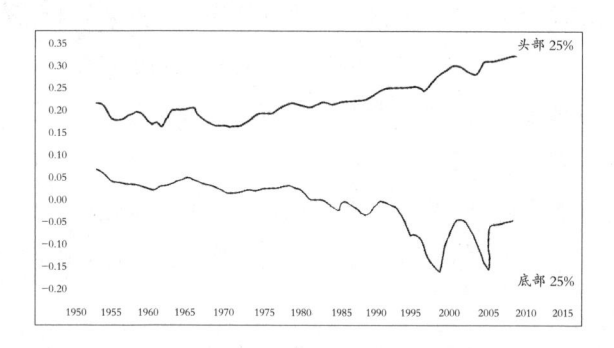

图15-2 美国头部25%和底部25%上市公司的息税前利润

资料来源：《公司制的黄昏：区块链思维与数字化激励》（机械工业出版社，2019年）

他们通过投资、合作，把小公司圈定在自己的联盟中，或者直接凭借合谋、排他性协议、抄袭等手段压死那些存在威胁的小公司，破坏竞争和创新。

与科层严密、决策流程冗长的大公司相比，小公司更容易擦出灵感的火花。

过去，小公司把大公司拉下马的情况比比皆是，但现在有了变化。在过去10年里，成功的初创企业越来越少，将巨头阻隔的概率明显下降。大部分企业刚刚冒头，就会被科技巨头盯上并收购。四大巨头公司总共收购了超过500家公司，仅谷歌就收购了200多家。不愿屈服的企业将面临残忍、不公平的竞争：被抄袭、打压或被起诉。

脸书买下了那些可能会抢走其用户的公司：开始是Instagram，然后是WhatsApp。没能将Snap收归门下，脸书就不断抄袭，并用流量优势进行压制。

弗鲁哈尔认为，当下，创业减少、就业困难、市场需求下降，而导致这一现象的重要原因或许正是数字经济。那些高科技巨头正在窒息社会创新活力。

**他们成功降低了社会沟通和市场交易的成本，也深刻影响着人们的大脑、情绪、思维，介入并改变人们的日常生活和社会交往。**

福尔在他的《没有思想的世界：科技巨头对独立思考的威胁》一书中认为，在亚马逊、谷歌和脸书的控制下，我们距离富有活力的智识生活越来越遥远。科技垄断巨头无时无刻的操控，正在有意识地改变人们的阅读方式和内容，在快节奏的产品更新换代中，有趣的、富有生命力的思考和表达被隐藏起来。

赫拉利的《未来简史》则宣称，人类千百年来一直在追求自由意志，但计算机算法的发展，将会让人丢掉"听从自己内心"，转而把更多事情交由机器决定。他认为，随着人工智能的发展，人会慢慢放弃决策权，算法将成人类的君主。

**他们凭借日益巩固的垄断地位和不断宽松的货币政策，利用现金、发债、海外利润回流等方式回购股票，造成资源错配，加大市场风险。**

近年科技巨头积攒了大量现金，比如苹果账上有超过2000亿美元。

特朗普推出减税计划后，巨头们也把此前留在海外的资金运回国内。

而这些资金，大部分都被科技巨头们用到了回购股票上面。

2009年至2017年年末，美国非金融企业累计购买了3.37万亿美元股票，ETF和共同基金购买了1.64万亿美元，而美国家庭和机构分别净出售6557亿、1.14万亿美元。2009年来，美股最大的买入者是上市公司自己。其中，苹果公司以3850亿美元回购规模居于榜首，远高于第二名微软的1200亿美元。

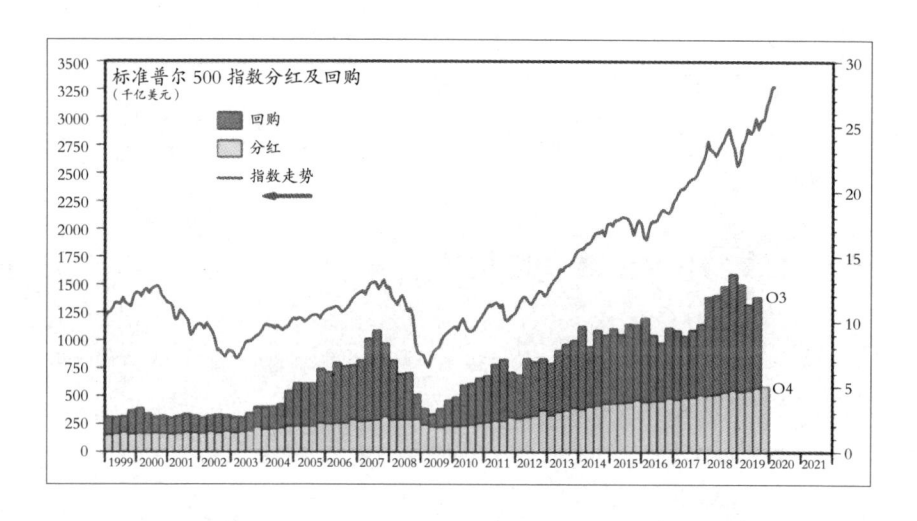

资料来源：恒大研究院

图15-3 美国近年股票回购、分红和股指上涨情况

在美国，股权激励是高管薪酬的重要组成部分。标普500中72%的董事会成员拥有非现金薪酬，占总薪酬的45%，他们有足够的动力通过回购提振股价。这些资金在金融领域自我循环，造成资源的浪费和错配。公司利润没有实质增长，但股价和指数却越来越高，债务也越积越多。未来5年，美国企业将有3.5万亿美元债务到期，其中非金融公司到期超过2.5万亿美元。

## 第十六章　中国：繁荣的求索

近代史上，国共两党为了反抗压迫、争夺政权、发展经济，进行了庞大的资本动员。他们上下求索，也曾透支过整个社会经济体系。改革开放后，时间价值被重新发现，资本和科技的紧密融合，终于带来了持续的经济增长。

### 革命路上没钱不行

1909年前后，是孙中山先生一生中最煎熬的日子。

从1907年5月到1908年5月，孙中山在粤、桂、滇连续发动了6次武装起义，革命声势震动全国，但无一例外都失败了。

孙中山往返于广东、越南河内、新加坡等地，但经费越来越难筹集。

日本、越南、港英当局，都先后应清政府要求，下令禁止孙中山入境。

在各类筹款活动中，孙中山不得不一次次地求人帮助。为了取得洪门支持，他做了"洪棍"[1]。在新加坡，有人讥笑他是"孙大炮"，意思是

---

[1] 洪门中掌管执法的头目职位名称。

只会耍"嘴炮",他淡然一笑:我是革命的大炮。

最令孙中山感到心力交瘁的,是党内的诬陷。陶成章、章太炎以七省同志名义,写了一份《孙文罪状》,掀起规模宏大的倒孙风潮。

倒孙运动虽没有什么威胁,却给他的筹款工作增加了困难。

1909年5月,孙中山由新加坡启程前往欧美,主要任务是筹集军饷。

在巴黎,孙中山想劝说法国资本家给一些贷款,却没有想到,法国新成立的内阁坚决反对。很无奈,满怀希望的孙中山,首次筹借外债遂告失败。

1909年11月,孙中山抵达纽约。他企图说服美国政界、财经界给予援助。即使他一再承诺如果建立新政府,即给予若干铁路建筑权、数种工商专营权、各类海关征税权等,仍没有获得分毫贷款。

到了12月份,孙中山不得不把眼光投向海外华人华侨。事实证明,华侨才是真正的革命之母。

1910年初,从美国旧金山到加拿大温哥华,孙中山在华侨中广泛游说。孙中山印制了面额10、100、1000元的债券。许诺建立民国后,这种债券将成为法定货币,并将按等级给予投资者特殊荣誉和利益:购100元者,保证公民资格;购1000元者,享有经营企事业优先权;这样依次递升到100万元,可获得公园冠名权并树立雕像。这次孙中山筹得了相当于15万港币的资金,意外之余,也令他大受鼓舞。

4月28日孙中山抵达芝加哥,他很快得知广州起义失败的消息。

孙中山认为,广州起义失败"其原因皆金钱不足",因此,孙中山加紧在华侨中募款。在同盟会芝加哥分会负责人梅乔林的建议下,孙中山决定设立"革命公司",发行股票1万股,每股100美元,凡认购者即为同盟会会员,等革命成功后,股金加倍偿还。为此,孙中山还亲自撰写了《革命公司缘起》。孙中山认为,经费的筹集和接济,关系到革命的"事之成败,功之迟速"。

自1894年兴中会成立起,孙中山就开始尝试通过发行债券、股票等方式为革命筹集资金。从1895年的"中国商务公会股票",到1917年护法运动中的"军事内国公债",孙中山主导发行过10余次革命证券。

"革命证券"的发行,有效解决了革命"筹资难"问题,推动了民主革命进程。

表16-1 孙中山发行革命证券一览

| 时间 | 证券名称 | 发行地 | 面值 | 偿还规定 |
| --- | --- | --- | --- | --- |
| 1895年 | 中国商务公会股票 | 檀香山 | 100元 | |
| 1904年 | 中华革命军军需债券 | 檀香山 | 1元、10元 | 以一还十 |
| 1905年 | 中华民务兴利公司债券 | 西贡 | 1000元 | 按票面金额偿还 |
| 1906年 | 中华革命政府债券 | 河内 | 100元 | 按票面金额偿还 |
| 1910年 | 中华民国金币券 | 美国 | 10元、100元、1000元 | 双倍偿还 |
| 1911年 | 革命公司股票 | 芝加哥 | 100元 | 开矿专利10年 |
| 1912年 | 中华民国八厘军需公债 | 国内 | 5元、10元、100元、1000元 | 按票面金额偿还,年利率8% |
| 1915年 | 中华革命党革命债券 | 东京 | 10元、100元、1000元 | 双倍偿还 |
| 1917年 | 军事内国公债 | 国内 | 100元、1000元 | 按票面金额偿还,年利率8% |

1911年10月,武昌起义的浪潮席卷全国。

收到胜利消息后,孙中山并没有立即回国,而是踏上去往欧洲的征途,试图向列强提出贷款要求。然而,他再次被无情拒绝。

面对财政困难,革命政府束手无策。他们翘首以盼,希望孙中山能够早点回国。除了他的声望,革命政府还把他当成"财神爷"。孙中山深有体会地说,"中外各报都传言我带了巨资回国"。事实上,他两手空空地回到了上海。

在就任南京临时政府大总统后,孙中山首先面对的就是"库藏如洗"。

旧的税收体系被打破,新的税收体系还没有建立起来。许多征税权不是被地方势力控制，就是被帝国列强把控，临时政府根本插不进手。

万般无奈之下，孙中山只好再次向列强低头，通过外债度过财政危机。

当时许多国家并不认为临时政府有偿债能力，诸多借款活动均告失败。不得已临时政府只好以沪杭甬铁路、汉冶萍公司和招商局作为抵押，向怀有极大野心的日本垄断集团借款。1912年初，临时政府向日本财团借款折合约1015万元。

表16-2　南京临时政府举借外债一览

| 日期 | 借款对象 | 借款金额 | 利率 | 期限 | 担保品 |
| --- | --- | --- | --- | --- | --- |
| 1912年1月 | 日本三井洋行 | 30万日金 | 8.50% | 半年 | 无担保 |
| 1912年2月 | 日本三井洋行 | 200万日金 | 8% | 半年 | 汉冶萍铁矿 |
| 1912年2月 | 日本大仓洋行 | 300万日金 | 8% | 十年 | 苏路公司 |
| 1912年2月 | 英、美、法、德四国银行 | 200万两规平银 | 7.50% | 不详 | 无担保 |
| 1912年3月 | 日本三井洋行 | 规平银86000两，日金79500元，银圆1922315元 | 8% | 一年 | 无担保 |
| 1912年4月 | 德国捷成洋行 | 规平银240万两 | 不详 | 半年 | 不详 |
| 1912年5月 | 日本三井洋行 | 规平银35万两 | 8% | 不详 | 无担保 |

与此同时，临时政府也挖空心思发行公债，但最终只筹得173万元。

在南京临时政府存在的三个月里，其财政收入1387万元，支出1549万元，基本入不敷出。更为严重的还不只是赤字，是临时政府没有正常的收入来源。在南京临时政府的财政收入中，所借外债占2/3以上。

由于缺乏现款，临时政府的改组没有获得任何进展。

很快，孙中山决定的北伐被迫停止。孙中山承认，北伐"胜负之机，操于借款"。如果借不到钱，就如黄兴所说，"援滦兵可即日出发，惟苦于无饷无械不能多派"。张謇更直言不讳："北伐紧急，财政竭蹶实在到了山穷水尽的地步。"由于财政困难，不仅北伐无法进行，四顾无援之下，孙中山只好妥协。

孙中山的一生都在为筹款奔波，但他将希望寄托在争取外援上。

一方面，革命只停留在反清和政权形式的更易上，任由地方势力和帝国列强攫取税款，断绝了临时政府的重要财源。另一方面，没有通过有效措施，把工人特别是广大基层农民群众动员起来，革命变成了无根之萍。

一场伟大的辛亥革命，至此宣告失败。

## 信交风潮

1916年6月6日，袁世凯在忧惧中病故。

这一年，孙中山已经50岁。他敏锐察觉到，帝制余孽仍十分嚣张，军阀割据也愈演愈烈。但他能作为的空间很小，因为手中没钱，革命力量非常薄弱。

在北京政府恢复《临时约法》和旧国会后，他决定罢兵，不争政权。

孙中山急切地想通过举办实业来建设国家，为革命筹集资金。

1916年12月，在一位日本朋友建议下，孙中山联络了上海商界领袖虞洽卿，决定在上海开设交易所，试图以盈利所得偿付中华革命党革命债券的本息及实业建设所需巨额资金。他们挂起"通记"的牌号，对证券、棉花、棉纱、金银等行业进行了深入调研。1917年1月，由孙中山领衔，虞洽卿、张静江等八人附议，向北京呈请成立上海交易所。呈文写道：外国交易所反客为主，致使商业枢纽全为外人操纵，主权尽失。建立交易所的目的，是"助中国一盘实业之发展"。

不巧，北京张勋复辟，孙中山匆忙赴粤主持护法运动，随后被北京通缉。

1918年初，在张静江、蒋介石等人倡议下，筹备工作重新启动。

1920年7月1日，上海证券物品交易所举行开幕式。孙中山寄来了贺词，"倡盛实业，兴吾中华"。这是近代史上中国第一家证券交易所。

开张伊始，生意兴旺，各种证券及花纱买卖平均每日可收取佣金2000余两。到年底，交易所半年盈利达50余万元，年收益率100%。交易所本身的股票也因此成为抢手货，每股票面为12元5角，不久高达60元以上。

交易所也招致不少反对声音。江苏议员黄申锡认为，这是"国中极大赌场"。

在交易所200个经纪人中，有个"茂新号"，股东包括张静江、蒋介石、戴季陶、陈果夫等。茂新号资本额3.5万元，分为35股，其中蒋介石4股。

起初两年，他们赚了至少超过800万元。

茂新号所赚的钱，一部分作为革命党人的活动经费，资助孙中山护法革命，寄给了革命烈士的遗孤家眷；另一部分则供蒋介石、陈果夫等人在上海挥霍。那一年蒋介石日记中，随处可见"胡吃海嫖"。1920年岁末，蒋介石发现全年花费达七八千元，不禁在日记中自责："奢侈无度，游堕日增，而品学一无进步，所谓勤、廉、谦、谨四者，毫不注意实行，道德一落千丈，不可救药矣！"

如果日子就这样过，蒋介石会在"金灿灿"的大道上一路狂奔。

然而，命运还是在背后，用力地推了他一把。

上海证券物品交易所的巨额收益令人眼馋。1921年春，上海华商证券交易所、上海面粉交易所等相继成立。这些交易所开业后成交量屡创纪录，股价飞涨。大利当前，各行各业都觉得交易所是个致富捷径，于是群起效仿，一时掀起设立交易所的热潮，大至金、棉、粮，小至竹、木、纸，大伙买空卖空、大力加杠杆。

当时，金融行业刚刚起步，全国银行不过80余家，总资本才5000余万元。但到1921年底，上海前后共有136家交易所设立，资本总额超过2亿元。同时，大量信托公司应运而生，资本总额达8000万元。这些信托公司和交易所一样，以自身股票充作交易所投机筹码，与交易所之间相互利用，火上浇油。

1922年初，上海春节前银根渐紧，期股交割无法如约完成，市场信用崩盘，接着股民恐慌，股票抛售，击鼓传花的游戏结束了。

挤兑潮汹涌而至，蒋介石的操盘手洪善强服毒殒命，几乎所有交易所停摆。

茂新、鼎新等蒋介石参股的经纪机构陆续倒闭。这次股灾让蒋介石负债60多万元，穷得连蒋经国的校服都付不起。蒋介石的债主都是上海青帮大佬，得罪不起。在虞洽卿的斡旋下，黑帮头子黄金荣帮蒋介石把债务扛了下来。

上帝给你关上一扇门，就可能会给你打开另一扇窗。

发财大梦破碎后，蒋介石只得穿上军装，跟着孙中山一心一意干革命。

在交易所这段日子里，蒋介石与张静江、陈果夫、戴季陶等人结下深厚友谊，这些人后来都成为蒋介石集团核心。而经纪人这段经历，使蒋介石认识到证券市场的巨大魔力，这将成为他的重要财源。

## 黄金十年？

1927年4月18日，南京国民政府在丁家桥举行成立典礼。

上午9时，蒋介石、胡汉民、张静江、蔡元培、陈果夫等人出席了仪式。在宣读定都宣言后，胡汉民发表演说，表示一致拥护蒋总司令。

但是，国民党各个派系间的混战还没有结束；中国共产党领导的革命根据地也是他们的眼中钉；日本在侵占东三省后，又在上海发动"一·二八"事变。从1927年到1937年，内外战争没间断过一天。10年时间里，军费增加了近5倍，每年军费都占总岁出的近1/2。当税收搜刮不足，发债成为重要手段。

1927年5月1日，南京政府成立不到半个月，即以江海关附税为担保，发行"江海关二五附税国库券"3000万元，月息7厘，期限30个月，用途为"充国民政府临时军需之用"。从此，公债成为南京政府除税收之外的最大财源。在约10年时间里，按千家驹的统计，南京国民政府共发行各类公债55种，总额超过约26亿元，同期还借入外债约8000万美元。

这些公债大部分由银行承销，他们也是国民政府最大的债权人。银行既把公债当作投资，也作为纸币发行的储备金。购买公债的还有钱庄、工商企业、民营公司和个人公民等。

1927年，国民党军队刚进入上海时，强制富商购买公债的情形时有发生。如果承销者稍有勉强，就会遭到黑社会暗算。棉纱面粉大王荣宗敬因对库券摊派有所迟疑，蒋介石马上授意查封其产业。上海总商会会长傅筱庵、先施老板欧炳光等都遭遇过各种威胁。正是通过强制手段，国民政府才勉强推销出早期几笔公债。

但从1928年起，公债逐渐成为金融市场一项有利可图的生意。

因为许多公债是折扣出售，而债券偿还仍以票面价值计算，所以实际收益较高，1929年1月为12.44%，1930年1月为18.66%，1931年9月20.9%（潘国琪，2003）。当时银行定期存款年息6%—9%，商业贷款10%—20%。公债收益不仅高于存贷款，也高于几家著名企业的红利：中国银行7%，商务印书馆7.5%。

蒋介石很清楚，必须有一个流动性高、规模大的二级市场，公债发行才能成为长久之计。这个重任落到了上海证券交易所、上海证券物品交易所等机构的身上。

随着发行、交易机制的完善，上海及全国各地的交易所，纷纷把注意力集中到了公债上。1927年公债成交量约2.4亿元，到1931年已达39亿元，为全部公债发行额的3倍以上。人们购买债券，不仅为了利息收入，更是追求买卖差价。

在茅盾小说《子夜》中，从银行职员、钱庄跑腿、工厂老板、大学教授，到交际花、达官贵人、金融巨头，无不在交易所进行公债投机。一位叫冯云卿的地主，不惜利用自己17岁的女儿施美人计，到"公债魔王"赵伯韬那里刺探消息，可因为女儿不懂空头、多头等金融知识，导致冯云卿误解意思而倾家荡产。

公债也彻底改变了南京国民政府和上海资本家之间的关系。

上海资本家吸收了国民政府约1/2到2/3的公债。由此，国民政府不仅弥补了财政亏空，也把这些大资本家拉上了"贼船"，获得了维持统治的社会经济基础。20世纪30年代初，有价证券已占当时银行总资产15%以上，而银行收益至少1/3和政府有关。当各个银行的保险柜里塞满了政府债券时，银行资本家也把自己的命运与南京政府紧紧联系在一起。

尽管战争阴影挥之不去，但国民政府仍迎来了"黄金十年"。

根据孙迪的研究，在约10亿元经济建设公债中，超过50%投到了铁路、公路等基础设施，有44%投到了金融领域，还有约1%投到了电气电力、丝织纺织等实业。罗斯基估计，1931—1936年，年均固定投资30亿元，总量超过国内总产出的10%，而且其中84%资金来源于国内自身资本积累。

跟随中央军的扩张步伐，各省联络公路、纵贯南北铁路相继开工。

到1937年7月，已构筑起一张贯穿大半个中国的公路网和两条纵贯南北的铁路网，总里程分别超过12万千米和8000千米。交通加快了信息传播，开辟了新的贸易路线，降低了流通成本，也促进了专业化和劳动分工，提高了生产力。

这段时间，中国的确经历了充满生机与活力的工业化：

上海市的发电量已超过英国工业中心曼彻斯特和伯明翰。

纺织工业产出是1920年的3倍，一跃成为世界最大纺织品生产国之一。

1912—1936年，工业增加值年均增长9.4%，高于日本的6.6%。

许多人觉得，近代中国经济几乎处于停滞状态。但罗斯基等人认为，在抗日战争前数十年，中国经济获得了巨大进步，在1918年至1936年间，全国人均产出和消费都有持续增长，总产出增长率约38%—42%，人均产出增长率约22%—24%。

1937年，中国出现了北平、上海、天津等人口过百万的大型城市。

然而，在这"黄金十年"当中，中国农村却陷入了"总崩溃"。

南京政府10年间，由于农产品价格低落，日用品价格飞涨，农民几乎陷入绝境。1934年《农情报告》指出，农民虽极端勤劳，却不得温饱，大多数为赤贫……与美国相比相差10倍收入；20世纪30年代中国农民死亡率全球最高，是美国死亡率2.5倍，也显著高于印度；1931—1934年，中国农业总产值下降了47%。

伴随工业化、城市化进程，乡村社会却急剧衰退。傅葆琛写道："城乡两区，一个迈进，一个落后，形成一种畸形的现象。"

1927年初，毛泽东考察了湖南5个县的农民运动。经过这次调查，毛泽东认定农民才是中国革命的主力，这为工农武装割据、农村包围城市等战略提供了支撑。1930年1月，在远离城市喧嚣的井冈山八角楼，借着微弱的灯光，毛泽东写下了：星星之火，可以燎原。

1927—1937年的中国，绝望与希望并存。

## 烧钱的抗战

繁荣和现代化之路刚现微光，但这一局面很快被1937年7月的卢沟桥战火打破。

紧接着，国共开始第二次合作，抗日民族统一战线形成。

1937年12月，南京被攻破。很快，江南各省也沦陷，沿江、沿海繁华富庶之区尽数落入日军之手。1938年底，日本已占领中国土地的1/3，农业基地的40%，工业基地的92%。

剩下的省市，除了四川稍好些，其他都是经济很落后的地区。

关税只剩不到10%，盐税下降到战前的一半，统税下降了七成。

与财政收入断崖式下跌相对应，是军事开支爆炸式增长。战前军费支出占预算38%，1937年起，逐渐高达70%以上，1945年达87.3%（梁发苇，2015）[1]。1939年6月，孔祥熙密报蒋介石，抗战一年半，财政支出约33亿元，收入只有7.6亿元。而全面抗战的8年中，收入平均不到支出的1/5，有的年度甚至只有1/10。

拿破仑曾说，对于战争，有三件重要的事，金钱，金钱，更多的金钱。对这个道理，民国政府了然于胸。1938年3月，国民党通过《抗战建国纲领》，建立战时经济体制，提出战时经济政策。这些措施包括：调整税制，发展了3种新税：食盐战时附加税、货物税和直接税；实施专卖，决定对盐、糖、烟、酒、茶叶、火柴6种重要消费品实行专卖。此外，还有三个重要的办法。

第一个办法是发行公债。

但这时的公债，已逐渐失去了战前10年举足轻重的地位。

战前公债占财政赤字的比重约80%—90%，战时逐年下降，最低一年仅3.7%。与战前相比，10年以上的长期公债占比75%，有的甚至长达38年（潘国琪，2003）。遥遥无期的偿还时间使人们视购债如畏途。战争状态下，由于担心行市波动造成金融动荡，损害政府信誉，国民政府干脆以非常时期为由，反对交易所复业。

二级市场不复存在，公债只能在黑市以极低价格出售，流动性极差。

国民政府推销公债虽然不遗余力，但公债销售业绩却并不如意。从一开始的自由认购，到劝派并重，再到强制摊派，公债政策逐渐走上穷途末路。

第二个办法是海外援助。

孤立无援的中国很难进行持久战，海外援助也十分重要（杨格，2019）。

战时，苏联先后向中国提供了约2.5亿美元、年息3%的贷款；美国

---

[1] 资料来自《为战时财政输血》一文，作者为梁发苇。

借给了中国6.7亿美元,年息为4%;英国借给了中国2.3亿英镑,年息在1.5%—5%之间。这些借款是易货借款,即用中国钨、锑、锡、丝绸和茶叶等偿还。

美军还开辟了飞越喜马拉雅的驼峰航线,在三年多时间里,向中国空运了超过70万吨物资。为此,美国损失近500架飞机,牺牲了1579名飞行员。

此外,世界各地华人华侨为祖国的抗战捐款超过13亿元法币。许多华侨回国参加抗战,当时全国歼击机飞行员中华侨占了3/4。

第三个办法是发行钞票。

当穷尽一切手段,仍无法支付巨额战争费用时,只好大力开动印钞机。

1936年法币发行额12亿元,1941年151亿元。从1942年起,法币发行像一匹脱缰之马,当年为344亿元,到1945年达10319亿元(杨荫溥,1985)。

对于那些销售不出去的公债,也以"总预约券"形式抵押给银行,取得银行垫款。银行垫款事实上加剧通胀。马寅初称为"烟幕下的通胀"。

到日本投降前夕,战前1元法币只剩5毫,贬值为1/2000。战时通胀提供了财源,但它对政府信誉和社会经济的影响却是灾难性的。

它几乎摧毁了整个中产阶级,使得有效管理几无可能。更严重的是,国民政府没有认识到通胀才是迫在眉睫的危险。

通胀就像毒品一样,极易上瘾。1945年日本投降后,蒋介石把枪口转向了共产党。为了支撑全面内战,他如法炮制大量印钞,3年时间里,货币发行量从约1万亿元,增加到600多万亿元(杨荫溥,1985)。1949年4月,上海物价上涨了6.3万倍。1937年4月能买3733石米的钱,到此时只能买一粒米。

## 红色证券

在1931年11月的中华苏维埃全国代表大会上,毛泽东当选为主席。但毛泽东并没有多大话语权,从上海赶过来的博古、张闻天才是党和军队的核心。

尽管面临不少窘迫,毛泽东仍专心致力于经济社会等工作。

从1930年开始,国民党对中央苏区发动数次大规模军事"围剿"。

1932年6月,苏区政府决定,向工农群众募集革命战争短期公债60万元,年息为1分,半年还本付息。为了号召工农群众购买公债,苏维埃政府发出布告,公债不但有利息,能按期偿还,还能买卖、抵押、缴纳租税,与其他财产有同等价值与信用,"大家踊跃购买公债,即是积极参加革命战争的工作"。

1932年10月,苏区政府又发行了第二期革命战争公债120万元。为了节省印刷费用,这一期部分公债还采取了"旧票新用"的做法,即在已经兑付回收的第一期公债背面加盖"第二期革命战争公债券印章",再次发行。第二期公债从发行之日起仅半个月,就销售出去128万元,超出发行计划。

1933年7月,苏区政府决定发行经济建设公债300万元,利息6厘,5年偿还,其中100万"供给革命战争经费"。同年8月,在中央苏区南部17个县经济建设大会上,毛泽东做了重要报告(该报告后收入《毛泽东选集》,改名为《必须注意经济工作》)。他认为,那些以为在革命战争时期,不能从事经济建设的意见是不对的,"要造成一种热烈的经济建设的空气……努力推销经济建设公债,发展合作社运动,普遍建设谷仓,建设备荒仓。"

遗憾的是,1933年9月,国民党发动了"第五次围剿"。在经过一年艰苦卓绝的斗争后,红军开始长征。这一期经济建设公债大部分并未按时偿还。

1953年12月，中央财政委员会发出通知，对革命战争时期未进行偿还的各类公债，开始收兑偿还。但直到20世纪80年代，根据地公债的偿还问题仍未完全解决。1980年1月，中国人民银行再次通知，对过期公债券继续进行偿付。

从土地革命到解放战争，中国共产党共发行了70多项公债。

这些公债种类多样，既有革命公债、救国公债，也有经济建设公债、救灾公债，还有稳定市场秩序的金融公债、应付通胀的折实公债、适应小农经济的实物公债、用于土地改革的土地公债等。公债一般都允许买卖、抵押或者是作为他种现款的担保品之用，但不能当作货币使用。不过，可能受客观条件的限制，在根据地，没有证据表明存在过有组织的债券二级流通市场。

新民主主义革命时期，中国共产党还发行了少数股票。

股票的发行主体主要是银行。闽西工农银行、湘赣工农银行等都曾采取股份制形式，公开发行股票。以闽西工农银行为例，将20万资本金分拆成20万股，每股1元，以大洋为单位，除发动群众踊跃购买外，还要求各机关工作人员、合作社、粮食调剂局等按收入购买。股票采用无记名式，分1股、5股、10股3种。银行盈利的20%做公积金，20%奖励工作人员，60%归股东按股分红。

当然，为了维护稳定，严格限制了股票交易和继承。闽西工农银行股票就明确规定，不得在市面流通买卖。

根据地各类股票虽然名为"股票"，持股人也享有一些股东权利，如选举权、被选举权和按股分红，但在持股数量和表决权上有许多限制，普遍存在同股不同权现象；股票收益不仅包括盈余分红，还包括具有固定收益性质的股息；股东有退股的权利，发行主体也可以主动退还股金。这些"红色股票"，其实具有很强的债性。

"红色证券"虽然不完全符合现代金融对债券、股票的定义，但适应了当时根据地小农社会经济条件，是中国共产党在极端严酷战争环境下进行的金融创新。这些资本形成方式有力缓解了根据地财政压力，在支援革命战争的同时，为根据地经济、民生建设提供了资金，为团结群众，打破敌人封锁奠定了基础。

## 解放总动员

抗战结束以后，日军败退，东北一片空白。

1945年抗战结束后，东北工业总产值占全国的85%，跃居亚洲第一。从沈阳到大连的沈大线两侧，工厂烟囱林立，是举世闻名的"绵长工业区"。

得东北者得天下。国共两党都明白这个道理。

1946年4月底，东北四平保卫战正式打响，林彪率领的东北民主联军终因寡不敌众撤离。在经历前期的艰难防守后，东北民主联军很快进入战略反攻。在1947年秋季攻势中，东北民主联军控制了东北大部分地区。紧接着，从1948年9月至1949年1月，国民党数百万军队，在一个个战役中被消灭殆尽。

决定胜负的不仅是战场上的较量，更是交战双方经济实力的抗衡。

为什么拥有雄厚财力、美国援助的国民党政权，仓促结束了在大陆的统治，而凭借广大农村根据地，既无财富又少外援的中国共产党，居然越打越强？

解放战争开始后，为了争取胜利，必须增加收入，动员更多老百姓参军。1946年5月，就在四平保卫战的胶着时刻，中共中央发出了《关于土地问题的指示》："不要害怕普遍地变更解放区的土地关系，不要害怕农民获得大量土地和地主丧失土地……坚决拥护群众在反奸、清算、减租、减息、退租、退息等斗争中，从地主手中获得土地，实现'耕者有其田'。"

这是一次"暴风骤雨"式的土地改革，是一个阶级推翻另一个阶级的斗争。

配第曾说，土地是财富之母，劳动是财富之父。谁能快速解决了农民的土地问题，谁就能掌握先机。土地改革改变了农民受压制的命运，并让广大农民获得了政治地位。他们在自己的土地上耕作，为保卫自己的政权而战。在1948年下半年国共双方的战略决战时，有上百万的农村青年踊跃参军，成为解放军的骨干力量。更有几百万农民参加了各种支前活动，为解放战争的胜利流汗流血。

与此同时，广大农村地区掀起了广泛的互助合作运动。

当时农村生产力极其低下，生产工具严重不足，青壮年都当兵去了，剩下的基本是老弱妇孺。中共七大号召，要把我党合作社经验和制度在解放区尽量推广。合作社不仅是组织农民生产、改善军民生活的一种形式，也是一个强大的动员工具。1949年，全部解放区共有各类合作社30000余个，社员达3000万人。通过合作社，共产党把自己的命运和广大基层农民紧紧联结在一起。

合作社种类多样，除了生产、供销合作社，还有信用、粮食合作社等。为了防止被少数人控制，一般要求一人持股总额不得超过10股，并规定无论股份多少，表决权以"一权为限"。合作社设有社员大会、管理委员会、审查委员会等。

这种以劳动合作为基础，吸收股份制的做法，是劳动和资本联合的新形式。

这些政策调动了农民积极性，在东北，一个大生产热潮在广阔的平原上开展起来。尽管1948年春天发生了自然灾害，但东北解放区农业仍然增产12%。

在掀起农业生产热潮的同时，中共也非常重视保护和发展城乡工商业。

合作社经济蓬勃发展，私营资本也被有效利用起来。

1946年11月，中共合江省委[1]在《发展工商业的若干政策问题的决议》中提出，要大量吸收私人资本，发展私人资本主义。不到三个月，吸收游资接近5亿元，31个行业如化工、罐头、皮鞋、机械等纷纷恢复生产，税收增加，有力支持了前方作战。

1947年下半年，中共中央派遣了一批经济干部，带着部分资金去往大连。他们接收了大量日本遗留工厂，创建了关东实业公司。他们学习苏联计划管理经验，统一调度资金、供销和人事，对生产经营进行了严密分工。1948年，关东实业产值617亿元，是1947年的5倍，拥有造船、纺织、化工、煤炭、皮革、汽修等37个企业，为战争胜利立下了汗马功劳（刘统，2004）。

与此同时，一大批军工企业在东北拔地而起。1947年底，毛泽东电示林彪和东北局，要求东北建立大规模军事工业，支援全国作战。1947年11月，东北就已建立完整的军工产业链。在计划经济的管理优势下，1948年的产能为手榴弹200万个，子弹2000万发，迫击炮50万发，六〇炮弹50万发，山炮炮弹40万发。

能打赢国民党的美式飞机大炮，依靠的绝不仅仅是"小米加步枪"。中国共产党所具有的超强动员能力，是国民党所无法比拟的。

当解放区经济逐渐稳定、人民热烈支前、工商业恢复生机的时候，国统区却物价飞涨、社会动荡、腐化横行，人民对国民党的经济改革完全丧失信心。英国作家肖特写道，毛泽东依靠的是"群众的集体意志"，即民心所向。

当1948年年底大决战来临，中国共产党已经成为中国"集体意志"的坚强领导者。

---

[1] 合江省位于今黑龙江省东部的三江平原一带，省会设在佳木斯，是解放战争时期设置的省区之一，其名称沿用自国民党政府公布的省名。

## 继续革命

1949年1月1日，《人民日报》发表毛泽东新年贺词《将革命进行到底》。

文章激情澎湃地写道：几千年以来的封建压迫，一百年以来的帝国主义压迫，将在我们的奋斗中彻底地推翻掉。没有任何力量能够阻挡革命的步伐。

1949年10月1日早晨，一轮红日喷薄而出，照耀在北京的天安门城楼上。

毛泽东庄严宣告中华人民共和国成立。但革命仍没有结束。

**在广大农村**，土地改革基本完成，大部分地主被彻底打倒，但一场更大的合作社运动悄然掀起。从1952年到1958年，一场以土地公有化、生产合作化为基本内容的社会主义革命狂飙突进。在这场合作化运动中，乡村社会的日常生活乃至观念形态，继土改之后再一次发生了翻天覆地的巨大变化。

在所有制形式上，土地私有制土崩瓦解，通过互助组、初级社、高级社，土地最终成为"集体所有物"，被纳入到了合作社统一经营的范畴。

在生产方式方面，合作化运动试图对农业生产实行类似企业般的精细化分工和管理，农民不再有权安排自身的生产地点、劳作时间及生产内容。

在分配方式方面，合作化运动中的"工分制"改变了农民的日常生活，农民所劳与所得有了变化，种什么、种得好不好不再重要，重要的是获取工分额。

**在广大城市**，1952年以后，私营钱庄全部停业，私营银行、企业分步骤实行了全行业的公私合营，国家对私营企业逐步实行加工订货、统购包销和公私合营等社会主义改造，计划经济体制逐渐确立。

1956年1月，上海召开公私合营大会，宣布全市205个行业、10万多户私营工商业全部实行公私合营。上海举行20万人的盛大游行，敲锣打鼓庆祝社会主义改造的完成。有资本家代表说："社会主义改造对于我失去的是属于我个人的一些剥削所得，得到的却是一个人人富裕繁荣强盛的社会主义国家。……这是金钱所不能买到的。"

1966年9月起，资本家定息停付，公私合营完全变为全民所有制企业。

**在金融领域**，1949年，上海证券大楼被查封，军管会为保护人民利益，采取断然措施，把投机奸商一网打尽。1952年，天津证券交易所并入天津投资公司，北京交易所也停业。

1950年到1958年，中国大陆先后发行了6次公债，连本带息总额48.2亿元。这些公债只能还本付息，不能买卖和转让。新中国成立初期，特别是抗美援朝期间，还向苏联借款14.06亿卢布。这些内债和外债分别于1968年和1965年还清。

1969年5月11日，《人民日报》刊文指出，我国已经成为一个既无内债、又无外债的社会主义国家，这是毛主席独立自主、自力更生伟大方针的胜利。

从1957年到1976年，举国上下不断掀起"割资本主义尾巴"的运动高潮。

这场运动以取消农民自留地、家庭副业和农村集市为起点，延伸到"彻底消灭生产资料私有制残余"，最后发展为"树下搂把叶叶，地里捡把茬茬，都是资本主义"，"资本主义是韭菜，割不解决问题，必须斩草除根"。

大规模的运动席卷全国，老百姓无一例外都参与其中。

在一个极度落后的社会体制中，革命以打破旧制度、旧阶层为己任，总是畅快淋漓、激动人心。但如果革命异化成为目的，就会束缚生产力的发展。邓小平后来反思，"文化大革命"走到极端，忽视了发展生产力，这是我们吃的大亏。

## 重新发现时间的价值

1974年4月，刚刚复出的邓小平以副总理身份出席联合国大会。这是邓小平首次去美国。在纽约，邓小平只停留一周多，日程排得很满。

4月13日，星期六，阳光很好。时任联合国副秘书长唐明照征求邓小平意见："要到纽约什么地方看看吗？比如双子大厦、自由女神、大都会博物馆……"邓小平对这些地方没有兴趣，他不假思索地回答："华尔街。"

唐明照提醒他："周末华尔街的交易所、银行全休息，没有人啊！"

邓小平的回答很干脆："没有人也可以看看么。"

1974年，在那时中国人眼里，华尔街是反动的金融寡头大本营，是罪恶之源。第一次到美国，仅有一次观光机会，邓小平却执意要去看华尔街，这让唐明照有些错愕。唐明照避开警卫，陪同邓小平到华尔街去转了一圈。

当天邓小平话不多，只是简单说了几句，"美国这个国家历史不长，对它的发展我们要好好研究"。对此，《邓小平时代》作者傅高义这样评价，在邓小平看来，华尔街不但是美国资本主义的象征，而且是美国经济实力的象征，"他具有一种寻找实力的真正来源并理解这种来源的本能"。

1978年，在邓小平的努力下，国家工作重心再次回到了经济建设上。

这年春天，中央出台了规划，8年内要建设120个大项目，包括十大钢铁基地、九大有色金属基地、十大油气田等，投资规模相当于前28年的总和。

可是，资金和技术从哪里来？

1978年6月，邓小平阐述了引进国外先进技术装备的紧迫性。7月，在国务院务虚会上，邓小平提出，要走出去，要引进资金，在几年内要争取引进800亿美元。领导层逐步统一了思想，决定放手利用外资，借钱搞建设。

1979年下半年，财政部增设了"债务处"。11月，比利时贷款3亿法郎，用于河南平顶山电站项目；随后科威特贷款4亿元，支持厦门修建机场。从1992年起，中国连续多年成为世界银行最大借款国。这些外债成为我国水利热电、铁路港口、石化冶金等3000多个项目建设的重要保障。

几乎同时，面对巨额财政赤字，内债发行也在紧锣密鼓地进行。

在借鉴20世纪50年代公债基础上，1981年中国发行了国库券，总金额40亿元，10年还本付息，年息4厘，自发行第6年起分5年作5次偿还本金。

当时规定，国库券不得当作货币流通、不得自由买卖。

这给债券发行带来极大困难。不少人反映，"不知道还能不能在活着时拿到本息"。除非强制摊派，当时国库券柜台销售几乎"完全失败"。

1988年4月开始，财政部在全国7个大城市试点，允许国债买卖，让老百姓手里的国库券得以提前兑现。1991年，放开扩大至400个城市。

由于不同城市间国库券价格存在差异，"黑市"应运而生。

著名的散户投资者"杨百万"就是在低价地区收国库券，然后到高价地区抛售获利。

1990年，刚刚成立的"证券交易所研究设计联合办公室"决定利用最新科技手段做一个自动报价系统——STAQ系统。STAQ系统开通后，游走在各个城市间的票贩子急剧减少。

从此，国债走上了快速发展历程。2019年底，国债余额已达16.65万亿元。

在现代经济学上，国债收益率（特别是10年期国债收益率）又被称为无风险收益率，是市场其他资产价格的定价基础。国债收益率往往也是经济增长的领先指标，比如收益率下降被认为是一国经济衰退的象征。

可以这么说，国债是一国治理体系现代化的关键要素。

尽管资本市场大步向前，但质疑的声音从来没有停过。

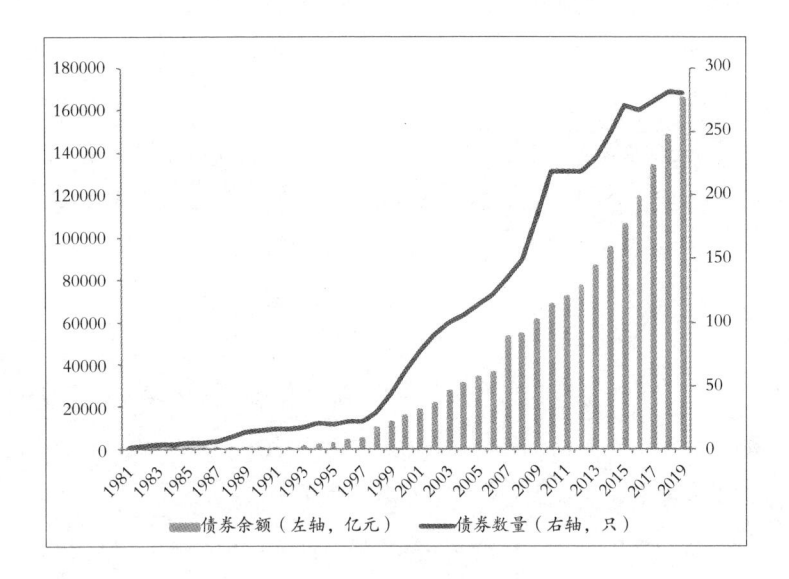

图16-1 改革开放以来国债数量和国债余额

货币作为社会生产资本，数年后会增殖，这被称为货币的时间价值。但在20世纪80年代，这一观念并不被广泛认可。1982年，樊民在《经济研究》一书中认为，运用货币的现值观念，有助于正确评价投资效果，王隆昌在《金融研究》撰文，资本化的货币时间价值，这是货币的第六职能。很快，他们的观点遭到批驳，有人认为"货币时间价值"是西方资产阶级庸俗经济学家的观点，掩盖了剥削关系，是一种荒谬、反动的理论。还有人认为，货币的时间价值不宜引入社会主义社会。

这场争论持续到了20世纪90年代初，也没有得出明确的结论。

但在会计实务领域，"货币时间价值"早已大量应用，比如复利值、现值的计算等。国内会计领域的学者、刊物，无不认为货币具有时间价值，认为在会计管理领域应该引入货币时间价值，以指导企业提高资金使用效率。

时间有价值，未来才有希望。

20世纪80年代初，深圳蛇口建设总指挥袁庚提出"时间就是金钱，效率就是生命"。有一次袁庚代表政府去香港买一栋大楼，约定在星期五下午2点预付定金2000万港元。办手续时，卖主将汽车停在门外没有熄火，一等交易完成，立即带着支票跳上汽车直奔银行。原来接下来是周末，如果当天下午3点前不能将支票交给银行，就要损失近3万元利息。

这一堂生动的现场教学，让袁庚脑海中萌发了"时间就是金钱"口号。

1981年，袁庚把这句口号写在一个红色广告牌上，竖在蛇口工业区。这块牌子很快引发震动，各种非议接踵而来，有人认为这是资本主义的东西。为了大局着想，袁庚只好暂时把牌子拆下来。

1984年1月26日，邓小平同志视察蛇口。在此前一天，袁庚要求工程公司连夜做出一块"时间就是金钱，效率就是生命"的标语牌，架在蛇口一个醒目的地方。这句口号究竟是对是错？他想从邓小平口中得到答案。

当天，视察途中，袁庚趁机向邓小平提起心中深藏已久的话题。

邓小平同志随之作了肯定的答复："对。"

## 深南大道2012号

1988年9月5日，邓小平提出"科学技术是第一生产力"的重要论断。

那一年的深圳，远没有今天那么耀眼。

虽然是个特区，但1988年深圳GDP只有广州的36%，排在佛山之后。当时的深圳，华为刚刚创办，主要业务是代理销售交换机。马化腾还在念中学，招商银行、平安保险也刚成立，只有万科完成了股份制改造。那时候的深圳，主要以"三来一补"、承接产业转移为主，谈不上什么技术含量和自主创新。

但那年的深圳资本市场，已经呼之欲出。

1988年底,深圳市政府成立了"资本市场领导小组",44岁的禹国刚担任其中的专家小组组长,开始着手筹建深圳证券交易所。在接下来的一年时间里,禹国刚带领专家小组翻译了200多万字的境外资料,编成了《深圳证券交易所筹建资料汇编》,这本书绘就了深交所和资本市场的蓝图。

1990年12月1日,深交所开业,当天只有深安达一只股票,共成交八笔。

深交所刚成立时,采用的还是口头唱报和上板竞价的手工交易方式。但到1992年,深交所就推出了自动撮合系统,逐步实现委托、撮合、清算、交割的全流程电脑化、无纸化。在1993年的会员大会上,禹国刚激情澎湃地向会员阐述了深交所中长期战略目标:将深交所建设成为现代化程度较高的、辐射能力较强的、与国际市场接轨的、亚太地区一流的证券交易所。

从20世纪90年代开始,世界和中国都在发生巨大变化。

克林顿成为美国总统后,提出"信息高速公路"计划,实现了二战后美国最长的经济增长周期,开创了以新经济为标志的崭新时代。

在中国大陆,邓小平发表南方谈话,"姓资姓社"的争议障碍逐渐解除。当市场经济的浪潮扑面而来,欢呼与喧嚣、眺望与迷惘、前行与阵痛,也一起骤然降临。

这时候中国的产业结构,已经悄然发生变化。在深圳,1994年开始停止审批"三来一补"等项目。在1996年的"八五计划"中,明确提出要将深圳打造为以高新技术为先导的区域制造业生产基地,深圳开始向高新技术产业转型。

当新世纪快要来临的时候,深圳市创新投资集团有限公司成立,首届中国国际高新技术成果交易会在深圳举办。

马化腾拿着改了66个版本、20多页的商业计划书跑遍了会馆,推销QQ、推销腾讯,最终引起了IDG和盈科数码的重视,拿到第一笔风投资金。

也是在这样的背景下，深交所开始紧锣密鼓地准备创业板。

十年磨一剑，直到2009年10月，创业板才正式启动。创业板以贯彻落实自主创新国家战略、服务经济转型升级为使命，成立十年来，公司数量已超过800家，其中超过九成为高新技术企业。伴随创业板快速发展，我国创投机构管理资本量也从2009年年末的1605亿元增长至2018年年末的2.4万亿元，居世界第二。创业板作为风投的重要退出渠道，有效实现了创新与资本的良性循环。

通过创业板的建设，科技创新也镌刻进了深圳和深交所的每一个细胞。在深圳，以深交所为核心，逐渐汇聚成了一个由股权投融资、证券承销、第三方服务等组成的创新资本生态体系。深圳活跃的创投机构超过5000家，管理资产规模达1.5万亿元。深圳不再是一个小渔村，它正在成为中国科技创新之城。

当前，中国已经进入一个增速换挡阶段，高质量发展成为新的目标和要求。

改革开放40年，全要素生产率的主要来源是劳动力在农村和城市、农业和工业之间的转移。当前，随着人口红利逐渐消失，如何建立起一套全新的"创造性破坏"机制，实现技术和产业的更新换代，很大程度上取决于资本市场能否更好地发挥资源优化配置作用。科技创新的角逐，本质是创新资本形成效率的竞争。

2014年年初，深交所搬家，新的地址是深南大道2012号，这里是原高交会馆旧址。新时代，新形势，新挑战，深交所也在重新认识自己的新使命。

如何发挥交易所的核心枢纽作用，引导各类资本源源不断流向科技创新领域，促成科技成果转化，推动科技、资本和实体经济高水平循环。2020年8月，创业板改革并试点注册制顺利落地，深交所服务科技创新再次出发。在深交所最新的发展战略中，愿景是成为"优质的创新资本中心，世界一流的交易所"。

# 尾章　未来之路

在技术周期的黄昏时节，会有两种力量同时聚集。一方面，长久建立的产业面临资本边际收益递减的痛苦，并伴随经济社会政治的困境。另一方面，当传统技术范式所开拓的利润耗竭，资本会变得越来越愿意尝试新出现的富有吸引力的事物，并愿意去承担由此所带来的风险，这将推动新一轮技术高潮涌现。

## 至暗时刻

2020年年初，一场新冠肺炎疫情突袭全球。这是1918年以来发生的传播速度最快、感染范围最广、防控难度最大的一次重大突发公共卫生事件。紧接着，美联储两次紧急降息至零利率，推出前所未有的2万亿美元大规模QE计划。在全球范围内，交通运输、住宿旅游、文化娱乐等行业几乎停摆，整个工业供应链体系几近断裂，金融危机来势汹汹，新一轮经济萧条几乎扑面而来。

这是全球经济金融的至暗时刻。

但疫情只是导火索，更严重的问题在于，技术周期已经接近尾部，新的增长点还没有找到，资本形成正再次遭遇边际收益递减魔咒。一位叫作卢娜的作者说，爱因斯坦之后，科学停滞的困境远超我们的想象。

2011年，美国经济学家泰勒·科文在《大停滞》中断言，人们已经摘完"所有低垂的果实"。这些果实，包括数百年来廉价的土地资源和巨大的人口教育红利，同样包括科技创新。二战后，抗生素、电视机、电脑、核电站、航空航天、互联网等相继面世，那些定义了现代世界的东西，大部分都已经完成。

2013年，《自然》发表了一篇悲观的文章《爱因斯坦之后，科学天才灭绝》，"天才就像命运多舛的渡渡鸟一样灭绝了。"新理论越来越难提出，伟大创新寥若晨星。近60年来，再无获得共识的伟大化学、物理学理论问世，再无激动人心的科学理论得到验证，再无发明创造可用"灯塔"来形容。自2008年金融危机以来，也没有一个突破性产品诞生，那些被人鼓吹的大数据，更像商业手段。

2016年，美国经济学家戈登提到，始于20世纪70年代的技术革命已接近尾声。"曾经我们想要能飞的汽车，今天我们得到的只是能输入140个字母的推特。"一切只是消费主义的表面繁华，信息大爆炸后，人类的命运打了个结。互联网科技龙头盘踞各大交易所市值前10名位置，但这些高科技公司也相继出现创造力枯竭的迹象，越来越难以找到获利丰厚的投资项目。

半导体领域，受摩尔定律影响，技术改进难度加大，但预期收益却在下降，2019年销售额同比下降12.1%。在通信领域，随着4G用户渗透率上升，通信市场饱和，我国电信业务收入同比只增长0.8%，美国为3.8%。在消费电子领域，个人电脑和智能手机出货量已连续多年下滑，2019年中国智能手机出货量下滑约7.5%。在互联网领域，2019全球移动互联网用户数同比仅增长3.36%。

与此同时，企业实际利润开始原地踏步。天风证券宋雪涛认为：美国企业总利润停留在2014年的水平，企业利润占GDP比例停留在2005年的水平。

许多科技企业只好投向金融化,通过回购推高自己的股票价格。

肆虐的风雨之后,科技的停滞远超想象,我们正冲入一段幽暗的隧道。

直到新冠疫情拉开了债务周期和经济周期的大幕。

## 走向边际递增

1986年,罗默曾在《政治经济学》上发表文章《收益递增和长期增长》。

从亚当·斯密开始,李嘉图、马克思、凯恩斯、熊彼特、哈罗德、索罗……一代代经济学人都一致认为,技术是重要因素。可他们都将技术视为外生变量,即认为技术进步是一个完全由经济系统外部确定并输入系统的变量,它只对系统产生影响而不受系统的影响。这些经济学家也从不同角度认识到,资本投入的增加引起了产出的增长,但他们也承认,资本的边际收益是递减的。

但罗默引入了"规模报酬递增"的概念来对持续的增长进行解释。他认为,不同于资本、土地、劳动力等生产要素的规模报酬递减性,"知识"作为一种公共品,具有非竞争性和非排他性,当这种要素投入生产时,就会产生强大的正外部性,从而导致规模报酬递增的出现。在罗默的视野中,技术进步是内生的,也就是说,存在资本和技术进步相互促进的机制,国家必须以对设备投资的同样方式对待知识投资,构建资本投资与技术创新相互促进的良性循环。

罗默的理论颠覆了传统经济学中的边际收益递减,他站在了凯恩斯肩膀上。

2018年,罗默因为该理论获得了诺贝尔经济学奖。

回顾5000年人类的资本形成史,从凯恩斯到罗默,结合当下技术周期的演化,避免边际收益递减后崩溃的根本方法,是打造一个开放的耗散结构体系。不断有新的资本累积起来，不断优化资本形成渠道，不断推动新的增长点迭代出现，让人们相信世界会变得更加美好。

这个耗散结构体系包括以下几个要点：

（1）建立边际递减思维。资本无论投向何方，不管是农业、商业，还是军队征服、革命战争、远航贸易，抑或某种技术范式，都逃离不了边际收益递减的魔咒。没有任何一种模式可以一劳永逸，必须时刻树立边际递减的忧患意识。

（2）开放的意义重大。以开放的姿态承认并接受不确定性，通过不断与外界进行物质、信息和能量的交换，是耗散结构体系从无序到有序的第一步。许多创新只有通过外国的直接投资或对外国人的开放才能获得，许多知识源于自由获取和利用。从荷兰、英国，到美国，建立一个开放包容的体系，是这些国家和地区取得边际收益递增的重要基础，而其中，移民往往是最具创新力的群体。

（3）资本的原始积累十分重要。许多穷国常年忙于战乱、复仇，或者只进行低水平的农业劳动，或者闭关锁国，或者对资本流动采取严格的政治管束，那么，在这些国家和地区，就不可能有资本积累起来，也就不可能有足够资本投入到经济生产领域。没有投入，物质资本中蕴涵的先进技术也不能实现，就业机会减少，最终导致经济的长期停滞甚至崩溃。

（4）资本形成的核心机制是价格发现。从荷兰阿姆斯特丹，到后来的伦敦、纽约，敏锐的价格发现机制是这些世界金融中心的基础。判断资本市场功能是否完善，不是看股指涨跌，更不能看交易量和换手率，而是风险定价的准确、有效和专业。只有定价准确、合理，资本才能配置到经济社会发展最需要的地方。

（5）警惕复杂化，提高治理能力。对复杂化的投资，总是会在达到一个边界后，不可避免地产生边际收益递减，并进入一个崩溃性日渐增强的阶段。复杂化曾让金融巨头能够随心所欲获取大量利益，但也带来信息不对称、决策失误、道德风险，产生系统性风险，最终让整个经济社会付出沉重代价。警惕复杂化的另一层含义是提升治理能力和水平，提升经济调控的灵活和精准程度。

（6）引导资本投向科技进步、教育研发、产业升级。无论是蒸汽机的发明和铁路的推广运用，还是电气技术的崛起，以及原子能、航天技术、生物工程、互联网等的快速发展，每一项科技成果的大规模运用，都离不开资本的先导和催化。科技进步是迭代递进的，效率呈指数上升。当一种类型的科技产业出现边际递减，另一种迭代科技又会推生新的超额利润区域。

## 不畏将来

2020年年初，在逐渐显现的衰退威胁中，全球经济迎来"黑暗开局"。

技术周期、金融周期尾部叠加，"黑天鹅"乱飞，"灰犀牛"乱撞。

至暗时刻，全球大变局快速演变的特征更趋明显。

熊彼特认为，当经济周期从景气循环到谷底的同时，也是某些企业家被淘汰出局而另一些企业家必须要"创新"以求生存的时候。

因此，每一次萧条都孕育着新技术革新的可能。

经济技术周期的黄昏时节，按照佩蕾丝的观点，会有两种力量同时聚集。

一方面，在某些以往增长最快、获利颇高的部门，资本边际收益开始达到增长极限。越来越多的资本从景况不佳的经济中流出，却发现市场能够获得丰厚回报的机会日益减少，从而成为"闲置资金"。长久建立的产业面临资本边际收益递减的痛苦，并伴随经济社会政治的困境。

另一方面，当传统技术范式所开拓的利润耗竭，金融资本受到压力并开始寻求其他有利可图的或是令人兴奋的事物，并且愿意去承担由此所带来的风险和不确定性。这不仅包括投向遥远的国家和地区，也包括投向重大技术创新。前者可能会产生债务危机，而后者则将推动新一轮技术高潮的涌现。

20世纪90年代的时候，比尔·盖茨写了一本书叫《未来之路》。

在这本书中，盖茨试图预测未来的发展趋势，他认为未来之路不是由沙、石、泥土等构成，而是由信息构成。正如盖茨所预见的，信息数据已经成为我们这个时代的重要基础设施和关键生产要素。

今天，人们又在想象新一轮科技革命的"未来之路"。

有人总结新一轮科技革命下的26项代表性技术，大部分（11项）还处于实验阶段，比如人造器官、超导材料等；部分（6项）进入中试阶段（正式投产前的试验）；还有部分（9项）则已进入早期应用阶段，如人工智能、大数据、物联网、区块链等。在一些人看来，未来似乎已经触手可及，但这些道路将由什么铺就，通向何方，又能走多远，没有人知道。

表尾章-1　新一轮科技革命代表性技术进展（何超，2020）

| 领域 | 代表性技术及其当前进展 |
| --- | --- |
| 信息技术（9项） | 物联网（早期应用）；云计算（早期应用）；大数据（早期应用）；人工智能（早期应用）；虚拟现实（早期应用）；5G通信（早期应用）；区块链（早期应用）；量子通信（中试）；自动驾驶（中试）。 |
| 生物技术（6项） | 机能增进（中试）；基因编辑（实验）；脑机接口（实验）；生物芯片（实验）；人造器官（实验）；分子机器人（实验）。 |
| 新能源技术（5项） | 氢燃料电池（中试）；可燃冰（中试）；硅阳极电池（实验）；超导材料（实验）；可控核聚变（实验）。 |
| 新材料技术（6项） | 纳米材料（早期应用）；石墨烯（早期应用）；3D打印（中试）；新型隐身材料（实验）；自我修复（实验）；微格金属（实验）。 |

资料来源：研究报告《新一轮科技革命下企业融资特点》

全球科技创新的角逐，本质是创新资本形成效率的竞争。近年，为了适应科技企业的发展，满足多样化投融资需求，各国资本市场的市场层次、产品服务等都发生了巨大变化。许多成熟市场都在积极利用最新技术成果，纷纷通过建立股权众筹、社交交易、双重股权、直接上市、私人市场、设立多套上市标准等方式，提高对科创企业的包容度，提升创新资本形成效率。

适应新技术、新产业的发展和需求，资本组织形式必将发生巨变。互联网金融热潮已过，当年疯狂的P2P现在死了，留下一地鸡毛。数字货币来势汹汹，有人把它当成新的共识和信仰，有人却认为这只不过是个骗局。挂着大数据、区块链、人工智能等新名词的金融科技成为引人注目的焦点，其中有创新，也有泡沫。但正如熊彼特所认为的，"泡沫通常发生在新产业或新技术出现的初期"。

过去10年，世界上的所有政府和银行，都在疯狂地印钞票，盼望科学家和工程师能够在经济泡沫破灭之前，设法想出能够力挽狂澜的创世发明或重大发现。

如果实验室的脚步跟不上泡沫破灭的速度，经济前景就会令人十分担忧。

这是我们有生之年亲历的惊险一幕，也是通往未来的必经之路。

伏尔泰说："不确定让人不舒服，可确定又是荒谬的。"至暗时刻，就像英国诗人狄兰·托马斯的诗句所述：请不要温和地走进那个良夜，应当在日暮时燃烧咆哮。即使压力如影如魅，也要怒斥，也要在抗争中憧憬黎明。

# 参考文献[1]

[1] 注：本书参考文献书目中的书名、文章标题等均按照原文献录入。

# 中著

[1] 毕蓝. 美国的故事（全7册）[M]. 北京:九州出版社,2018.

[2] 程健. 对福格尔关于铁路与经济增长关系理论的研究[D]. 北京:北京交通大学,2009.

[3] 陈志武. 金融的逻辑[M]. 北京: 国际文化出版公司,2009.

[4] 邓舒文, 晋田. 注册制下美股上市公司的成长之路[R]. 上海:上海证券交易所资本市场研究所,2019.

[5] 丁一. 金融定成败:美元陷阱及人民币未来[M]. 厦门:鹭江出版社,2009年.

[6] 戴老板. 一场事先张扬的超车[EB/OL]. https://mp.weixin.qq.com/s/ORrD7ebhP8Ys7ppK_ej0iQ.2018-08-22/2020-6-30.

[7] 郭建龙. 中央帝国的财政密码[M]. 厦门:鹭江出版社,2017.

[8] 郭文纳. 古希腊密码[M]. 北京:北京联合出版公司,2013.

[9] 龚焱. 公司制的黄昏:区块链思维与数字化激励[M]. 北京:机械工业出版社,2019

[10] 黄岭峻, 曹林, 李炤曾. 契约、代价与革命[J]. 华中科技大学学报(社会科学版),2001,(2): 1-5.

[11] 黄仁宇. 十六世纪明代中国之财政与税收[M]. 北京:生活·读书·新知三联书

店,2001.

[12] 黄海洲. 全球金融体系:危机与变革[M]. 北京:中信出版社,2019.

[13] 黄正柏. 德国资本主义发展史[M]. 武汉:武汉大学出版社,2000.

[14] 黄纯艳. 宋代财政史[M]. 昆明:云南大学出版社,2013.

[15] 何伟福. 基于制度变迁视角的革命根据地票据研究(1927-1949)[M]. 北京:中国社会科学出版社,2016.

[16] 何伟福. 中国革命根据地票据研究[M]. 北京:人民出版社,2012.

[17] 何超. 新一轮科技革命下企业融资特点[R]. 深圳:深交所博士后工作站,2020.

[18] 贺痴. 清代世界首富伍秉鉴的财富人生[M]. 北京:中国致公出版社,2010.

[19] 上海证券交易所资本市场研究所宏观与战略组. 纽交所和纳斯达克上市制度变迁及启示[R]. 上海:上海证券交易所资本市场研究所,2017.

[20] 姜洪. 从曼彻斯特到硅谷:产业变革的进程[M]. 北京:中国经济出版社,1986.

[21] 姜洋. 发现价格[M]. 北京:中信出版社,2018.

[22] 刘志英. 近代上海华商证券市场研究[M]. 上海:学林出版社,2004.

[23] 刘斌. 中国近现代证券市场史[M]. 长春:吉林教育出版社,2007.

[24] 刘晓泉. 新民主主义革命时期中国共产党公债政策研究[M]. 北京:经济科学出版社,2019.

[25] 刘冠均. 南宋王朝[M]. 合肥:安徽文艺出版社,2016.

[26] 刘鹤. 两次全球大危机的比较研究[M]. 北京:中国经济出版社,2013.

[27] 刘伟. 中国专制王朝衰亡的经济学分析[D]. 上海:复旦大学,2003.

[28] 李连利. IBM百年评传:大象的华尔兹[M]. 武汉:华中科技大学出版社,2011.

[29] 李振. 货币文明及其批判:马克思货币文明思想研究[M]. 北京:人民出版社,2009.

[30] 刘统. 东北解放战争纪实[M]. 北京:人民出版社,2004.

[31] 刘统. 中国的1948年:两种命运的决战[M]. 北京:生活·读书·新知三联书店,2006.

[32] 刘燕. 公司融资工具演进的法律视角[J]. 经贸法律评论,2020,(1):1-25.

[33] 李丹. 历史大数据:民国证券市场之量化研究[M]. 北京:北京大学出版社,2016.

[34] 李丹. 美国场外市场发展最新趋势[R]. 上海:上海证券交易所资本市场研究所,2019.

[35]李飞.中国金融通史[M].北京:中国金融出版社,2002.

[36]李德林.晚清金融战[M].广州:广东旅游出版社,2015.

[37]李德林.改革现场[M].北京:北京联合出版社,2014.

[38]李彦.两河之间:美索不达米亚揭密[M].北京:中国画报出版社,2009.

[39]李翀.金融战争:金融资本如何在全球掠夺财富[M].北京:机械工业出版社,2017.

[40]李博.体系积累周期视野下的中国与世界:历史及其延续[M].北京:中央编译出版社,2016.

[41]李逆熵.资本的冲动:世界深层矛盾根源[M].北京:北京时代华文书局,2016.

[42]李伯重.火枪与账簿:早期经济全球化时代的中国与东亚世界[M].北京:生活·读书·新知三联书店,2017.

[43]林毅夫.李约瑟之谜、韦伯疑问和中国的奇迹:自宋以来的长期经济发展[J].北京大学学报(哲学社会科学版),2007,(4):5-22.

[44]林建.大交易场:美国证券市场风云实录[M].北京:机械工业出版社,2008.

[45]林达.带一本书去巴黎[M].北京:生活·读书·新知三联书店,2013.

[46]鲁品越.鲜活的资本论[M].上海:上海人民出版社,2016.

[47](清)梁启超.中国国债史[M]//(清)梁启超.梁启超全集第三卷[M].北京:北京出版社,1999:1424-1449.

[48]孟庆延.从革命到"继续革命"[D].北京:中国政法大学,2014.

[49]摩登中产.爱因斯坦之后,科学停滞的困境远超我们想象![EB/OL].https://baijiahao.baidu.com/s?id=1616439754056582603&wfr=spider&for=pc.2018-11-7/2020-6-30.

[50]马锦生.美国资本积累金融化实现机制及发展趋势[J].政治经济学评论,2014,(10):61-85.

[51]彭剑锋.IBM:变革之舞[M].北京:机械工业出版社,2013.

[52]彭信威.中国货币史[M].上海:上海人民出版社,1958.

[53]彭兴庭.金融法制的变迁与大国崛起[M].北京:法律出版社,2014.

[54]彭兴庭.不一样的极简货币史[M].北京:法律出版社,2018.

[55]潘国琪.国民政府1927-1949年的国内公债研究[M].北京:经济科学出版

社,2003.

[56] 潘妙丽. 资本市场大浪淘沙后留下了哪些公司[R]. 上海:上海证券交易所资本市场研究所,2020.

[57] 皮建才. 权威委托机制与李约瑟之谜:基于文献的批判性思考[J]. 经济科学,2009(6):58-70.

[58] 任泽平等. 解码高盛:国际顶级投行与金融帝国崛起[EB/OL] https://mp.weixin.qq.com/s/xxO2sJ9rFqd4aR5-BRh9HQ.2019-10-10/2020-6-30.

[59] 任泽平. 我们正站在全球金融危机的边缘[N]. 证券时报,2020-3-5.

[60] 斯凯恩. 美联储主席全传:从发行美元到操纵世界[M]. 北京:华文出版社,2017.

[61] 宋鸿兵. 货币战争[M]. 北京:中华工商联合出版社,2009.

[62] 尚明轩. 孙中山图文全传[M]. 北京:新星出版社,2016.

[63] 孙迪. 民国时期经济建设公债研究(1927-1937)[M]. 上海:上海社会科学院出版社,2015.

[64] 沈汉. 资本主义史[M]. 上海:学林出版社,2008.

[65] 邵宇. 康波、世界体系与创新范式:中国如何引爆新一轮产业革命[J]. 新财富杂志,2020,(1):84-88.

[66] 唐涯. 投行三百年简史[EB/OL]. https://mp.weixin.qq.com/s/i0Lxre07YFOQSJ83I05sQg.2019-6-30/2020-6-30.

[67] 王先明. 危机中的发展与发展中的危机:民国"黄金十年"的历史实相[N]. 北京日报,2016-6-13.

[68] 王奇. 革命与反革命:社会文化视野下的民国政治[M]. 北京:社会科学文献出版社,2010.

[69] 韦森. 斯密动力与布罗代尔钟罩[J]. 社会科学战线,2006,(1):72-85.

[70] 万立明. 中国共产党公债政策的历史考察及经验研究[M]. 上海:上海人民出版社. 2015.

[71] 王加丰. 西班牙、葡萄牙帝国的兴衰[M]. 西安:三秦出版社,2005.

[72] 王迎春. 技术与资本的共谋及其对现代性的建构[D]. 上海:复旦大学,2010.

[73] 王章辉. 工业社会的勃兴:欧美五国工业革命比较研究[M]. 北京:人民出版社,1995.

[74] 吴军. 硅谷之谜[M]. 北京:人民邮电出版社,2015.

[75] 吴军. 文明之光[M]. 北京:人民邮电出版社,2014.

[76] 吴晓波. 历代经济变革得失[M]. 杭州:浙江大学出版社,2016.

[77] 吴景平. 近代中国的金融风潮[M]. 上海:东方出版中心,2019.

[78] 吴宇虹. 泥板上不朽的苏美尔文明[M]. 北京:北京大学出版社,2013.

[79] 吴勇民. 技术进步与金融结构的协同演化研究:理论和实证[D]. 长春:吉林大学,2014.

[80] 汪敬虞. 十九世纪外国侵华企业中的华商附股活动[J]. 历史研究,1965,(4):39-74.

[81] 文贯中. 中国的疆域变化与走出农本社会的冲动:李约瑟之谜的经济地理学解析[J]. 经济学(季刊),北京:北京大学中国经济研究中心,2005,(2):519-540.

[82] 巫宝三. 管子经济思想研究[M]. 北京:中国社会科学出版社,1989.

[83] 徐瑾. 白银帝国:一部新的中国货币史[M]. 北京:中信出版社,2017.

[84] 徐远. 经济的律动:读懂中国宏观经济与市场[M]. 北京:中信出版社,2018.

[85] 徐国栋. 罗马的包税人:公务承包制、两合公司在古罗马[J]. 吉林大学社会科学学,2010,(6):124-131,156.

[86] 雪珥. 天杀的公司[N]. 中国经营报,2010-9-13.

[87] 薛凤旋. 清明上河图:北宋繁华记忆[M]. 北京:中华书局,2017.

[88] 杨阳腾. "时间就是金钱"口号背后的故事[N]. 经济日报,2018-1-24.

[89] 杨荫溥. 民国财政史[M]. 北京:中国财政经济出版社,1985.

[90] 姚洋. 高水平陷阱:李约瑟之谜的再考察[J]. 经济研究,2003,(1):71-19.

[91] 严如平,郑则民. 蒋介石传(全2册)[M]. 北京:中华书局,2013.

[92] 禹国刚. 深市物语[M]. 深圳:海天出版社,2000.

[93] 叶初升. 国际资本形成与经济发展[M]. 北京:人民出版社,2004.

[94] 张加伦. 我执笔起草了第一个国库券条例[J]. 武汉文史资料,2010,(2):4-12.

[95] 张克菲. 美股十年牛市中的科技股[R]. 上海:上海证券交易所资本市场研究所,2019.

[96] 张军. 深圳奇迹[M]. 北京:东方出版社,2019.

[97] 张亚东. 重商帝国:1689-1783年的英帝国研究[M]. 北京:中国社会科学出版

社,2004.

[98] 张晓立. 晚清首富伍秉鉴[M]. 武汉:华中科技大学出版社,2014.

[99] 张宇燕,高程. 美洲金银和西方世界的兴起[M]. 北京:中信出版社,2004.

[100] 朱荫贵. 1921年"信交风潮"[J]. 中国金融,2014,(10):92-93.

[101] 朱荫贵. 中国近代股份制企业研究[M]. 上海:上海财经大学出版社,2008.

[102] 钟准. 铁路改变世界[J]. 读书,2018,(12):151-159.

[103] 湛垦华,沈小峰等编. 普利高津与耗散结构理论[M]. 西安:陕西科学技术出版社,1998.

[104] 赵守正. 管子经济思想研究[M]. 上海:上海古籍出版社,1989.

[105] 赵红军. 李约瑟之谜:经济学家应接受旧解还是新解?[J]经济学季刊,2009,(7):1615-1646.

[106] 全琳琛. 通用汽车百年兴衰[M]. 北京:人民邮电出版社,2009.

[107] 钱乘旦,许洁明. 英国通史[M]. 上海:上海社会科学院出版社,2012.

[108] 文斐. 索罗斯传:最伟大的投机者[M]. 北京:新世界出版社,2016.

[109] 辛乔利. 现代金融创新史:从大萧条到美丽新世界[M]. 北京:社会科学文献出版社,2019.

[110] 葛百彦,葛天恩,蒋海然. 宗教对美国的社会经济贡献——一项实证分析[J]. 宗教与美国社会,2018,(1):69-109,315-316.

[111] 潘国琪. 国民政府1936年公债整理案述评[J]. 贵州师范大学学报(社会科学版),2003(1):72-76.

[112] 潘国琪. 国民政府1932年公债整理案述评[J]. 福建论坛(人文社会科学版),2001,(4):101-104.

[113] 梁发芾. 为战时财政输血[J]. 中国经济报告,2015,(9):121-123.

## 译著

[1] 乔万尼·阿里吉,滨下武志,马克·塞尔登. 东亚的复兴：以500年、150年和50年为视角[M]. 马援,译. 北京:社会科学文献出版社,2006.

[2] 乔万尼·阿里吉. 亚当·斯密在北京：21世纪的谱系[M]. 路爱国,许安结,黄平,译.北京:社会科学文献出版社,2009.

[3] 阿瑞基. 漫长的20世纪[M]. 姚乃强等,译. 南京:江苏人民出版社,2011.

[4] 乔万尼·阿瑞吉,贝弗里·J. 西尔弗等. 现代世界体系的混沌与治理[M]. 王宇洁,译. 北京:生活·读书·新知三联书店,2003.

[5] 罗伯特·阿尔布里坦等. 资本主义的发展阶段：繁荣、危机和全球化[M]. 张余文,主译. 北京:经济科学出版社,2003.

[6] 德隆·阿西莫格鲁,詹姆斯·A. 罗宾逊. 国家为什么会失败[M]. 李增刚,译. 徐彬,校. 长沙:湖南科学技术出版社,2015.

[7] 约瑟夫·J埃利斯. 革命之夏：美国独立的起源[M]. 熊钰,译. 北京:社会科学文献出版社,2016.

[8] 弗朗索瓦·沙奈. 资本全球化[M]. 齐建华,译. 北京:中央编译出版社,2001.

[9] 查尔斯·埃利斯. 高盛帝国[M]. 卢青,张玲,束宇,译. 北京:中信出版社,2015.

[10] 哈罗德·埃文斯,盖尔·巴克兰,戴维·列菲. 美国创新史：从蒸汽机到搜索引擎,美国两个世纪历史上最著名的53位革新者[M]. 倪波等,译. 北京:中信出版社,2011.

[11] 艾伦. 美国的崛起：沸腾50年[M]. 高国伟,译. 北京:京华出版社,2011.

[12] 塞巴斯蒂安·爱德华兹. 掉队的拉美：民粹主义的致命诱惑[M]. 郭金兴,译. 北京:中信出版社,2019.

[13] 卡尔·波兰尼. 巨变：当代政治与经济的起源[M]. 黄树民,译. 北京:社会科学文献出版社,2017.

[14] EE里奇,CH威尔逊. 剑桥欧洲经济史[M]. 张锦冬,钟和,曼波,译. 北京:经济科学出版社,2003.

[15] 艾琳·鲍尔. 中世纪人[M]. 韩阳,罗美钰,刘晓婷,译. 北京:时代华文书局,2018.

[16] 斯文·贝克特. 棉花帝国[M]. 徐轶杰,杨燕,译. 北京:民主与建设出版社,2019.

[17] 劳伦斯·贝尔格林. 黄金、香料与殖民地：转动人类历史的麦哲伦航海史[M]. 李文远,译. 北京:新世界出版社,2019.

[18] 本·S伯南克. 大萧条[M]. 宋芳秀,译. 大连:东北财经大学出版社,2009.

[19] 罗恩·保罗. 终结美联储[M]. 朱悦心,张静,译. 北京:中国人民大学出版社,2010.

[20] 亨利·保尔森. 峭壁边缘：拯救世界金融之路[M]. 乔江涛,梁卿,谭永乐等,译. 北京:中信出版社,2010.

[21] 理查德·布克斯塔伯. 我们自己制造的魔鬼：市场、对冲基金以及金融创新的危险性[M]. 黄芳,译. 北京:中信出版社,2008.

[22] 艾伦·布林德. 当音乐停止之后：金融危机、应对策略与未来的世界[M]. 巴曙松,徐小乐,译. 北京:中国人民大学出版社,2014.

[23] 约翰·布鲁克斯. 沸腾的岁月：20世纪60年代,美国股市狂飙突进,崩盘与兴起并存的10年![M]. 万丹,译. 北京:中信出版社,2006.

[24] 理查德·布克斯塔伯. 理论的终结：金融危机经济学的失败与人际互动的胜利[M]. 何文忠,颜天罡,译. 北京:中信出版社,2018.

[25] 布罗代尔. 15至18世纪的物质文明、经济和资本主义[M]. 顾良,译. 北京:生活·读书·新知三联书店,1993.

[26] 费尔南·布罗代尔. 菲利普二世时代的地中海和地中海世界[M]. 唐家龙,吴模信

等,译.北京:商务印书馆,1996.

[27]斯坦利·布德尔.变化中的资本主义:美国商业发展史[M].郭军,译.北京:中信出版社,2013.

[28]板谷敏彦.世界金融史:泡沫、战争与股票市场[M].王宇新,译.北京:机械工业出版社,2018.

[29]彻诺.摩根财团:美国一代银行王朝和现代金融业的崛起(1838-1990)[M].金立群,译.南京:江苏文艺出版社,2015.

[30]瑞·达利欧.债务危机[M].赵灿,熊建伟,刘波,译.北京:中信出版社,2019.

[31]戴维斯.金融改变一个国家[M].李建军,汪川,译.北京:机械工业出版社,2011.

[32]伊恩·戴维森.法国大革命[M].鄢宏福,王瑶,译.成都:天地出版社,2019.

[33]雷蒙·德鲁弗.美第奇银行的兴衰[M].吕吉尔,译.上海:格致出版社,2019.

[34]大前研一.无国界的世界[M].黄柏棋,译.北京:中信出版社,2007.

[35]斯坦利·L恩格尔曼,罗伯特·E.高尔曼.剑桥美国经济史(全三卷)[M].高德步,王珏总译校.北京:中国人民大学出版社,2018.

[36]弗雷德里克·莫顿.罗斯柴尔德家族[M].熊亭玉,译.北京:中译出版社,2018.

[37]贡德·弗兰克.白银资本:重视经济全球化中的东方[M].刘北成,译.成都:四川人民出版社,2017.

[38]杰弗里·弗里登.20世纪全球资本主义的兴衰[M].杨宇光等,译.上海:上海人民出版社,2009.

[39]托马斯·弗里德曼.世界是平的:"凌志汽车"和"橄榄树"的视角[M].赵绍棣,黄其祥,译.北京:东方出版社,2006.

[40]托马斯·弗里德曼.世界是平的:21世纪简史(内容升级和扩充版3.0)[M].何帆,肖莹莹,郝正非,译.长沙:湖南科学技术出版社,2016.

[41]克里斯·弗里曼,弗朗西斯科·卢桑.光阴似箭[M].沈宏亮,主译.北京:中国人民大学出版社,2007.

[42]艾瑞克·霍布斯鲍姆.资本的年代(1848-1875)[M].张晓华等,译.北京:中信出版社,2014.

[43]马丁.霍尔纳格.资本战争:金钱游戏与投机泡沫的历史[M].王音浩,译.北京:华夏出版社.2008.

[44] 傅高义. 邓小平时代[M]. 冯克利,译. 北京:生活·读书·新知三联书店,2013.
[45] 安德烈·傅颂. 巧克力经济学[M]. 武忠森,译. 北京:中国人民大学出版社,2008.
[46] 富兰克林·福尔. 没有思想的世界[M]. 舍其,译. 北京:中信出版社,2019.
[47] 凯文·菲利普斯. 一本书读懂美国财富史[M]. 王吉美,译. 北京:中信出版社,2010.
[48] 儒勒·凡尔纳. 八十天环游地球[M]. 郑克鲁,译. 上海:上海文艺出版社,2016.
[49] 詹姆斯·费鲁德. 恺撒大帝[M]. 苏跃,译. 北京:京华出版社,2009.
[50] 富田俊基. 国债的历史:凝结在利率中的过去与未来[M]. 彭曦等,译. 南京:南京大学出版社,2011.
[51] 马丁·费尔德斯坦. 转变中的美国经济[M]. 马静,译. 北京:商务印书馆,2018.
[52] 大卫·格雷伯. 债:第一个5000年[M]. 孙碳,董子云,译. 北京:中信出版社,2012.
[53] G爱德华·格里芬. 美联储传:一部现代金融史[M]. 罗伟,蔡浩宇,董威琪,译. 北京:中信出版社,2017.
[54] 威廉·戈兹曼. 千年金融史:金融如何塑造文明,从5000年前到21世纪[M]. 张亚光,熊金武,译. 北京:中信出版社,2017.
[55] 艾米·戈德斯坦. 简斯维尔:一个美国故事[M]. 徐臻,译. 北京:中信出版社,2019.
[56] 罗伯特·戈登. 美国增长的起落[M]. 张林山等,译. 北京:中信出版社,2018.
[57] 约翰·S戈登. 财富的帝国[M]. 董宜坤,译. 北京:中信出版社,2007.
[58] 约翰·S戈登. 伟大的博弈:华尔街金融帝国的崛起(1653-2004)[M]. 祁斌,译. 北京:中信出版社,2005.
[59] 艾瑞克·霍布斯鲍姆. 革命的年代(1789-1848)[M]. 于章辉,译. 北京:中信出版社,2014.
[60] 悉尼·霍默,理查德·西勒. 利率史[M]. 肖新明,曹建海,译. 北京:中信出版社,2010.
[61] 特伦斯·K霍普金斯,伊曼纽尔·沃勒斯坦等. 转型时代世界体系的发展轨迹(1945-2025)[M]. 吴英,译. 北京:高等教育出版社,2002.
[62] 尤瓦尔·赫拉利. 人类简史:从动物到上帝[M]. 林俊宏,译. 北京:中信出版股份有限公司,2014.

[63] 尤瓦尔·赫拉利. 未来简史[M]. 林俊宏,译. 北京:中信出版集团,2017.

[64] 拉里·哈里斯. 监管下的交易所:经济增长的强劲助推器[M]. 上海证券交易所, 译. 北京:中信出版社,2010.

[65] 大卫·哈维. 资本社会的17个矛盾[M]. 许瑞宋,译. 北京:中信出版社,2016.

[66] 大卫·哈维. 世界的逻辑:如何让我们生活的世界更理性、更可控[M]. 周大昕,译. 北京:中信出版集团,2017.

[67] 大卫·哈维. 资本的限度[M]. 张寅,译. 北京:中信出版社,2017.

[68] 戴维·怀斯,马克·摩西德. 谷歌的故事[M]. 朱波,钱小婷,译. 北京:中信出版社,2020.

[69] 亨德里克·威廉·房龙,罗伯特·沙利文. 人类的故事[M]. 胡允桓,译. 北京:中信出版社,2017.

[70] 金德尔伯格,阿利伯. 疯狂、惊恐和崩溃:金融危机史(第6版)[M]. 叶翔,朱隽,译. 北京:中国金融出版社,2014.

[71] 爱德华·吉本. 罗马帝国衰亡史(上、下)[M]. 黄宜思,黄雨石,译. 北京:商务印书馆,2002.

[72] 爱德华多·加莱亚诺. 拉丁美洲被切开的血管[M]. 王玫等,译. 北京:人民文学出版社,2001.

[73] 玛丽·加布里埃尔. 爱与资本:马克思家事[M]. 朱艳辉,译. 长沙:湖南人民出版社,2018.

[74] 查尔斯·加斯帕里诺. 纽交所之王[M]. 顾锦生,译. 北京:中信出版社,2009.

[75] 加贝德. 美国国债市场的诞生:从第一次世界大战到"大萧条"[M]. 林谦,译. 上海:上海财经大学出版社,2013.

[76] 约翰·梅纳德·凯恩斯. 就业、利息和货币通论[M]. 高鸿业,译. 北京:商务印书馆,2005.

[77] 斯蒂芬·康威. 美国独立战争简史[M]. 邓海平,译. 北京:化学工业出版社,2018.

[78] 于尔根·科卡. 资本主义简史[M]. 徐庆,译. 上海:文汇出版社,2017.

[79] 丹·科纳汉. 英格兰银行(1997-2014)[M]. 王立鹏,译. 北京:中国友谊出版公司,2015.

[80] 克拉潘. 现代英国经济史(上、下)[M]. 姚曾,译. 北京:商务印书馆,1997.

[81] 保罗·肯尼迪. 大国的兴衰[M]. 蒋葆英等,译. 北京:中国经济出版社;1989.

[82] 罗杰·洛温斯坦. 美联储的诞生:读懂美元的逻辑和本质[M]. 习辉,姜晓芳,译. 杭州:浙江大学出版社,2017.

[83] 罗杰·洛温斯坦. 赌金者:长期资本管理公司的升腾与陨落[M]. 毕崇毅,译. 北京:机械工业出版社,2017.

[84] 默里·罗斯巴德. 美国大萧条[M]. 谢华育,译. 上海:上海人民出版社,2009.

[85] 托马斯·罗斯基. 战前中国经济的增长[M]. 唐巧天,译. 杭州:浙江大学出版社,2009.

[86] 路德维希. 拿破仑传[M]. 郭亭亭,译. 北京:西苑出版社,2016,

[87] 斯科特·内申斯. 崩溃和救援:美国股市百年跌荡启示录[M]. 赵立光,译. 北京:中信出版社,2018.

[88] 马克·鲁宾斯坦. 投资思想史[M]. 张俊生,曾亚敏,译. 北京:机械工业出版社,2009.

[89] 小罗伯特·E卢卡斯. 为何资本不从富国流向穷国[M]. 罗汉,应洪基,译. 南京:江苏人民出版社,2005.

[90] 卡门·M莱因哈特·肯尼斯·S罗格夫. 这次不一样:八百年金融危机史(珍藏版)[M]. 綦相等,译. 北京:机械工业出版社,2012.

[91] 迈克尔·刘易斯. 大空头[M]. 何正云,译. 北京:中信出版社,2015.

[92] 李钟文等. 创新之源:硅谷的企业家精神与新技术革命[M]. 陈禹等,译. 北京:人民邮电出版社,2017.

[93] 杰瑞·马克汉姆. 美国金融史(全6卷)[M]. 黄佳,译. 北京:中国金融出版社,2017.

[94] 卡尔·马克思. 资本论(第1卷)[M]. 中共中央马克思恩格斯列宁斯大林著作编译局,译. 北京:人民出版社,2004.

[95] 卡尔·马克思. 资本论(第3卷)[M]. 中共中央马克思恩格斯列宁斯大林著作编译局,译. 北京:人民出版社,2004.

[96] 西蒙·蒙蒂菲奥里. 耶路撒冷三千年[M]. 张倩红,译. 北京:民主与建设出版社,2015.

[97] 伦纳德·蒙洛迪诺. 思维简史:从丛林到宇宙[M]. 龚瑞,译. 北京:中信出版社,2018.

[98] 穆林斯. 美联储的秘密[M]. 肖艳丽,译. 长春:吉林出版集团有限责任公司,2011.

[99] 安格斯·麦迪森. 世界经济千年史[M]. 伍晓鹰等,译. 北京:北京大学出版社,2003.

[100] 保尔·芒图. 十八世纪产业革命:英国近代大工业初期的概况[M]. 杨人楩,陈希秦,吴绪,译. 北京:商务印书馆,2011.

[101] 塞·埃·莫里森. 哥伦布传(上、下)[M]. 陈太先,袁大中,陈礼仁,译. 北京:商务印书馆,1998.

[102] 约翰·米克勒斯维特,阿德里安·伍尔德里奇. 公司的历史:五千年的商海画卷,最权威的公司史鉴[M]. 夏荷立,译. 合肥:安徽人民出版社,2012.

[103] 雅克·勒高夫. 钱袋与永生:中世纪的经济与宗教[M]. 周嫄,译. 上海:上海人民出版社,2007.

[104] 于尔根·奥斯特哈默. 世界的演变:19世纪史[M]. 强朝晖,刘风,译. 北京:社会科学文献出版社,2016.

[105] 彭慕兰,史蒂文·托皮克. 贸易打造的世界:1400年至今的社会、文化与世界经济[M]. 黄中宪,吴莉苇,译. 上海:上海人民出版社,2018.

[106] 彭慕兰. 大分流:欧洲中国及现代世界经济的发展[M]. 史建云,译. 南京:江苏人民出版社,2008.

[107] 亚历山大·容,迪特马尔·皮珀,赖纳·特劳布. 金钱创造历史:谁是下一个金融帝国[M]. 葛囡囡,译. 北京:外文出版社,2013

[108] 皮肖内. 这里改变世界:硅谷成功创新之谜[M]. 罗成,译. 北京:中信出版社,2013.

[109] 托马斯·皮凯蒂. 21世纪资本论[M]. 巴曙松,陈剑,余江,周大昕,李清彬,汤铎铎,译. 北京:中信出版社,2014.

[110] 佩蕾丝. 技术革命与金融资本:泡沫与黄金时代的动力学[M]. 田方萌等,译. 北京:中国人民大学出版社,2007.

[111] 弗雷德里克·普赖尔. 美国资本主义的未来:决定美国经济制度的长期因素及其变化[M]. 黄胜强,许铭原,译. 北京:中国社会科学出版社,2004.

[112] LS斯塔夫里阿诺斯. 全球通史:1500年以前的世界[M]. 吴象婴,梁赤民,译. 上海:上海社会科学院出版社,1999.

[113] 艾尔佛雷德·P·斯隆. 我在通用汽车的岁月:斯隆自传[M]. 刘昕,译. 北京:京华出版社,2004.

[114] 汤姆·斯丹迪奇. 维多利亚时代的互联网[M]. 多绥婷,译. 南昌:江西人民出版社,2017.

[115] 弗里茨·斯特恩. 金与铁:俾斯麦、布莱希罗德与德意志帝国的建立[M]. 王晨,译. 成都:四川人民出版社,2018.

[116] 彼德·斯洛特戴克. 资本的内部:全球化的哲学理论[M]. 常晅,译. 北京:社会科学文献出版社,2014.

[117] 安德鲁·罗斯·索尔金. 大而不倒(经典版)[M]. 巴曙松,陈剑等,译. 成都:四川人民出版社,2018.

[118] 萨克雷,芬德林. 世界大历史(全5册)[M]. 王林等,译. 北京:新世界出版社,2014.

[119] 罗伊·史密斯. 纸金:华尔街从哪里来,到哪里去[M]. 张伟,译. 北京:中信出版社,2012.

[120] 弗朗索瓦·沙奈. 资本全球化[M]. 齐建华,译. 北京:中央编译出版社,2001.

[121] 特里尔. 毛泽东传[M]. 胡为雄,郑玉臣,译. 北京:中国人民大学出版社,2004.

[122] 纳西姆·尼古拉斯·塔勒布. 非对称风险[M]. 周洛华,译. 北京:中信出版社,2019.

[123] R·H·托尼. 宗教与资本主义的兴起[M]. 赵月瑟,夏镇平,译. 上海:上海译文出版社,2013.

[124] 约瑟夫·泰恩特. 复杂社会的崩溃[M]. 邵旭东,译. 海口:海南出版社,2010.

[125] 小托马斯·约翰·沃森,彼得·彼得. IBM帝国缔造者:小沃森自传[M]. 杨蓓,译. 北京:北京联合出版公司,2015.

[126] 伊曼纽尔·沃勒斯坦. 现代世界体系[M]. 郭方,吴必康,钟伟云,译. 北京:社会科学文献出版社,2013.

[127] RB沃纳姆. 新编剑桥世界近代史(第3卷):反宗教改革运动和价格革命(1559—1610)[M]. 中国社会科学院世界历史研究所组,译. 北京:中国社会科学出版社,1999.

[128] 本杰明·沃特豪斯. 美国商业简史[M]. 张亚光,吕昊天,译. 北京:中信出版

社,2018.

[129] 奥利弗·E威廉姆森. 资本主义经济制度[M]. 段毅才,王伟,译. 北京:商务印书馆,2004.

[130] JD万斯. 乡下人的悲歌[M]. 刘晓同,庄逸抒,译. 南京:江苏凤凰文艺出版社,2017.

[131] 万志英. 剑桥中国经济史:古代到19世纪[M]. 崔传刚,译. 北京:中国人民大学出版社,2018.

[132] 雅尼斯·瓦鲁法克斯. 全球米诺陶:美国、欧洲和世界经济的未来[M]. 闵小宝,朱红根,译. 北京:时代华文书局,2017.

[133] 约翰·H伍德. 英美中央银行史[M]. 陈晓霜,译. 上海:上海财经大学出版社,2011.

[134] 克里斯托弗·希伯. 美第奇家族的兴衰[M]. 冯璇,译. 北京:社会科学文献出版社,2017.

[135] 埃德蒙·费尔普斯. 大繁荣:大众创新如何带来国家繁荣[M].余江,译. 北京:中信出版社,2018.

[136] 熊彼特. 经济分析史(全3卷)[M]. 杨敬年,译. 北京:商务印书馆,1992.

[137] 谢和耐. 蒙元入侵前夜的中国日常生活[M]. 刘东,译. 南京:江苏人民出版社,1995.

[138] 小温斯洛普·H史密斯. 美林传奇百年兴衰录[M]. 符荆捷,张磊,译. 北京:机械工业出版社,2017.

[139] 盐野七生. 罗马人的故事(全16册)[M]. 朱悦玮,译. 北京:中信出版社,2013.

[140] 阿瑟·N杨格. 抗战外援[M]. 李雯雯,于杰校,译. 成都:四川人民出版社,2019.

[141] 保罗·约翰逊. 摩登时代:从1920年代到1990年代的世界[M].秦传安,译. 北京:社会科学文献出版社,2016.

[142] 劳伦斯·詹姆斯. 大英帝国的崛起与衰落[M]. 张子悦,解永春,译. 北京:中国友谊出版公司,2018.

# 外著

[1] Asa Briggs. A Social History of England[M]. London:Penguin Books Ltd,1999.

[2] Andy Kessler. How We Got Here: A Slightly Irreverent History of Technology and Markets[M]. New York:Harper Business,2005.

[3] Arun Rao. A History of Silicon Valley: The Greatest Creation of Wealth in the History of the Planet[M]. California:CreateSpace Independent Publishing Platform,2013.

[4] Benn Steil. The Battle of Bretton Woods:John Maynard Keynes, Harry Dexter White, and the Making of a New World Order[M]. Princeton:Princeton University Press,2013.

[5] Ben Wilson. Heyday:The 1850s and the Dawn of the Global Age[M]. New York:Basic Books,2016.

[6] Barry Eichengreen. Globalizing Capital: A History of the International Monetary System[M]. Princeton:Princeton University Press,1998.

[7] Bob Swarup. Money Mania:Booms, Panics, and Busts from Ancient Rome to the Great Meltdown[M]. London:Bloomsbury Press,2014.

[8] Catherine Eagleton. Money: A History[M]. London:British Museum Press,2007.

[9] Charles R. Geisst. The Last Partnerships:Inside the Great Wall Street Money

Dynasties[M]. New York:McGraw-Hill,2002.

[10] Charles R.Geisst. Wall Street:A History[M]. Oxford:Oxford University Press,2004.

[11] Charles R.Geisst. Beggar Thy Neighbor:A History of Usury and Debt[M]. Pennsylvania:University of Pennsylvania Press,2013. Pennsylvania Press,2013.

[12] David Abulafia. The Great Sea:A Human History Of The Mediterranean[M]. London:Allen Lane,2011.

[13] David S.Landes. The Unbound Prometheus: Technological Change and Industrial Development in Western Europe from 1750 to the Present[M]. Cambridge:Cambridge University Press,2003.

[14] David M.Kotz. The Financial and Economic Crisis of 2008: A Systemic Crisis of Neoliberal Capitalism, Review of Radical Political Economics,[M]. New York:Summer 2009.

[15] Edward Chancellor. Devil Take the Hindmost:A History of Financial Speculation[M]. New York:Farrar Straus Giroux,1999.

[16] Eric D.Beinhocker. The Origin of Wealth:Evolution, Complexity, and the Radical Remaking of Economics[M]. Brighton:Harvard Business School Press,2006.

[17] Elroy Dimson. Triumph of the Optimists: 101 Years of Global Investment Returns[M]. Princeton:Princeton University Press,2002.

[18] Gregory Zuckerman. The Greatest Trade Ever: The Behind-the-Scenes Story of How John Paulson Defied Wall Street and Made Financial History[M]. Portland:Broadway Books,2009.

[19] Garet Garrett. A Bubble That Broke The World[M]. New York:Cosimo Classics,2009.

[20] Jan Luiten van Zanden. The Long Road to the Industrial Revolution:The European economy in a global perspective(1000-1800)[M]. Leiden:Brill,2009.

[21] Joyce Appleby. The Relentless Revolution:A History of Capitalism[M]. New York:W. W. Norton & Company,2011.

[22] Joseph Davis, Marc D.Weidenmier. America's First Great Moderation[J]. The Journal of Economic History, 2017,77(4) :1116-1143.

[23] Jeremy Atack. A New Economic View of American History: From Colonial Times to 1940[M]. New York:W. W. Norton & Company,1994.

[24] Jack Cashill. Popes and Bankers:A Cultural History of Credit and Debt from Aristotle to AIG[M]. Nashville:Thomas Nelson,2010.

[25] Hernando De Soto. The Mystery of Capital:Why Capitalism Triumphs in the West and Fails Everywhere Else[M]. New York:Basic Books,2003.

[26] Kaplan David A. The Silicon Boys and Their Valley of Dreams[M]. New York:HARPER COLLINS USA,2000.

[27] Karl August Wittfogel. Oriental Despotism: A Comparative Study of Total Power[M]. New York:Random House USA Inc,1981.

[28] Lodewijk Petram. The World's First Stock Exchange[M]. New York:Columbia University Press,2014.

[29] Michael Hudson. Super Imperialism: The Economic Strategy of American Empire[M]. New York:Holt Rinehart and Winston,1972.

[30] Mike Dash. Tulipomania:The Story of the World's Most Coveted Flower and the Extraordinary Passions it Aroused[M]. Quezon City:Phoenix,2010.

[31] Martin J. Wiener. English Culture and the Decline of the Industrial Spirit(1850-1980)[M]. Cambridge:Cambridge University Press,2004.

[32] Niall Ferguson. The Ascent of Money:A Financial History of the World[M]. London:Penguin Press,2008.

[33] Paul Strathern. The Medici: Power, Money, and Ambition in the Italian Renaissance[M]. Cambridge:Pegasus,2017.

[34] Rana Foroohar. How big tech is dragging us towards the next financial crash[N]. The Guardian,2019-11-8.

[35] Roger Crowley.1453:The Holy War for Constantinople and the Clash of Islam and the West[M]. New York:Hyperion,2006.

[36] Roger Crowley. Empires of the Sea:The Siege of Malta, the Battle of Lepanto, and the Contest for the Center of the World[M] . New York:Random House,2008.

[37] Roger Crowley. City of Fortunez:How Venice Won and Lost a Naval Empire[M]. Harlow:Faber & Faber,2012.

[38] Richard Miles. Ancient Worlds:The Search for the Origins of Western Civilization[M]. London:Penguin,2011.

[39] Roger Osborne. Iron, Steam & Money: The Making of the Industrial Revolution[M]. London:Pimlico,2014.

[40] Rana Foroohar. Makers and Takers: The Rise of Finance and the Fall of American Business[M]. New York:Crown Business,2016.

[41] Sibylle Lehmann, Jochen Streb. The Berlin stock exchange in imperial

Germany - A market for new technology? Forthcoming[J]. American Economic Review,2016,106(11):3558-76.

[42] Victor W. Hwang. The Rainforest:The Secret to Building the Next Silicon Valley[M]. Berlin:Regenwald,2012.

[43] Walter LaFeber. The American Century: A History of the United States Since the 1890s[M]. Armonk:M.E. Sharpe,2008.

[44] W. Brian Arthur.The Nature of Technology: What It Is and How It Evolves[M]. Florence:Free Press,2009.

[45] William N.Goetzmann, K, Geert Rouwenhorst. The Origins of Value: the financial innovations that created modern capital markets[M]. Oxford: Oxford University Press,2005.

[46] Walter Russell Mead. God and Gold:Britain, America, and the Making of the Modern World[M]. New York:Knopf,2007.

[47] Walter Bagehot. Lombard Street: A Description of the Money Market,[M]. Hoboken:John Wiley & Sons, 1999.

[48] Youssef Cassis. Capitals of Capital:The Rise and Fall of International Financial Centres 1780–2009[M]. Cambridge:Cambridge University Press, 2010.

图书在版编目（CIP）数据

资本5000年：资本秩序如何塑造人类文明：典藏版/彭兴庭著. -- 2版. -- 北京：中国友谊出版公司，2024.5

ISBN 978-7-5057-5821-6

Ⅰ.①资… Ⅱ.①彭… Ⅲ.①社会资本－研究 Ⅳ.①F014.391

中国国家版本馆CIP数据核字（2024）第059473号

| | |
|---|---|
| 书名 | 资本5000年：资本秩序如何塑造人类文明：典藏版 |
| 作者 | 彭兴庭 |
| 出版 | 中国友谊出版公司 |
| 策划 | 杭州蓝狮子文化创意股份有限公司 |
| 发行 | 杭州飞阅图书有限公司 |
| 经销 | 新华书店 |
| 制版 | 杭州真凯文化艺术有限公司 |
| 印刷 | 杭州钱江彩色印务有限公司 |
| 规格 | 880毫米×1230毫米　32开<br>14.125印张　360千字 |
| 版次 | 2024年5月第2版 |
| 印次 | 2024年5月第1次印刷 |
| 书号 | ISBN 978-7-5057-5821-6 |
| 定价 | 79.00元 |
| 地址 | 北京市朝阳区西坝河南里17号楼 |
| 邮编 | 100028 |
| 电话 | （010）64678009 |